Global Public Finance
全球公共财政学

张克中 著

商务印书馆
The Commercial Press

图书在版编目（CIP）数据

全球公共财政学 / 张克中著. -- 北京：商务印书馆，2025. -- ISBN 978-7-100-24109-0

I. F810

中国国家版本馆 CIP 数据核字第 20245Q7G57 号

权利保留，侵权必究。

全球公共财政学

张克中　著

商　务　印　书　馆　出　版
（北京王府井大街36号　邮政编码100710）
商　务　印　书　馆　发　行
北京盛通印刷股份有限公司印刷
ISBN 978 - 7 - 100 - 24109 - 0

2025 年 1 月第 1 版　　　开本 880×1230　1/32
2025 年 1 月北京第 1 次印刷　印张 15¼

定价：128.00 元

献给我的父亲与母亲,感谢他们无私的爱!

序言
为什么需要全球公共财政学？

> 全球公共财政对协调国际援助、支持发展中国家的可持续发展和应对全球性危机至关重要。
>
> ——〔美〕杰弗里·萨克斯

著名科幻作家刘慈欣在其代表作《三体》三部曲中，描述了人类在外星文明入侵的威胁下，逐渐打破民族与国家的壁垒，从最初组建跨国联合作战中心，到设立行星防御理事会，最终建立了一个"人类共同体"的太阳系联邦政府，齐心协力应对地球文明前所未有的危局。

当今全球面临生态崩溃的危险。联合国认为气候变暖、自然和生物多样性破坏以及环境污染是地球面临的三重危机，其中尤以气候变暖最具威胁。2023年联合国秘书长安东尼奥·古特雷斯（António Guterres）警告："全球变暖的时代已经结束，全球沸腾的时代已然到来。"气温上升将使冰冠消融，海平面上升，部分国家与地区可能因此被淹没，由此导致的大规模人口迁徙将产生混乱，甚至引发战争。而且，贸易摩擦不断波及全球经济，核武

i

器扩散以及恐怖主义行为危及世界安全，人工智能高速发展所带来的隐忧，等等，同样都是人类面对的共同挑战。

层出不穷的全球性挑战，凸显了深度全球化时代社会转型的复杂性和严峻性。国家这种框架难以应对当今世界的种种挑战，人类社会第一次在全球层面上出现了认知的困惑和行动的迷茫。各个独立民族国家本身的合法性也因此遭到了侵袭，毕竟没有任何主权国家能够独立解决全球性问题。人类之所以不辞辛苦地打造国家这种共同体，是因为遇到了任何部落都无法独自应对的挑战。比如埃及的建立，正是源自尼罗河流域的古老部落携手应对洪涝灾害的需要。时至今日，面对全球范围内的风险和挑战，各个国家发现自己如同过去的部落（赫拉利，2018）。我们现在已经有了全球生态、全球经济、全球科学等理念，但是我们的思考范式和理论架构仍然停留在国家层面。

财政学作为政治学和经济学的混合体，本身具有跨学科的基因，却长期囿于经济学的囚笼，深陷国家辖域观的窠臼。经济学脱离了早期的政治经济学传统，在发展的过程中越来越"科学化""数学化"。现代的标准经济模型认为，理性和自利的个体通过市场机制的相互作用促进福利的改善。然而，人作为社会性的个体，通常在诸如家庭、工作场所、社区或者国家等群体内部活动，经济学的分析往往过度关注个体而忽视了其所处的社会环境。在经济学的实证主义影响下，财政学也逐渐抛弃了学科传统的规范分析，成为经济学的分支——公共经济学，仅仅关注政府的收入、支出和预算这些狭窄的经济活动。诚然，财政学自其创立之初，就以资本主义市场经济主体之一的政府所从事的经济活动为研究对象，以政府应该促成怎样的经济活动为主题，但这也使其深陷"国家辖域观"的窠臼。当世界已然深刻变化时，财政学面对全球正在发生或者即将发生的变化趋势，常常显得反应滞后，甚至束手无策。要改变自身的困境，回应全球化的挑战，财政学要从全球视角思考如何应对全球公共挑战，通过官方发展援助以及对流动资源征税等方式为全球治理提供财政资金支持。阿特金森（Atkinson，2015）呼吁在传统公共经济学研究中融入政治学、国际关系学等学科，将公共经济学的分析对象由独立国家拓展至全球，推动全球公共财政学（Global Public Finance）的发展。考尔（Kaul，2019）强调需要新的理论解释全球发生的急剧变化。近几年来，受阿特金森、考尔等学者的研究启发，笔者试图把财政学的研究拓展到全球层面，探索全球性挑战的治理之道，为全人类的共同需要提供理论和经验支撑。

从其公共性来看，财政的历史源远流长。当人类尚处在狩猎采集时代，部落就已将50%的资源留用于公共需要，如赡养老人，照料儿童，为病弱者提供支持等。部落演化为国家后，得以进一步凭借强制力征税作为财源，从而提供水平更高的公共服务，应对风险和挑战（Saez，2021）。进入21世纪，全球化进程和全球性挑战攸关人类命运，人类需要站在命运共同体的高度，保障全人类的权益，而不是维护单个特定国家的私利。20世纪80年代，何振一先生在反思财政起源于国家的"国家分配论"基础时，系统阐述了财政源于"社会共同需要"的观点。智人有20万年的历史，在不同的阶段，人类组建过形式各异的共同体。从最早的自然共同体或曰部落，到后来的国家，甚至再到未来的"自由人联合体"，任何一种共同体都响应人类共同面临的风险、挑战，满足共同的需求。从更广义的角度看，财政并不是国家所特有的。在人类的历史长河中，国家这种组织形式只是共同体的形式之一而已。它并不是在人类诞生之初就有的，有文字记载或考古证据的国家历史仅有数千年。从公共需要或者共同体视角，无论是部落还是国家，甚至超越国家的组织，都具有财政特征。

将财政学理论拓展至全球公共财政学，既是时代的诉求，也是理论的呼唤。当人类发展到今天的新阶段时，面临着生存和发展的问题，尤其是全球公共产品的赤字和短缺，如何为全球公共产品融资，是时代提出的新课题。这一课题无法用已有的国家财政观分析框架很好地解释，因而需要开拓新的研究领域，用新的理论和观点来理解当今的新世界。为响应全球化和全球性的挑战，全球公共财政学以全球人类为主体，以满足全球公共需要为目的，研究为提供全球公共产品而采取的一系列的融资和分配行为。

尽管笔者呼吁以"全球"为研究对象的全球财政学，但在民族国家体系还没有被一个主体取代或者超越的现阶段，这并不是呼吁放弃国家作为分析单位的财政学（事实也不可能）。全球公共财政学仍然是财政学的一个分支，只是其研究范畴拓展到了全球。我们期待的是，通过理论和方法上的创新与变革，构建既尊重民族国家的自主权，又具备全球视野的财政框架，从而为应对全球性挑战，构建人类命运共同体贡献财政学科的智慧。

感谢学界同人的鼓励，使我有极大的勇气辗转于各学科的浩瀚文献中寻找智慧，从领略政治哲学的博大精深，到痴迷国际政治经济学的经典分析。尤其是中国面临地缘政治竞争压力期间，好奇心驱使我沉浸于国际关系领域经典文献的海洋中，也为我理解全球公共财政提供了新的视角。在知识海洋的遨游令人既心旷神怡，又深感现实困境的艰难严酷。但正因为现实问题的复杂性，我们才需要以跨学科的视角来研究全球面临的挑战。全球公共财政学的构建，需要解决以下几个问题：全球公共财政学的理论基础是什么？如何为全球公共产品融资？支出的效率如何保障？在没有全球性政府的世界如何构建全球财政框架体系？为尝试回答这些问题，本书从全球化进程和全球性挑战出发，将财政学的演进拓展至全球，考究全球公共财政学的理论基础，围绕全球公共产品的供给与融资、全球财政税收的竞争与合作、全球不平等和对外援助展开论述，并就全球财政学未来提供展望。本书的章节安排如下：

第一章描述全球性挑战呼唤新理论。全球化进程逐渐消弭了曾经的地理、文化与政策壁垒，亦带来了超越国家和市场的全球性挑战。本章主要介绍了全球化的概念、历史演变及发展现状，并就全球化所带来的包括经济、气候环境、健康等方面的全球性挑战进行详细的分析与描述。本章阐述了全球性挑战亟待新的思维与理论指导，财政学需要拓展思维为全球治理提供新的分析框架。

第二章介绍财政学演进：从国家到全球。传统财政学一定程度上囿于经济学的囚笼，深陷国家辖域观的窠臼，因而难以阐释全球化进程中的深刻变化。本章从国家层面考察了财政学的起源与发展，梳理了宫廷理财学和英国的古典经济学、现代财政学、国际财政学和全球公共财政学的演进脉络，并提供了全球公共财政学的定义和四大基本职能。

第三章探索全球公共财政学的跨学科理论基础。当财政学的研究从国家辖域拓展至全球时，更需要跨学科智慧。本章通过吸收不同学科的知识和理论，分别从政治哲学、国际关系理论以及经济学理论三方面探讨了全球公共财政学的跨学科理论基础，从理论上探索全球协调合作之道。

第四章介绍全球公共产品供给。全球公共产品供给是应对全球挑战的重要手段。迄今为止，全球公共产品的供给始终严重短缺。本章尝试从理论和实践层面回应这一问题：首先介绍了全球公共产品的特征，指出具有不同特征的全球公共产品需要差异性的制度设计；其次总结了全球公共产品的供给理论，为提升全球公共产品的供给水平提供理论依据；最后概述了全球公共产品的供给模式，特别是在不同的历史阶段，霸权供给和联盟供给模式曾发挥重要作用。

第五章聚焦全球公共产品融资。充足的资金支持是实现全球公共产品有效供给的必要条件。全球公共产品的融资渠道主要包括公共资源、私人资源、全球税。本章从上述三个融资渠道出发，概述了全球公共产品融资的现状与特点、面临的困境与挑战，试图总结全球公共产品融资可能的改进方向。

以上五章由张克中撰写。

第六章剖析全球税收竞争与合作。全球税收竞争模式经历了重大变化，各国政府从竞争走向合作，关注的重点也从避免双重征税转变为反国际避税。本章从全球税收竞争的起源出发，对全球税收竞争理论、全球税收竞争的争议进行了详细论述。随着全球化的发展，国际税收的重点从全球税收竞争转为合作，本章介绍了这一合作的背景、理论及框架。最后，本章还介绍了全球税收合作的演变，并对未来可能的全球税收合作形式进行了展望。本章由田彬彬和张克中撰写。

第七章梳理全球财政金融协调。当前，全球财政金融协调存在缺位，各国对于财政政策协调仍处于探索阶段，在制定和实施财政政策时缺乏有效的协调和合作。本章主要介绍了全球财政协调缺位给全球经济环境带来的现实困境，并从全球范围内的经贸、债务、金融协调等方面对全球财政协调的现行政策和框架作了进一步阐述。最后，分析了全球财政协调面临的挑战，介绍了未来财政协调的方向。本章由万欣和张克中撰写。

第八章分析了全球不平等。不平等一直与我们形影不离，全球税前国民收入不平等程度在过去两百年间呈现先升后降再回升的"大象曲线"形态。本章从不平等的度量出发，从不同角度考察全球收入结构的演变，并分别考察了国内和国家间的收入不平等。此外，本章还考察了居民财富不平等，并对现阶段的贫困问题进行了分析。最后，本章分析了不平等的影响因素，探讨了如何采用公共政策缩小不平等。本章由杨晓亮和张克中撰写。

第九章论述了国家间横向转移支付与对外援助。近年来，在国家间冲突加剧、全球治理机制失灵的推动下，世界政治经济格局加速演变，全球危机事件暴露出全球治理体系的诸多缺陷。本章探讨了全球性问题，如气候变化、公共卫生危机、贫困与不平等，对全球居民福利的日益增强的影响，指出在没有全球政府统筹协调资源的情况下，大国需要主动承担全球治理的责任。同时，本章还讨论了对外援助在全球治理中的关键作用，特别是在促进全球经济均衡发展和构建稳定国际秩序方面的重要性。本章由张克中和张文涛撰写。

在撰写过程中，笔者有幸参与了杨灿明教授主持的《中国财政学》教材全球财政部分的编写工作，收获了杨灿明教授、王乔教授、马骁教授、刘蓉教授和李明教授提供的宝贵意见。过去几年，笔者和万欣副教授为本科生、研究生开设了全球公共财政学课程，也听取了学生的意见和反馈。很多学生认为，高年级本科生和研究生在学习全球公共财政学时有耳目一新的感觉，这些评价对我们也是极大的鼓励。感谢都柏林大学、联合国顾问帕特里克·保罗·沃尔什（Patrick Paul Walsh）教授鼓励我进行这项需要巨大勇气的研究。感谢牛津大学史蒂芬·德肯（Stefan Dercon）教授对这项研究的兴趣。感谢567 Seminar团队成员出色的资料整理、收集和部分校对工作。感谢马媛媛、刘庆、欧阳洁、阮慧、汪慕晗、何炳林、许文睿、李东颖、王涵玥、蒋飞、王瑷嫆、孔子云、李文雅、董炬峰和刘桦等老师和同学的支持与协助。

感谢商务印书馆的支持与精益求精，让书稿以崭新的面貌呈现给读者。

毫无疑问，受限于笔者自身的知识结构和学术能力，创新性探索一定有大量的粗浅和不当之处。笔者虽然竭尽所能借鉴不同学科和学者的智慧，但由于全球公共财政学体系过于庞大，难免挂一漏万。全球化的浪潮扑面而来，人类面临着共同挑战，财政学也应当直面世界的变化。作为第一个吃螃蟹者，笔者试图激发财政学者对全球问题的关注，为人类应对共同挑战提供一束亮光。

目　录

第一章　全球性挑战呼唤新理论 ……………………… 1
1. 全球化及其发展历程 ………………………………… 1
2. 全球化及其挑战 ……………………………………… 15
3. 全球性挑战超越主权边界 …………………………… 22
4. 全球性挑战呼唤新理论 ……………………………… 30
本章小结 ………………………………………………… 34

第二章　财政学演进：从国家到全球 …………………… 35
1. 财政学的起源与发展：围于经济学的囚笼 ………… 35
2. 财政学的起源与发展：深陷国家辖域观的窠臼 …… 45
3. 全球公共财政学 ……………………………………… 58
本章小结 ………………………………………………… 70

第三章　全球公共财政学跨学科理论基础 ……………… 72
1. 全球公共财政的政治哲学 …………………………… 72
2. 全球国际关系理论 …………………………………… 84
3. 全球公共财政的经济学理论基础 …………………… 103
本章小结 ………………………………………………… 122

ix

第四章　全球公共产品供给 … 123
　1. 全球公共产品的特征 … 124
　2. 全球公共产品供给理论 … 130
　3. 全球公共产品供给模式 … 148
　本章小结 … 155
　附录 … 156

第五章　全球公共产品融资 … 160
　1. 公共资源为全球公共产品融资 … 161
　2. 私人资源为全球公共产品融资 … 194
　3. 全球税 … 208
　本章小结 … 227

第六章　全球税收竞争与合作 … 228
　1. 全球税收竞争 … 230
　2. 全球税收合作 … 248
　3. 全球税收合作方式演变 … 259
　本章小结 … 294

第七章　全球财政金融协调 … 295
　引言：欧债危机何去何从？ … 295
　1. 全球财政金融协调的发展进程 … 297
　2. 全球财政金融协调的现实困境 … 302
　3. 全球财政金融协调的现行框架 … 306
　4. 全球财政金融协调的挑战与趋势 … 321
　本章小结 … 337

第八章　全球不平等 … 338
1. 不平等的显著事实 … 340
2. 居民财富不平等 … 369
3. 贫困之殇 … 376
4. 应对不平等的公共政策 … 381
本章小结 … 392

第九章　国家间转移支付与对外援助 … 394
1. 全球发展援助概况 … 395
2. 发展援助支出的有效性 … 404
3. 发展援助为何失效 … 410
4. 中国发展援助的实施效果 … 416
本章小结 … 430

结语：全球公共财政的未来——乌托邦与现实 … 432
1. 全球分治与全球合流 … 433
2. 去全球化与再全球化 … 435
3. 中国特色与全球大同 … 437
4. 乌托邦与现实 … 438

参考文献 … 441

第一章　全球性挑战呼唤新理论

> 人类历史上从来未有这样的时刻：越来越多的人会发现他们能够找到越来越多的合作对象和竞争对手，人们将和世界各地越来越多的人互相竞争和合作，人们的机会将越来越平等。将他们联系在一起的是电脑、电子邮件、网络、远程会议和各种新软件。……当你相信世界是平坦的之后，你会发现很多事情都不再难以理解。……世界在变平这一事实意味着，我们将地球上的各个知识中心统一到了一个单一的全球网络中，如果政治动荡和恐怖主义不从中作梗，这将带来一个繁荣而充满创新的时代。
>
> ——〔美〕托马斯·弗里德曼《世界是平的》

1. 全球化及其发展历程

1.1 全球化：一个多维的概念

凯恩斯在其著作《和约的经济后果》（1919）中进行了这样

的描述："在伦敦下榻，只需在床上呷着上午茶，打一个电话即可预约来自世界各地琳琅满目的产品。他们总能挑到合适的，并且可以早早地送到门口的商品。"进入21世纪，弗里德曼用"世界是平的"描绘"超级全球化"时代的经济与生产一体化。纵览相关论述，全球化的核心是国家之间的经济、政治和技术联系越来越紧密，逐步超越和模糊了各民族国家市场与辖区的边界，全球互联互通的超级版图逐渐形成。安东尼·吉登斯（2011）对"全球"核心作出了描述："全球化可以被定义为世界范围内社会关系的强化，这种社会关系以这样一种方式将遥远的地方联系起来，即区域内的状况是由许多英里以外发生的事件所决定的，反之亦然。"具体而言，全球化表现为经济全球化、政治全球化和技术全球化。

经济全球化。经济全球化指全球各国经济相互联系的强化和延伸，主要是各国商品和要素的国际化、一体化进程。[①]在经济全球化的过程中，得益于国际贸易法规、关税和其他国际贸易障碍的减少，各国市场边界逐渐模糊，市场范围扩大至区域甚至全球，并且地方、国家和区域经济随着数字技术的发展而逐步通过网络空间得到了整合（Steger，2023）。**从表现形式上看，经济全球化主要包括贸易、资本和技术的全球化**。[②]在这个过程中，经济活动在世界范围内相互依赖，**跨国公司是其中最强大的支柱性力量**。这些公司通过地区间生产要素在成本、质量、融资难度等

---

① 各个国际组织对经济全球化的定义虽略有区别，但基本含义大体都是指商品和要素的国际化与一体化进程。
② 希尔（Hill，2023）和乔希（Joshi，2009）认为经济全球化主要包含生产全球化和市场全球化，其中包含着竞争、企业和行业的全球化。

方面的差异获利，并通过交通、信息与数字技术实现商品、服务和数据的跨境流动，在极大提高自身盈利能力的同时增加了跨境活动的数量，催生了世界性的市场。[①]毫无疑问，跨国公司的巨大力量已经深刻地改变了世界经济的结构和运作规律，其经营操作及全球战略已经成为国际贸易流动、工业选址等一系列经济活动的主要决定因素。尤其值得一提的是它们将生产过程标准化并进行了明确的分工，使工业生产过程全球化，带来了"全球价值链革命"，促成了全球性的生产网络。罗德里克（Rodrik，2011）将跨国公司主导的价值链全球化称为"超级全球化"（Hyper-globalization）。纵观全球化的历史，每一次经济全球化的浪潮均伴随着技术的发展和传播。当今，数字技术的兴起和发展逐渐了打破地理距离的隔阂，进一步降低了经济一体化的成本，对世界经济体系结构产生了更加深远的影响。[②]

政治全球化。政治全球化主要是指全球政治体系在其规模与复杂程度上的增长，包含政治体制依存程度增加和全球性政治体系相对力量的变化。社会学家安东尼·吉登斯认为，全球化是现代性的后果，是现代制度在全球范围内的扩展（吉登斯，2011）。全球化下的世界逐渐成为一个整体，相隔甚远的地方也能联系起来，这进而强化了世界性的社会关系，使依托于地理区域产生

[①] 联合国贸易和发展会议发布的《2022年世界投资报告》显示，2021年由跨国企业承担的全球外国直接投资达到1.6万亿美元，相较2020年的极低水平增长了64%，2021年的复苏部分是由跨国企业推动的。详见《2022年世界投资报告》，https://unctad.org/system/files/official-document/wir2022_overview_ch.pdf。

[②] 以跨国公司（MNCs）和国际经济机构（IEIs）为主的跨国经济主体数量爆炸式增长是跨国经济活动增长的主要驱动力（Steger，2023）。

的特定的社会制度也相互联系，相互影响。20世纪70年代，罗伯特·基欧汉（Robert O. Keohane）和约瑟夫·奈（Joseph S. Nye）在其著作《权力与相互依赖》中将这一状态描述为全球化中国家间的复合相互依存状态[①]，即国家间的政治体制安排随着全球化的发展而呈现的复杂多样、相互依存的状态。从政治体制视角来看，全球化也被视为资本主义的全球性扩张。世界体系理论认为全球化带来的快速且不平等的交换形成了"中心—半边缘—边缘"结构的世界体系。在"全球资本主义"经济"政体"下，有形与无形资产的生产与交易过程处于前所未有的高速流动状态，以资本主义为核心的全球体系随着上述过程在世界范围内急速扩张，国与国之间的政治体制联系与依存程度大幅提升。一些学者甚至认为，政治已经从国家政治演进为国际政治，再演变为全球政治。[②]

技术全球化。在人类发展的历史长河中，全球化的发展始终由技术推动。无论是人类由原始社会向农耕和工业社会的发展，还是由"大航海时代"（Age of Discovery）向"超级全球化时代"的迈进，每一次全球化程度的加深都离不开科学技术的进步。18世纪60年代后相继出现的两次工业革命大大降低了货物运输成本，全球贸易快速发展。但这一时期，由于信息传播的效率较为低下，全球贸易的内容仍以第一批工业化国家的工业制成

[①] 基欧汉和奈将国家间经济相互依存的关系分为三种类型：均等依存、绝对依存和非对称依存。他们认为国家间相互影响的强度主要取决于非对称依存，依存度较低的一方在部分问题上具有较强的议价能力，甚至可以借之影响另一方的其他问题。

[②] 蔡拓：《全球学与全球治理》，北京大学出版社2017年版。

品出口为主。第二次世界大战后的信息技术革命快速降低了信息交流成本，快捷的信息交流使协调更复杂的生产过程成为可能，离岸生产逐步成为工业企业的主要生产模式，跨国公司成为全球化的中坚力量。近年来，随着人工智能、大数据、区块链等全球性数字技术的兴起，新的技术变革和突破进一步推动了新型全球化进程。地球村正变得越来越"小"，放眼寰宇，地球上最遥远的距离也超不过24小时的直飞航程；世界也正变得越来越"平"，点一点手机屏幕，就可以瞬时链接到世界的另一端。[①]全球化像自然界的风雨一样是一种不可抗拒的现象，也是我们生活的一部分。正如联合国前秘书长安南所说：反对全球化就好比反对地球引力。

1.2 全球化的历史演变

全球化主要的标志是人类在全球的活动范围扩大，全球化历史浪潮最早可以追溯到人类诞生于非洲后向世界各地迁移的过程。近代全球化发端于15世纪末的地理大发现，伴随着两次工业革命带来的技术和生产方式上的飞跃，经济发展和社会变革相互交融，逐步形成了当今的全球化。

总体来看，现代全球化进程可以分为以下三个阶段。

第一阶段是从1820—1914年开始的"区域经济全球化"（Regional Economic Globalization）时代。 蒸汽机的发明和广泛运用，极大提升了人类的运输能力，跨区域贸易成本产生了断崖

---

① 见新华社：《携手构建人类命运共同体：中国的倡议与行动》，2023年9月26日，https://www.gov.cn/govweb/zhengce/202309/content_6906335.htm。

式的下降，商品流动加速，各国的国内商品价格开始更多地取决于国际而非国内供求关系（O'Rourke & Williamson，2001）。从消费端来看，全球化兴起后，区域内部的消费需求不再受制于区域内部的生产，各国消费品的价格日趋一致。从生产端来看，各国的生产逐渐出现分工和专业化的趋势。由于运输成本大幅下降，各国开始倾向于生产自己所擅而购买自己所不擅，人类的生产与消费第一次出现地理上的分离。这一阶段的全球化也伴随着第一批工业化国家的快速发展，发达国家（以七国集团即G7为主）的贸易量和收入激增，工业化与城市化水平也突飞猛进。全球生产经营活动集中于少数国家，发达国家的人均收入水平节节攀升，国际经济发展差距迅速扩大，出现发达国家和发展中国家经济的"大分流"（The Great Divergence）。18世纪时，七大文明古国（A7）无论是在产出数量、质量还是出口量上都可以说是全球的领导者，它们生产的顶级丝绸和陶瓷等是当时的欧洲制造业所无法企及的。然而，在工业革命后，工业化国家（G7）的工业制造业飞速发展，A7国家则开始大量依靠进口满足本国的消费需求。图1-1展示了A7国家和G7国家从1820年起近两百年的人均GDP的变化情况。尽管A7国家的经济发展也一定程度上受到了工业化的影响，但其经济增长速度还不及G7国家的一半。相较之下，A7国家中仅有地中海沿岸的经济体增长较为明显，到1914年，希腊加入了"高速增长俱乐部"。总体来说，七大文明古国的经济发展从这一阶段开始远远落后于工业化国家，这一现象也被称为全球经济的"大分流"。

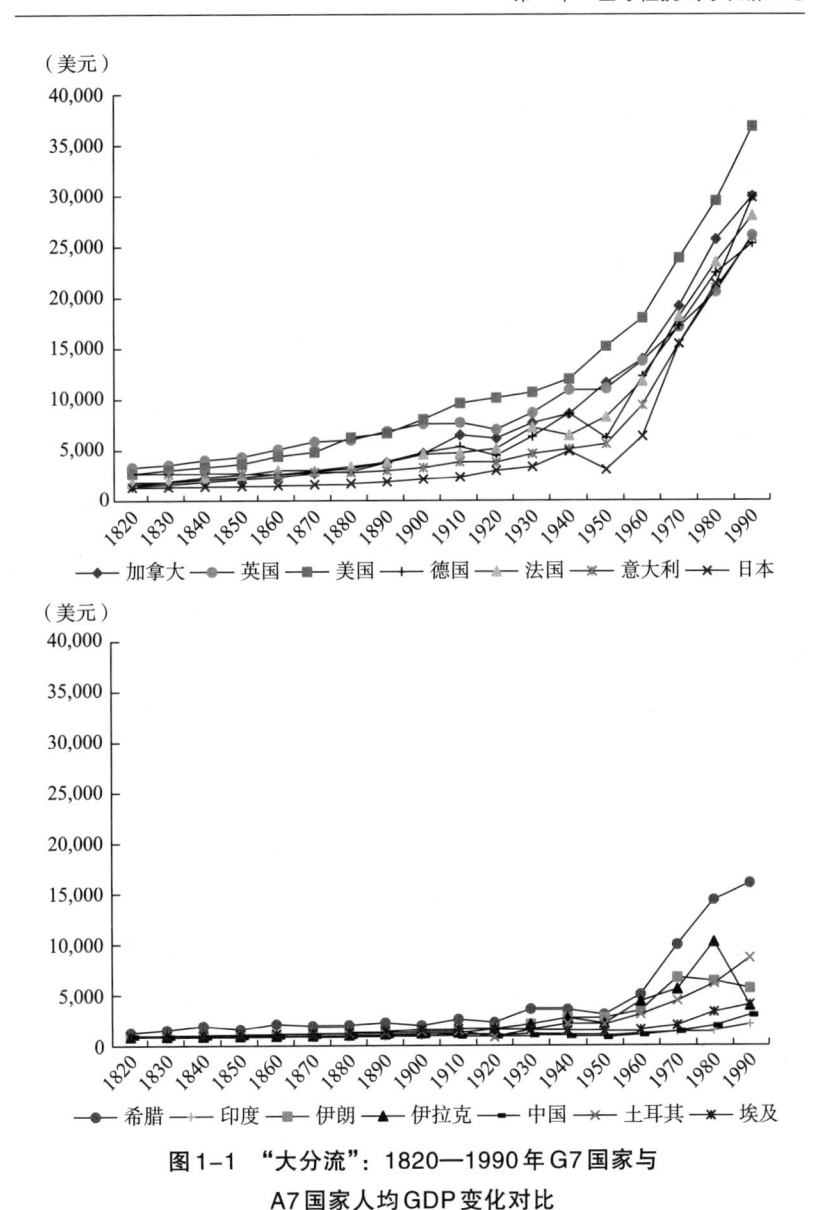

图 1-1 "大分流": 1820—1990 年 G7 国家与
A7 国家人均 GDP 变化对比

数据来源: 世界银行官网。

第二阶段是1950—1990年的"有限全球化"阶段。 这一时期的全球化具有明显的双重性。一方面，第二次世界大战后，国际秩序的重建逐步恢复了全球化的进程，布雷顿森林体系在战后确立了一个相对稳定的国际货币秩序，关税及贸易总协定（GATT）和世界贸易组织（WTO）体系为自由贸易和资本流动奠定了基础。随着信息技术的进步和消费主义的兴起，跨国公司开始拓展其业务范围，将生产和销售网络延伸至全球，为后续"全球价值链革命"的发展创造了条件。第二次世界大战后，西方私有资本主导的全球化推动经济快速发展，到20世纪末期，G7国家已占据了全球约三分之二的经济活动，发达经济体的经济总量和人均GDP大幅增长（图1-1）。另一方面，美苏冷战导致的政治和意识形态对立为这一时期的全球化造成了明显的障碍。两大阵营之间的意识形态对立形成政治、经济和文化等方面的壁垒，资本、技术和商品的全球流动受到了极大限制。跨国公司在这一时期开始崛起，但主要局限在与西方国家关系友好的地区，苏联及其盟国基本被排除在外。其间，中国和印度等实行国家干预主义政策的国家也没有参与全球经济进程，东西方的经济隔离呈现一种"双轨制"格局的全球化。

第三阶段是20世纪90年代以来的"超级全球化"阶段。受益于冷战的结束和信息技术的发展，全球化在经济和技术领域得到了前所未有的拓展和深化。 自1820年开始的集中于少数发达国家的"区域经济全球化"逐渐瓦解，全球化进入更深的"生产过程全球化"或称"超级全球化"阶段。跨国企业充分利用各国资源禀赋差异所带来的比较优势优化资源配置，把部分劳动密集型的生产程序从劳动力成本较高的发达国家转移至劳动力成本更为低廉的发展中国家。伴随着通信技术的发展，通信成本急速下降，由此带来了跨国公司技术研发地与生产地的分离，也将发达国家的高科技和发展中国家的低成本劳动力有机结合，推动了全球更加紧密的联系，这一过程也被称为"全球价值链革命"。

从1990年开始，充分工业化的G7国家开始向新兴工业化六国[①]（I6）转移制造业中附加值相对较低的部门，而将研发与销售等中高附加值部门保留在本国，全球价值链的雏形逐渐形成。G7国家将其制造业部门转移至发展中国家后，发展中国家在全球制造业增加值中所占的比例从1980年的18%上升到2016年的48%。中国制造业在2021年占全球的比重更是接近30%。[②]这种制造业的转移极大地促进了新兴经济体的经济发展，使发达国家在上一阶段持续近一个世纪的上升趋势在短短二十年内被逆转，这一变化也被称为"大合流"（the Great Convergence）。图1-2展示了不同国家集团的全球收入占比变化情况。在"大合流"的过程中，G7国家占全球收入比重自20世纪70年代起缓慢下降，但总体趋势较为稳定。到1990年后，由于信息技术的发展和制造业转移促使新兴经济体快速发展，G7国家的全球收入占比开始加速下降。与此同时，承接G7国家损失GDP份额的少数发展中国家（R11）收入占比开始快速上升。[③]

[①] 包括中国、韩国、印度、印度尼西亚、泰国和波兰。
[②] 数据来源：世界银行官网，https://www.worldbank.org/en/home。
[③] 理查德·鲍德温（Richard Baldwin, 2020）指出，由于20世纪90年代以来的全球化影响具有很强的地域性和非均质化特征，只有11个经济体在这一阶段的全球化过程中收获了G7国家损失的份额，因此这11个经济体可以被称为R11（the Rising Eleven）。这11个国家包括中国、印度、巴西、印度尼西亚、尼日利亚、韩国、澳大利亚、墨西哥、委内瑞拉、波兰和土耳其。

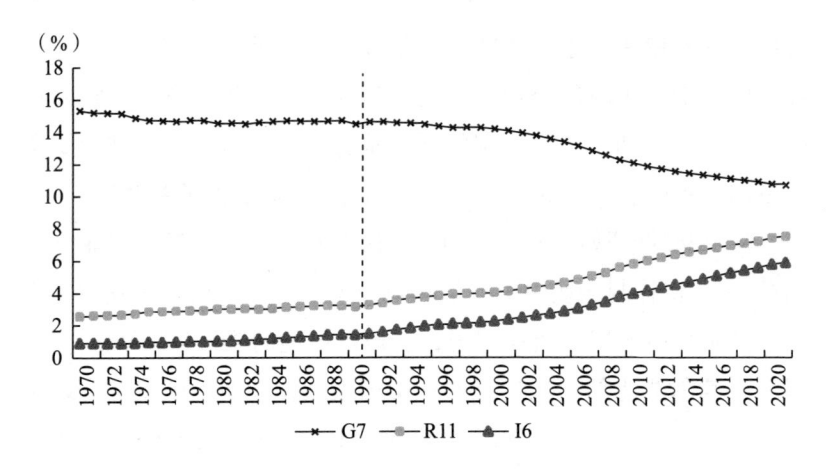

图1-2 "大合流"：G7国家的全球收入占比在1990年后出现显著下降

数据来源：世界银行官网。

随着全球价值链的诞生和加速发展，许多发展中国家逐渐意识到贸易壁垒妨碍了它们从发达国家获得离岸生产的机会。这种意识的萌芽最明显的体现便是始自20世纪90年代的发展中国家大规模单边关税减免。20世纪40年代到80年代，关贸总协定的谈判把发达国家的关税降低至5%甚至更低，但发展中国家并未参与这一关税减免进程。大约从1990年起，很多发展中国家开始持续降低关税，以期吸引更多投资和贸易。进入21世纪后，新兴经济体的名义关税水平基本降至10%左右，而实际有效关税税率甚至更低（表1-1）。为了更好地顺应"超级全球化"的发展趋势，各国也积极签订各类区域贸易协定，旨在消除贸易壁垒，保护自由贸易，规范彼此之间的贸易合作关系。如图1-3所示，全球区域贸易协定签订数量在1990年后迅速上升。最初的区域贸易协定以货物贸易协定为主，但随着远程技术的发展，面对面交流成本逐步降低，服务贸易协定占比开始逐渐上升，占据主导地位。

表1-1　2005—2021年新兴经济体与欧盟名义关税税率（%）

年份	巴西	中国	印度	墨西哥	土耳其	南非	俄罗斯	欧盟
2005			19.2				11.4	
2006	10.8	9.9	19.2	14	9.6	8		5.4
2007	10.8	9.9	14.5	12.6	10	7.8	11	5.2
2008	10.8	9.6	13	12.6	9.7	7.8	10.8	5.6
2009	11	9.6	12.9	11.5		7.7	10.5	5.3
2010	11	9.6	12.6	9	9.9	7.7	9.5	5.1
2011	11	9.6		8.3	9.6	7.7	9.4	5.3
2012	10.7	9.6	13.7	7.8		7.6	10	5.5
2013	11.1	9.9	13.5	7.9	10.8	7.6	9.7	5.5
2014	13.5	9.6	13.5	7.5	10.7	7.6	8.4	5.3
2015	10.9	9.9	13.4	7.1	10.8	7.6	7.8	5.1
2016	13.5	9.9	13.4	7	10.9	7.7	7.1	5.2
2017	13.4	9.8	13.8	6.9	10.9	7.6	6.7	5.1
2018	13.4	9.8	17.1	7	10.7	7.7	6.8	5.2
2019	13.4	7.6	17.6	7.1	10	7.7	6.7	5.1
2020	13.3	7.5	15	7.1	11.1	7.7	6.6	5.1
2021	13.3	7.5	18.3	7.1	10.7	7.8	6.6	5.2

数据来源：世界贸易组织官网。

注：表中的名义关税税率主要指各国每年所有商品的平均关税税率，新兴经济体由于统计口径问题存在部分年份的名义关税税率缺失。

全球公共财政学

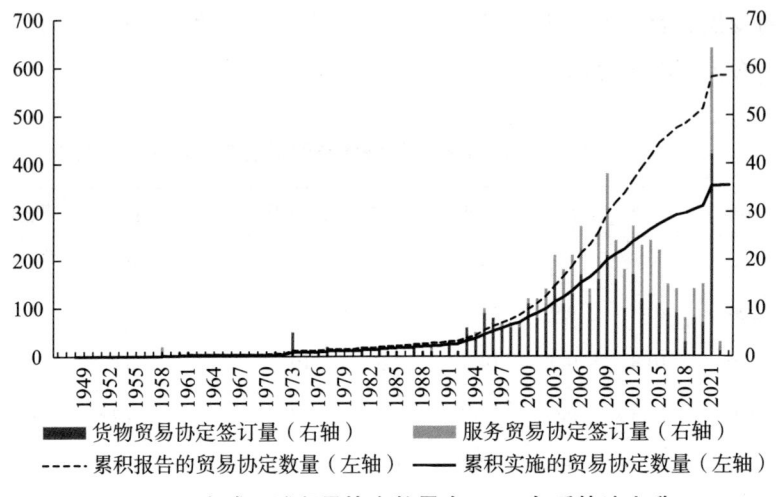

图1-3 全球区域贸易协定数量在1990年后快速上升

数据来源：世界银行官网。

其间，发达国家和发展中国家之间的贸易也发生了非常大的变化。由于将制造业向外转移并且大量进口制造业中间产品，G7国家18世纪初期以来的贸易顺差地位逐渐消失，且随着时间的推移，与发展中国家的贸易逆差逐步扩大。这一趋势以I6国家中的亚洲国家，如中国、印度等劳动力成本较低的发展中国家最为典型。中国、韩国、土耳其、墨西哥、印度尼西亚等国家的出口贸易增加值中超过一半来自制造业，中国的比例甚至达到了85%。[①]

1.3 "新全球化"与数字化新趋势

2008年的全球金融危机导致全球经济进入全新的结构调整

---

① 数据来源：OECD"增加值贸易"在线数据库（TiVA），www.oecd.org。

"新平庸期"（New Mediocre）。[①]20世纪80年代以来的生产活动全球化和贸易量爆炸式增长陷入停滞，全球化遭遇逆流。随着信息技术的进步，数字经济进一步发展，面对面交流的成本约束逐渐下降，全球化逐渐进入"新全球化"阶段。

不同于20世纪90年代开始的"超级全球化"，"新全球化"具备三大显著特征。**其一，信息通信技术和网络移动媒体的快速发展主导全球化进程**。从硬件设施上看，蜂窝网络数据技术日趋完善，智能手机逐渐走进人们的日常生活，全球蜂窝数据订阅量和智能手机销量在"新全球化"阶段都快速上升。在全球互联网流量占比上，移动互联网（Mobile Internet）流量占比已于2017年超过桌面互联网（Desktop Internet）流量占比，2021年占全球网络总流量的55%。[②]此外，5G网络订阅数量的区域分布也凸显了全球化处在网络通信技术快速发展，数字经济逐步成为主导的"新全球化"阶段。总而言之，在"新全球化"阶段，全球化主要依托于逐步降低的面对面交流成本，其发展依靠人力资本和科学技术创新推动。

其二，大型数字技术跨国公司驱动"新全球化"。相较于"超级全球化"时期，大型跨国公司的行业类型由依靠传统"全球价值链"的实体经济部门逐步转变为依托于数字技术的互联网部门。[③]这些新生的跨国巨头控制着世界大部分投资资本、技术

[①] 资料来源：国际货币基金组织官网https://www.imf.org/en/News/Articles/2016/10/07/AM16-SP100716-Managing-an-Inclusive-Transition-for-the-Global-Economy。
[②] 数据来源：Statista数据库。
[③] 2007年《财富》杂志公布的十大跨国企业分别是：沃尔玛百货有限公司、埃克森美孚公司、荷兰皇家壳牌石油公司、英国石油公司、通用汽车公司、丰田汽车公司、雪佛龙股份有限公司、戴姆勒－克莱斯勒公司、康菲国际石油公司和道达尔能源公司。

和进入世界市场的渠道，在经济实力上甚至能够与民族国家抗衡（表1-2）。从量上看，2006—2022年全球跨国企业的数目从约78,000家增加至超过100,000家。① 但是，"新全球化"时代的全球化发展进程依旧具有不稳定性，经济全球化的主要推动力在地理分布上也依旧具有非均质特征。具体而言，跨国企业的总部在地理分布上十分集中，主要位于北美、中国、欧洲、墨西哥、沙特阿拉伯和阿联酋、日本和韩国等。

其三，世界经济格局逐渐呈现区块化结构。在全球生产、贸易和消费网络中，逐步形成了分别以德国、美国和中国为中心节点的欧洲、北美和亚洲三大区块"三足鼎立"的结构。联合国贸易数据库（UN Comtrade）提供的数据显示，2017年，德国是自身以外大部分欧洲国家的最大贸易伙伴，而德国的最大贸易伙伴则是中国；中国是自身以外大部分亚洲国家的最大贸易伙伴，美国是自身以外北美主要国家的最大贸易伙伴，而中美最大的贸易伙伴互为对方。此外，依据亚洲开发银行提供的多区域投入产出表，在全球消费格局和全球生产格局中，以德国、美国和中国为中心形成的欧洲、北美和亚洲三足鼎立的网络区块化结构也十分清晰。目前在三大区块中，欧洲通过建立统一内部市场、使用统一货币、建立外交政策与政治事务协调机制等途径，实现了较高程度的一体化。美国也与加拿大和墨西哥重新签署了《美国—墨西哥—加拿大协定》，深化了区域内贸易。仅有亚洲国家还暂时未能达成实质性的区域协定，在区域内部合作与专业化分工问题

---

① 数据来源：2022年福布斯全球企业2000强榜单，详见https://www.forbes.com/sites/forbesstaff/2022/05/12/forbes-global-2000-list-2022-the-top-200。

上有待进一步的发展。

表1-2 2022年十大跨国企业与部分国家GDP总值对比

公司	行业	总部所在地	市值（十亿美元）	国家（国家GDP排名）	GDP总值（十亿美元）
苹果公司	计算机硬件	美国	2600	印度（6）	2670
沙特阿拉伯国家石油公司	石油和天然气	沙特阿拉伯	2400	法国（7）	2629
微软	计算机软件	美国	2100	意大利（8）	1890
Alphabet（谷歌）	数字技术服务	美国	1700	加拿大（9）	1650
亚马逊公司	零售与电子商务	美国	1500	俄罗斯（11）	1480
特斯拉	电动汽车与太阳能产品	美国	864.7	荷兰（18）	913
伯克希尔·哈撒韦公司	保险与投资	美国	735.2	瑞士（19）	751
英伟达	数字图像处理	美国	570	波兰（23）	597
台湾积体电路制造股份有限公司(台积电)	半导体	中国台湾	556	瑞典（24）	542
Meta公司（原脸书）	社交媒体平台	美国	545.4	比利时（25）	522

数据来源：2022年福布斯全球企业2000强榜单。

2. 全球化及其挑战

随着全球化进程的发展，跨国主体的活动逐渐超越传统的国家间市场界限，成为塑造全球化新形态的主导力量。曾经的地理障碍、文化差异和政策壁垒，如今都在数字化、信息技术和全球贸易协议的推动下逐渐消弭。从跨国巨头到初创公司，无数商业实体已经开始将整个世界视为自己的目标市场。然而，金融、贸易和数字日渐一体化所带来的模糊的市场边界，由于监管环境的复杂性、资源禀赋的差异性和交叉市场的不确定性等原因，也对全球金融稳定、全球收入与财富分配和全球经济治理体系的重构产生了一定的挑战。

2.1 金融风险

金融全球化是全球化模糊市场边界的重要表现形式之一，世界各国为适应全球化而持续放松金融市场管制，开放金融业务，促进资本跨边界自由流动，全球金融市场联系日益密切。资本流动限制的放松和依托于信息技术的金融市场交易形式创新，打破了金融信息的壁垒，加快了金融市场的反应速度，强化了全球资本的流动性，也促进了金融市场一体化。

但是，金融一体化过程也给现有的金融市场秩序和全球金融治理机制带来了一定的挑战。随着金融全球化引致的市场边界模糊，不同利率和资产价格的相互影响不断加强，不同国家信贷增长和资本流动等数量的共同运动趋势也愈发明显，传导了金融和市场风险。[①] 图1-4清晰地展示了自1800年以来的资本流动性与银行危机之间的关系。从历史事实上看，国内金融危机的发生频率确实随着金融全球化的发展而增加，而且，金融全球化程度越

[①] 部分学者用"金融风险传染"形容金融全球化在经济稳定时期降低市场波动，但在经济动荡时期增加市场波动的现象（Cordella & Ospino Rojas, 2017）。

深，金融危机所波及的国家占比也越高。此外，当前的全球金融治理体系也并未充分地反应世界经济格局的变化。根据国际货币基金组织2022年10月发表的《世界经济展望》，新兴经济体作为全球经济增长的主力军，对全球新增GDP的贡献率达到一半以上。①但是，在当前的全球金融治理体系中，它们却普遍存在着投票权偏低、代表性不足和话语权较弱的困境。

总的来说，金融全球化促进了资本流动，推动了跨国金融机构的扩张和金融市场的一体化，在很大程度上模糊了市场边界。这既带来了投资和增长的机会，也给各国带来了更高的金融风险，未来的全球金融治理需要更多的国际合作和协调政策加以应对。

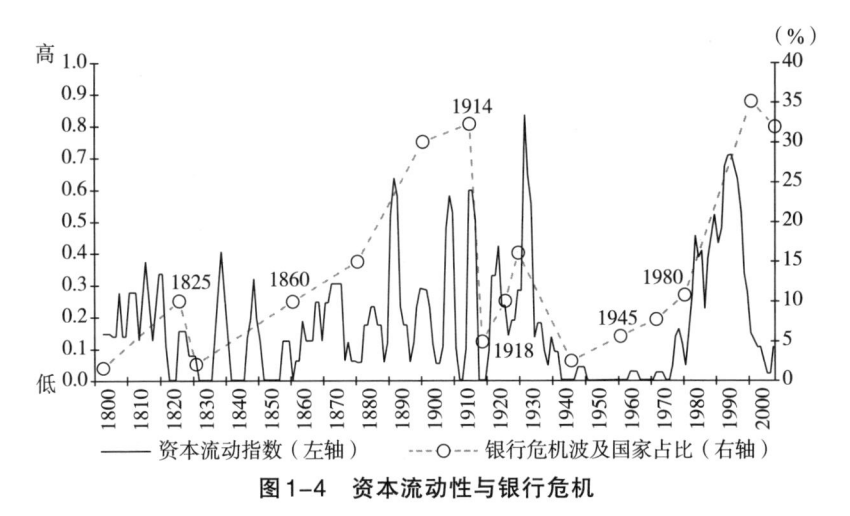

图1-4 资本流动性与银行危机

数据来源：布罗纳和本图拉（Broner & Ventura，2016）、莱因哈特和罗格夫（Reinhart & Rogoff，2011）、奥布斯特菲尔德和泰勒（Obstfeld & Taylor，2004）。

---

① 详见国际货币基金组织于2022年发布的报告《应对生活成本危机》。Internationaler Währungsfonds, ed., *Countering the Cost-of-Living Crisis*, Washington, DC: International Monetary Fund, 2022.

2.2 贸易摩擦不断

人类现代意义上的全球化伴随着运输成本的下降和商品贸易的发展，贸易全球化在当中扮演着不可忽视的角色。

然而，"全球价值链"的本质是全球范围内的资源整合与配置[①]，在很大程度上，依托于"全球价值链"发展的贸易全球化就是一种根植于不平等、不稳定本质的经济形态。就宏观环境而言，全球价值链通常涉及多个国家，其顺利运转高度依赖于国际市场和跨国运营，这使得依托于全球价值链的国际贸易对地缘政治风险、汇率波动、贸易政策变化等因素非常敏感。其中任一环节所处地区的宏观经济、政治及文化等环境的细微变动，都可能顺着全球价值链传导，进而引发全球范围内的贸易摩擦。就微观特征而言，随着跨国企业在全球范围内的扩张，"全球价值链"在长度与复杂程度均有所增加的同时，其风险性和不稳定性也不断提升。经过数十年"超级全球化"的发展，"全球价值链"正常运转的前提条件已演变为跨国企业在库存水平和交货时间上都必须高度精准。然而，这种高度精准和复杂的生产网络是为了提升贸易效率、降低生产与运输成本而设计的，其对全球风险的抵御能力并不尽如人意。"全球价值链"所面临的包括自然灾害、流行病传播、金融风险、地缘政治和网络风险在内的多维风险，使该链条平均每3.7年就会发生一次持续一个月甚至更长时间的中断，最终导致重度依赖于全球价值链的行业每十年损失超过40%的企业利润，严重影响了全球经济和贸

[①] 激进的观点将全球化中的生产资源整合与配置行为称为全球化下部分国家在全球范围内的"套利"行为。

易的稳定。①近些年来，全球多地民粹主义抬头，一些国家采取贸易保护主义策略，进一步加剧了国家之间的贸易摩擦，甚至引发了贸易冲突。

2.3 全球不平等

从历史发展趋势看，重大技术革命总是对人类的生产和生活方式产生深刻的影响。在新全球化阶段，世界经济的发展主要依靠人力资本和数字技术推动。然而，就技术创新的本质特征而言，由于其天生对人力资本、技术设施和政策环境具有选择倾向性，因此全球范围内的技术扩散带有高度非均质化特征，客观上形成了数字鸿沟。就技术创新的边际回报率而言，其边际成本极低且规模报酬递增，因而在市场中具有自然垄断的属性，亦极有可能产生大型科技企业的跨国垄断现象。

在这一背景下，全球不平等不断扩大。一方面，数字鸿沟使得全球发展不平衡加剧，不同地区的财富积累差距逐渐加大。发达国家受益于数字经济繁荣，实现了经济的快速增长，发展中国家则囿于自身经济和技术水平，无法充分享受数字技术的发展红利。在现有全球再分配政策不足的情况下，全球不平等矛盾愈发深化，数字贫困的问题也日益突出。另一方面，现阶段全球价值链形成的全球分工体系中，部分发展中国家企业由于缺乏数字技术的应用能力与技术创新能力，只能从事附加值较低的加工贸

---

① 详见麦肯锡全球研究院：《全球价值链的风险、韧性和再平衡》，2020年9月，https://www.mckinsey.com.cn/wp-content/uploads/2020/10/Risk-resilience-and-rebalancing-in-global-value-chains-executive-summary-CN-V1014.pdf。

易，被迫承受发达国家订单发包企业的"纵向压榨"和"俘获效应"，面临出口产品价格无法随成本上涨而提高的困境，这进一步恶化了全球不平等状况。

从资本趋利性流动角度看，全球化为资本的跨国转移和配置提供了便利的渠道，进一步强化了资本在社会财富分配中的强势地位，显著加剧了财富不平等状况。此外，由于资本能够在全球范围内自由流动，各国为了尽量保障并吸引更多的税基，往往会对流动性较大的资本设置较低的税率，而对流动性相对较低的劳动力设置较高的税率。各国对不同流动性生产要素的征税制度差异是在全球化极速发展阶段（1994年以来）导致收入不平等的一个十分重要的原因。[①]拉克纳和米拉诺维奇（Lakner & Milanovic, 2016）用"大象曲线"（The Elephant Curve，或卧S曲线）描述了全球化对世界范围内不同收入阶层收入的影响。图1-5展示了"超级全球化"时期全球不同收入阶层的人均实际收入增长率，也即"大象曲线"。可以发现，高收入人群在全球化快速发展时期收入增长也较快，低收入群体的收入同样有一定程度的增长，只有中等收入人群在贸易全球化过程中受益较少。此外，全球化促进了资本自由流动，有利于富人隐瞒海外资产和投资收入，通过跨境房地产投资等手段规避国内纳税义务，导致不平等进一步加剧。

根据《2022年世界不平等报告》[②]公布的数据，全球收入前

[①] 又被称为全球化的"税收契约"。关于全球收入不平等的"税收契约"的详细论述，可参阅艾格等（Egger et al., 2019）。

[②] 详见https://wir2022.wid.world/www-site/uploads/2023/03/D_FINAL_WIL_RIM_RAPPORT_2303.pdf。

图 1-5 "大象曲线"

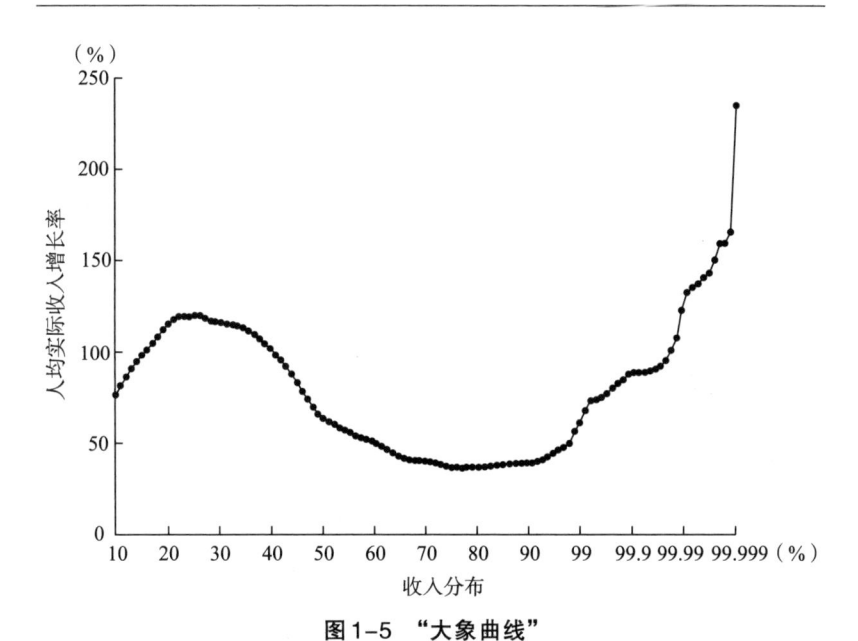

数据来源：阿尔瓦雷多等（Alvaredo et al., 2018）。

1%的人口，其收入份额已从1970年的16%上升到2020年的21%，而收入尾端50%的人口，其收入仅占全球收入的8%。不平等快速扩大的现象，在财富不平等问题上似乎更甚。全球最贫困50%人口所拥有的净财富仅占全球净财富的2%，而最富有的10%则拥有了全球76%的净财富。此外，在全球贫困方面，若以2011年购买力平价指数下日均消费1.9美元这一国际贫困线为标准，对当前世界贫困人口占比进行测算，可以发现自20世纪80年代以来，全球绝对贫困人口占比一直呈现下降趋势，至2017年已降至9.2%，但近年来下降速度有所减缓（图1-6）。加之2020年初开始的新冠疫情冲击，在2030年前实现全球极端人口比例降低至3%以下的可持续发展目标，尚面临着较大挑战。

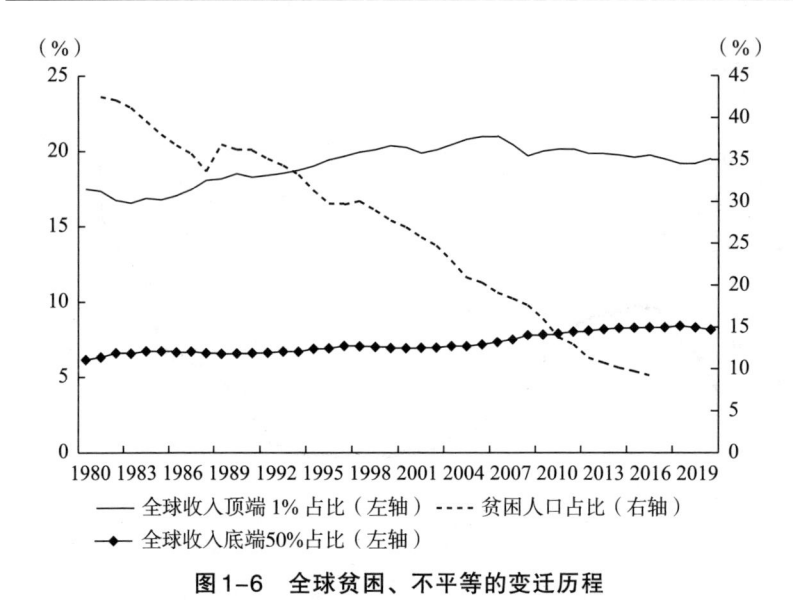

```
(%)                                                    (%)
25                                                      45
                                                        40
20                                                      35
                                                        30
15                                                      25
                                                        20
10                                                      15
 5                                                      10
                                                         5
 0                                                       0
  1980 1983 1986 1989 1992 1995 1998 2001 2004 2007 2010 2013 2016 2019
        ——— 全球收入顶端1%占比（左轴）   - - - 贫困人口占比（右轴）
        ◆ 全球收入底端50%占比（左轴）
```

图1-6　全球贫困、不平等的变迁历程

数据来源：世界不平等数据库（World Inequality Database，WID）。

3. 全球性挑战超越主权边界

全球化在促进工业化发展，加快科学技术进步和为人们提供更高生活水平、更多生活便利的同时，也带来了日益严重的超越主权的全球性挑战，诸如气候暖化、环境恶化和传染病蔓延等问题。

3.1 全球生态环境问题凸显

当代全球化面临的一个空前严峻的挑战是全球生态和环境问题。20世纪70年代，罗马俱乐部撰写了一系列关注全球增长极限的报告，发出人类处于历史转折点的警示，鲜明地体现了对全球性问题的意识和关切。20世纪90年代进入"超级全球化"阶段后,全球生态与环境问题变得更为严峻。联合国环境规划署将全球生态环境的恶化归类为"地球三重危机",即气候变暖、环境污染和生物多样性损失。这三大危机彼此关联交织,加剧了环境生存风险,并与人类全球化活动相互作用,已给全人类带来了严重的福利和经济损失。

气候危机是当前最紧迫的问题。在全球化的发展过程中,区域性的温室气体过度累积,并随着工业生产部门的转移和"全球价值链"逐渐蔓延至全球,最终导致全球变暖,海平面上升,极端天气频发。根据美国国家海洋和大气管理局和全球碳项目(Global Carbon Project)提供的数据,随着工业化和全球化的快速发展,1880—2020年,全球海陆平均气温持续上升,且这种持续性的上升与化石燃料燃烧排放的温室气体存在显著的正相关关系(图1-7)。联合国环境规划署2023年《排放差距报告》表明,21世纪全球气温将至少上升3℃。

污染危机包括空气污染、水污染和土壤污染等,严重影响了人类健康和生态系统健康。据2018年《柳叶刀》污染与健康委员会报告,污染是目前导致疾病和死亡的主要因素,而空气污染是全球最主要的疾病与过早死亡的原因。[①]2019年,估计全球有900万人的过早死亡由与污染有关的疾病造成,其中约有670万人因空气污染而死。目前,超过80%的城市无法达到世界卫生组织的空气质量水平标准,许多城市的空气污染水平依旧持续上升,尤

---

① 资料来源于联合国环境规划署2018年1月发布的《环境与健康》报告。详见https://wedocs.unep.org/bitstream/handle/20.500.11822/30795/UNEA3_4CH.pdf?。

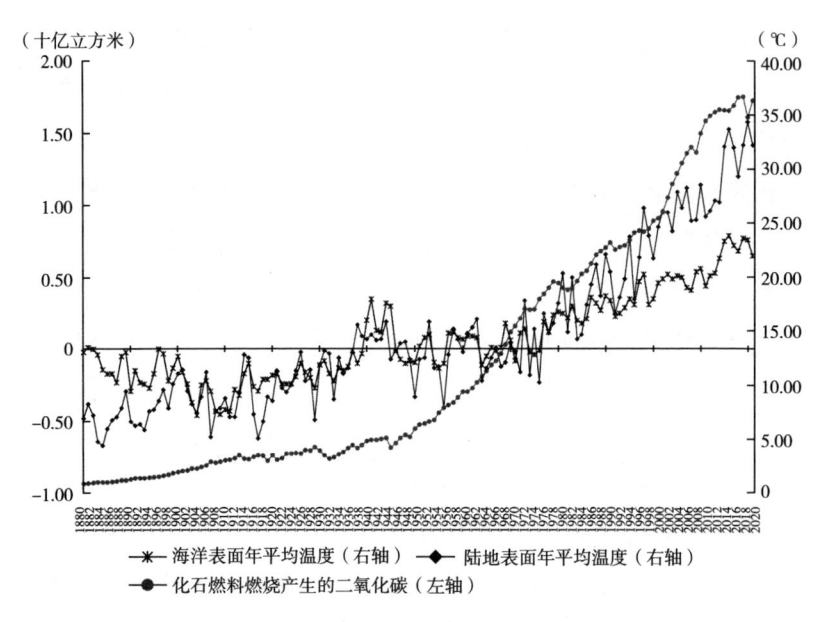

图 1-7　1880—2020 年全球海陆表面温度及化石燃烧产生的温室气体变化

数据来源：Statista 数据库。

以低收入和中等收入国家的城市为甚。此外，污染还会通过光照反射率降低、海洋酸化、臭氧消耗等渠道从污染源国家传播至世界各地，进一步影响整体生态系统，恶化全球生态环境。

生物多样性危机的直接原因包括过度捕捞和动物栖息地丧失，气候危机和污染危机蔓延对生态系统的破坏也加剧了这一进程。生物多样性危机影响区域内部食品供应和清洁水获取的途径，严重冲击了人类社会生产经营活动的可持续性。例如农业系统中生物多样性的丧失，包括物种和遗传性变异的减少，极大增加了人类面对自然灾害时的脆弱性，也减少了人类作为生产者的选择，最终造成区域经济社会的福利损失。生物多样性的保护在不同地区之间依旧存在较大差异。以森林覆盖率为例，在亚洲、欧洲和北美洲，得益于植树造林、景观恢复等人为努力和森林的自然扩张，森林覆盖率总体上有所增加。相比之下，拉丁美洲和撒哈拉以南非洲则出现森林面积的严重损失，这些地区同时也都是贫困人口占比较高的地区，尚处在将森林大量转变为农业用地的阶段（图1-8）。

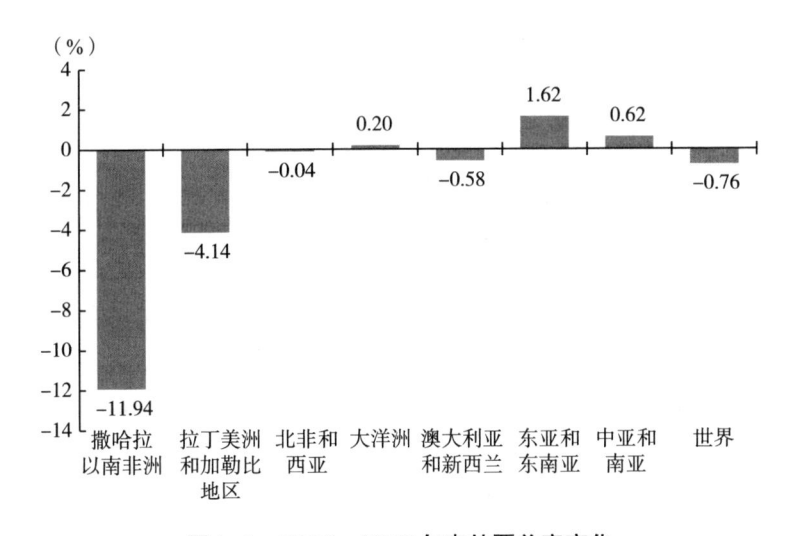

图1-8 2000—2020年森林覆盖率变化

数据来源：Statista数据库。

近年来，生态环境问题已从区域性议题逐渐转变为全球性议题。联合国秘书长安东尼奥·古特雷斯警告："人类正在向自然开战，这是愚蠢的自杀行为。我们鲁莽行事的恶果已昭然若揭：人类遭受深刻的痛苦、巨大的经济损失，地球上无数的生命被加速吞噬。"[1] 过去五十年间，因全球生态环境恶化带来的气候相关灾害而死亡的人数已增加了五倍，此外平均每年另有2150万人因此流离失所。更加极端和频繁的洪水、干旱和风暴，不仅造成了巨大的人员伤亡，还带来了沉重的环境和财务损失。[2] 然而，由于全球生态环境是最具代表性的全球公共产品，具有全球范围的溢出效应，其收益的非排他性决定了各国参与供给的激励不足，普遍存在"搭便车"行为，最终导致包括《京都议定书》和《巴黎协定》等协定在内的，试图解决全球生态环境问题的国际合作频繁陷入集体行动困境。

3.2 全球性疾病危害人类健康

全球化对人类健康产生的挑战被全球公共卫生学家安东尼·麦克格鲁称为全球化产生的健康"综合征"（Syndrome）。这是一种系统性、整体性的挑战，而非单一特征的变化。它反映了全球化进程中，人口急速膨胀、经济活动范围扩大和生态环境的破坏导致的全球不平等、生物多样性丧失、气候变化等系统性问题，已经严重危害到了人类的生命健康福祉。具体而言，人类健康面临的挑战主要来源于全球化对疾病传播的直接影响与对人类

---

[1] 详见联合国环境规划署：《与自然和平相处：应对气候变化、生物多样性丧失和污染危机的科学蓝图》，2021年2月，第4页。https://wedocs.unep.org/xmlui/bitstream/handle/20.500.11822/34948/MPN_ch.pdf。

[2] 瑞士再保险公司（Swiss Re）认为，气候变化可能在2050年之前削减全球经济价值将近23万亿美元，其中美国、加拿大和法国等发达国家的潜在经济产出损失在6%到10%。对于发展中国家而言，气候变化的影响更为严重。例如，到2050年，马来西亚和泰国预计经济增长将比预期低20%。详见瑞士再保险中国："瑞士再保险宣布全新减碳目标，加速实现净零未来"，https://www.swissre.com/china/news-insights/press-release/new-carbon-reduction-targets.html。

健康的间接影响两个方面。

从直接影响来看，全球化为疾病的传播提供了新的途径和渠道，加快了传染性疾病（Communicable Diseases，CDs）在全球的传播速度，扩大了传染性疾病的传播范围。尽管人们乐观地认为，通过抗生素、疫苗和良好的卫生习惯，传染病能够被克服，但从过去数十年的趋势来看，传染病仍然存在。以往极大程度上威胁人类生命健康的传染病如结核病和霍乱始终未被消灭，而新型传染病（如艾滋病、埃博拉病毒病、SARS、新型冠状病毒感染等）更是层出不穷。除了跨区域的人类活动之外，人口持续增长对环境带来的压力持续增加，这进一步加剧了气候问题，极端干旱与暴雨等异常天气频繁发生。由人类活动造成的气候变化也直接增加了病毒媒介和啮齿动物传播疾病的传播率，如疟疾、登革热和血吸虫病等。

从间接影响来看，全球化对人口健康的最实质性影响之一来自区域经济不平等、不安全和脆弱性。一方面，气候的异常变化导致粮食产量大幅波动，部分经济较为脆弱的中低收入国家面临着低收入群体营养不良的严峻风险。另一方面，由于经济全球化给中低收入国家带来了高强度的工作模式和向高能量饮食营养结构的过快转型[①]，癌症、心血管疾病和糖尿病等非传染性疾病（Noncommunicable Diseases，NCDs）的患病率在全球化时期一直稳步增长。根据世界卫生组织的统计，截至2019年，全球范围

---

① 越来越多的证据表明，营养转型的速度与大型跨国食品公司在全球范围内的影响力有关。大型跨国食品公司能够在全球范围内自由投资，且其生产的食品也能够在全球范围内自由贸易，此二者共同加快了中低收入国家的营养模式转型（Hawkes，2005）。

内由非传染性疾病导致的过早死亡数量已经占到全球死亡数量的18%，其中，非洲和东南亚的低收入国家由于非传染性疾病而过早死亡的比例远高于全球平均水平。[①]

3.3 全球性挑战减弱了国家自主性

在全球化过程中，全球性挑战削弱了民族国家自主制定有效国家政策的能力，国家自主性由此逐渐减弱。21世纪初，由罗德里克（Rodrik，2000）提出的"世界经济的三难困境"（Trilemma of the World Economy）理论认为，民族国家在融入全球经济一体化时面临着权衡取舍，经济一体化、国家自主性和民主政治三者之间存在不可调和的张力，最多只能同时兼顾其中两者。民主制度下，选民会要求国家调整分配，反制全球化，这也是"逆全球化"的根源；如果不放弃高度全球化，国家就要以政治手段来压制民主诉求。理论上，要想同时拥有这三个要素，唯一的途径就是建立一套普遍的全球秩序，实现全球政治经济一体化，从而消除内部秩序和外部秩序的差别。但这样一套体系明显缺乏现实基础。可行的策略和出路在于寻找政治秩序与市场秩序之间新的均衡点，既要追求普遍规则，又要承认国家主权的独立性，要通过协调合作的方式形成某种对国家主权的超越。

国家自主性的减弱同时也伴随着**非国家政治的兴起**，主要表现为政治主体超越国家和政治范围凸显跨国性，而这种超越主权边界的团体政治和全球政治也在时刻挑战着基于国家主权边界的传统治理体制。虽然欧盟等区域经济集团对成员国施有专门限

---

① 数据来源：世界卫生组织官网。详见 https://ncdportal.org/。

制，国际货币基金组织和世界贸易组织一类的国际政府组织也有面向成员国的管理规定，但大多数情况下，跨国公司以利润最大化为目标在全球范围内的跨边界经营活动、逐利性资本自由流动所产生的"赌场资本主义"（Casino Capitalism）[①]和信息技术发展带来的持续性的思想和信息交流，都在重构传统定义下的民族国家和国家自主权。一言以蔽之，传统的民族国家政治的国家中心主义导向正受到全球化所推动的非国家主体政治的质疑和冲击，全球政治和经济领域由是出现了两种主体并存、互动、较量的境况。一方面是非国家政治主体的兴起、渗透和扩散，另一方面则是传统民族国家的回应、调整，甚至有部分民族国家对依托于全球化产生的非国家经济和政治主体产生抵制情绪。虽然民族国家政治的主导地位并未改变，但全球化所造成的压力和冲击与日俱增也是难以否认的事实。

民族国家自主性的减弱和非国家政治的兴起最终可能导致公共安全问题层出不穷，不但会困扰公众，而且可能破坏正常社会秩序，危及人们的安全甚至生存。随着全球化的推进，各国之间的跨境互动变得更加频繁，这为非传统安全威胁如恐怖主义和跨国犯罪等提供了更多的扩展空间。例如，恐怖组织可以利用开放的国际交通和贸易网络，轻易地在国际间转移人员、物资和资金，并利用国际化的金融和网络进行资金募集和信息传递，从而规避单一国家的反恐打击。詹姆斯·罗西瑙（James N. Rosenau，2001）在《没有政府的治理：世界政治中的秩序与变革》中指出，非国家行动者如恐怖组织和跨国犯罪团伙，正利用全球化

[①] 详见斯特兰奇（Strange, 2015）。

的优势挑战传统的国家主权和边界，给国际社会带来了前所未有的非传统安全挑战。此外，全球化和技术进步不仅增强了信息流动性，也使网络安全问题愈加尖锐。随着大数据、云计算和物联网的普及，个人隐私和国家机密面临更大的泄露风险，商业机密和知识产权也更易遭受侵犯。关键基础设施，如电力、交通和医疗等，都可能因为网络攻击而受到严重破坏，给社会带来巨大损失。诸如"9·11"事件、"别斯兰人质事件"、"波士顿马拉松爆炸事件"等恐怖袭击，马六甲海峡，尼日利亚水域，亚丁湾、索马里海域等地海盗的猖獗，以及毒品战争、难民潮、黑客攻击、人工智能伦理等问题，都是全球公共安全挑战带给人类的冲击。全球化进程中的这些公共安全问题，是任何一个国家都难以采取强有力单边措施应对的，必须依赖国际社会的协同治理和集体行动。社会领域中由全球化导致的广泛公共安全问题，进一步证明着人类的相互依存，迫切呼唤着更具有全球视野的思维与政策。

4. 全球性挑战呼唤新理论

4.1 全球性挑战呼唤全球思维

人类面临的这些前所未有的挑战并不是分散的、竞争的、或相互割裂的民族国家所能应对的。全球化以及全球性挑战已经"穿透"和"跨越"了领土界定的泾渭分明的国家边界，无情地挑战和搅动着国家的传统疆域。全球性是人类对民族性的一种超越。长期以来，学者们都在不断地思考整个世界。无论是中国流传千年的"天下为公"思想,还是但丁的世界帝国论,康德的永久和平论,或是马克思的自由人联合体憧憬,都超越了国家或区域,以世界为单元、以全球为整体来思考和理解人类所面临的问题。但是,我们的分析思维、分析方法仍然停留在民族国家层面,"方法论国家主义"长期以来建立在领土疆域之上的民族国家,一直是我们进行想象和分析的基本单位,而全球性挑战让这种传统"方法论国家主义"举步维艰。社会科学需要突破传统的国家主义思考范式,把世界作为一个共享的空间来思考人类的未来。学者们呼吁社会科学的全球转变[①],很多学科已经响应着全球化的变迁,比如说社会学领域即出现了全球社会学,国际政治学者将政治学的发展演进归纳为国家政治、国际政治和全球政治三个阶段,等等。

4.2 财政学理论需要突破国家的辖域观

然而,面对全球化的巨浪,财政学的研究依旧停留在国家(地区)辖域层面的经济活动,并未响应时代的挑战。传统的财政学,即公共财政(Public Finance),其研究对象通常为一国之内的公共部门活动,意指"国家管理政治经济"。被誉为"现代财政学之父"的马斯格雷夫系统综合了财政学理论,提出了财政的三大职能——资源配置、收入分配和经济稳定。国内大多数学者认为,无论哪一种社会制度下的财政,从来都是国家所掌握的保障供给和治国安邦的重要手段,只不过反映的分配关系不同。

[①] 关于这方面,可参阅戴维·赫尔德、安东尼·麦克格鲁主编:《全球化理论:研究路径与理论论争》,社会科学文献出版社2009年版。

由此，财政与国家有本质联系。陈共（2020）也认为，财政就是政府的收支及治理，是国家或政府管理和运用财政收入和支出的活动和制度。高培勇（2014）在阐释"财政是国家治理基础和重要支柱"时，明确提出财政是一个跨越经济、政治、社会、文化和生态文明等多个学科和领域的综合性范畴，但主要考虑的仍是国家层面的财政问题。近些年来，楼继伟提出了大国财政的命题，刘尚希（2016）同样敏锐地意识到大国财政既是国家现代化建设题中应有之义，也是中国走向复兴、担负全球责任的战略选择。在各国经济的相互交融中，国家间的财政关系受到了持续的关注，国际财政，尤其是国际税收受到的关注更为广泛。但是，在气候变暖等全球性问题面前，已有的财政学分析框架明显缺乏解释力。何振一（1987）从社会共同需要中寻找财政的起源与目标，突破了财政起源于国家的观点。塞茨（Saez，2021）从社会性质（social nature）的演进补充了已有财政理论的缺陷，强调从史前（prehistory）狩猎采集部落的公共资源分配，到强制性国家（coercive state）的再分配，再到20世纪社会国家（social state）的兴起来看，财政的历史源远流长，非为民族国家所特有。由此，当人类的活动范围拓展至全球，需要共同应对全球面临的挑战时，财政理论也亟需随之拓展到全球领域，从人类共同体层面思考世界范围内的经济活动。以全球公共产品为例，气候、环境、健康等一系列公共产品已经超越传统公共产品的国家范畴，面对这些全球公共产品的供给不足，财政学理论需要超越民族国家范畴，从全球人类视角思考如何加强国家间合作，为全球提供公共产品，从而为应对全球性挑战提供理论和经验支撑。

4.3 倡导人类命运共同体的现实诉求

自2001年加入WTO以来，中国不仅深度介入了全球经济一体化进程，更是国际社会公认的全球化受益者之一，创下了惊艳世界的增长奇迹。踏着全球化的浪潮，中国已成为世界第二大经济体，货物贸易总量位居世界第一。到2022年，中国已连续6年保持世界第一的货物贸易国地位；全球198个国家和地区中，中国是其中128个国家的最大贸易伙伴。随着中国的崛起，面对着"人类向何处去"的世界之问、历史之问、时代之问，中国领导人提出了构建人类命运共同体的理念，试图为彷徨求索的世界照亮前行之路，为人类走向携手同心共护家园、共享繁荣的美好未来贡献中国方案。而作为行动之一，共建"一带一路"倡议是构建人类命运共同体的生动实践，是中国为世界提供的广受欢迎的全球公共产品和国际合作平台，体现了中国的大国责任与担当。构建人类命运共同体，让全球超越利己主义和保护主义，凝聚合力应对人类面临的挑战，既是理论的呼唤，也是现实的诉求。就财政学科而言，从全球视角拓展财税理论，构建全球公共财政学，既是社会发展的需要——当人类面临生存和发展的问题时，亟需找到解决全球公共产品赤字和短缺的替代方案；又是知识创新的需要——理论是灰色的，世界的新变化需要用新的理论和观点来理解。

简言之，全球气候变化、全球金融危机、全球疫情等问题，无一不凸显了全球化时代社会转型的复杂性和严峻性。当今人类社会已在全球范围和层面出现了认知困惑和行动迷茫，急迫地要求理论上和政策上的回应。我们需要以综合性、跨学科的视角来研究全球面临的挑战。全球公共财政学正是以人类共同利益为中心，以全球为舞台，以全球维度的政治经济活动与财政现象为研究对象，从财政学的视角为21世纪的全球治理寻找切入点，为人类可持续发展提供财税之声。

本章小结

全球化经过数百年的发展和变化，逐渐消弭了曾经的地理、文化与政策壁垒，但逐渐模糊的边界亦带来了超越国家和市场的全球性挑战。本章主要介绍了全球化的概念、历史演变及发展现状，并就全球化所带来的包括经济、环境、健康等方面的全球性挑战进行了详细的分析与描述，最后阐述了全球性挑战为何亟待新的思维与理论指导，从财政学的视角为全球治理寻找新的切入点。

第二章 财政学演进：从国家到全球

> 财政学长期囿于经济学的囚笼，深陷国家辖域观的窠臼。
>
> ——作者

财政学生根于政治学，发芽、开花于经济学。作为一门交叉学科，财政学在发展进程中存在两大问题：一是经济学发展推动了财政学进步，却也使财政学逐渐沦落为经济学的一个分支，只关注政府活动的狭窄领域；二是财政学一直把国家作为研究对象，深陷国家辖域观的窠臼，难以响应当今的全球化浪潮和人类面临的重大挑战。为此，财政学的发展需要跨学科的营养和智慧，从而跳出民族国家的视野，回应当前全人类面临的共同挑战。

1. 财政学的起源与发展：囿于经济学的囚笼

1.1 财政学的起源：传统财政学

主流财政学学科理论通常认为亚当·斯密的《国富论》是现

代财政理论的源头。更确切的说法是，财政学有两个起源，一个是源自德国及奥地利的宫廷理财学，另一个则是英国的古典经济学。最早的财政学是由瓦格纳集大成的德国正统财政学，它以德国的宫廷理财学为父，以英国的古典经济学为母，于19世纪下半叶在德国诞生。所以，科尔姆说："财政学是宫廷理财学与古典经济学奇妙婚姻的产物。"

1.1.1 欧洲大陆学派

重商主义最初在15世纪产生于意大利，后来主要在西班牙、葡萄牙、荷兰、法国、英国等国流行。1648年《威斯特伐利亚和约》划定各国边界后，欧洲恢复了和平，民族国家纷纷致力于自身的发展，彼此间展开了激烈的经济竞争，国家财政治理能力日益重要，重商主义因而备受欢迎。在重商主义者看来，金银等贵重金属是财富的唯一形式，有多余的金银流入就意味着一国的经济实力增加。重商主义的主要目标是加强政府的财政基础，提高征税能力，用财税手段保护本国贸易，刺激国内商品生产和出口。重商主义的兴起促进了商品货币关系和资本主义工商业的发展，反映了商业资本家和封建中央集权国家狂热追求金银货币的实践活动，是对欧洲资本原始积累时期资本主义经济关系的最初考察。1663年，被马克思称为"政治经济学之父"的威廉·配第（William Petty）在其著作《赋税论》一书中深入考察了资本主义生产的内部规律，详细论述了公共支出、公共经费和征收税赋等经济问题，其中关于压缩行政、军事和教育这些非生产性开支等财政开支方面的主张仍然有浓郁的重商主义色彩。

16世纪初期，以德国官房学派为主要代表的欧洲大陆学派财政学理论初露端倪。当时一批学者被德皇选为财政金融顾问,作为国王的"智囊团"频繁出入于王室私人议事室召开的会议,讨论国家的财政金融事务。这些学者被称为官房[①]学者,其思想逐渐发展为官房学派。官房学派是重商主义在德国的变种,他们同样以提高国家的整体福利状况为目的,并认为增加国家的货币财富能增强国家的经济力量。官房学者活跃在当时的政治舞台,他们主张国家干预经济的思想在当时广为流传(Backhaus & Wagner,1987)。

随后,官房学派在德国本国以及奥地利等其他欧洲国家逐渐发展演变为宫廷理财学,并在17—18世纪达到鼎盛。宫廷理财学的目标是追求国家共同的利益。国家的收入由居民的共有土地收入,向工商业者征收的通行费、开设市场的特权费与向庶民征收的公税构成,此后公税逐渐发展为税收。可以看出,在欧洲大陆学派的财政理论中,宫廷理财学研究的范围包括国家、政府和社会中其他组织的所有财政金融行为。但如果将其等同于财政学的话,仍具有一定的局限性。真正的财政学应该是以政府财政为媒介,综合整体经济体系与社会体系而展现出来的。因此不妨说,宫廷理财学是财政学的一个重要起源。

第一次世界大战后,财政社会学在欧洲大陆学派财政理论的基础上,进一步考虑了政府和其他社会组织之间的相互作用、历史制度因素等,以研究政府的财政政策效应(刘守刚、刘志广,2022)。这一学科的代表性人物以葛德雪(Goldscheid)、熊彼特(J. A. Schumpeter)等学者为主,他们认为,要想全面理解财政学,就需要将财政学放在包含有经济、政治和社会等相互关联的

[①] 官房一词起源于欧洲的中世纪,原指国家的会计室,中世纪以后指国库或泛指国王的财产。

"整体社会"中考虑。财政社会学作为欧洲大陆财政理论的延续，将其推向了全新的发展阶段，但在20世纪30年代至40年代，欧洲大陆学派财政理论核心人物遭到纳粹主义迫害，该理论的发展因此陷入停滞。

1.1.2 英美学派

英国的工业革命和产业发展带来了经济上的繁荣，在一定程度上质疑甚至推翻了重商主义学派只重对外贸易、过度关注金银的畸形思想。此时，自由资本主义思想影响并改变着经济学家的观点，以亚当·斯密为代表人物的古典政治经济学应运而生。古典政治经济学反对国家集权垄断，倡导自由市场。1776年，斯密不朽巨著《国富论》的出版开辟了英国古典经济学的天地。其富有感染力的自由主义哲学和对市场这一"看不见的手"的精辟论述，奠定了资本主义自由经济的理论基础，迅速成为现代经济学的核心，其思想的号角响彻了西方世界，伴随着工业革命和政治自由的兴起，开创了长达200多年的财富积累和经济增长时代。在《国富论》的第五篇中，斯密论述了财政的三项原则：一是政府规模越小越好。亚当·斯密认为，政府是一种必要的"恶"，应该将自己的职责限定在必要的小范围内，具体包括保护本国安全、设立严正的司法机构、建立并维持某些公共机关和公共工程，以及维持君主的尊严四个方面。二是税收的中立性和确定性。亚当·斯密主张课税前的市场收入分配状态在课税后必须得到保障，提倡平等、确定、便利和最少费用的四项征税原则。三是均衡财政原则。斯密认为政府应厉行节约，追求财政收支均衡，避免发行公债。

与宫廷理财学不同的是，古典经济学更加重视如何"富民"。某种程度上，其对个人主义的崇尚抑制了财政学的发展，因为古典经济学把市场经济作为一种自发的约束秩序来信奉，而没有将财政现象看作整体进行分析。换句话说，古典经济学将财政政策现象视为干扰市场经济秩序及经济体系的因素。因此，当古典政治经济学传播到宫廷理财学的发源地德国时，对后者产生了极大的影响。

与亚当·斯密一脉相承，进一步发扬市场与政府相对立这一观点，以此解释市场经济发展过程中出现问题的古典经济学家包括大卫·李嘉图（David Ricardo）、让－巴蒂斯特·萨伊（Jean-Baptiste Say）和约翰·穆勒（John S. Mill）等。其中，李嘉图对斯密的价值理论进行了批判性继承和发展，提出劳动价值论、比较优势理论等重要经济学理论。在政府与市场的关系上，李嘉图认为经济活动的动力是人们的利己心理，主张放任市场自由发展，反对国家宏观干预。他还阐述了后人所称的"李嘉图等价"，即无论政府试图用租税还是公债来调节经济，都会因为人们的理性预期而无法实质性影响需求。萨伊是另一位古典政治经济学的集大成者，他提出了"供给创造需求"的萨伊定律和效用价值论。然而，李嘉图和萨伊的相关理论与当时英国发展的现实情况并不相符，尤其是李嘉图等价定理，引发了学者们的广泛讨论与批判。此时，约翰·穆勒在亚当·斯密的传统功利主义思想上结合伦理学和哲学，修正并补充了李嘉图主义。在其著作《政治经济学原理》中，穆勒首次以自己的理论解释了功利主义所必须遵从的基本原则。他对功利主义所描述的"快乐"的含义进行重新定义，客观讲述了他所理解的公平和正义。穆勒还深入讨论了政府与市场的关系，他以折中调和的态度系统地阐述了折中主义的国家适度干预理论，这是自由主义与国家干预主义两大思潮斗争史上的第一次大综合。穆勒认同自由放任市场的一般原则，反对政府强制干预，但同时也以他的功利主义理论为思想基础，拓宽了政府的职能与干预范围。

19世纪中后期，阿道夫·瓦格纳（Adolf Wagner）在考察分析了英、美、法、德等国的财政活动后，对古典自由主义经济学理论进行了批判。他强调国家在经济活动中的重要作用，宣传"社会国家"理论，并认为产权、契约都必须以法律为基础，主张国家修订法律对社会进行整体改良。在1924年提出的政府活动扩张法则（即后人所称的"瓦格纳法则"）中，他特别谈及政府实施干预，管控市场的重要性。瓦格纳法则的核心观点是，随着工业化的发展，市场也必然扩大，市场中行为主体之间的关系将愈加复杂，因而需要政府建立司法体系和政治制度，来规范市场行为主体的一系列社会经济资源配置活动，以实现资源的高效配置。而职能的扩张，自然要求政府在各方面的支出增加。此外，克努特·维克塞尔（Knut Wicksell）、弗朗西斯·埃奇沃思（Francis Y. Edgeworth）等经济学家为探寻公共产品的供给和分配等财政活动的效率问题，提出了"边际成本定价""契约曲线"等理论和研究工具，基于偏好比较的机制和福利经济学的分析范式研究政府功能，为现代财政研究学者如维尔弗雷多·帕累托（Vilfredo Pareto）和詹姆斯·布坎南（James M. Buchanan）等的相关理论打下了基础。

工业革命和自由资本主义推动着西方世界经济的发展。到了1890年，剑桥学派创始人阿尔弗雷德·马歇尔（Alfred Marshall）的划时代巨著《经济学原理》横空出世，将经济学从传统的政治经济学当中分离出来，开创了新古典经济学派。作为马歇尔的学生，阿瑟·庇古（Arthur C. Pigou）从财政政策角度来理解财政范畴并展开均衡分析。庇古建立起外部经济理论与社会福利增进问题之间的联系，从福利经济学的角度系统研究外部性问题，主张国家对市场厂商行为进行必要干预，政府通过立法管制、税收和补贴等手段纠正市场的资源错配，实现更高效率的配置。这种将财政活动视为调整外部性的工具的思想，彻底改变了斯密以来古典经济学派自由放任的主张，并从理论上证明了国家干预经济的必要性，倡导通过政府的力量来矫正市场的外部性。

1929—1933年，席卷西方世界的大萧条沉重打击了自由资本主义的狂欢，"供给自动创造需求"的萨伊定律受到严峻考验。谁来拯救资本主义？1936年，约翰·梅纳德·凯恩斯（John Maynard Keynes）以《就业、利息和货币通论》一书回应了这一问题。他以有效需求、赤字财政和政府干预等处方应对理论与现实的双重挑战，这也带来了现代财政学的发展。而当1948年，凯恩斯主义的美国代表人物保罗·萨缪尔森（Paul A. Samuelson）出版了《经济分析基础》后，西方经济学包括财政学就沿着一条专业化、数理化的轨道发展了下去。

1.2 财政学的发展：现代财政学

如上所述，20世纪30年代中期，凯恩斯将财政学带入了新的"黄金时代"。在分析政府预算与就业的关系时，凯恩斯认为总需求水平决定总就业水平的高低，而政府的财政政策是调节总需求水平的最有效手段。以此为背景，凯恩斯创建了以需求管理为中心思想的宏观经济学，强调政府在刺激经济、干预收入等方面的必要性。这是经济学领域的一次伟大变革，被称为"凯恩斯革命"，对西方国家经济的发展乃至对经济学的发展都产生了巨大且深远的影响。

进入20世纪中期，萨缪尔森发展了公共产品理论，认为纯公共产品有非竞争性和非排他性两个特性，并提出了公共产品供给的最优水平（Samuelson，1954）。1959年，财政学家理查德·马斯格雷夫（Richard A. Musgrave）在其著作《公共财政理论》中综合了亚当·斯密的古典经济学、德国的财政学思想以及凯恩斯的政策主张，提出了财政具有资源配置、收入分配和经济稳定的三大职能，开启了现代公共经济学或者财政学的高速发展时代。

然而，20世纪70年代，西方世界出现了经济停滞、失业与通货膨胀并发的"滞胀"局面。政府规模不断膨胀，一系列干预政策反而带来了大量政府失灵，而凯恩斯主义对此束手无策。西方自由主义学者由此开始重新反思政府干预的有效性问题，以布坎南、弗里德曼（Milton Friedman）等为代表人物的新自由主义思潮呼吁放松政府干预，放归市场自由。官僚体系本就具有自我膨胀的倾向，而政府干预背后的权力要求更加剧了这一趋势。随着信息化时代的到来，传统的官僚体制越来越难以适应信息革命对效率的要求，这引发了学界对市场与政府关系的又一轮反思。在理论层面，学界逐步意识到市场失灵理论越来越难以解释现实世界的财政实践：政府干预如果超出了边界和限度，同样会诱发政府失灵——这也是该时期财政学者们关注的核心问题。而政府介入的低效率成为公共部门改革和第三方治理理念的思想源泉，其中埃莉诺·奥斯特罗姆（Elinor Ostrom）提出的多元共治和多中心治理思想为公共产品理论注入了鲜活的血液。以这些理论为支撑，在实践层面，西方国家在20世纪70年代至80年代掀起了一场轰轰烈烈的新公共管理运动，试图在公共产品供给领域引入市场机制，重新定义政府的责任和效率，寻求建立公共与私人合作、政府和市场互动的治理模式。公共产品供给和公共政策实施不再仅仅依赖于政府这一个环节，市场机制和公民参与成为公共财政理论的新内容。

1998年，马斯格雷夫和布坎南进行了一场著名的辩论。马斯格雷夫将社会保险、累进税和公共部门的增加称作我们"为文明付出的代价"；而布坎南作为公共选择学派的创始人，认为民主政治会产生"过度膨胀"的公共部门，在人们无穷尽的诉求下，最后的结果就是"道德堕落"，为此要用宪法规则来限制和约束政府。毫无疑问，布坎南的主张在新自由主义浪潮中更受青睐。

专栏　马斯格雷夫和布坎南：两种对立的国家观

哈佛大学教授理查德·马斯格雷夫在1959年出版的《公共财政与实践》一书中表示，政府具有三种职能：第一是资源配置职能，通过提供私人部门不能提供的公共产品来矫正资源配置过程中的市场失灵；第二是调节收入分配职能，对财富进行再分配以在社会成员中求得公平正义；第三是稳定经济职能，运用凯恩斯主义财政政策求得经济稳定性。从中可以看出，马斯格雷夫关于国家功能的观点颇为积极。而布坎南在其著作《一致同意的计算》中则表述了不同的观点。他认为市场中存在着一些特殊利益群体，他们会通过游说等手段促使政府制定增进该群体利益而增加社会成本负担的政策计划，最终导致政府部门的不合理扩张。布坎南认为需要采取措施约束政府的这种无序扩张，反对政府对市场的过度干预。

由于马斯格雷夫和布坎南在各自研究领域均成就斐然，而二人的观点完全相悖，于是1998年两人在慕尼黑讨论会上的会面成为一次学术盛会。会上，两位大师就国家观展开了一场精彩的辩论，当时马斯格雷夫已经87岁，而布坎南也已经78岁。在该场辩论中，马斯格雷夫为社会保险累进税和公共部门职能的增加辩护，称其为"为文明付出的代价"；而布坎南作为公共选择学派创始人，坚决反对政府的过度干预，主张用宪法规则来限制和约束政府。

东欧剧变后，苏联在冷战中的失败已不可避免。1989年，日裔美籍政治学者弗朗西斯·福山（Francis Fukuyama）提出了所谓的"历史终结论"，认为西方式的市场经济和自由民主将成为"人类政府的最终形式"，"不可能再有更好的选择"。同年，约翰·威廉姆森提出十点"华盛顿共识"，倡导新自由主义或者市场原教旨主义理论，核心就是"给市场完全的自由"，限制政府对市场的干预行为，创造一个以私有制为基础的高效、开放、竞争的市场经济。20世纪90年代，这些理论一度受到广泛推崇。然而，遵循这些西方教条的许多拉美亚非国家，最终却陷入了经济停滞和社会混乱。就连开具药方的美国，自身也在2008年爆发了震惊世界的金融危机。在此背景下，不少学者开始反思全球资本主义不平等对世界的危害，其中以托马斯·皮凯蒂（Thomas Piketty）的专著《21世纪资本论》最具代表性。在该书中，皮凯蒂对18世纪工业革命至今的财富分配数据进行了分析，认为不加制约的资本主义导致了财富不平等的加剧，自由市场经济并不能完全解决财富分配不平等的问题（Piketty & Goldhammer, 2014）。近年来，新冠疫情一度肆虐全球，贸易摩擦不断冲击全球经济，核武器扩散以及恐怖主义行为危及世界安全，全球不平等和贫富差距不断扩大。2023年，美国总统国家安全事务助理杰克·沙利文（Jake Sullivan）在布鲁金斯学会发表重振美国经济领导力的演讲时提出"新华盛顿共识"（New Washington Consensus），针对美国产业空心化、地缘政治变化、气候变暖以及国际经济不平等等方面问题，呼吁摒弃对自由市场经济的执迷，倡导以国家介入为主旨的产业政策，试图重振美国的制造业，建立超越传统贸易协定的新国际经济伙伴关系。

迄今为止，财政学的演进逻辑与理论架构基本提炼自对西方经济社会变化的回应。特别地，在经济学帝国主义的侵蚀下，财政学逐渐从一门跨领域的学科演变成经济学的一个分支。进入21世纪，随着新兴国家的崛起，传统的、以西方世界发展史和经济变迁为叙事基础的经济和财政理论逐渐难以诠释全球日益深刻的变化，亟需注入新的生机和活力。

2. 财政学的起源与发展：深陷国家辖域观的窠臼

2.1 国家财政观的窠臼

财政学自创立之初，就与政治职能研究紧密相连，始终面对着政府应该促成怎样的经济活动这一政策课题（山田太门，

2020)。作为天生的社会性动物，人类自诞生以来就生活在各类共同体中，从家庭、部落、社区，到国家以及具有超国家性质的国际组织，不一而足。在对这些共同体展开的研究中，国家是最受关注的领域。而财政学之所以将国家政府的职能或其形态作为研究对象，主要原因是国家主义的分析方法一直主导着西方的政治学及其他学科。西方世界国家建构历史事件时，相应的观念意识与理论体系都是围绕国家展开的。具体来说，可分为两方面：

一是西方国家构建的历史与实践。现代国际法建立的基础，是1648年确立的威斯特伐利亚体系。1517年宗教改革运动兴起后，欧洲陷入了一系列愈演愈烈的宗教战争，并在1618—1648年的三十年战争期间达到高潮。包括平民在内，这场战争的死亡人数达到了约800万，作为主战场的各日耳曼邦国人口损失了约25%—40%，德意志各诸侯国男性有近50%阵亡。三十年战争给欧洲带来了巨大的创伤，对许多国家的经济、社会和政治稳定造成了严重的破坏。战争的惨烈和破坏性迫使各国和谈，并于1648年签订了由三大条约组成的《威斯特伐利亚和约》。和约重新划定了民族国家的边界，承认各国拥有主权且主权平等，相互之间不干涉内政。基于这些原则，新的政治系统在欧洲逐步形成，宗教至上的时代由此结束，国家至上的选择得以确立。因此，国际关系学者一般将《威斯特伐利亚和约》的签订作为国家和国际体系发展的分水岭。由此确立的威斯特伐利亚原则，尤其是主权国家的概念，成为今日的国际法和世界秩序原则的最重要前身。

二是国家理论的创立与发展。国家主权的确立不能单靠条约规制，还需要相应的理论体系和观念意识进行阐释和支撑。英国哲学家托马斯·霍布斯（Thomas Hobbes）于1651年出版的《利维坦》一书，被誉为现代政治科学的开山之作，开创了国家理论之先河。霍布斯生活的英国，社会矛盾尖锐，战争阴云密布，动荡不安的环境驱使他为英国乃至欧洲寻找能够实现长治久安的政治模式。霍布斯敏锐地判断出人类要想摆脱自然状态的困境，就需要有强势的国家，即"利维坦"。他认为自然状态就像他自己生活的时代一样，是十分残酷的，"人们不断处于暴力死亡的恐惧和危险中，人的生活是孤独、贫困、卑污、残暴而短寿"。由于资源有限而法律不存在，人与人之间持续处于"所有人对所有人的战争"。人类唯一的出路就是将自己的自然权利交付给威权，依靠国家"施行真正的裁决，避免无穷的争斗"，保护自身免于暴力的死亡。[①]这一理论对后来卢梭、洛克的国家和契约理论等均有深刻的影响。黑格尔也对国家赞誉有加，认为"国家是达到特殊目的和福利的唯一条件"。他将国家提到"神"的高度，说："神自身在地上的行进，这就是国家。"人们"必须崇敬国家，把它看作地上的神物"。恩格斯认为，国家是社会在一定发展阶段的产物。在经济利益相互冲突的阶级对立中，需要有一种凌驾于社会之上的力量来提供基本的安全法律，保持社会秩序，这就是国家。由此，国家作为群居生活的统治机构，其兴起恰恰是对人类社会基本需要的回应。查尔斯·蒂利（Charles Tilly，2008）基于欧洲近代国家兴起的历史经验，把国家构建为战争塑造国家与国家造就战争的互动过程。在此过程中，武力系统、税收系统和官僚系统是国家构建的三大基本要素。毫无疑问，国家的构建

[①] 托马斯·霍布斯：《利维坦》，黎思复、黎廷弼译，商务印书馆1987年版。

与财政相伴而生，紧密相连。无论是国家能力的构建，还是武力系统的运行，都与财政的吸取能力密不可分。[①]

财政是当权者用政治权力对国民经济运行及支配的活动，而这些行为显然早于资本主义市场经济。作为一门学科的财政学先深受西方政治哲学的影响，而后又被经济学发展进程裹挟，因此其论述主要围绕个人和国家、政府和市场这两对关系展开。

（1）个人与国家的关系。大体而言，政治学家可分为两派。一派持政府有机论，认为社会是一个自然的有机体，每个人都是有机体的一部分，因此从某种意义上讲，个人利益要服从于国家利益，国家确定社会的整体目标，并努力引导社会实践。另一派则持相反论点，即政府机械论，认为政府不是社会的一个有机组成部分，而是人们为了更好地实现个人目标而自主创立的。政府的存在是为了人们的利益。但无论在哪一种观点下，财政活动的具体形式都与国家的物质条件、社会条件、政治条件紧密相连。国家本身不从事生产，为获得其执行各种职能所需的物质基础，就要以各种形式参与社会再生产或国民收益的分配，这种分配关系体现了以国家为主体的分配。

（2）政府与市场的关系。财政学以国家和政府的经济活动为研究对象，其中政府干预的依据有两方面来源。一是由于公共产品供给、垄断和信息不对称，市场存在着失灵的可能，需要利用财政手段满足社会的需求。二是财政学家认为，政府的再分配政策有利于社会福利的改善。马斯格雷夫传承了以斯密为代表的古

[①] 古罗马历史学家塔西佗说："没有军队，就没有和平；没有军饷，就没有军队；没有税收，就没有军饷。"

典财政学、德国正统财政学和"凯恩斯革命"的财政政策,系统化了以往财政学的相关理论,从功能上对财政职能进行了分类,将其分为资源配置、收入分配和稳定经济三项。当然,1776年以来,经济学始终围绕着政府与市场的二分法徘徊。针对西方世界的经济发展,"政府多一点还是市场多一点"的问题一直争论不休。

马克思和恩格斯都强调"有了国家才有财政,有了国家才有捐税",即财政活动的主体是国家。20世纪50年代初,丁方、罗毅、尹文敬、许廷星等中国学者将马克思理论与中国具体的经济体制和经济模式相结合,自主创立了"国家分配论"。"国家分配论"财政理论认为,"财政的本质是国家为实现其职能的需要,凭借着权力强制性、无偿性地参与国民收入分配所形成的分配关系"。这一理论以马克思主义政治经济学基本理论为基础,以社会总产品分配理论和社会再生产理论为指导,以财政体制和所有权属性为主线,是中华人民共和国成立后形成的第一个有影响力的财政学流派,得到了许毅、陈宝森、邓子基、陈共等大批财政学家的支持和倡导。在这一理论中,财政学被定义为以国家为主体的分配活动和分配关系。财政的作用主要是配合国家计划的落实,财政的目的就是满足国家的政治需要。[①]

进入20世纪80年代,何振一先生在反思财政起源于国家的"国家分配论"基础上,系统阐述了财政源于"社会共同需要"的观点。智人有20万年的历史,在不同的阶段,人类组建过

---

① 刘晓路、郭庆旺,"国家视角下的新中国财政基础理论变迁",《财政研究》2017年第4期,第27—37页。

形式各异的共同体。从最早的自然共同体或曰部落，到后来的国家，甚至再到未来的"自由人联合体"，任何一种共同体都出自人类共同面临的风险、挑战，以及共同的需求。从更广义的角度看，财政并不是国家所特有的。当人类尚处在狩猎采集时代，部落就已将50%的资源留用于公共需要，如赡养老人，照料儿童，为病弱者提供支持等。部落转为国家后，得以进一步凭借强制力征税作为财源，从而提供水平更高的公共服务，应对风险和挑战（Saez，2021）。事实上，在人类的历史长河中，国家这种组织形式只是共同体的形式之一而已。有考古证据或文字记载的国家历史始于大约公元前3500至公元前3000年，据此推断，人类历史98%的时间里都没有出现国家，国家兴起以来的历史只占全部人类历史2%左右的时间。然而，恰恰是国家的兴起给人类的进化带来了一场根本性的革命。国家结束了"所有人对所有人的战争"，提供了基本的安全、法律和秩序保障，保护了私有财产和社会的稳定，推动了技术进步和人类发展（包刚升，2023）。这种制度对人类产生的影响如此深远，无怪乎社会科学家不断地从国家视角拓展各学科的理论。

从公共需要或者共同体视角，我们会发现无论是早期的部落，还是时间稍晚的国家，甚或是具有超国家性质的公共组织，其行为都具有财政特征。进入21世纪，全球化进程和全球性挑战攸关人类命运，人类需要站在命运共同体的高度，携手维护全人类的权益，而不能局限于仅维护单个特定国家的私利。

2.2 从"政府与市场"到"国家与市场"

传统的财政学逻辑建立在依靠政府干预弥补市场失灵之上。

长期以来，经济学关注的焦点始终是一国内部政府与市场的协调。然而，随着全球化进程加速，各国经济相互交融。在笼罩全球的阴云下，单个主权国家孤军奋战注定徒劳无功。面对百年未有之大变局，一方面，要发挥全球化市场的积极作用，推动全球经济繁荣和人类福祉改善；而另一方面，国家之间必须跨越时空、跨越国度，携手共进应对全人类共同面临的挑战。换言之，我们需要在全球范围内思考"国家与市场"的协调问题，发挥国家协同机制和市场激励机制各自的优势，凝聚最大合力化解全球性危机。

现代国家和现代市场互相交织，相伴而生。当代国际关系的一大特点是国家边界是界定的，而各国的经济、政治和科技又彼此相互依存，全球性非国家行为极为活跃。当市场的边界跨越国界，市场和国家、跨国公司、非政府组织以及国际组织等强有力的行为者之间的互动就变得更加复杂。当今世界经济运行的方式仍取决于市场，但更取决于国家政策，尤其是大国的政策，单独依靠市场等经济力量无法解释全球经济的结构和运作。国家，尤其是大国，制定了每个企业特别是跨国公司必须遵循的规章，这些规章反映了占主导地位的国家及其公民的政治和经济利益。当然，这并不意味着否认市场依旧是决定经济与政治事务的一种强大力量。在市场全球化的今天，经济与政治对彼此均有深刻的影响，在分析财政问题时，必须把市场和国家有机融合在一起考虑。

在封闭经济条件下，国家曾经是市场的主宰者。随着全球化进程逐渐深入，全球市场的一体化、国际间的互联互通以及贸易往来的急速扩大等新状况，让传统的民族国家政府疲于应对。在一系列复杂而深刻的变化面前，民族国家政治显得老态龙钟、反应滞后。具体而言，当今世界经济正在国家逻辑和市场逻辑之间寻求平衡，以跨国公司为主导的全球化对世界产生了深远影响。例如，2023年7月，美国苹果公司的市值一度突破3万亿美元，超越了英国的GDP而晋升成为全球"第五大经济体"。也无怪乎查尔斯·金德尔伯格（Charles P. Kindleberger）惊呼，跨国公司的发展让"国家成为了一个经济单位"。显然，国家经济政策的自主性不可避免地受到国际市场一体化的强大限制。全球化进程中，现代国家和现代市场相依而生，不可分割地交织在一起：一方面，国家寻求权力，其行事逻辑是通过引导甚至控制资本积累过程和经济发展进程，增加本国的权力和经济福利，为此国家有选择性地创设、执行与维持市场机制；另一方面，市场寻求财富，其行事逻辑是在最有效率、最有利可图的领域开展经济活动，市场力量促进资本积累和收入增长，而由此带来的财富和税收又是国家的繁荣所系。各行为主体在全球范围内布局生产活动时，市场与国家之间的相互影响更上一层：当市场力量损害国家主权、经济和文化的自主性时，国家会设法挫其锋芒；当市场力量对国家有益时，国家则乐见其成，大力扶助其发展。21世纪初，丹尼·罗德尼克提出"世界经济的三难困境"理论，认为经济一体化、国家自主性和民主政治三者之间存在不可调和的张力，我们同时最多只能兼顾其中两者。当今的贸易保护主义和民粹主义思潮抬头，正是西方各国为保全民族国家和大众民主而牺牲经济全球化的结果。卡尔·波兰尼（Karl Polanyi）认为，自我调节的市场不是自发形成的，而是嵌含于社会之中，一旦要脱嵌于社会，就会受到来自社会的反向牵制，经济自由主义与社会自我保护运动之间存在"双向运动"（Double Movement）。当全球化市场的扩张导致国际收入分配差距扩大、环境恶化、部分地区就业减少时,社会力量会反向运动以抵制市场的侵蚀,工会、非政府组织等的诉求将促使国家出面干预市场的力量。这种双向运动会在市场和国家之间形成一种钟摆式平衡。

世界经济功能的发挥,既取决于市场,也取决于民族国家的政策,各国出于政治目的的竞争和合作行为相互影响,创造出经济力量在其中运作的政治关系框架。国家制定每个企业家和跨国公司必须遵循的规章,然而,诚如罗伯特·吉尔平(Robert Gilpin)所言,虽然"国家特别是大国制定的企业家和跨国公司必须遵循的规章,一般反映了占主导地位的国家及其公民的政治利益和经济利益,但是经济和技术的力量也会影响各国的政策和利益,影响各国政治关系。事实上市场是决定经济或政治事务的一种强大力量"。有鉴于此,在作政治和经济分析时,必须了解世界经济的实际运作和演变,把国家和市场结合起来考虑。以第二次世界大战后日本的经济腾飞为例:通过实行自上而下的管制经济体制,日本成功地打造了出口导向型经济。在国家的积极支持下,日本公司试图将整个亚太经济纳入由本国大公司组织管理或主宰的区域性工业金融结构或网络中。日本的对外援助机构通过贸易投资和与其他大型跨国公司合作,有意识地塑造有利于自身的区域性劳动分工。这种分工由以日本经济为核心的高度一体化的生产或销售网络组成,在日本的崛起过程中发挥了重要作用。

简言之,当市场的边界超越了泾渭分明的国界,单个国家已经难以应对全球性挑战时,财政学理论需要跳出国家辖域观的研究视野,深刻理解全球一体化进程中市场和国家的互动逻辑。

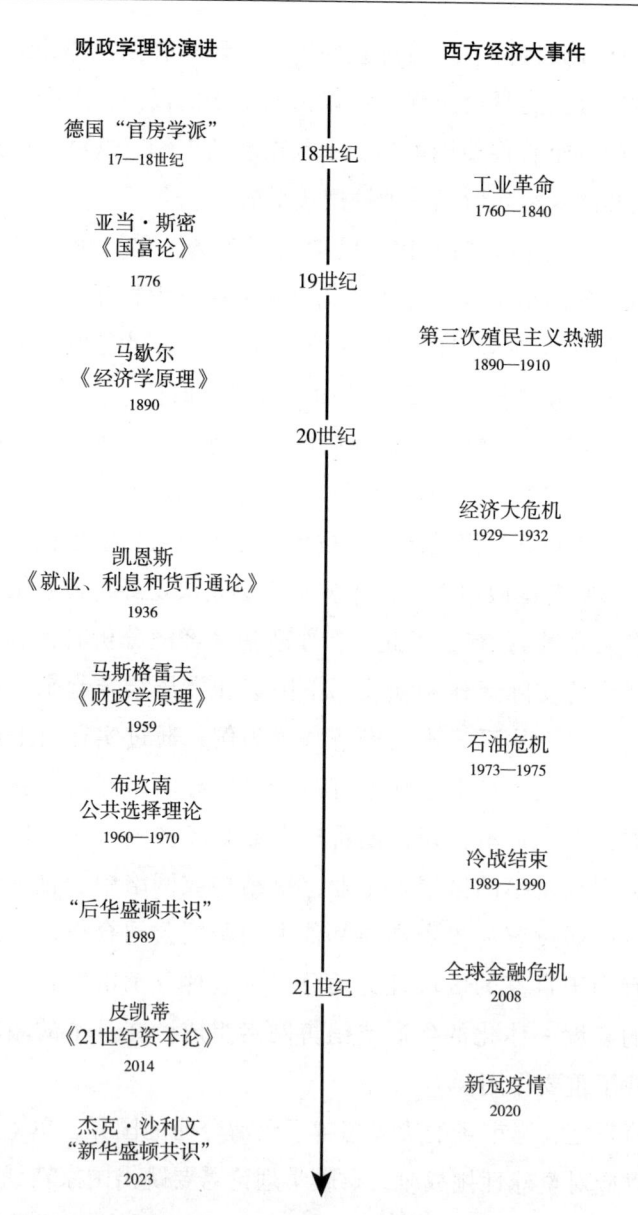

财政学理论演进		西方经济大事件
德国"官房学派" 17—18世纪	18世纪	
		工业革命 1760—1840
亚当·斯密 《国富论》 1776	19世纪	
		第三次殖民主义热潮 1890—1910
马歇尔 《经济学原理》 1890	20世纪	
		经济大危机 1929—1932
凯恩斯 《就业、利息和货币通论》 1936		
马斯格雷夫 《财政学原理》 1959		石油危机 1973—1975
布坎南 公共选择理论 1960—1970		冷战结束 1989—1990
"后华盛顿共识" 1989		
	21世纪	全球金融危机 2008
皮凯蒂 《21世纪资本论》 2014		新冠疫情 2020
杰克·沙利文 "新华盛顿共识" 2023		

图2-1 西方世界经济大事件与理论演进

2.3 国际财政

第二次世界大战结束后,全球化进程步入加速阶段,国际政治经济交往日益频繁,以往局限在国家(地区)范围内的活动,如公共产品的融资与提供等,变得更具有国际性,甚至上升到全球范围(Tanzi,2008)。各国政府的决策也逐渐受到国际组织和国际协议权力的影响,这一现象在欧盟表现得尤为明显。显然,基于"封闭经济"视角的国家财政理论已无法完全解释和应对复杂的全球性问题。学者们敏锐地意识到,财政领域需要更紧密的国家间经济政策协调。为了维持全球经济的稳定发展,有必要设立一个拥有自主决定权的"国际财政机构"(International Treasure)。1959年,诺贝尔经济学奖得主简·丁伯根(Jan Tinbergen)在其《稳定与发展政策的国际协调》[①]一文中首次提出了"国际财政学"的概念,但并未就国际财政机构的构建进行详细论述。1963年,英国经济学家道格拉斯·多瑟(Douglas Dosser)试图为国际财政学的研究开山引路,将传统的财政职能嫁接到国际财政的研究中(Dosser,1963)。多瑟认为,传统财政学对财政职能的三分法,即资源配置、收入再分配以及经济稳定和发展,这一分析框架同样适用于国际经济结构。具体而言,世界卫生组织(WHO)、北大西洋公约组织(NATO)等国际机构承担了资源配置职能;经济合作与发展组织(OECD)等国际组织和各国政府共同履行了再分配职能,国际货币基金组织(IMF)等则发挥了稳定和发展经济职能。多瑟的研究是一次有

[①] Tinbergen, J. "International Co-ordination of Stabilization and Development Policies." *Kyklos* 12.3, 1959, pp. 283-289.

益的尝试，但并未突破财政联邦主义的思想藩篱。国际财政不仅是国家间、政府间财政关系的协调，也是全球化背景下国际关系和全球治理的映射。简单为国家财政的基本职能寻找高一层级的"国际政府"，未免略显狭隘。

1976年，财政学家理查德·马斯格雷夫与佩吉·马斯格雷夫（Peggy B. Musgrave）共同撰写了《财政理论与实践》[①]一书。在该书第五版中，马斯格雷夫夫妇提到，随着世界经济依存度日益加深，区域性政治经济组织的出现、跨国公司对资本和其他生产要素在全球范围内配置作用的增强，以及收入差距的持续扩大等新状况，都表明了国际财政协调的必要性。他们还指出，国际财政看似与国家财政分析框架相像，但二者在协调的范围与规模方面远不相同。国家财政是一国内部各成员私法管辖区之间的协调，而国际财政则是各国之间的财政协调，是通过国际间资本和贸易的流动而相互联系在一起的不同财政制度的并存所造成的相互影响。进一步地，马斯格雷夫夫妇从税收国际协调、财政支出国际协调和稳定国际政策三方面对国际协调进行了论述。他们认为，国际税收协调是国际财政协调中最核心的问题，随着税收政策的影响范围从国内扩大至国际，原先的个人间公平和资源要素分配问题需要重新加以讨论，同时也需要考虑国家间公平的问题。

1985年，公共经济学家哈维·罗森（Harvey S. Rosen）在经典教科书《财政学》[②]中也作了关于国际财政的论述。罗森将公共经济学的研究视角从一国扩展至世界，并从公共产品、外部性、

[①] Musgrave, R. A., Musgrave, P. B., *Public Finance in Theory and Practice*, McGraw-Hill, 1976.

[②] Rosen, H. S., *Public Finance*, McGraw-Hill Irwin, 1985.

税收等方面阐述了其观点。他指出，每个国家均可通过许多渠道影响他国居民福利。尽管国际组织的存在一定程度上抑制了这种行为，但由于其权力受限，仍亟需设计新的机制来解决上述问题。罗森认为，可构建一个国际维度的社会福利函数，在世界经济范围内考察使该函数求得最优解的条件（杨伊，2010）。遗憾的是，罗森认为不可能存在"世界政府"，因此其对国际财政理论的探索便止步于此（陈曦，2022）。

1992年，发展经济学家鲁本·门德斯（Ruben P. Mendez）撰写的《国际财政：国际关系的新视角》[①]一书出版，该书将公共财政理论推广至国际领域，讨论了市场失灵、分配公平、政治进程以及国家间的协调和稳定。此外，门德斯基于自身在联合国开发计划署工作时的所见所闻，结合后冷战时期全球化进程加速的时代背景，将发展、环境和国际维和等问题相融合，创新性地提出了全球合作、资源分配、税收和融资体系。该书的理论框架为当时国际财政学的发展提供了新视角，并对未来国际财政的发展提出了实践建议。国内学者关于国际财政的探索主要沿着上述学者的进路，大多集中于财政学与国际财政的区别，以及对领域内研究观点的归纳和总结（黄连新，1985；林品章，1995；董勤发，1993、1997；李志慧，1997）。

2001年加入世界贸易组织，标志着中国全面参与到经济全球化浪潮之中。随着经济总量的持续增长，中国对世界的影响越来越大。财政作为国家治理的基础和重要支柱，在中国提升综合

[①] Mendez, R., *International Public Finance: A New Perspective on Global Relations*, Oxford University Press, 1992.

国力、保障国家安全、应对崛起过程中的摩擦与挑战等方面扮演着重要的角色，财政理论研究亟需为中国走和平崛起道路，继续深入参与全球化提供理论支撑。近些年，"大国财政"在我国学术界应运而生，大量学者围绕大国财政与全球治理展开研究，思考应如何健全现代财政制度（刘尚希，2016；白彦锋、贾思宇，2018；马海涛，2019；陈共，2020）。这些研究为国家财政与全球治理提供了丰富的见解，但仍然是从国家的视角去分析财政制度和财税政策，没有站在全球整体高度思考全球公共问题的应对和解决。不同于传统的国家财政，国际财政更加关注国家（地区）之间的财政协调（葛夕良、沈腊梅，2002）。然而，财政学在以往的专业化发展过程中将国际问题的研究交给了国际经济学，财政学与国际经济学两个领域的研究几乎是分开的。国际经济学的研究主要专注于不同国家和经济实体之间的商品与服务交换，以及国际贸易规则和货币政策的协调，而忽略了作为公共部门的财政在国际经济活动中所扮演的重要角色（Wildasin，2021）。所以，国际财政学一直生存在财政学和国际经济学的夹缝之中。

3. 全球公共财政学

3.1 全球公共财政的内涵

进入21世纪，全球化浪潮势不可挡。交通、通信与互联网的发展重塑着世界格局，互联互通的世界已经成为"地球村"。全球化的深入一方面模糊了国家之间的市场边界，使世界从割裂走向融合，从民族分割走向互相交融；另一方面却也引致了气候变暖、传染病蔓延和全球不平等等问题，需要各国共同提供全球公共产品，应对全球性挑战。尽管学界已经意识到传统国家财政理论的局限性，转而探究国家间财政政策的协调，但现有的国际财政研究仍未真正突破财政联邦主义的分析框架，即便考虑了区域一体化和国际组织在国际财政协调中的重要作用，其本质上秉承的仍然是"国家辖域财政观"，强调在民族国家（地区）范围内由政府主导的分配关系。眼下，全球化已发展至构建人类命运共同体的阶段，气候危机、疾病传播、贸易摩擦和贫富分化等挑战变得日趋严峻，财政学亟需将全球共同挑战纳入研究范畴，从人类命运共同体视角出发，构建全球性财政框架。

2000年，189个国家一同签署了《联合国千年宣言》，旨在于2015年之前降低全球贫困水平。针对已有理论对全球共同关切反应的滞后，英国经济学家安东尼·阿特金森召集了一批知名学者，就如何为实现千年发展目标融资进行开放性探讨（Atkinson，2006）。这场探讨考察了全球税收、国际融资机制等新发展资金的来源，指出现有的财政学分析框架已然不能解决全球性问题，需要构建新的"全球公共财政学"（Global Public Finance）[①]框架，才能应对日益复杂深刻的全球性挑战。2015年，由阿特金森和约瑟夫·斯蒂格利茨（Joseph E. Stiglitz）合著的《公共经济学讲义》再版。在该书前言中，两位经济学家明确写道，全球性问题需要全球回应。坦吉（Tanzi，2008）在探索财政联邦主义的未来时，对其进行了全球化背景下的展望。在他看来，未来国家需要将部分权力让渡予国际组织、超国家机构和国际协定，以共同

[①] 阿特金森有时也使用"全球公共经济学"（Global Public Economics）这一表述。

应对全球挑战。考尔和孔塞考（Kaul & Conceico, 2006）同样呼唤建立新的财政学，认为研究如何为全球挑战融资的新公共财政学或全球公共财政学是财政学科必然的分支发展方向。在后来的一系列研究中，考尔等（Kaul et al., 2015）和考尔（Kaul, 2019）重点关注了全球公共产品，以及如何为这些公共产品融资。

随着世界一体化的进程，传统的财政领域也不断在扩展自己的外延，从国家财政逐步发展强调国家间财政经济协调的国际财政。然而，进入21世纪以来，全球性的挑战已经"穿透"了主权国家。面对气候变化、环境污染、疫情冲击、核武器扩散等问题，尽管不同的国家受到的影响不尽相同，但都无法独善其身。一国的疫情可能波及全球，一国的碳排放也难免影响世界，而一国的核武器爆炸更是全人类共同的灾难，如此等等。乘坐在命运与共的大船上，各国必须跳出传统的主权桎梏，以集体行动应对全球性危机的惊涛骇浪。由此，财政学的演进必须更进一步，从国际财政迈向全球财政，从人类整体的视角拓展财政理论与实践。本书将全球公共财政定义为：**基于个体自身利益、利他主义或者道德伦理等原因，为支持全球公共政策而采取的财政资金流动与使用行为**。例如：富国给予穷国的官方发展援助（ODA），全球层面的税收，应对气候变暖、健康问题和全球不平等的融资，等等。第二次世界大战后的马歇尔计划以及后续演进的南北资源转移均是典型案例。①

---

① 国际（International）财政与全球（Global）公共财政的区别在于，前者强调的是国家之间经济往来增加产生的财政协调，而后者则是站在全球和人类整体视角考察应对全球性挑战（气候变暖、传染病蔓延等）的融资行为和财政税收框架。在世界各国命运与共的今天，每个主权国家的问题都可能演变为全球问题，全球性的气候、环境污染、疫情等问题已经"穿透"（Penetrate）了传统的国家主权范畴。

3.2 全球公共财政学的职能

全球化已成为不可阻挡的规律，市场经济也逐渐凸显出全球一体化特征。过去，国家一度是市场的主宰；但从现在的许多事实来看，市场已在某些方面逐步发挥出主宰国家的力量。世界经济的运行，既取决于各民族国家的政策，更取决于全球大市场。由于不存在超国家的政府，面对全球性危机，各个国家之间更要加强合作与协调。将财政政策置于全球框架下考虑时，需要将国家逻辑与市场逻辑融合在一起。通过拓展已有的理论，我们将全球公共财政的职能归纳为四大方面。

3.2.1 矫正"国家失灵"与"市场失灵"双重失灵

罗德里克认为，当国与国的联系超越了地理距离的限制时，国际外部性的影响将被显著放大，如果缺乏行之有效的全球治理机制，就会产生"国家失灵"[①]。目前，全球经济治理正面临着市场失灵和国家失灵的双重难题。国家之间的界限已经变得模糊，各国的生产要素通过全球贸易和国际金融的联系在世界市场上自由流动，每个国家的政策规则都可能外溢至他国。具体而言，全球市场中的任一国都可以采取提供全球公共产品或"以邻为壑"（Beggar-thy-Neighbor，BTN）两种类型的公共政策。如果选择的是前者，自然有助于满足世界各国对全球公共产品的需求；但如果采用的是后者，就会产生全球性的市场失灵和"边界外部性"问题。

[①] 政府失灵（Government Failure）出自公共选择理论，即政客和官僚出于自利动机而影响政府决策，由此产生的寻租和腐败行为。国家失灵（State Failure）又称政治市场失灵，意指全球秩序建立在单个民族国家主权的基础上，在全球公共事务中，国家之间的协调因存在利益冲突而困难重重，难以取得一致意见。

全球性市场失灵，将造成全球经济治理体系的无效率。经典的"搭便车"理论认为，公共产品的正外部性会催生大量不付成本而坐享他人之利的投机行为，从而使公共产品的边际成本高于边际收益，市场主体没有动力去提供公共产品，导致社会的相关需求无法得到满足。在主权国家内部，这一问题可以通过国家承担相应职能解决。但是，在全球经济体系中，参与全球公共产品供给博弈的主体是各主权国家。由于缺乏合理的融资机制、成本分摊机制以及激励机制，加之不存在超国家的政府，全球公共产品供给面临着集体行动的困境，而已有的全球公共产品则难以避免地陷入"公地悲剧"。无论是臭氧层、全球气候、大型热带雨林、淡水资源等自然性全球公共产品，还是传染病疫苗接种、知识与技术、全球公共安全等社会性全球公共产品，都缺乏有效的运行和保障机制。如果不进行积极有效的治理，全球市场失灵最终必然损害各国的经济增长和人民福祉。

全球性的市场失灵和经济治理困境，归根结底来自国际协调的集体困境，即国家失灵。由于没有能够驾驭所有国家的全球政府，解决全球市场失灵问题的关键只能是加强各主权国家间的协调与合作。但能实现帕累托改进的全球性方案少之又少，主权国家往往出于对自身利益的考虑而选择损害其他国家的福利。全球化时代的税收竞争问题就是国家失灵的经典例证。一个国家可以通过降低所得税税率的方式吸引更多的生产要素流入，"避税天堂"的繁荣正是来源于此。然而，跨国公司的避税行为意味着其价值创造国财政收入的减少。因此，一个开放经济体的税收调整极有可能引发他国在税收、支出和债务上的策略性反应，甚至以此为导火索爆发全面的财政竞争，导致经济社会发展不均衡、不公平和不可持续等问题。但税收竞争问题始终无法得到有效遏制，原因就在于当前全球治理模式下国家本身就是竞争的主体。

"市场失灵"和"国家失灵"的双重问题，呼吁全球各国采取更加积极的经济协调与合作措施。一方面，国家间的边界外部性问题只有通过协作治理才能解决，但全球语境下强制性执行机构的缺乏往往导致国家间的联合行动陷入集体行动困境，诱发了国家失灵问题；另一方面，数字经济和贸易的发展，以及金融与资本的全球流动，拉大了地区发展差距，不完善的全球市场体系带来了全球性的市场失灵，这决定了世界各国必须在未来强化经济领域的政策协调与合作。面对全球治理的重重困境，全球公共财政学试图从理论上探寻破解双重失灵之道，在实践中寻找全球公共产品融资渠道。

3.2.2 为全球公共产品供给融资

世界面临包括气候变暖、生物多样性破坏、传染病暴发和经济波动等在内的多重挑战，全球公共产品是应对这些挑战的重要解决方案。和公共产品的定义相似，全球公共产品造福全球人类，并且可反复使用而不会一次耗尽，例如舒适的气候、丰富多样的生物、群体免疫屏障、平稳有序的国际贸易与金融等。但是，无论是发达国家，还是发展中国家，在参与全球合作时都往往积极性不高。

以全球公共产品供给为例，这是一项需要大量资金投入的行为。然而据考尔统计，虽然全世界所有国家每年花费在公共产品上的开支已达到约6万亿美元（5万亿来自发达国家，1万亿来自发展中国家），但全球公共产品资金投入只占其中的1/400到

1/200。这一比例如此低微，一个显性的原因就是缺乏全球正义。当一国承担的国际负担达到一定额度时，往往需要通过内部征税来筹集资金，而这通常难以获得国民的支持。近几年美国国内民粹主义的兴起就体现了普通民众对于本国承担全球责任的负面情绪。

就全球发展援助来看，情况同样不容乐观。经合组织发展援助委员会在1961年成立之初，曾尝试设立成员援助努力与国民总收入（GNI）比例的目标。1969年，皮尔逊委员会（Pearson Commission）根据发委会对官方发展援助的全新定义，建议发委会成员应在1975年或最迟不超过1980年之前，达到官方发展援助占国民收入（ODA/GNI）0.7%的目标。1970年，这一目标被联合国大会采纳，成为联合发展融资倡议的重要组成部分。从此，官方发展援助占国民收入 0.7%的差距，成为官方发展援助水平的普遍衡量标准（陈曦，2022）。但事实上，过去50多年来，各发达国家向发展中国家承诺的ODA/GNI≥0.7%，以及向最不发达国家提供国民收入0.15%—0.2%的目标，都基本未能达到，发达国家在承担国际公平正义援助方面的责任和义务也并未达成一致承诺。[①]而且，主要援助国还出现了"援助疲劳"（Aid Fratigue）的现象。

气候融资是另一项一直备受关注的议题。1992年，《联合国气候变化框架公约》采纳了一项具有里程碑意义的气候公正原则：共同但有区别的责任。该原则要求每个人都对气候变化采取行动。但是，公正要求那些对气候变化问题负有更大责任的人承

---

① 联合国《2018年可持续发展报告》，详见https://unstats.un.org/sdgs/report/2018。

担更多的责任。例如，排放量大的国家必须首先采取行动，迅速减少排放量。公正还取决于较富裕的国家向财力有限的国家提供资金，以使后者能够在气候变化加速的情况下承担巨大的财政负担。自2009年以来，全球气候谈判商定每年筹集1,000亿美元，用于发展中国家采取气候行动，以适应气候变化和减少排放。然而，迄今为止，1,000亿美元的目标尚未实现，资金分配也远不公平。随着气候变化规模不断扩大，气候适应的成本也越来越高。根据联合国环境规划署的数据，到2030年，各国每年可能需要花费高达3,000亿美元，到2050年可能需要花费5,000亿美元。然而，这些估计费用是目前资金流的5到10倍。气候政策倡议组织发现，当今世界每年用于适应气候变化的资金不足500亿美元，不到气候投资总额的10%。根据经合组织的数据，2020年，用于适应气候变化的资金约为290亿美元，而用于减少温室气体排放的资金将近490亿美元。[①] 2022年，《联合国气候变化框架公约》第二十七次缔约方大会在埃及沙姆沙伊赫通过决议，建立损失与损害（Loss and Damage）基金。[②] 2023年12月，第28届联合国气候变化大会（COP28）正式启动其后损失和灾害专项基金，为遭受气候变化影响的发展中国家提供资金支持。但是，共同应对气候变化、推动世界可持续发展的资金缺口依然巨大，发展

[①] 详见联合国气候行动——金融与司法，https://www.un.org/zh/climatechange/raising-ambition/climate-finance。

[②] 损失和损害基金旨在为最易受气候变化影响的国家提供财政援助。具体而言，"损失和损害"指的是人为引起的气候变化造成的危害，尤其是那些超出了自然系统和人类本身的适应能力，无法通过努力减少温室气体排放来预防，也难以通过适应气候变化影响的方法来减轻的危害，其对自然和人类产生了不可逆的影响。

中国家气候融资缺口尤为显著，全球气候治理仍面临着极大的不确定性。

在当前全球治理框架中，国际秩序的核心准则是强调国家主权，不干涉别国内政，而这也可能带来"主权悖论"（Sovereignty Paradox）[①]或"威斯特伐利亚两难"（Westphalian Dilemma）[②]，成为全球公共事务融资的国际法障碍。在此背景下，如何将国家的部分权力让渡给联合国等国际组织，甚至非政府组织和国际协定，构建主权相容[③]的全球财政合作框架，是我们面临的一项重要挑战。

3.2.3 促进全球公平与减贫

在19世纪以前的数千年时间里，人类长期陷于经济发展迟滞的普遍贫困，但贫富差距问题依然存在，只是其绝对值相对较

[①] 传统上，主权被视为国家在其领土范围内拥有绝对权力和控制的概念。然而，在当今世界，许多全球性挑战（如气候变化、跨国恐怖主义、贸易问题等）需要跨国合作来解决，这就使得传统的国家主权受到了挑战。主权悖论的核心在于，国家需要放弃一部分主权来参与国际合作，以解决全球性问题，但这种放弃又可能被视为损害国家利益或领土完整的行为，从而引发国内政治和社会的反对。因此，国家在追求国际合作的同时，又要面对国内主权和民族利益的压力，这就构成了主权悖论。

[②] 威斯特伐利亚体系确立了国家主权、互不干涉和平等互利三大原则。然而，在全球化和国际合作的时代背景下，这种传统的主权观念与国际社会面临的许多挑战之间存在矛盾。一方面，国家希望保持自身主权和独立，追求国家利益最大化，但这可能导致无法有效解决全球性问题，影响国际社会的稳定和发展；另一方面，应对全球性问题需要国际合作和共同行动，这要求国家放弃一部分主权，参与制定国际规则和解决共同挑战，但这可能导致国家利益受损或者面临国内政治上的困扰。这种困境使得国家在制定外交政策和国际合作时需要进行复杂的权衡和考量。

[③] 主权相容包括两方面：一是维护和保护国家财政和公共政策的能力；二是重新建立国际财政税收的合作框架，协调国内外的政策平衡。

低。孔子的"均无贫"思想与柏拉图的"限富法"学说，都展现了哲学家们对这一社会问题的早期关注与思考。① 工业革命让人类摆脱了马尔萨斯陷阱，但大量生产成果的不均等分配也加剧了社会不平等现象。放眼19世纪初的欧洲，正如马克思"资本无限积累"原则所述，随着资本的不断积累，社会财富正逐渐向少数资本所有者集中，轰轰烈烈的欧洲三大工人运动背后是大量工人饱受赤贫带来的绝望与痛苦。此后二百余年间，全球初次收入分配与财富水平的不平等程度，始终难以回到工业革命前的较低水平。1820—2020年，全球80多个主要国家加权平均的税前国民收入基尼系数呈上升趋势（图2-2）。② 自1820年起，基尼系数始终上升较快，在19世纪末期开始增速放缓，直至第一次世界大战前达到顶点。在随后的九十年间，该系数呈现出先降后升的"U"形，并在2000年再次达到顶点。如何解释1820—1910年全球不平等现象的加剧，以及1910—2020年全球不平等现象持续保持在极高水平呢？钱斯尔和皮凯蒂（Chancel & Piketty, 2021）发现，国家间"中心—外围"③这一不平等关系的发展，很大程度上是1800—1950年西方主导地位和殖民帝国建立的

---

① "均无贫"出自《论语·季氏篇》。孔子认为，社会财富如果能够公平分配，那么人们就不会感到贫穷。"限富法"参见柏拉图《法律篇》卷五，指规定了超过一定标准的私人财富应上交国家且举报有奖的法律，其目的是确保社会中不存在贫穷或财富过分集中的情况，从而实现社会的公平和正义。

② 对于部分中间年份的数据缺失，本书使用窗口长度为10期的移动中位数进行了插值补充。

③ "中心—外围"关系是一个地理、经济或政治上的术语，用来描述一个区域或国家与其周边地区或其他国家之间的不平等关系。这种关系通常表现为中心地区或国家在经济、政治、文化等方面具有较强的影响力和控制力，而外围地区或国家则处于相对较弱的地位，经常受到中心地区或国家的影响和支配。

结果。这一过程很大程度上解释了国家间不平等趋势的上升。1980—2020年，国家间的不平等急剧下降，但2020年的程度仍比1820年大得多。

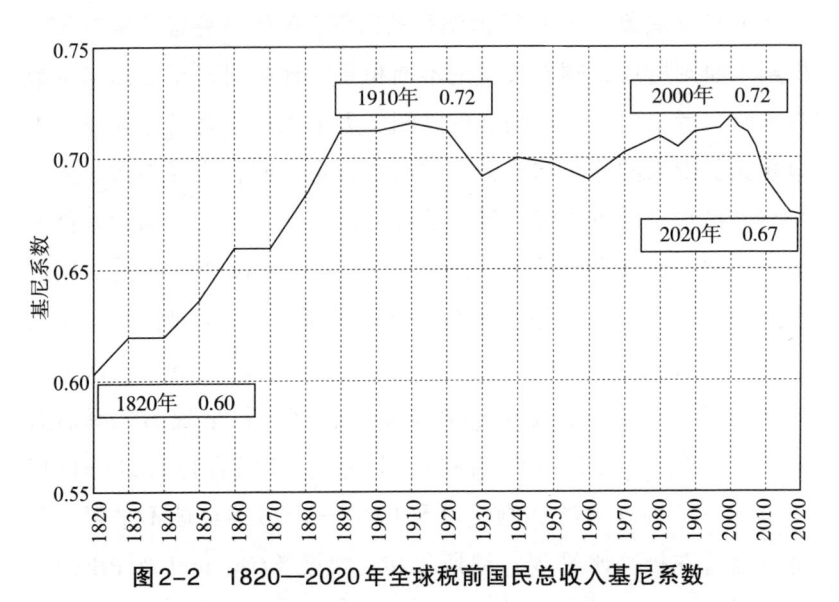

图2-2　1820—2020年全球税前国民总收入基尼系数

数据来源：钱斯尔和皮凯蒂（Chancel & Piketty，2021）。

贫困是人类社会的顽疾，是全世界面临的共同挑战。2019年，全球近7亿人生活在极度贫困之中，世界上几乎一半人口每日生活费不足6.85美元。贫困及其伴生的饥饿、疾病、社会冲突等一系列难题，严重阻碍了人类对美好生活的追求。消除一切形式的极度贫困是联合国《2030可持续发展目标》的首要任务。然而，全球平等化趋势的持续与否，取决于大量的政治、社会和经济因素。2020年是一个历史性转折点——全球收入趋同的时代结束，收入再度日益分化。新冠疫情给贫困群体造成的伤害最大：收入最低的40%人口承受的收入损失平均为4%，是最富裕的20%人口的两倍，结果就是全球不平等出现了数十年来的首次上升（World Bank，2022）。继新冠疫情让很多人返贫后，2022年俄乌军事冲突导致全球通货膨胀加剧，穷人生活雪上加霜，而极端气候的频发也给减贫进程带来了严峻挑战。按照目前的趋势，到2030年，仍将有5.75亿人生活在极端贫困中，只有约三分之一的国家能够实现将国家贫困程度减半的目标。令人震惊的是，世界的饥饿情形处于2005年以来的最糟状况。[①]在教育领域，多年投资不足和学习损失造成的影响是，到2030年，约8,400万儿童将失学，3亿上学的儿童或青年在离开学校时仍不会读写。在一个宜居的地球上建立一个没有贫苦的世界，不仅是全球正义的呼唤，也是向全球公共财政融资提出的理论与现实挑战。

3.2.4 维持全球经济可持续发展

新兴经济体与发达经济体的参与失衡，发展中国家与发达国家的发展结果失衡也是全球经济治理体系面临的一项难题。一方面，新兴经济体和发达经济体参与全球经济治理的程度存在失衡。当前的全球经济治理体系以第二次世界大战后建立的布雷顿森林体系为基础，进而延伸到G7、G20框架，其根本性问题在于新兴经济体和发达经济体在参与全球治理时地位不对等。发展中国家参与全球经济治理的活动和能力受到既有规则的约束，新兴

---

① 详见联合国《2023年可持续发展目标（特别版）：拯救地球和人类计划》，https://unstats.un.org/sdgs/report/2023/.

经济体亟需提升自身在全球经济体系中的话语权。另一方面，发展中国家和发达国家的经济发展结果失衡，发展中国家和发达国家在产业链的位置、发展能力和发展机会方面仍然存在明显的区别。

参与失衡限制了新兴经济体在全球经济治理中的地位。全球化发展到今天，新兴经济体与发达经济体的经济规模差距已经越来越小。普华永道发布的《2050年的世界：全球经济秩序如何改变》报告预测，至2050年，全球经济重心将由G7转移到E7（包括中国、巴西、印度、印度尼西亚、墨西哥、俄罗斯、土耳其等七大新兴经济体），新兴经济体将会成为全球经济发展的引擎。2008年美国金融海啸过后，新兴经济体和发达国家的经济实力对比在后危机时代发生了明显的改变。虽然发达国家在总量上仍占有一定程度的优势，但新兴经济体为全球经济增长作出的贡献已经高达80%。然而，全球经济治理体系并未随着经济格局的变化作出相应的调整，新兴经济体的地位和话语权仍有待提升，其参与全球经济治理的渠道和机制仍不完善。话语权与经济实力的错配，制约了全球经济治理体系作用的发挥。"金砖之父"吉姆·奥尼尔（Jim O'Neill）认为，世界经济格局正处在调整进程中，新兴经济体需要在国际事务（特别是经济事务）中发挥更为重要的影响。

本章小结

传统财政学一定程度上陷入了国家辖域观的窠臼，与当前全球化的发展趋势并不相符。本章不仅从国家层面考察了财政学的起源与发展，还从全球层面出发，思考了财政学的全球职能。具体而言，本章梳理了自德国及奥地利的宫廷理财学和英国的古典经济学开始的德国正统财政学、现代财政学、全球公共财政学，以及不同时期财政学的职能变化，以期为财政学未来的发展方向提供参考。

第三章　全球公共财政学跨学科理论基础

> 财政学研究超越了狭义的经济学范畴，进入了政治学和哲学领域。
>
> ——马斯格雷夫夫妇

19世纪后半期，作为交叉学科的财政学在德国确立了自身作为一门独立学科的地位（神野直彦，2012）。然而，随着经济学的发展，财政学在吸取其养分而不断进步的同时，却也逐渐沦为经济学的一个分支。当财政学的研究范围亟需从一国之辖域拓展至全球时，更需要重新发掘自身的跨学科基因，从人类全部知识的海洋中充分汲取智慧。本章试图吸收政治哲学、国际关系学和经济学等学科的养分，梳理并寻找全球公共财政学的跨学科理论基础。

1. 全球公共财政的政治哲学

随着全球生态危机、贫富分化和贸易摩擦等问题日趋严峻，人类迫切需要新的哲学思维为全球公共政策的制定和实施提供思想引领。以国家主义思想为传统的国家公共财政学提供了这方面的思想启示。黑格尔作为国家主义的推崇者,认为国家是达到特殊目的和福利的唯一条件,个体只有在国家中才能获得受保障的权利和自由发展的地位。[①]进入现当代,罗尔斯(J. B. Rawls)提出的两大正义原则为探讨传统国家公共财政学的公平和效率奠定了政治哲学基础。[②]但过度强调国家主义导致全球难以采取联合行动应对全球挑战,人类迫切需要一种新的哲学思维为主权国家响应全球公共政策提供指导。

20世纪80年代以来,经济全球化加速推进,国际关系更加紧密,大国竞争趋于激烈,世界持续动荡,国际的、区域的社会发展差距依然悬殊。伴随着人类文化的相互交流和融合,对全球正义的呼唤应运而生。其中,世界主义思想是其重要一支,为我们思考全球公共问题提供了出路。世界主义(Cosmopolitanism)一词源自古希腊语cosmos(世界)+polis(城市、人民、市民),意指世界公民。麦克莱恩和麦克米兰(McLean & McMillan,2009)认为,世界主义指的是出于人性而建立的一种平等的道德和政治责任,所有人在共同体中也享有平等的公民地位,这意味着全球范围所有公民都应享有优先于国籍和民族的普遍政治参与权力。世界主义者认为,这种道德和政治上的平等与社会经济

[①] 黑格尔:《法哲学原理》,范扬、张企泰译,商务印书馆1961年版,第209、260、265页。

[②] 罗尔斯的两个著名的正义原则如下。第一,平等的自由原则。每个人应该在社会中有平等的基本权利和基本自由。第二,社会和经济的不平等要满足两个条件:(1)机会平等原则,所有的地位和职务要在机会的公平平等条件下向所有人开放;(2)差别原则,要最有利于最弱势的社会群体。世界主义学者主张向全世界推广全球正义观念,"在全球层面按照罗尔斯的两个正义原则去评估所有基本社会制度",但罗尔斯晚年在他的著作《万民法》中反对了这种拓展。

上的分配平等密切相关，而分配问题也正是全球正义原则的核心，国际分配制度背后的权力关系和决策机制是决定分配结果是否符合正义准则的关键。因而，要维护全球正义，首先必须重构国际制度和国际秩序。把全球正义原则运用到全球公共财政学的分析中，对全球政治经济的制度安排进行道德评价，在此基础上矫正非正义的分配制度，为我们解决全球公共问题提供了新的视角。当今的世界主义应置于历史纵深和多元文化的视野中加以审视。从更广阔的视角观之，世界主义思想乃是各文明共同孕育的成果，既有西方的思想底蕴，又有其他文明的深刻内涵。要想理解世界主义，就需要对世界上影响深远的文明作一考察。

1.1 西方文明的世界主义

西方的世界主义思想最早可以追溯到古希腊—罗马时期先贤们对个体和城邦关系的探讨。苏格拉底主张人们认识自己的"心灵"，即研究人类的伦理问题，如正义、诚实、智慧、治国等。犬儒学派的第欧根尼最早明确表述了世界主义思想，提出"我是世界公民，属于整个世界"。斯多葛学派是这一时期世界主义思想的集大成者，他们推崇世界国家而非单个城邦，认为世界是统一的整体，人的理性使得人的自爱本能不断扩大，直至包括家庭、同胞以至整个人类，形成一个互爱的普遍性团体"世界邦国"（Universal State），其中只有一种适合于所有人的法律、普遍秩序和准则，其源于同一宇宙理性和自然法。与斯多葛派思想一脉相承的古罗马思想家西塞罗也把整个宇宙看作上帝和人两者共为成员的一个国家，认为建立超国家共同体才是理想的治理之道（西方法律思想史编写组，1983）。

进入中世纪后，但丁在《论世界帝国》一书中系统地阐述了建立一个统一世界帝国的政治理想。他指出，人类文明的目的就是全面地和不断地发展人的智力，要实现这一目的，就需要世界和平。为了实现世界和平，就应该打破王国统治，建立一个统一的世界帝国。人类的"自由只有在世界政治机构的治理下，才有实现的可能"，"因为只有这样才能制止那些反常的政体，诸如民主制、寡头制、暴君制"。

17世纪文艺复兴开始后，一些学者试图运用世界主义构建国际关系和国际政治理论，沿着两条进路继续拓展人类治理公共事务的思想，寻找一种能够实现全球正义与和平的制度安排。进路之一是开创国际法治的治理之道（刘贞晔，2023）。被誉为"国际公法之始祖"的思想家阿尔贝里克·贞提利（Alberto Zamboni）认为，全体人类普遍享有的自然权利构成了国内社会和国际社会的基本行为规则。为了捍卫这个社会所必需的自然权利，国际社会应联合起来制止侵害，保护受害者（托布约尔·克努成，2005）。进路之二是继续沿着超国家共同体治理的道路进行探索。让-雅克·卢梭（Jean-Jacques Rousseau）的"邦联论"和伊曼努尔·康德（Immanuel Kant）的"永久和平论"是此时世界主义思想的集中体现，康德更是成为世界主义思想的集大成者。在世界主义的实现途径上，康德并不主张建立一个全球政府，而是强调要通过建立世界公民法，发挥全球制度和国际机制的协调作用。他提出"民族国家的界限将消失，世界国家是通向永久和平之路的未来方向"，从而勾画出自由理性王国中的世界主义图景。尽管《永久和平论》发表于200多年前，但在今天依然是一篇历久弥新、极具跨时代思想穿透力的重要文献。从

20世纪50年代的欧洲煤钢共同体,到后来多国参与的欧洲经济共同体,再到今天的欧盟,虽然历经英国脱欧、地缘政治和宗教文化的冲击,但欧洲始终在探索一条超越民族国家的永久和平的行动实践,这一实践无疑来自于康德思想理论的指引(包刚升,2023)。

进入20世纪,经济全球化的加速激化了关于世界主义的剧烈争论。马克思在《共产党宣言》里提出了共产主义社会的概念,这一概念超越了国家范畴,极具世界主义色彩。马克思、恩格斯把共产主义社会视为个人自由发展的联合体,并提出资本主义社会共同体是"虚幻的共同体",只有"自由人联合体"才是人类社会的"真正共同体"。[1]他们把未来的共产主义社会形态视为"每个人的自由发展是一切人的自由发展的条件"的联合体,这种联合体思想充满了对世界制度的憧憬与想象。共同体本质上是一切社会关系的总和,[2]社会生产和分工决定了共同体占有和分配的基本形式,马克思的这一思想把康德的"人类永久和平"转化为消灭阶级的斗争,利用现实革命将工人从旧的生产关系中解放出来,[3]通过物质资料极大丰富建立共产主义社会,为全球自由人的全面发展指明了方向和道路。

当前,主权的让渡、国家边界的松动、全球性问题的日益严重等也促使世界政治的既有模式迅速变革,由此催生了"政治世界主义""道德世界主义"等思想。面对世界范围的贫富悬殊

---

[1] 《马克思恩格斯文集》(第一卷),人民出版社2009年版,第539页。
[2] 《马克思恩格斯文集》(第一卷),人民出版社2009年版,第505页。
[3] 《马克思恩格斯文集》(第一卷),人民出版社2009年版,第11页。

和经济不平等，全球分配正义（Global Distributive Justice）[①]成为当前世界主义的核心诉求。世界主义的价值观照越来越面向全人类，研究视角也在不断丰富，由西方视野逐渐转向全球视野（Caney，2005）。德国哲学家涛慕思·博格（Thomas Pogge）揭示了全球不平等与贫困的深层原因，认为不平等的国际秩序和不公平的全球贸易剥夺了弱势人民本该享有的摆脱贫困以及发展自己政治、经济和文化的机会，就全球正义提出了一个富有原创性的理论框架，探索了全球资源红利的制度构想，以可行的方式在全球层面上拓展了罗尔斯的经济正义差别原则，即只有全球经济秩序更公平，全球公民的平等自由权才有可能实现，全球不平等现象才能真正得到消除。[②]

在跨越了国家边界的全球性危机问题日趋严峻且难以得到根本遏制和解决的当下，世界主义试图在人类整体性框架下重铸国家与公民关系，以寻求应对全球公共问题的新办法。世界主义的支持者试图提供一种广泛的正义原则，将道德考量和伦理关怀融入全球制度的设计之中，建立符合正义要求的全球架构。戴维·米勒（2014）将既有的全球平等原则概括为自然资源平等原则和机会平等原则两个方面，但这两项原则均难以付诸实践。全球正义的可行思路是保障全球每个个体生活的基本条件，"每个个体都应当分享民族身份的成本和收益"，从而为"全球底限"

[①] 塞雷娜·奥尔萨雷蒂编：《牛津分配正义手册》，李石等译，商务印书馆2024年版，第880—908页。

[②] 罗尔斯在晚年论述国际正义的《万民法》一书中，固守主权国家体制，把主权国家作为独立单元，并以之为出发点规范国际关系的《万民法》诸原则。罗尔斯把一国人民的贫困、疾病、压迫和腐败等问题统统归因于国内因素，否认全球制度秩序对全球经济不平等的影响（涛慕思·博格，2010）。

（Global Minimum）提供兜底，推动民族间合作与发展。类似地，涛慕思·博格（2010）认为全球正义意味着要在人与人之间实行更加平等的社会经济分配，这种分配需要保障全球所有个体的基本人权和社会经济份额，这两项权利在所有个体间不存在差异。

世界主义植根于人类总体性的历史活动中，西方不同文明对"世界主义"的认识既对立又统一，不同民族的世界主义思想在对话、理解、包容中为构建全球治理体系贡献了新路径与设想。世界主义者们并不追求完全让渡国家主权的制度安排，而是不约而同地选择了一种弱世界主义的现实路径，即在承认国家自主性的基础上，通过民族国家间的协调与合作，建立主权相容的全球治理模式。欧洲一体化就是世界主义的一个重要例证，通过成立欧盟理事会、欧洲议会、欧洲中央银行等机构，欧洲建立了统一的内部制度规范，为区域内资源流动和再分配政策奠定了制度基础。

1.2 中国哲学的"天下为公"

中国传统哲学中"天下大同""天下体系"思想和兼爱非攻的义利观为全球公共财政学提供了丰富的本土理论资源。中国人秉持"天下一家"的古老信仰。简言之，天下是"天下人的天下"，即"天下为公"，而不是哪一姓一家、哪一民族或哪一国家的天下。古代中国大多数朝代的统治者自称为"天子"，天子所认知的疆域都为"天下"。"天下"一词，充满着对一统山河的壮志、对和谐共生的期许、对苍生黎民的关怀，甚至还有对扩张征服的野心。在当代学者看来，天下主义可以是一种身份的归一，可以是导出国家行为的一种战略文化中介机制，也可以是与他国相处的制度安排（侯长坤，2023）。

古代中国就有对人类理想社会的思考。《礼记》中这段脍炙人口的描述被广泛引用：大道之行也，天下为公。选贤与能，讲信修睦。故人不独亲其亲，不独子其子，使老有所终，壮有所用，幼有所长，矜寡孤独废疾者皆有所养。男有分，女有归。货恶其弃于地也，不必藏于己；力恶其不出于身也，不必为己。是故谋闭而不兴，盗窃乱贼而不作，故外户而不闭，是谓大同。[①]"故外户而不闭，是谓大同"既描绘了百姓家家户户安居乐业的蓝图（即"小家乐"），又勾勒了邻里街坊人头攒动、彼此信赖的愿景（即"大家乐"）。如果置于全球视角，则《礼记》蕴含的开放、包容、幸福观念将成为"共同体"的重要组成部分。墨子是中国古代哲学思想史中具有"天下"意识思想家的代表，他指出春秋战国时期的"今诸侯独知爱其国，不爱人之国，是以不惮举其国，以攻人之国"是引发战争的根源，而"视人之国，若视其国；视人之家，若视其家；视人之身，若视其身"则是创造和平的良方。[②]以"兼爱"为内核的"利天下"思想，本质上是一种"协和万邦"的世界主义。

在帝制向民族国家转型的近代，中国学者思考世界的代表性思想是康有为的"大同"思想和梁启超的"世界主义国家"概念。康有为把现代性与中国传统融合，在《大同书》中幻想了一个和谐、平等的大同世界。书中"去国界、去级界、去种界、去形界、去家界、去产界、去私界、去类界、去苦界"的"太平

[①] 详见《礼记·礼运第九》。
[②] 详见《墨子·兼爱中》。

世"，既体现了天下大同的儒家传统思想，同时关于消除阶级、种族、民族、性别等界限和不平等的论述又具有乌托邦社会主义色彩。梁启超师从康有为而后另立门户，进一步吸收了中国古代和西方哲学关于世界主义的思考，其理念也相对更为现实。在梁启超看来，一国固然要追求自己的发展，但"不是把自己国家变得富强便罢了，而是叫自己国家有功于全人类"。为此，他提出了通过建成强有力政府，推行教化新民的保育政策，使各国充分发挥成员天赋才能，建设"世界主义国家"的未来社会构想。[①]他认为，国家并非是人类社会最高级的政治团体，在达到未来"大同"社会的过程中，国际联盟是国家主义和世界主义的调和，为推进世界文明进步创造了制度条件。[②]

进入21世纪以来，中国的哲学家对世界主义进行了更深层次的剖析。赵汀阳（2011）用传统的天下概念将看似矛盾的民族主义和普世主义话语结合起来，认为面对当今的全球性挑战，西方以民族国家为基本单位的国际秩序理论存在巨大缺陷，只有具有全球观和世界秩序哲学基础的天下体系才是化解全球挑战的锁钥。他提出了关于世界制度和世界新理念的构想，并以"天下"为单位对政治、经济利益进行分析，建议建立一个由世界共有的机构来监管的全球系统和所有国家共享世界权力的新天下体系，这种体系在世界范围内不能歧视和拒绝任何人参与全球公共

[①] 梁启超：《中国立国大方针》，载《饮冰室文集点校》（第4集），云南教育出版社2001年版，第2434—2435页。
[②] 梁启超：《欧游心影录节录》，载《饮冰室合集》专集之二十三，中华书局2015年版，第21页。

事务。①迈阿密大学政治学系教授金德芳则指出，如果在今天的世界中采用天下制度，则将大大改善无政府主义的威斯特伐利亚体系。②侯长坤（2023）认为中国的主文化是"天下文化"，"天下"是中国的世界概念，此概念以特定的秩序原则来表示影响的空间和地域和周边的关系。这种影响可以是以统一的方式凝聚天下、以德治的方式教化天下、以和谐的方式共处天下和以扩张的方式控制兼并天下。这一主文化又分类为四类亚文化：一是"强天下"，即用惩罚或强行的手段推行天下，汉朝征服匈奴收复失地，就是"强天下"的实践；二是"柔天下"，即用感化或示范的柔性手段推行天下，唐太宗对内迁突厥部族的优待彻底收复了人心，使四夷尊其为"天可汗"并纷纷归顺，就是"柔天下"的实践；三是"弱天下"，即什么都不做的消极无为，仅关注本政权的稳定，与其他政权共存于天下，宋朝与北方异族政权的对峙，就是"弱天下"的实践；四是"名天下"，即破坏名分秩序、以天下的名义兼并天下，战国时期的秦扫六合，就是"名天下"的实践。全球化使得各国间相互联系、相互依存的程度空前加深，"建设一个什么样的世界，如何建设这个世界"成为各国无法回避的问题。中国在吸收马克思的共同体思想以及传统哲学中"天下为公"思想的基础上，提出了"人类命运共同体"的理念：世界命运应该由各国共同掌握，国际规则应该由各国共同书写，全球事

---

① 参见赵汀阳：《天下体系》，中国人民大学出版社2011年版；赵汀阳：《坏世界研究：作为第一哲学的政治哲学》，中国人民大学出版社2009年版；赵汀阳：《天下的当代性：世界秩序的实践和想象》，中信出版社2016年版。

② June Teufel Dreyer, "The'Tianxia Trope':Will China Change the International System?", *Journal of Contemporary China*, Vol.24, No.96, 2015, pp.1015-1031.

务应该由各国共同治理，发展成果应该由各国共同分享。[①]人类命运共同体理念作为一种超越民族国家和意识形态的全球观，对于推进双边、地区、全球的多层次共同体建设具有重要意义。

1.3 印度文明下的世界主义

作为重要的非西方文明板块和后殖民理论研究场域，印度独特的话语体系为当代世界主义的扩展提供了丰富的理论给养，马克斯·韦伯就曾盛赞古印度文明是一种媲美古希腊思想的超越现实利害的深邃思想。[②]就探寻世界主义要素的渊源而言，古印度文明以宗教哲学、主观感知与自我体验为起点，以"梵我"关系的发展为准绳，论证宇宙与个体的同一性（杨天宇，2019）。一般而言，《吠陀经》提出的"梵"（Rta）被认为是印度世界主义思想的源头。印度理工大学教授苏达尚·帕德马纳巴（Sudarsan Padmanabhan）指出，"梵"是一种普遍的道德秩序，它是印度宗教哲学及构建社会和政治结构的主要来源（Padmanabhan，2019）。而印度文明的另一重要思想"法"（Dharma）的概念则被视为古印度世界主义的最终理想，它指符合梵指示的终极道德秩序和正义秩序的法则，包括权利、义务、法律、行为美德和正确的生活方式。[③]

得益于轰轰烈烈的印度民族解放运动，近现代印度的世界主

[①] 新华社："习近平出席'共商共筑人类命运共同体'高级别会议并发表主旨演讲"，2017年1月19日，http://www.xinhuanet.com/world/2017-01/19/c_1120340049.htm。

[②] 马克斯·韦伯：《印度的宗教：印度教与佛教》，康乐、简惠美译，广西师范大学出版社2010年版，第455页。

[③] Delanty, G., *Routledge Handbook of Cosmopolitanism Studies*, Routledge, 2012, pp. 463-464.

义思想蓬勃发展,其精神内核和理论外延不断扩展。当代印度的世界主义话语更多地体现了一种建立在尊重不同的个体价值基础上的世界主义,杨天宇(2019)将其特点总结为多中心、本土化、开放性、关注少数民族四点。其中,多中心的特点集中体现于查卡拉巴提(D. Chakrabarty)和霍米·巴巴(Homi Bhabha)等印度世界主义研究者身上,他们认为世界主义是开放的思想与政治进程,应以人类整体性为着眼点为普遍原则,在不同中心的独特价值中来寻觅共性(Pollock et al.,2000)。本土化的世界主义思想以印度后殖民理论研究领军人物霍米·巴巴为代表,他提出"本土世界主义,这种精神的核心是用少数派的眼光来衡量全球发展。其对自由平等的追求尤其强调人人有权保持'平等的个性',而不是二元经济下的多元"。[①]泰戈尔(R. Tagore)被认为是开放性的代表,强调人类与世界合为一体的和谐统一性,提出了每一个人成为没有阶级性、不存在国别和种族的普遍的人的理想追求(宫静,1989)。[②]在对少数民族的关注方面,印度学者认为当代世界主义描绘的图景不应仅仅局限于那些已经拥有"权利"人群的权利扩大和价值表达,更应该"关注在后殖民地区广泛存在的少数族与主流社群之间的差异、矛盾与疏离状态,并肩负起为少数族主张权利的责任"。这些思想和理论植根于对现代性、文化多元主义和民族主义的反思,包含着丰富的非西方的历史经验和实践经验,均为当代世界主义发展趋向提供了丰富的印

[①] 张颂仁、陈光兴、高士明主编:《全球化与纠结:霍米·巴巴读本》,上海人民出版社2013年版,第10—12页。

[②] 宫静:"泰戈尔哲学思想的渊源及其特点",《南亚研究》1989年第3期,第6—12页。

度话语辨析。

总之,在全球联系日益紧密的今天,国际秩序的长久发展需要一种全球的视野,将人类整体作为思考的出发点和落脚点。在多元文明的对话中,中外智慧都把人类作为一个独立的主体对待,追求和维护全人类的利益,从理念和制度上整体性审视和应对当代人类面临的关乎安全、生态与发展的问题,为国际秩序提供了新的发展的方向。

2. 全球国际关系理论

要实现人类的协调与合作,需要剖析全球政治经济格局和国际关系理论的变迁。自1919年国际关系成为一门独立的社会科学学科以来,西方国际关系理论的发展经历了从现实主义一统天下到自由主义和建构主义等多种理论竞争共存的进程,主要形成了现实主义、自由主义和建制主义三大流派。① 这一理论试图分析国家之间竞争与合作的历史进程,也是我们理解和构建全球公共财政学框架的理论源泉。

2.1 现实主义和新现实主义

现实主义是西方历史发展和政治哲学传承的产物。其作为一种古老的国家关系理论,可以追溯到修昔底德(Thucydides)、马基雅维里(N. Machiavelli)、圣·奥古斯丁(St. Augustinus)和托马斯·霍布斯(Thomas Hobbes)等人的思想。在当今

---

① 现实主义包括新现实主义,自由主义包含新自由主义。

时代，最重要的现实主义思想家包括汉斯·摩根索（Hans J. Morgenthau）、肯尼思·华尔兹（Kenneth N. Waltz）等学者。

现实主义认为国家像理性的个人一样行事，每个国家追求各自以权力界定的国家利益。现实主义的发展与汉斯·摩根索的研究密不可分。其鸿篇巨著《国家间政治：权力斗争与和平》（1948）延续了修昔底德和托马斯·霍布斯等学者的传统，以人性、利益和道德为核心建立了现实主义理论体系，系统阐述了现实主义的思想原则和分析方式：一是国际体系是无序的，不存在一个最高的政治权威，国家是国际关系中的基本实体；二是自然状态下自利的个体为自我安全而斗争；三是无序的存在并不意味着国际政治的特点就是持续而广泛的霍布斯式战争，各国也会在利益一致的领域相互合作，各种国际机构、跨国企业、非政府组织等在国际关系中发挥着重要的作用。[1]

由于现实主义坚持认为国家是经济或政治事务的首要实体，因此马基雅维里式的国家安全至上观是国家必须奉行的首要和一般原则。用肯尼思·华尔兹形象的话来说，在一个自助式的国际体系中，国家必须持续不断地防止各种对其政治或经济独立的潜在和现实的威胁，实力在国际关系中总是至关重要的。在现实主义的发展过程中，华尔兹的著作《国际政治理论》（1979）提出了高度简约的现实主义理论，摒弃了古典现实主义中人性等难以科学界定与测量的概念以及性恶、性善和无性等无法证伪的假设。[2] 该理论把微观经济学的个体主义研究方法和古典现实主义

---

[1] 汉斯·摩根索：《国家间政治：权力斗争与和平》，徐昕等译，北京大学出版社2012年版。

[2] 肯尼思·华尔兹：《国际政治理论》，信强译，上海人民出版社2008年版。

对权力和利益的重视（物质主义）融合在一起，将无政府秩序和制度体系、权力分配、国家利益特征和生存需求等设立为国际关系理论的核心概念，并认为国际关系的第一推动是国际体系的无政府性，而非古典现实主义所认为的"人性"；无政府条件下国家的第一考虑是生存，而且，国家的权力是国家生存的手段，不是国家的目的；军事权力是国家权力的第一要素。上述观点影响极大，华尔兹因此被称为新现实主义的代表人物，其理论也主宰了当时的国际关系的理论与实践。

具体而言，新现实主义认为：（1）国际关系本质上是无政府条件下民族主权国家的国际权力斗争。尽管国际社会中各行为主体间的合作与相互依存在不断增强，但国际社会客观上处在一种无政府状态。华尔兹认为，国际关系与国内关系最根本的不同在于体系中各个单位之间的关系。与国内社会的等级体系不同，国际社会的无政府体系中，各个单位之间是等同关系，每个单位的功能相似，不存在超越其上的世界权威或政府，因此国际体系只能是自助体系，其中各国为自我保护而竞相增强国力。

（2）民族国家仍然是国际关系中最具实质意义的，而且是理性的行为体。在给定环境下，国家能够独立地确定国家利益和目标，考虑多种政策方案的可行性和可能导致的后果，然后选择能够最大限度实现国家目标的政策方案。

由上可见，无论是古典现实主义还是新现实主义，都将权力假定为国际关系的最根本因素，摩根索甚至极端地将国家的一些行为动机归于获得权力、增加权力和保持权力，认为权力不仅是国家生存的手段，而且成为国际关系的目的和国家本身的目的。华尔兹虽然将权力仅视为手段，但也指出它是保证国家生存的最重要、最可靠手段，决定了国家之间争端的结局。罗伯特·吉尔平和曹荣湘（2003）从世界经济体系中寻找答案后同样认为，虽然经济和技术力量在全球化进程当中侵蚀了民族国家的权力，政治边界或民族忠诚逐渐被稀释，然而，即使在高度一体化的全球经济中，国家仍然在运用其自身的权力，将经济力量纳入对自身利益有利的轨道。像欧盟、《北美自由贸易协议》这类区域性安排，也只不过是国家为了达到这些目标的集体性努力而已。所以，民族国家依然是最重要的，尽管我们不敢肯定它是否会永远存在下去。

虽然受到自由主义和新自由主义等的批判，但近些年现实主义仍具有一定的影响力，出现了多种形式的变体，如米尔斯海默（J. Mearsheimer）的"进攻性现实主义"（Offensive Realism）强调国家对权力最大化的追求，而与之相对的"防御性现实主义"（Defensive Realism）则认为国际体系的无政府结构鼓励国家保持适度和保留的政策以获得安全。但是，现实主义确实有其缺陷，即过度迷信"国家中心论"，过分倡导"国家之间没有永恒的朋友，也没有永久的敌人，只有永恒的利益"。这一思想虽然强调了国际体系结构，却忽视了国际体系中国家之间的合作进程。在亚历山大·温特（2014）看来，现实主义局限于个人主义、物质主义的分析框架，而对国家之间的互动视而不见。

2.2 自由主义和新自由主义

自由主义思想起源于18世纪的启蒙运动和19世纪的政治和经济自由主义，尤其是美国总统威尔逊（T. W. Wilson）1918年1月在国会提出的国际安全主张，即"十四点和平原则"。该主张首次论述了关于成立国际联盟的想法，也被称为威尔逊理想主义。早期的自由主义秉持人性本善的乐观态度，但是第二次世界大战期间人类的暴行无疑对这一假设产生了毁灭性打击，自由主义因此受到严厉质疑。到了20世纪70年代，世界环境已发生天翻地覆的变化，区域一体化、安全共同体等国际组织和共同体大量涌现。甚至在国际体系的无政府状态下，国家在大多时候也倾向于选择合作，这动摇了现实主义的根本假设，自由主义思潮再次风起云涌且声势浩大。

与古典自由主义对人性善的理解不同，新自由制度主义接受现实主义国际体系的无政府状态，认可国家是国际关系中的主要行为体，但摒弃了新现实主义对国际制度的无视，认为国际制度可以降低交易成本，促进信息共享，防止欺诈，并规范过激行为，为和平解决冲突提供途径，促进国际合作（阿米塔·阿查亚和巴里·布赞，2021）。罗伯特·基欧汉和约瑟夫·奈的名著《权力与相互依赖》奏响了自由主义全面复兴的序曲。[1]他们提出了三个与现实主义针锋相对的基本假定：一是否定现实主义以国家为国际关系唯一行为体的观点，认为国家不是单一的理性行为体，国际组织、非政府组织等在国际关系中举足轻重；二是军事安全并非总是国家的首要问题；三是军事力量不是或至少不完全是国际关系中实现国家对外政策的最有效手段。基欧汉和奈认为军事手段并非在任何情况下都是保障国家生存和利益的最有效手段，更不能事先假定如此。权力不仅仅是军事力量，它也可以来自相互依存，世界的相互依存度很高，而不对等、不对称的相互

---

[1] 罗伯特·基欧汉、约瑟夫·奈：《权力与相互依赖》，门洪华译，北京大学出版社2012年版。

依存就产生了权力。①罗伯特·基欧汉的《霸权之后：世界政治经济中的合作与纷争》是新自由制度主义的代表作，该书从理论和实证两方面比较完整地提出了制度理论，也使新自由制度主义成为了众多自由主义流派中理论化程度最高的理论，标志着新自由主义理论的成熟。②

自由主义的基本思想体现在相互依存论。在国际体系中，无论是核武器的研发还是经济和贸易的全球化，又或者是环境、生态、气候等问题，全球各国事实上均处在一个重复博弈的囚徒困境中。博弈论的研究表明，如果囚徒困境的互动式博弈是多重且无限次的，那么互惠的合作而不是背叛将成为理性的最优选择，这为新自由主义提供了在没有世界政府的情况下国家间实现相互合作的分析框架，即通过国际机制控制交易成本，提供可靠信息，奖励合作行为并惩罚背叛行为。相互依存论深化了国际政治研究者们对世界政治格局的认识，并全方位挑战了现实主义的国家中心论，认为主权国家不再是世界政治的唯一行为体，联合国等国际组织、非政府组织、跨国公司等超国家和跨国家组织等均在国际层次上发挥着重要作用。此外，相互依存理论还重视对跨国关系的研究，注重对一体化后果及影响的分析。一体化

---

① 1977年后，特别是20世纪80年代以来，出现了各式各样的自由主义。梳理起来，共有五种形态，即共和自由主义、相互依存自由主义、认知自由主义、社会自由主义和制度自由主义。在诸多自由主义流派中，新自由制度主义的理论化程度最高，这主要归功于基欧汉。新自由制度主义在方法论上没有新的贡献，而是严格继承了科学方法论，坚持科学实在论和物质主义本体论，坚持国际关系中客观规律的存在和可发现性。从这个角度来说，华尔兹和基欧汉都借鉴了微观经济学的理论，在理性主义这个大范畴中进行研究。

② 罗伯特·基欧汉：《霸权之后：世界政治经济中的合作与纷争》，苏长和等译，上海人民出版社2006年版。

的发展不仅使得国家之间的相互依赖加深，而且加强了其在军事、政治、经济、环境和生态等领域全方位的"复合相互依存"（Complex Interdependence）。相互依存理论的出现，打破了现实主义独霸国际关系理论领域的状态，大大拓宽了理论研究的视野，带来了一种全新的世界政治变革分析的思路和议程，为现代自由主义国际关系理论的崛起打下了坚实的基础。正是在相互依存理论或复合相互依存理论的基础上，新自由制度主义才得以诞生，并直接影响了冷战后出现的全球治理理论。正因如此，相互依存理论的代表作《权力与相互依赖》被誉为"国际关系和国际政治经济学研究领域的里程碑式著作"。

冷战结束后，新自由制度主义在两个方面提供了分析世界的视角：一是民主和平论，即国家治理的民主化有利于减小国家之间发生战争的概率；二是战争过时论，即国家之间越来越不依靠战争解决纷争，而且过时的不仅是战争，所有形式的暴力活动也都应当消失。

但新自由制度主义也有自身的缺陷：一是其核心概念——国际制度——是为维护和延续某种既定的国际社会体系服务的；二是该思想过度淡化了国家实力的概念。

2.3 建构主义

20世纪90年代，冷战的结束使传统的国际关系理论处于尴尬的境地，加快了建构主义国际政治思想的复兴。建构主义世界观延续了雨果·格劳秀斯（Hugo Grotius）、康德、黑格尔的经典理论，亚历山大·温特《国际政治的社会理论》一书的出版标志着建构主义理论的成熟。[①]

温特否定了现实主义或自由主义的纯粹物质主义的假设，提倡重视观念的作用，强调客观因素只有通过行为体的共有观念才能产生影响。建构主义使用"规范""认同"和"文化"三个核心概念，把哲学和社会学问题引入了国际关系研究领域，为国际关系研究指引了一条新道路，重新设定了国际关系学的研究议程，开创了国际关系理论的新局面。

温特的社会建构主义有两个重要原则：一是反理性主义原则，即国际政治的社会结构不仅仅影响行为体及其行为，更重要的是建构了行为体的身份和利益。二是反物质主义原则，即国际政治的基本结构并不是物质性建构，更重要的是社会性建构。国际关系结构不是权力和制度，而是国际政治文化。温特认为，物质性因素只有通过社会结构才能对行为体的行为起到有意义的影响。例如，核力量是一种物质性的存在，但假如客观事实是英国和朝鲜都具有核力量，站在美国的立场上，只有朝鲜的核力量才构成威胁，而英国的核力量则是"无害"的，所以对英国和朝鲜应采取的政策和行动必然不同。显然，仅靠核力量这种物质性因素，不能解释美国的行动差异。只有通过美国对于英国和朝鲜的不同期望，核力量才产生了它所具有的实际意义。

建构主义的主要观点可以归纳为四点：一是国家是国际体系的主要行为者，无政府状态是国家造就的。二是国家体系的基本结构是社会的，而不是物质的。三是社会关系主体间的社

[①] 亚历山大·温特：《国际政治的社会理论》，秦亚青译，上海人民出版社2014年版。

会互动形成共有观念，共有观念形成文化，文化决定行为体的身份、利益和行为。四是世界政治行为体和结构之间存在相互构成关系。

温特对文化的定义是"社会共有知识"，它是社会成员在社会场景中通过互动产生的共有观念，是社会成员共同具有的理解和期望。而国际体系文化就是国际社会中这些共有观念的分配。理论上说，国际体系文化有三种理想类型：霍布斯文化、洛克文化和康德文化。

（1）霍布斯文化。现实主义的无政府逻辑来源于霍布斯无政府文化，其核心内容是"敌意"。在该逻辑下，国家之间相互视为或成为敌人。这是一种以相互敌视、相互残杀为特征的无政府状态，其中国家的生存完全依赖于自己的军事实力，相互之间的安全完全是高度竞争的零和游戏。霍布斯文化的逻辑是"所有人对所有人"的战争状态，亦即霍布斯自然状态。在这种状态中，丛林法则主导一切，暴力是唯一的行为逻辑。

（2）洛克文化。它是由竞争对手的角色结构确立的，其核心内容是"竞争"。竞争和敌意不同，它不再以仇视、消灭敌人为目的，竞争对手间承认相互的生存权和财产权利。国与国是竞争对手的关系，相互承认生存主权和财产权利，重视绝对收益和未来效应。一旦战争爆发，竞争对手会限制暴力的使用程度，不以消灭对方为终极目的。洛克文化的逻辑是"生存和允许生存"，其标志性印记是主权制度，国家之间的关系不是相互杀戮。温特认为，从1648年至今，国际体系的主导文化始终是洛克文化，国家的低死亡率表明了生存和允许生存的逻辑。

（3）康德文化。康德文化以国家之间的友谊为基本特征，其核心内容是"友善"。在这种文化特征中，国家之间遵守两大基本规则：非暴力规则和互助规则。非暴力规则意味着国家不使用战争和暴力威胁方式解决争端，互助规则意味着任何一方的安全受到威胁时，另一方即使非直接利益相关，也会鼎力支持。康德文化的逻辑是"一人为大家，大家为一人"，亦即集体安全或安全共同体体系。

国际体系文化的构成是由行动者之间的角色结构决定的，角色结构指行为体所相对主体的位置。国际体系中存在三种角色结构：敌人、对手和朋友。敌人角色建构霍布斯文化，竞争对手角色建构洛克文化，朋友角色建构康德文化。行为体的行为受国际体系文化的约束，它们的行动方式取决于它们所处的体系文化类型或角色结构，"敌人"之间以霍布斯方式对抗，"对手"之间以洛克方式共处，"朋友"之间以康德方式互助。

正如秦亚青教授所说，建构主义国际政治理论的贡献在于重新设定了国际关系学的研究议程（秦亚青，2001）。但这一理论的缺陷在于，它未能清晰论述国际体系建构进程中"物质分配"和"观念分配"是何种关系，以及它们是如何通过社会实践联系起来的。实际上，国际体系结构具有二重性，它既是物质结构又是观念结构，"物质分配"和"观念分配"是体系结构"硬币"的两面，二者互为表里，不可分割。新现实主义只考虑国际体系结构中"物质的分配"，从根本上忽视了观念的建构作用。建构主义对此作了重大的修正和补充，首次将观念引入国际体系结构的分析框架，虽然也承认物质的意义和作用，但更多地关注"观念的分配"。但也正因如此，它在将观念引入国际体系结构分析的同时，未能解决国际体系结构中物质和观念的关系问题。因此，温特理论中关于物质因素和观念因素之间关系的矛盾是不可调和的。建构主义作为一个新来者，对新现实主义和新自由制度主义中的理性主义提出了挑战，但也给予了西方跨国行为体的道德普世主义特权性的地位（Acharya，2009）。为此，阿查亚和布赞（2021）把建构主义规范研究的焦点"观念是否重要"，转化为"到底谁的观念重要"（Whose Ideas Matter）。

2.4 马克思主义国际关系理论

马克思主义国际关系理论以霸权、批判精神和资本主义世界为主要视野，涉及霸权、世界体系、世界秩序等主题（钮菊生，2006）。从马克思主义国际关系视角出发，研究当今以资本主义主导的全球化，有利于客观剖析世界体系特征和发展趋势，正确认识世界历史变迁和世界演变规律。后期的马克思主义，如"依附论"和"世界体系论"等，是马克思主义国际关系理论的重要组成部分。这些理论聚焦于落后国家不发达发展现象及其原因，提出了"中心—边缘"结构，对探究落后国家发展路径和世界体系发展趋势，研究资本主义世界体系具有重要的意义。

2.4.1 经典马克思主义国际关系思想

马克思以经济和阶级冲突为基础提出资本主义发展过程理论，以阶级斗争、生产力与生产关系、经济基础与上层建筑等哲学理念来研究国内政治与社会矛盾，进而扩及国际政治。可以说，马克思和恩格斯的思想主要关注世界范围内的生产交换与社会革命的内在必然性与外在实现形式。其研究国际政治的主要概念是"世界历史""世界性场所""世界交往""世界市场""世界革命""殖民制度""商业战争""民族压迫""被剥削者的兄弟联盟""阶级斗争"等。主要结论是"全世界无产者联合起来",缔建一个共产主义社会。

马克思经典国际关系思想大致有以下五个组成部分:国家利益是各阶级对本阶级利益普遍化和共同体化的社会建构,形式上是"虚幻的共同体";国际社会是一个世界体系,资本主义的发展把世界结成了一个经济全球化与相互依赖的有机体,而殖民制度和商业战争则揭开了现代国际关系的第一幕;国际冲突、国际合作和国际格局等国际关系,根本上是"两个起决定作用的"阶级之间的关系;"国际政治的秘密"是大国之间的霸权政治与侵略战争,要"根绝一切战争"和结束霸权政治的最根本道路是无产阶级革命,其目标是创造一个以和平作为国际原则的新社会;世界生产力与世界交往的普遍发展,将逐步消灭地域性共产主义,最终导致占统治地位的各民族同时实现共产主义。[1]在马克思的思想中,全球体系的结构是等级制的,而且是帝国主义的副产品,或者是某种经济势力向世界其他地区扩张的结果。英国经济学家约翰·霍布森(John A. Hobson)谴责帝国主义的扩展是非理性的、危险的,具有潜在的冲突性。

2.4.2 依附论

早在19世纪初期,拉美国家就已经逐渐摆脱西方发达国家的殖民统治,取得了独立主权。但这些国家并没有像美国等北方富裕工业化国家那样实现生产技术现代化,走上繁荣发展的道路,

---

[1] 郭树勇:"试论马克思主义国际关系思想及其研究方向",《世界经济与政治》2004年第4期,第8—14页。

反而仍在政治和经济上受制于主流发达国家，依旧与其保持着从属和附庸关系。与之相似，在第二次世界大战之后，非洲、亚洲和拉丁美洲拥有独立主权的发展中国家，同样处于被剥削和控制的地位，持续处于不发达的发展状态。

依附论主要受到拉美经委会主义和马克思主义的影响，并与当时西方流行的现代化理论形成鲜明对立。该理论认为发展中国的落后源于发达国家的跨国公司以及国际组织对发展中国家的控制和剥削，这些发达的组织与国内精英捆绑在一起形成了剥削国和被剥削者的共生。依附论的创始人普雷维什（R. Prebisch）提出"中心—边缘"概念，即以发达资本主义国家为"中心"，落后发展中国家为"边缘"构建的经济体系。两者的关系是不平等的："中心"以世界性扩张为目的持续剥削和控制"边缘"，最终"中心"日益壮大，而"边缘"无法摆脱不发达发展的状态，两者之间的依附关系进一步固化。依附论具有明显的马克思主义倾向，以政治、经济相结合的综合性视角，在借鉴马克思主义帝国主义理论的基础上，将研究重点放在资本主义经济体系边缘的国家，试图剖析现存的国际局势，探究边缘国家无法实现预期发展的根源，寻找结束不发达发展状态的方法。

对于边缘国家摆脱不发达发展状态的方式，依附论学者间主要存在两种观点：第一种是以萨米尔·阿明（Samir Amin）为代表的"脱钩"派，认为边缘国家要想实现发展，只能摆脱"中心—边缘"体系，避免资本主义经济体系在实现全球化扩张的进程中对边缘国家进行控制和压迫。边缘国家要想摆脱不发达的发展状态，必须从发展战略上否定全盘西化，走社会主义道路。第二种是以费尔南多·卡多佐（Fernando H. S. Cardoso）为代表的学者，认为边缘国家只能顺应"中心—边缘"结构，融入世界一体化进程，在既定的资本主义经济体系下依附发达国家，进行妥协式发展。

依附论的理论缺陷也显而易见。一方面，关于边缘国家如何摆脱不发达发展状态的两种观点，无论是"脱钩"还是"依附"，都默认"中心—边缘"结构不可动摇，中心国的地位固定不变，而忽略了"去中心化"的可能。因而，依附论只能按照"确定边缘国家地位—分析边缘国家落后现状—提出发展方案"的模式进行研究，虽具有强烈的批判性，但并不能提出行之有效的解决办法。另一方面，依附论以民族国家为分析单位，不可避免地会着重强调中心国家和边缘国家的对立关系，从而弱化了整个资本主义世界体系的作用，忽略了阶级矛盾和国际范围内的劳资对立、国际不公平贸易等核心问题，未能充分理解和使用马克思主义的世界观和方法论。

2.4.3 世界体系论

（1）世界体系论的思想渊源

1974年沃勒斯坦《现代世界体系》的出版标志着"世界体系论"的创立。"世界体系"的定义是具有广泛劳动分工的实体，这种分工是功能上、业务上和地理上的。[1]沃勒斯坦（I. Wallerstein）聚焦于阶级矛盾、国际劳动分工和国际交换关系，将世界划分为"中心—半边缘—边缘"三个层级，从世界经济体

---

[1] 伊曼努尔·沃勒斯坦：《现代世界体系》（第一卷），罗荣渠等译，高等教育出版社1997年版，第462页。

系、政治体系和世界文明三个维度对世界体系进行阐述。

沃勒斯坦强调使用综合性的视角对世界体系进行探究,"不采用多学科的方法来研究社会体系,而采用一体化学科的研究方法"[①]。世界体系理论在很大程度上是在依附论的理论基础上建立和发展起来的,其分析方法的逻辑前提,就是分析当前世界经济的本质和关键问题时,应当将其放在资本主义历史发展的背景下理解(皮尔逊、巴亚斯里安,2006)。[②]沃勒斯坦认为资本主义是一种文化上的耻辱,是一剂危险的麻醉药。[③]在资本主义构建的世界体系中,存在处于支配地位的"中心"、处于中间地位的"半边缘"和处于依附地位的"边缘",三者通过跨国资本主义经济联系,在政治、经济和文化方面相互影响。在资本主义世界体系中,中心国能够实现对边缘国家的剥削和压迫,不断将财富和资源从边缘转移到中心,并将自身经济优势逐渐扩大到政治、军事和文化等领域,进一步巩固自身在世界体系中的支配地位。

(2)世界体系论的主要内容

从世界经济体系看,中心国主要生产高技术水平的资本密集型产品,边缘国家主要生产低技术水平的劳动密集型产品,半边缘国家则充当两者之间的缓冲,兼具双方特征。凭借国际地位的不平等,中心国能够有力地控制国际贸易渠道,轻易从边缘国家

---

① 伊曼努尔·沃勒斯坦:《现代世界体系》(第一卷),罗荣渠等译,高等教育出版社1997年版,第11页。

② 皮尔逊、巴亚斯里安:《国际政治经济学:全球体系中的冲突与合作》,杨毅等译,北京大学出版社2006年版,第61页。

③ 伊曼努尔·沃勒斯坦:《现代世界体系》(第一卷),罗荣渠等译,高等教育出版社1997年版,第1页。

获取原料、初级产品和廉价劳动力，大量剥削边缘国家劳动者所生产的剩余价值，完成资本主义国家的资本积累，保证资本主义经济体系的正常运行。

世界政治体系已经由单一的帝国主义政治体系转变为多元独立国家参与的资本主义世界政治体系。该体系下中心国和边缘国的关系在本质上是剥削关系，只有在各国地位不平等的前提下，才能保证国际劳动分工和跨国贸易往来的有效运行。为获得中心国地位以夺取更多的剩余价值，各个国家间往往会进行激烈的竞争，其中包括半边缘国家与中心国的竞争和边缘国家对半边缘国家、中心国家的反抗，最终产生具有周期性的霸权国家，其成为自由世界市场的最大受惠者，形成短期内稳定的资本主义世界体系。[1]

世界体系论在借鉴和整合大量思想理论的基础上，采用一体化学科的研究方法，形成了独特的世界体系论。阿里夫·德里克（Arif Dirlik）认为，沃勒斯坦世界体系分析在解释发达与不发达问题上提供了取代现代化理论的最佳选择。[2]沃勒斯坦深刻揭示了资本主义世界体系存在的结构性缺陷，即只能通过外部扩张来应对内部利润的缩减。在当今可扩张领域减少、主权国家兴起的世界格局下，以全球化扩张为基础的资本主义生产方式不再具有可持续性。

世界体系论也存在一定的局限性：第一，隐蔽的中心国立

---

[1] 伊曼努尔·沃勒斯坦：《现代世界体系》（第二卷），庞卓恒等译，高等教育出版社1998年版，第46页。

[2] 阿里夫·德里克、俞可平："世界体系分析和全球资本主义——对现代化理论的一种检讨"，《战略与管理》1993年，第50—55页。

场。世界体系论从中心国的核心地位出发，用欧洲历史替代世界历史，将欧洲历史进程等同于世界历史进程，虽然对西方中心主义进行了批评，但其理论观点并没有完全摆脱其影响。同时，半边缘国家的概念模糊了"中心—边缘"结构的界限，在一定程度上维护了当今的资本主义世界体系。第二，历史虚无主义。沃勒斯坦对资本主义持完全否定的态度，没有运用历史唯物主义的方法分析资本主义在社会发展进程中的作用，存在一定的片面性。从辩证的角度看，资本主义为社会主义提供了物质和精神基础，马克思也认为"工业较发达的国家向工业不发达的国家所显示的，只是后者未来的景象"[①]，肯定了资本主义在促进工业化发展方面发挥的作用。但同时，资本主义也必然因为其不可调和的根本矛盾而走向灭亡。第三，对社会主义的悲观态度。沃勒斯坦认为未来可能存在"社会主义世界政府"，但是并没有探讨新的世界体系出现的必然性及其实现方式，对社会主义形态没有进行具体的构想，具有明显的悲观主义。

2.4.4 中国特色国际关系理论与实践

马克思主义国际关系思想从来就是一个开放的体系。在各种因素诸如时代主题、国际共产主义运动、国际社会结构与进程以及民族主义等的影响下，马克思主义国际关系理论从经典形态转变为当代形态。数百年间，全球化从欧洲向世界范围展开，从经济领域向非经济领域展开，并且逐渐为国际关系行为体所接受，这也影响了马克思主义国际关系思想的发展。早期马克思和恩格

[①]《马克思恩格斯选集》(第二卷)，人民出版社1995年版，第100页。

斯针对19世纪国际问题和外交事务的论述，特别是关于国家主权、战争、世界市场和全球化的精辟分析，为马克思主义国际关系理论提供了基本的世界观、方法论和研究范式。随后，由列宁创立的帝国主义理论，代表了马克思主义在战争与安全领域的国际政治理论成就。而中华人民共和国自成立以来，始终坚持独立自主的和平外交政策，积极、负责任地参与处理国际事务，在和平共处五项原则基础上同各国发展友好合作关系。特别是党的十八大以来，得益于马克思主义共同体思想与中华文化基因的双重孕育，中国提出了构建人类命运共同体的理念，中国特色大国外交成为人类命运共同体理念的重要实践（赵可金、赵丹阳，2022）。

中国特色马克思主义国际关系思想主要包括以下内容：时代主题由战争与革命转向追求和平与发展，世界大战可以避免，维护和平是有希望的。广大殖民地纷纷独立后，世界"大动荡、大分化、大改组"，国际社会出现了两大阵营、两个中间地带以及三个世界，即资本主义阵营和社会主义两大阵营，亚非拉经济落后国家和以欧洲为代表的发达国家两个中间地带，以及美国和苏联组成的第一世界，英国、德国、日本等发达国家为代表的发达国家组成的第二世界，亚洲、非洲、拉丁美洲和其他地区的发展中国家和未开发国家组成的第三世界。发展中大国进行社会主义革命后，要始终坚持独立自主的和平外交政策，要做到真不结盟，既要反对霸权主义，又要发展与西方大国的正常关系，不以意识形态定亲疏，对国际问题，按事件本身是非曲直作判断。社会主义国家要充分显示社会主义制度优越性，实现社会主义现代化，必须提高世界交往能力，坚持改革开放，逐渐融入国际社会。长期以来，中国始终以互相尊重主权和领土完整、互不侵犯、互不干涉内政、平等互利、和平共处五项原则为基础，促进国际关系多极化和民主化，推动建立公正合理的国际经济政治新秩序。

党的十八大以来，中国积极推动建立以合作共赢为核心的新型国际关系。世界不能"停留在冷战思维、零和博弈旧框架内，要跟上时代前进步伐，推动建立以合作共赢为核心的新型国际关系，把合作共赢理念体现到政治、经济、安全、文化等对外合作的方方面面"。构建以合作共赢为核心的新型国际关系成为中国外交的重要指导思想。2015年9月，在联合国成立70周年系列峰会期间，中国领导人提出，要继承和弘扬联合国宪章宗旨和原则，构建以合作共赢为核心的新型国际关系，同心打造人类命运共同体。党的十九大报告中提出，中国将高举和平、发展、合作、共赢的旗帜，恪守维护世界和平、促进共同发展的外交政策宗旨，坚定不移在和平共处五项原则基础上发展同各国的友好合作，推动建设相互尊重、公平正义、合作共赢的新型国际关系。

党的二十大报告指出，中国坚持独立自主的和平外交政策不动摇，坚持维护世界和平，促进共同发展，致力于推动构建人类命运共同体的外交政策；继续积极参与全球治理体系的改革和建设，践行共商共建共享的全球治理观，坚持真正的多边主义，致力于维护以联合国为核心的国际体系，推动世界贸易组织、亚太经合组织等多边机制更好发挥作用，积极参与全球安全规则制定，加强国际安全合作；中国既是以联合国为中心的现行国际秩序的维护者，同时又是全球治理体系的改革者。中国致力于推动全球治理体系朝向更加公正合理的方向发展，提升广大发展中国家在国际事务中的代表性和发言权，为实现世界的长治久安不断贡献中国智慧、中国力量。

3. 全球公共财政的经济学理论基础

全球公共财政学将财政学的研究视角从国家拓展到全球,以全球公共产品的供给和融资为研究主线,从财政学视角回应了世界各国如何应对全球面临的共同挑战。本节试图将公共产品理论和财政联邦主义理论拓展至全球层面,构建全球公共财政学研究的经济学理论基础。

3.1 全球公共产品理论

3.1.1 从公共产品到全球公共产品

公共产品理论是现代财政学的核心理论,其思想起源于政治哲学领域,至少可以追溯到霍布斯时期。1651年,托马斯·霍布斯在其政治学著作《利维坦》中详细阐述了社会契约论的思想,该思想被认为是公共产品理论的重要基础(张馨,2022)。霍布斯认为,个体可以互相签订契约形成国家,通过国家保护私人财产并维护自身利益,摆脱自然状态下"所有人对所有人"的斗争。此时,国家本身也是重要的公共产品。大卫·休谟(David Hume)在1740年出版的《人性论》中首次触及了关于公共产品的具体问题,就是著名的"排草地积水"的例子。他认为,当一片草地由两个人共有时,他们可以共同排掉草地上的积水。但当草地由一千个人所有时,要让所有人一起排掉草地的积水就很难实现。事实上,休谟的分析已经涉及了公共产品的消费公共性,也暗示了"搭便车"行为导致公共产品自发供给不足问题。

作为古典经济学的奠基者，斯密在《国富论》中阐释了市场失灵、消费的公共性、搭便车、囚徒困境等公共产品理论，通常被西方学者视作经济学领域研究公共产品的肇始。此后，由于英国学者和欧洲大陆学者在政府与市场的关系问题上存在分歧，英美学派和欧洲大陆学派公共产品理论并行发展，分别为现代主流公共产品理论和公共选择理论的形成奠定了基础。[①]

尽管两类理论并行发展，但公共产品理论的发展直到19世纪80年代才随着欧洲大陆学派公共产品理论的发展而取得了根本性突破。这一时期，以门格尔（C. Menger）、瓦尔拉斯（L. Walras）、杰文斯（W. S. Jevons）为代表的边际学派将边际效用价值论引入经济学领域，极大程度推动了包括公共产品在内的经济学理论的发展。此后，以威克塞尔（K. Wicksell）和林达尔（E. R. Lindahl）等人为代表的瑞典学派进一步推动了公共产品理论的发展。他们以集体选择视角探讨公共产品问题，提出了公共产品的最优供给原则：在自愿交易条件下，每个个体按照自身对公共产品的边际评价出资，公共产品就可以自发实现有效供给。上述原则又被称为林达尔均衡。至此，公共产品理论的雏形已经基本形成。

20世纪50年代，以马斯格雷夫和萨缪尔森为代表的经济学

[①] 英国学派继承斯密的思想，强调政府应充当"守夜人"的角色，只有"市场失灵"时，才应当干预经济，此时对公共产品的研究正是为了解释"市场失灵"现象，以此作为政府干预的逻辑起点。这意味着，英国学派认为政府独立于经济社会之外，是与市场对立的概念。因此，该学派强调公共产品本身的特征。而欧洲大陆学派认为政府是类似于私人部门的存在，同样参与市场交易活动，只是两部门的目标存在差异。该学派认为，政府是经济社会的一部分，政府提供公共产品的过程是在经济社会内部发生的。两学派的分歧源于不同的国家发展实践和国家观。韩清（2020）对两学派背后的国家实践和国家观进行了详尽梳理。

家尝试融合各学派的观点，创建了现代主流公共产品理论。该理论主张通过产品的自有属性对公共产品进行定义，并提出了公共产品的最优供给条件。萨缪尔森（1954、1955）在其开创性工作中指出，公共产品具有这样的特点——单个个体的消费不会减少其他人对该产品的消费，并进一步提出了公共产品的最优供给条件，即萨缪尔森规则（Samuelson Rule）。[①] 马斯格雷夫（1959、1976）将上述特点概括为非竞争性，并指出公共产品是具有非竞争性和非排他性特点的产品。非竞争性是指个体对公共产品的使用或消费不会减少其他个体的使用或消费，即公共产品供给的边际成本为零。例如，当国家提供了国防服务后，任一个体在享受这种服务带来收益的同时，均不会减少其他人对该种服务的使用。非排他性是指某些个体享有公共产品带来的收益时，无法排除或阻止其他个体从中获取收益。例如，当海上灯塔亮起时，一条船上的渔夫在享有其带来的便利时，无法排除或阻止其他船只同时享有灯塔带来的好处。自此，是否同时具有非竞争性和非排他性发展成为主流福利经济学划分私人产品和公共产品的标准。

以布坎南为代表的公共选择学派批判了现代公共产品理论，[②]

[①] 萨缪尔森规则用于确定公共产品的最优消费量，当消费公共产品的所有消费者的边际支付意愿之和等于该公共产品的边际成本时，公共产品实现了有效供给。

[②] 在现代主流公共产品理论中，公共产品的需求由社会福利函数决定，供给则通过税费进行融资，公共产品的需求和供给的分析是相互割裂的（张琦，2015）。现代公共产品理论忽视了对公共产品决策过程的研究（张馨，2022）。决策过程如何影响公共产品的需求和供给，是公共产品理论的关键问题。此外，现代公共产品理论以市场失灵作为政府干预的逻辑起点，但政府干预同样面临着政府失灵问题，该理论无法比较市场失灵和政府失灵造成的效率损失。

从供给方式出发对公共产品进行了重新定义。公共选择学派对欧洲大陆学派的公共产品理论进行了继承和发展，更加强调公共产品的供给方式。布坎南（2017）将公共产品定义为通过政治制度实现需求和供给的产品，而通过市场机制实现的则是私人产品。同时，他将帕累托效率引入到了公共产品决策（也称政治程序）过程，认为自愿条件下的"一致同意原则"即为政治程序过程的帕累托效率。然而，由于决策成本的存在，公共产品决策过程也总会偏离"一致同意规则"（韩清，2020）。

20世纪90年代后，公共产品理论的发展至少呈现两方面趋势：

一方面，学者们尝试融合主流公共产品理论和公共选择理论，创建更为系统的公共产品理论。值得注意的是，实验经济学和以埃莉诺·奥斯特罗姆为代表人物的公共治理学派为公共产品理论开辟了新的天地。它们分别以人为实验和实地案例两种研究方法，考察影响公共产品决策过程的因素，探讨了不同因素组合的效果，推动了对公共产品集体决策问题的研究。特别地，奥斯特罗姆凭借推动自主治理理论发展，创建多中心治理理论，为公共资源治理的研究作出了突出贡献，获得了2009年的诺贝尔经济学奖。

另一方面，随着全球化的发展，全球问题日益增多，对人类生产生活的影响也日益突出。因此，经济学家们试图将传统公共产品理论拓展至全球，为人类应对全球挑战提供理论支撑。

3.1.2 全球公共产品的定义

全球公共产品的思想最早可以追溯到17世纪初。"国际法之父"雨果·格劳秀斯在其著作《论海洋自由》中指出，海洋不属于任何国家，所有国家都有权使用。随后这一观点被写入国际法。此时，海洋事实上就是一种全球公共产品。但此时，公共产品理论尚处于启蒙阶段，公共产品的概念尚未诞生。

直到1973年，金德尔伯格才正式提出了全球公共产品这一概念。他将促进全球市场发展的制度视作全球公共产品，如构建自由的贸易体系、保持全球经济体系稳定、建立明确的产权制度和度量衡标准等。考利和桑德勒（Cauley & Sandler，1974）也运用类似的概念界定了具有全球利益溢出范围的公共产品。在20世纪70年代，现代公共产品理论已经建立，当今主流的全球公共产品理论基本建立在该理论的基础上。

传统的公共产品理论主要考虑国家（地区）内部的外部性问题，全球公共产品（Global Public Goods，GPGs）是传统公共产品概念的引申与拓展。[1]全球公共产品是指具有非竞争性和非排他性，溢出地理范围接近全球，不仅对当代人产生影响，还可能产生代际影响的公共产品（Seo，2020）。[2]根据该定义，识别全球公共产品具有两个重要标准：强公共性和收益的准普遍性（Quasi Universality）（张克中，2020）。强公共性是指全球公共

---

[1] 金德尔伯格虽然提出了全球公共产品的概念，但并未对它进行严格定义。直到1999年，联合国才正式提出了全球公共产品的完整定义，并得到广泛认可和运用。详见Kaul, Inge, Isabelle Grunberg, and Marc A. Stern. eds., *Global Public Goods: International Cooperation in the 21st Century*, Oxford University Press, 1999。本章对全球公共产品的定义与联合国保持一致。

[2] 徐（Seo，2020）从供体主体的视角出发，用全球共享产品（Global Share Goods）这一术语描述具有全球溢出范围的公共产品。他认为公共产品的概念与私人产品相对应，强调公共部门在公共产品供给和融资领域的作用，并认为，由于全球范围缺乏与国家政府相对应的世界政府，因此将具有全球溢出范围的公共产品称为全球共享产品更为合理。

产品具有非竞争性和非排他性；收益的准普遍性是指全球公共产品在空间和时间维度产生的影响具有广泛性。同时，在本书中，减少全球公害（Global Public Bads）和对全球公共资源（Global Commons）的损耗两项内容也包含在全球公共产品的范畴内。

不同历史阶段，学界对全球公共产品的关注重点存在差异，经济和技术的发展也推动了新型全球公共产品的出现，因此不同学者对全球公共产品的界定存在差异。常见的全球公共产品有维持全球金融系统稳定、抑制全球气候变暖、保护臭氧层、保护生物多样性、控制传染疾病在全球范围的传播等。其他具有代表性的划分如表3-1所示：

表3-1 全球公共产品的划分

考尔等 （Kaul et al., 1999）	斯蒂格利茨 （Stiglitz, 2002）	世界银行 （World Bank, 2015）	布赫霍尔兹和桑德勒（Buchholz & Sandler, 2021）
全球的自然物品： 臭氧层、气候稳定 人类生产的全球物品： 科学与应用知识、原理及文化遗产 全球政策： 和平、健康与金融稳定等	国际经济稳定 国际安全 全球环境 国际人道主义援助 知识	环境 传染病预防 国际贸易 国际金融架构 全球发展 知识	传染病预防 全球金融风险防控 全球环境保护 遏制气候变化 世界和平 保护文化遗产 ……

全球公共产品与传统（一国或一地区范围内的）公共产品的主要区别：

（1）溢出范围不同。全球公共产品与传统公共产品的主要区别在于溢出范围（Spillover Range）不同。尤其在空间维度上，全球公共产品的溢出范围超出了国家的地理范畴，而传统的公共产品主要影响一个国家（地区）内部。

> **专栏　全球公共产品日趋重要**
>
> 　　布赫霍尔兹和桑德勒（2021）指出，全球公共产品的重要性日渐凸显：一是全球化提升了国际社会对全球公共产品的需求。全球化促进了要素和商品的跨境流动，经济成本与收益的溢出范围扩大，国际社会对全球公共产品的需求增加。二是技术进步创造了新的全球公共产品，比如全球互联网网络安全、卫星通信网络等。三是新的监测技术使得人们发现了更多的全球公害，例如大气中温室气体的累积量、世界范围内沙漠的蔓延等。四是部分主权国家的政治动荡影响到邻国以及世界范围内的其他国家，此时国家公共产品就转变为全球公共产品，诸如跨国恐怖主义、国家内部战争的扩散等。五是金融和商品市场的一体化导致市场的局部不稳定波及全球。当这一不稳定因素得以妥善解决时，就会产生全球金融稳定等全球公共产品。比如2008年美国次级抵押贷款市场的金融危机蔓延至全球，由此产生的全球系统性金融风险最终通过美国和其他国家共同制定应对措施才勉强得以解除。六是通信技术的发展既促进了全球范围内思想、知识等的交流，又加速了恐慌、反科学、极端思想等错误信息的传播，提升了对网络空间治理的需求。

（2）供给主体不同。传统公共产品的供给主体主要是各级国家（地区）政府，而全球公共产品的供给主体通常为国家。[①]当国家作为供给主体时，主权原则以及政治利益成为国家决策的重要考量，所以，全球公共产品的供给面临着市场失灵和国家失灵的双重挑战。

3.2 全球财政联邦主义理论

3.2.1 全球财政联邦主义的起源与发展

20世纪50年代以来，财政联邦主义一直风靡全球，备受学者和各国实践者青睐。财政联邦主义是一种不同层级政府之间的财政分权理论，主要关注公共职能在不同层级政府之间的划分问题，具体表现为不同层级政府之间的税收与支出协调等财政问题。马斯格雷夫、奥茨（W. E. Oates）等学者推动了财政联邦主义的发展。但是近年来，随着全球化进程加速，环境气候危机和不平等程度日益增长等问题让财政联邦主义的解释力受到质疑：[②]全球的资本、劳动和贸易的流动需要超国家的税收合作框架，但全球化的负面影响已然引起地方民族主义的兴起；全球气候的恶化和传染病的蔓延需要超国家的组织协调，但由于信息不对称又

[①] 个人、主权国家、国际组织、公私合营组织（Public-Private Partnership）等都是全球公共产品的供给者，全球公共产品的供给是多元主体互动协调的过程。相较于公共产品，不同类型的全球公共产品供给主体在供应能力方面存在着更大的差异，这对各供给主体之间的博弈行为以及全球公共产品最终的均衡供给结果有重要影响。在实践中，主权国家依旧是参与全球治理、应对全球挑战、提供全球公共产品的行为主体。

[②] Agrawal David R., Jan K. Brueckner, and Marius Brülhart, *Fiscal Federalism in the 21st Century*, Working Paper. 全球化进程中地方保护主义和民粹主义的抬头不利于全球应对共同的挑战，很多政策存在世界地缘经济碎片化。

需要地方国家（地区）的干预；全球的不平等加剧，但再分配政策仍主要在一国一地层面。在全球化进程中，全球公共政策在全球和国家层级的划分和合作需要将财政联邦主义拓展至全球。如何在全球和国家之间寻找平衡的职责划分？大国与小国、发达国家与发展中国家的责任应如何分担？这些都是值得研究的问题。

全球财政联邦主义的核心思想是，国家的财政政策应该和全球的财政政策相结合，以实现全球财政公平和可持续发展，并为全球公共产品融资。全球财政联邦主义离不开世界联邦主义理论，这一理论的渊源可以追溯到14世纪的意大利诗人但丁。但丁在其代表作《论世界政府》中论述了人的普遍性，设想建构一个统一的世界国家。各国应通过法律程序，在全球层面上建立一个世界政府来降低乃至消除战争，促进人类的幸福。现代世界联邦主义最主要的代表人物就是领导美国度过第一次世界大战的总统威尔逊，最关注的挑战就是冲突最小化和合作最大化，目标就是以尊重法律为基础建立世界秩序，接受共同的价值观，并建立国际组织乃至国际政府。全球财政联邦主义的概念起源于19世纪，当时首次提出了国家"联邦联盟"的想法。这个想法在20世纪初得到进一步发展，当时国际联盟（League of Nations）已经成立。国际联盟是一个国际组织，旨在促进其成员国之间的经济和政治合作。国际联盟还建立了一些国际金融机构，如国际复兴开发银行（IBRD）和国际货币基金组织（IMF）。这些机构旨在促进各国之间的财政政策协调。皮凯蒂和戈德哈默（Piketty & Goldhammer，2020）就如何满足"跨国正义"（transnational justice）的需求提出了具体建议，即建立一个"欧非大会"，并赋予其作出一些决策的权力，包括对在非洲投资的欧洲跨国公司征税、用补偿措施应对全球变暖、促进人员自由流动等措施，并在社会联邦主义（Social-Federalist）政治结构和新的世界经济合作组织的基础上，构想了参与式的（Participatory）和国际主义的社会主义。为了发展新型的国际主义——"社会联邦主义"，皮凯蒂等人发表了《欧洲民主化宣言》（Manifesto for the Democratization of Europe），起草了《欧洲民主化公约》（The Treaty for the Democratization of Europe），并发起了欧盟成员国公民的对公约的签名运动。《欧洲民主化公约》提出建立"欧洲公民代表大会"（European Assembly），其中80%代表来自各成员国的议会议员，20%的代表来自1979年以来普选产生的欧洲议会（European Parliament）议员。"欧洲公民代表大会"将有权批准四项最重要的欧洲范围内的"共同税收"——公司利润税、高收入所得税、大额财产税和碳税，克服避税天堂对"参与式社会主义"措施的阻碍。皮凯蒂的"参与式社会主义"全球改革方案具有乌托邦色彩。但事实上，从2008年全球金融危机以来，世界各国越来越多的人已经意识到，目前的全球资本主义体制必须进行深刻的制度变革。皮凯蒂认为完全可以建立"欧盟—非盟公民代表大会"及其子集，在非洲联盟（African Union）2018年峰会上提出的"非盟共同税收"设想基础上，勾勒新型的21世纪"国际主义"轮廓，建立"社会联邦主义"。

　　财政联邦主义理论中关于政府间横向财政关系的研究为讨论发展援助提供了理论框架。在一个高度集权的联邦体制下，中央政府承担了所有的财政职能，但全球没有统一的中央政府，在实践层面也无法建立一个全球政府。在一个高度分权的联邦体制下，中央政府将大量财权和事权下放给地方政府，由地方政府履行收入分配职能，并建立了相应的横向转移支付制度实现区域协调。高度分权的财政联邦主义具有三个显著的特点：一是辖区与辖区之间的经济发展程度、人均收入水平存在差异，存在富裕辖区和贫穷辖区；二是中央政府仅负责全国层面的转移支付，将其他职能下放给地方政府，由地方政府负责；三是辖区与辖区之间存在策略互动，辖区政府之间存在竞争与合作。

高度分权的财政联邦主义理论为构建全球财政框架提供了启示。博德威（Boadway，2003）构想了一种没有中央政府的全球财政联邦体制，将国家财政联邦主义理论拓展为全球财政联邦主义，其中全球再分配的目标是实现国家间财政横向公平，具体方式是基于主权国家间自愿合作的前提，向富裕国家、跨国外部性和国际流动要素征税，构建全球财政均等化的政策方案。不论是实现关系人类福祉的联合国千年发展目标，还是《2030年全球可持续发展议程》订立的目标，其关键都是为实现国家间的横向公平和再分配筹集资金，离不开跨国的横向资金转移支持。阿特金森（Atkinson，2014）认为必须从财政工具和财政制度两方面为全球横向公平提供保障，前者要求充分发挥官方发展援助资金和全球税等财政工具的作用，后者要求利用世界发展机构或建立相应国际财政组织，统一配置全球税和发展援助资金，通过跨国再分配手段保障横向财政公平。

发展援助是全球财政联邦框架下的跨国转移支付，能够为全球均衡发展筹集资金。横向转移支付的目标是通过再分配实现区域协调发展，从全球视角来看，发展援助能够将发展资源从富裕国家转移到贫困脆弱的国家，在此意义上，发展援助类似于国家与国家之间的横向转移。全球发展援助与国家内部的横向转移支付存在诸多相似之处：一是资金来源比较稳定，横向转移支付资金来源于富裕辖区，目前全球发展援助资金主要依赖于援助国集团；二是资金构成比较多样，横向转移制度由年度转移和临时性转移两部分组成，全球发展援助资金既包括比较稳定的无偿赠款，又包括应对突发性外生冲击的应急转移；三是可能产生的影响比较类似，国家内部的横向转移和发展援助都可能产生反向激励。

3.2.2 全球财政联邦主义体系可能路径

第二次世界大战后，财政联邦主义的概念得到了进一步发展和实践。1944年的《布雷顿森林协议》建立了国际复兴开发银行（IBRD）和国际货币基金组织（IMF），这些机构旨在促进各国之间的财政金融政策协调。关税及贸易总协定（GATT）也于1947年成立，旨在减少各国之间的关税和其他贸易壁垒。

全球财政联邦主义是一种发展趋势，各国正越来越多地集中其金融资源，以创建一个更加一体化的全球经济体系。推动这一趋势需要各国加强经济协调与合作，以应对全球性挑战。全球金融联邦主义的例子包括国际货币基金组织、世界银行和地区开发银行。这些组织向有需要的国家提供贷款、赠款和其他财政援助，以促进经济稳定和增长。此外，一些国家还签订了促进经济一体化和合作的区域或全球贸易协定。目前构建全球财政联邦主义的主要障碍是当前的国际关系框架带来的"主权悖论"或者"威斯特伐利亚两难"。强调国家主权，不干涉别国内政，这是国际秩序的核心准则，却也成了为全球公共事务提供融资的困境和国际法的障碍。在面对全球性挑战过程中，一方面单个民族国家难以独力应对全球挑战，而另一方面全球问题与国家主权的分离，让很多国家要么采取"搭便车"行为，要么袖手旁观，顶多提供一些人道主义的象征性的援助，这极大地困扰了全球合作与协调。

为此，如何将部分国家权力让渡给联合国等国际组织，甚至国际非政府组织和国际协定，构建主权相容的全球财政联邦主义合作框架，成为我们亟需解决的一项难题。主权相容体现在两个方面：一是要维护和保障国家财政和政策的自主能力，二是重新建立全球财政税收的合作框架，协调国内与国外的政策平衡。全球化造就了越来越多的超越国家层面的组织和机构，对财政联邦主义的研究也应当放眼世界，拓展到全球，关注全球人类，用新的理论探讨"全球政府"的角色和形态。无论是法律规定上还是实际的运作中，国际组织协议、条约和非正式协定的作用应如何定位？要想像传统的政府那样发挥稳定、分配和配置功能，这些机构要怎样运行才能保障融资？国家和国际机构之间如何保持平衡？这些都是财政联邦主义需要关注的新动向（Tanzi，2008）。以欧盟为例，皮萨尼-费里等（Pisani-Ferry et al.，2007）提供了国家委托国际组织的三种可能的模式：一是无条件委托，二是监督委托，三是协调。其中监督委托有多重委托代理方式，委托方为多国政府，而代理方是欧盟。在欧盟的框架下，国家政府属于欧盟；在全球的背景下，国家的政府属于世界，监督性委托引发的问题是"给谁委托"，如何设计激励机制，以及代理机构产生程序等等。

理论上，全球财政联邦主义旨在促进全球经济一体化和发展，为全球公共产品提供资金支持，并划分国家之间的收入和支出责任分担，实现国际财政税收协调，以减少世界范围内的经济扭曲，促进经济一体化。

3.2.3 全球最优税收和转移支付理论

全球最优税收和转移支付理论为全球财政联邦主义体系的发展奠定了理论基础。

传统的最优劳动收入税的理论认为，当收入分配更加平均时，社会福利水平更高，这就需要较高的边际税率，但征税会损害劳动者特别是富人的劳动积极性，不利于实现经济的高效率运行。因而，最优的劳动收入税是公平与效率之间的某种权衡（Mirrlees，1976；Atkinson & Stiglitz，2015；Piketty & Saez，2013a）。当研究对象为一个国家（地区）时，这种理论已被证明适用。

当研究范围拓展到全球，如果不考虑国界及各地区经济文化的差异，且有一个联合政府可以执行税收与转移支付政策，则上述传统的理论也是适用的，这可以为我们之后构建全球财政联邦主义体系提供一个可以参照的基准。本节在一个简单的线性税收模型下对这一问题进行论述（Sheshinski，1972；Atkinson，2006）。

（1）基准模型

假设个体的工资率为w_i，l_i表示其劳动供给水平，则$z_i \equiv w_i l_i$表示其税前劳动收入水平。以τ表示劳动收入的税率，b表示政府的转移支付，$c_i = (1-\tau) z_i + b$即为其消费水平。设该个体的效用函数为$u_i(c_i, l_i)$，满足$\frac{\partial u_i}{\partial c} > 0$，$\frac{\partial^2 u_i}{\partial c^2} < 0$，$\frac{\partial u_i}{\partial l} < 0$，$\frac{\partial^2 u_i}{\partial l^2} < 0$。个体$i$选择$z_i$以最大化其效用水平$u_i[(1-\tau) z_i + b, z_i/w_i]$，其一阶条件满足：

$$(\tau) \frac{\partial u_i}{\partial c} + \frac{1}{w_i} \frac{\partial u_i}{\partial l} = 0 \qquad (3.1)$$

这个等式定义了个体的马歇尔收入供给函数$z_i(1-\tau, b)$，可以定义税收的收入弹性$e^i = \frac{1-\tau}{z_i}\frac{\partial z^i}{\partial(1-\tau)}$。

假设联合政府运用税收和转移支付制度(τ, b)来最大化社会福利，政府的非转移支付的支出为g。经济体中的人数标准为1，人口的分布函数为$v(i)$，则政府的预算约束是

$$b + g = \tau \int_i z^i(1-\tau, b)\mathrm{d}v(i) \equiv \tau Z(1-\tau, b) \qquad (3.2)$$

左边是联合政府的总支出，等于右边的总税收收入。式（3.2）定义了转移支付作为$1-\tau$的隐函数。$Z(1-\tau, b)$表示社会平均的劳动收入水平，它最终可以表示为$1-\tau$的函数$Z(1-\tau)$。

联合政府的目标是选择税率τ以最大化社会福利水平：

$$\Omega = \int_i \omega_i u_i[(1-\tau)z_i + \tau Z(1-\tau) - g, z_i/w_i]\mathrm{d}v(i) \qquad (3.3)$$

ω_i是赋予第i个人的效用u_i的权重，表示社会对第i个人的福利的重视程度。

利用式（3.1），该问题的一阶条件可化简为：

$$0 = \frac{\mathrm{d}\Omega}{\mathrm{d}\tau} = \int_i \omega_i \frac{\partial u_i}{\partial c}\left[Z - z_i - \tau\frac{\mathrm{d}Z}{\mathrm{d}(1-\tau)}\right]\mathrm{d}v(i) \qquad (3.4)$$

其中，$Z-z_i$表示再分配效应，当且仅当个体i的收入z_i小于社会平均收入，其符号为正。$-\tau\frac{\mathrm{d}Z}{\mathrm{d}(1-\tau)}$表示征税扭曲劳动力供给而带来的效率损失。定义$f_i \equiv \frac{\omega_i \frac{\partial u_i}{\partial c}}{\int_i \omega_i \frac{\partial u_i}{\partial c}\mathrm{d}v(i)}$，表示相对于社会平均水平个体的加权的边际消费效用，则式（3.4）可以简化为：

$$Z\left(1 - \frac{\tau}{1-\tau}e\right) = \int_i f_i z_i \mathrm{d}v(i) \qquad (3.5)$$

定义 $\bar{f} = \frac{\int_i f_i z_i \mathrm{d}v(i)}{z}$，它反映了政府的再分配的偏好，则式（3.5）可以变为：

$$\tau = \frac{1-\bar{f}}{1-\bar{f}+e} \qquad (3.6)$$

由式（3.6），可知以下两点信息：

第一，最优的边际税率是收入税收弹性的减函数。收入税收弹性越大，税收的效率损失越大，最优的税率越低。

第二，社会越不平等，最优的边际税率越大。社会越不平等，$\bar{f}$ 越小，社会最优的边际税率 τ 越大。

这是最优劳动收入税的理论中广为人知的结论，不仅仅在这样一个简单模型中成立，在一个具有差异化税率的模型中，这些结论仍然成立。

接下来考虑国际援助对上述模型的影响。

国家援助是一种很常见的促进世界经济均衡发展的方式。在上面的模型中，一个很自然的问题就是，国际援助的增加会对最优税率与转移支付有什么影响呢？这是一个比较静态分析的问题。从政府的预算约束（3.2）可知，国际援助 g 的增加可以通过两个途径来获得资金来源：第一，降低对于私人的转移支付 b；第二，提高边际税率 τ。在不同的效用函数下，其结果可能有所不同。譬如，如果效用函数是

$$u_i(c_i, l_i) = -(k-c_i)^m - l^m \qquad (3.7)$$

的形式，则国家援助的增加对边际税率 τ 没有影响，只会导致对私人的转移支付 b 的等量下降。而在其他的效用函数下，这个结论未必成立，国家援助的增加可能会对税率产生影响，但这一影响可能是比较小的（Atkinson，2006）。

从式（3.6），我们也可以大概看出国际援助的增加对最优税率的影响。第一，税收的收入弹性是相对比较稳定的；第二，g的增加对个体消费的影响有限，边际消费效用的变化较小，进而社会平均的边际消费效用$\bar{f}$的变化也不大。综合起来，国际援助对于最优税率的影响有限。

（2）考虑政治经济学的最优劳动收入税收理论

基准模型没有考虑政治边界的影响。现实中，世界上有很多国家和地区，联合政府的设想目前来看还并不现实。那么，考虑到各国政治决策的过程，社会最优的劳动税又是什么呢？根据梅尔策-理查德模型（Meltzer & Richard, 1981），本节在一个有投票的模型中考察社会最优的劳动收入税，以尝试回答上面的问题。

假设世界上有N个国家，每个国家的人口均标准化为1。国家n的个体i的效用函数是拟线性的，即

$$u_i^n\left(c_i^n, x_i^n\right) = c_i^n + u\left(x_i^n\right) \tag{3.8}$$

其中，c_i^n表示个体的消费水平，x_i^n表示闲暇时间，$u(x_i^n)$表示闲暇带来的效用，满足$u'(x_i^n) > 0$，$u''(x_i^n) < 0$。

假设每一单位的劳动l_i^n可以获得收入1，获得的转移支付为b^n，个体的消费水平为：

$$c_i^n = \left(1 - \tau^n\right) l_i^n + b^n - t + \varphi\left(\tau^n, \tau^{-n}\right) \tag{3.9}$$

其中，$b^n = \int_i \tau^n l_i^n \mathrm{d} v^n(i)$，$v^n(i)$表示国家的个体的分布函数，表示支付给联合政府的会费。$\varphi(\tau^n, \tau^{-n})$表示联合政府给国家$n$的转移支付，它依赖于各个国家所设定的税率水平。个体之间的差异用有效劳动时间来衡量，个体的有效劳动时间是$1 + e_i^n$，在劳动和休闲之间进行分配，即：

$$1+e_i^n = x_i^n + l_i^n \qquad (3.10)$$

给定税收与转移支付政策，个体 i 选择劳动时间 l_i^n 最大化其效用水平：①

$$\max_{\{l_i^n\}} u_i^n(c_i^n, x_i^n) = (1-\tau^n)l_i^n + b^n - t + \varphi(\tau^n, \tau^{-n}) + u(1+e_i^n - l_i^n) \qquad (3.11)$$

该最大化问题的一阶条件是：

$$1-\tau^n = u'(1+e_i^n - l_i^n) \qquad (3.12)$$

所以，

$$l_i^n = 1 + e_i^n - u'^{-1}(1-\tau^n) \qquad (3.13)$$

由式（3.12）可知，$\partial l_i^n / \partial e_i^n > 0$，即禀赋更高的人工作时间也会更长。

定义

$$l^n(\tau^n) \equiv \bar{l}^n = 1 + \int_i e_i^n dv^n(i) - u'^{-1}(1-\tau^n) \equiv 1 + \bar{e}^n - u'^{-1}(1-\tau^n) \qquad (3.14)$$

则式（3.11）可变为

$$1-\tau^n = u'[1+\bar{e}^n - l^n(\tau^n)] \qquad (3.15)$$

式（3.14）两边对 τ^n 求导数可知

$$l^{n'}(\tau^n) = 1/u''[1+\bar{e}^n - l^n(\tau^n)] \qquad (3.16)$$

注意 $l_i^n = 1 + \bar{e}^n - u'^{-1}(1-\tau^n) + e_i^n - \bar{e}^n = l^n(\tau^n) + e_i^n - \bar{e}^n$，所以，

$$\frac{\partial l_i^n}{\partial \tau^n} < 0 \qquad (3.17)$$

---

① 个人在进行决策时，并不会考虑政府的预算，也不会考虑自己从联合国得到的转移支付对经济的影响；但当作为政治决策人进行投票时，个人会考虑到政府的预算约束。

即税率越高，劳动供给越少。税率的增加会产生两个方面的效应：一是替代效应，即税率的增加会使得人们消费更多的闲暇；二是收入效应，即富人的可支配收入下降后，会消费更少的闲暇，提供更多的劳动。在拟线性效用下，收入效应为0，故而只有替代效应，即税率增加只会导致劳动时间的减少。

假设各国政府按照少数服从多数、一人一票的形式对税率进行投票表决。此时，个人的福利函数（3.11）变为：

$$\max_{\{\tau^n\}} (1-\tau^n)l_i^n + \tau^n l^n(\tau^n) - t + \varphi(\tau^n, \tau^{-n}) + u(1 + e_i^n - l_i^n) \quad (3.18)$$

运用式（3.12）和（3.14），此问题的一阶条件可以写为：

$$\frac{\partial u_i^n}{\partial \tau^n} = -e_i^n + \overline{e}^n + \tau^n l^{n'}(\tau^n) + \frac{\partial \varphi}{\partial \tau^n} = 0 \quad (3.19)$$

假设二阶条件满足，则上问题有唯一解。式（3.19）可以变为：

$$\tau^n = \frac{-e_i^n + \overline{e}^n + \dfrac{\partial \varphi}{\partial \tau^n}}{-l^{n'}(\tau^n)} \quad (3.20)$$

可以看到，禀赋高的人倾向于选择较低的税率；禀赋低的人倾向于选择较高的税率。由中间投票人定理（Gans & Smart, 1996），中间投票人的选票决定了国家的税率水平：

$$\tau^{n,md} = \frac{-e_{md}^n + \overline{e}^n + \dfrac{\partial \varphi}{\partial \tau^n}}{-l^{n'}(\tau^{n,md})} \quad (3.21)$$

最后，我们考察联合政府的问题。联合政府要求每个国家缴纳单位的会费，并按照 $\varphi(\tau^n, \tau^{-n})$ 的支付函数进行转移支付，其预算约束是：

$$tN = \sum_{n=1}^{N}\varphi\left(\tau^{n},\tau^{-n}\right) \qquad (3.22)$$

给定预算约束（3.22），联合政府可以选择适当的转移支付函数以提高社会整体的福利水平。

本章小结

19世纪后半期，作为交叉学科的财政学作为一门独立学科而确立。当财政学的研究从国家辖域范围拓展至全球时，需要更多的跨学科智慧。本章分别从政治哲学、国际关系学以及经济学理论等三方面探讨了全球公共财政学的跨学科理论基础，旨在分析如何通过吸收这些不同学科的知识和理论，来构建和发展全球公共财政学。

第四章　全球公共产品供给

　　科学家以前所未有的速度研发出了安全、有效的疫苗。我们现在拥有了阻止新冠疫情蔓延的工具。但是，迄今为止，大量的疫苗由少数的富裕国家生产并推出。疫苗必须被视作全球公共产品，没有任何国家能够仅凭借自身力量克服这场危机。政府和企业必须分享他们拥有的疫苗和技术，扩大疫苗的生产，提升疫苗的分配速度。新冠疫苗实施计划是实现这一目标的最佳途径，所以让我们联合起来实现它。只有团结一致，我们才能保护医护人员和最脆弱的人群。只有共同努力，我们才能重振经济。只有携手共进，我们才能终结疫情并回归正常生活。

——联合国秘书长安东尼奥·古特雷斯[①]

　　随着全球化进程的推进，越来越多的全球性挑战摆在了人类面前，对人类的生产、生活造成了威胁。全球性挑战包括传染疾

[①] 联合国秘书长古特雷斯2021年3月在"只有在一起"联合国公共宣传活动中的致辞，详见 https://press.un.org/en/2021/sgsm20620.doc.html。

病的传播、全球气候变暖、全球金融危机等。解决这些挑战需要世界各国共同努力，提供更多的全球公共产品。

遗憾的是，尽管人们已经意识到全球公共产品的重要性，但其在现实中的供给依旧严重不足，世界各国陷入了集体行动困境。新冠疫情期间疫苗的短缺、全球气候行动进展缓慢等，都是全球公共产品供给不足的表现。

是什么因素导致了全球公共产品供给不足？如何判断全球公共产品供给的效率，标准是什么？怎样促进全球公共产品的供给？本章尝试从理论和实践层面回应这些问题。

1. 全球公共产品的特征

全球公共产品的特征决定全球公共产品的供给。不同特征的全球公共产品面临着不同的供给困境，需要有针对性的制度设计。全球公共产品具有四大特征，分别是非竞争性、非排他性、溢出范围和聚合器技术。

1.1 非竞争性与非排他性

全球公共产品的特征之一是非竞争性。非竞争性意味着一个国家使用或消费了某项全球公共产品后，不会减少其他国家对该产品的使用或消费。例如，当臭氧层加厚减少紫外线辐射时，一个国家享受到的好处不会影响其他国家从中获得的利益。另一个关键特征是非排他性。非排他性意味着全球公共产品的好处惠及所有人，无论他们是否付费。缓解全球气候变暖、消除恐怖主义、控制传染病的传播，都属于具有非排他性的全球公共产品。

非竞争性和非排他性是全球公共产品消费方面的特点,代表了全球公共产品的消费公共性(Publicness in Consumption)。

全球公共产品的非竞争性是指,当一个国家增加对这类全球公共产品的消费时,边际成本始终为零,边际收益始终为正。边际成本始终为零意味着我们很难对这类全球公共产品定价,也难以通过收费的方式为这类全球公共产品筹集资金。边际收益始终为正意味着边际收益始终大于边际成本,任何国家增加对全球公共产品的消费都会带来全球福利的改进。因此,所有国家都应当享受这类全球公共产品带来的好处,实现全球福利最大化。任何国家被排除在外,都会造成全球福利的损失。

全球公共产品的非排他性特点使我们难以准确识别这类全球公共产品的受益者,很难确定哪些国家应当为这类全球公共产品付费。在这种情况下,每个国家都希望"搭便车",减少本国对全球公共产品的贡献,让其他国家多承担全球公共产品的供给成本,进而导致全球公共产品供给的不足。

1.2 溢出范围

全球公共产品的外部性溢出范围在空间维度上接近全球,在时间维度上跨越代际。根据空间维度的差异,我们可以区分全球公共产品、区域公共产品、国家公共产品、地区公共产品。时间上跨越代际,指全球公共产品会产生长期影响。例如,在气候变化领域,温室气体浓度上升促使全球气候变暖。二氧化碳是主要的温室气体,它一经排放,即便一个世纪过去后仍会有一半残留于大气中。因此,二氧化碳的排放与减排对几代人都有影响。

1.3 聚合器技术

聚合器技术（Aggregator Technology）是全球公共产品的第四大特征，反映了全球公共产品供给方面的特点，可以看作供给侧的公共性（Publicness in Production）（Kaul et al., 2016）。聚合器技术表示每个国家的全球公共产品供给量（G_i）和全球公共产品总供给量（G）之间的函数关系。若有 i 个国家提供全球公共产品，则聚合器技术可表示为：$G=F(G_1, G_2, \cdots, G_i)$。例如，加总聚合器技术对应的函数关系式可表示为 $G=G_1+G_2+\cdots+G_i$。

专栏 聚合器技术的提出

传统模型假定公共产品的社会总供给量等于社会中每个个体供给数量的总和。但赫希莱弗（Hirshleifer，1983）指出，对于最优环节（Best-Shot）和最弱环节（Weakest-Link）的公共产品，它们的社会总供给量分别等于个体供给量中的最大和最小值，此时传统模型假定不再适用。赫希莱弗认为公共产品的个体供给量与总供给量的函数关系不止局限于传统的加总模型，更具一般性的函数关系可称为社会构成函数（Social Composition Function）。当前，学者们更广泛地将这一函数关系称为聚合器技术，或生产技术和加总技术。

经典的聚合器技术包括三类：加总聚合器技术（Summation Technology）、最优环节聚合器技术（Best-Shot Technology）和

最弱环节聚合器技术（Weakest-Link Technology）。[①]它们对应的函数关系和具有代表性的全球公共产品如表4-1所示：

表4-1 聚合器技术类型、函数关系与典型的全球公共产品

聚合器技术类型	函数关系	典型的全球公共产品
加总聚合器技术	$G = \sum_i G_i$	温室气体的减排、生物多样性的保护
最优环节聚合器技术	$G = \max_i (G_i)$	卫星发射设施的提供、新技术的研发
最弱环节聚合器技术	$G = \min_i (G_i)$	金融危机的预防、流行疾病的防控

适用加总聚合器技术的全球公共产品，其总供给量是所有国家供给量的总和。以温室气体减排为例，全球温室气体总减排量等于所有国家当年温室气体减排量的总和。

适用最优环节聚合器技术的全球公共产品，其总供给量取决于各国供给量中的最大值。例如，在新技术和新药物研发领域，投入最大的国家最有可能取得技术突破和成功研发新的药物，因此，这个国家通常是这类全球公共产品的供给者，它的供给行为决定了全球供给水平。

适用最弱环节聚合器技术的全球公共产品，其总供给量等于各国供给量中的最小值。例如，在遏制传染病传播方面，单一国家在防控上的失败，可能导致全球防控体系的崩溃。因此，防控措施最

---

① 其他类型的聚合技术还包括权重加总、较弱环节、较优环节、阈值聚合器技术。详见英吉·考尔：《全球化之道——全球公共产品的提供与管理》，张春波、高静译，人民出版社2006年版，第124页；Buchholz, W. and Sandler, T., "Global Public Goods: A Survey", *Journal of Economic Literature*, 2021, 59 (2), pp.488-545。

少、效果最差的国家决定了全球对传染病的控制。

全球公共产品的聚合器技术类型直接影响了主权国家的供给行为，决定了全球公共产品的总供给水平。适用不同聚合器技术的全球公共产品需要差异性的政策干预。表4-2总结了加总、最优环节和最弱环节聚合器技术条件下的情形：

表4-2 聚合器技术类型、供给水平与促进供给的制度安排

聚合器技术类型	国家的供给行为与供给水平	促进供给的制度安排
加总聚合器技术	• 不供给是单个国家的占优策略，容易出现"囚徒困境" • 供给不足，极端情况下供给水平为0	• 通过捐赠和贷款为供给融资 • 由多边组织协调供给 • 国家间进行多次谈判，缓解囚徒困境
最优环节聚合器技术	• 单个国家进行有效供给，通常为最富裕的国家 • 当采取非合作的策略时，全球公共产品供给不足 • 若存在多个最优供给国时，可能面临协调困境	• 激励富裕、主导国家供给 • 多边组织以及其他供给主体可以采取共同行动促进供给 • 协调国家之间的行为
最弱环节聚合器技术	• 所有国家供给相同数量是占优策略 • 当所有国家拥有相同的收入和偏好时，实现有效供给	• 协调国家之间的行为，确保所有供给国贡献达到最低水平 • 帮助处于最薄弱环节的国家

资料来源：该表格参考布赫霍尔兹和桑德勒（Buchholz & Sandler, 2021）进行整理。表格中的结论可以借助博弈论分析推断获得，分析过程可见李娟娟：《集体行动视角下的国际公共品供给研究：一个理论分析框架及应用》，经济科学出版社2016年版，第65—71页。

简言之，在加总聚合器技术的情况下，全球公共产品的总供给量是各国对该产品的供给量之和。各国提供的全球公共产品互

为完全替代品，容易出现"搭便车"现象。在最优环节和最弱环节聚合器技术下，全球公共产品的总供给量分别取决于供给最多和最少的国家的供给量。在这两种情况下，如果采取收入分配政策来干预此类公共产品的供给，应重点考虑向这两类关键国家进行收入转移。

在全球公共产品的四大特征中，消费的公共性和聚合器技术类型共同决定了全球公共产品的供给。具体而言，按照消费的公共性特征进行划分，全球公共产品主要包括三类：纯全球公共产品、具有部分竞争性或部分排他性的全球公共产品、全球俱乐部产品。对于纯全球公共产品，其供给水平基本不随着聚合器技术类型的变化而明显变化，在均衡条件下都呈现出供给不足的状态。对于具有部分竞争性或部分排他性的准全球公共产品，由于其受益者相对明确，因此能够激励受益者增加供给。对于全球俱乐部产品，因其受益者明确，故可以采用俱乐部收费的方式提升供给水平，这类全球公共产品通常实现了有效供给。表4-3总结了在聚合器技术类型与消费公共性的共同作用下，均衡状态时全球公共产品的供给效率，并例举了具有代表性的全球公共产品。

表4-3 消费公共性、聚合器技术类型和全球公共产品供给

聚合器 技术类型	全球公共产品类型（按照消费公共性划分）		
	纯全球公共产品 （非竞争性和非他性）	准全球公共产品 （部分竞争性和部分排他性）	全球俱乐部产品 （部分竞争性和排他性）
加总 聚合器技术	供给不足 （温室气体减排）	供给不足 （消除恐怖主义）	有效供给 （全球卫星通信网络）

| 最优环节聚合器技术 | 供给不足或有效供给（打击暴力极端主义） | 供给不足（新技术的研发） | 有效供给（提供卫星发射设施） |
| 最弱环节聚合器技术 | 所有国家完全一样时实现有效供给（维护全球互联网正常运转） | 供给不足（监测金融危机或传染疾病的暴发） | 供给不足（全球航空运输系统） |

资料来源：Sandler, T., *Global Collective Action*, Cambridge University Press, 2004, p.82.; Buchholz, W. and Sandler, T., "Global Public Goods: A Survey", *Journal of Economic Literature*, 2021, 59(2), pp.488-545.

2. 全球公共产品供给理论

如何实现全球公共产品的有效供给？为回答这一问题，本部分首先介绍全球公共产品的有效供给理论，该理论为我们判断全球公共产品的效率提供了标准。其次，为了解主权国家供给行为对全球公共产品供给水平和效率的影响，本节通过介绍自愿供给理论为该问题提供了基本的分析框架。除了全球公共产品的特征外，供给国的收入、偏好、数量等也是影响全球公共产品供给水平的重要因素。最后，联盟供给是目前主权国家参与全球公共产品供给的主要形式，选择性激励、成本分担机制、组建俱乐部、门槛制度、联盟基金与转移支付等理论，为提升联盟对全球公共产品的供给提供了参考。

2.1 有效供给理论

萨缪尔森论述了公共产品的最优供给条件，即萨缪尔森规则。诺德豪斯（Nordhaus，2006）将这一规则拓展到了国际范围：考虑全球公共产品的所有贡献国，当各国对全球公共产品的边际支付意愿之和等于生产该产品的边际成本时，全球公共产品的供给实现了帕累托最优。萨缪尔森规则的国际拓展，为探讨全球公共产品供给的财政机制开辟了空间。我们可以通过简单的图形分析说明萨缪尔森规则在国际层面的拓展。

2.1.1 直观理解

首先考虑一种简单的情形：只存在A和B两个国家，提供适用加总聚合器技术的纯全球公共产品。纯全球公共产品具有非竞争性和非排他性，所以当一个国家增加1单位的纯全球公共产品时，另一个国家可享受的全球公共产品也会增加1单位。在不考虑成本等因素的情况下，两个国家都希望获得尽可能多的全球公共产品。以温室气体减排为例，假设在两国的努力下全球温室气体排放量下降了19个单位，此时再进一步减少1单位排放量的成本为10元。为了享受1单位排放量下降带来的好处，A国愿意支付8元，B国愿意支付12元。那么，再减少1单位的排放量是否具有效率呢？由于温室气体减排是纯全球公共产品，当第20个单位的减排量实现时，A国和B国同时享受了它带来的好处，全球公共产品的边际支付意愿等于A国和B国愿意支付的总额，即20元，大于生产的边际成本10元。因此，减少1单位的温室气体排放量是有效率的。依此类推，全球公共产品供给的帕累托效率条件为：全球公共产品的供给应当一直增加到各国的边际支付意愿之和恰好等于生产该全球公共产品的边际成本。当这一条件成立时，全球公共产品供给是有效的。

2.1.2 图形推导

如下图 4-1 所示，图中的横轴表示对温室气体减排的需求量 Q，纵轴表示在不同减排水平下各国愿意支付的价格 P。A 国、B 国对温室气体减排的需求曲线分别为 D_A、D_B。温室气体减排是纯全球公共产品，当温室气体排放量下降 1 单位时，两国均从中受益。如果 A 国享受了 20 单位温室气体减排量带来的好处，那么 B 国也将同样享受这 20 单位的温室气体减排带来的好处。因此，全球公共产品的总支付意愿应当等于两国支付价格的加总，在图形中体现为对两国的需求曲线进行纵向加总。这与公共产品需求曲线的推导完全一致。[①] 图中的 D_{A+B} 表示 A、B 两个国家对这类全球公共产品的总需求曲线。图中的供给曲线 S 与需求曲线 D_{A+B} 相交于一点，这一点就是帕累托效率点。在这一点处，全球公共产品的边际支付意愿之和等于边际成本。

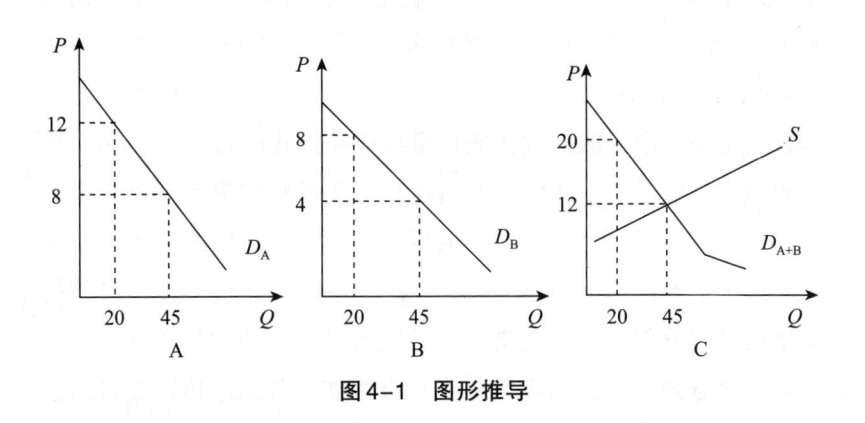

图 4-1 图形推导

[①] 参阅哈维·S.罗森、特德·盖亚:《财政学》，中国人民大学出版社 2015 年版。

2.1.3 模型构建与数学证明

现将简单的两国模型进行扩展。设存在 n 个国家，$i \in \{1, 2, \cdots, n\}$，$u_i(x_i, G)$ 为每个国家的效用函数，x_i 为国家 i 消费的私人商品，G 为全球公共产品供给总量。生产可能性函数为：$F(\sum_{i=1}^{n} x_i, G)$。全球的社会福利函数为：$W(u_1, u_2, \cdots, u_n)$。

在生产可能性函数的约束下，选择 x_i 和 G 实现全球社会福利最大化。构建拉格朗日函数：

$$L = W(u_1, u_2, \ldots, u_n) - \lambda F\left(\sum_{i=1}^{n} x_i, G\right) \quad (4.1)$$

一阶条件构建如下：

（1）对 x_i 求导：$W'u_{ix} - \lambda F_x = 0$

（2）对 G 求导：$\sum_{i=1}^{n} W'u_{iG} - \lambda F_G = 0$

从（1）式中可得 $W'u_{ix} = \lambda F_x$，[①] 用（2）式除以该式可得：

$$\sum_{i=1}^{n} \frac{u_{iG}}{u_{ix}} = \frac{F_G}{F_x} \quad (4.2)$$

也可写作：

$$\sum_{i=1}^{n} MRS_{iGx} = MRT_{Gx} \quad (4.3)$$

由此，萨缪尔森规则的国际拓展可表述为：各国对全球公共产品的边际替代率之和等于边际转换率时，全球公共产品的供给达到帕累托最优。

[①] 由于 λF_x 不随着国家 i 的变化而变化，因此 $W'u_{ix}$ 对于所有的 i 都是相等的。在后续运算中，当 i 发生变化时，$W'u_{ix}$ 可视作一个常量。

2.2 自愿供给理论

当前，全球秩序依旧建立在威斯特伐利亚体系的基础上，各国享有领土范围内的政治、经济主权。若要求一个国家履行国际义务，必须得到该主权国家的同意，这是目前国际法体系的基础。因此，各主权国家出于自愿提供全球公共产品的行为，对理解现实中全球公共产品的供给过程至关重要。

自愿供给理论（Voluntary Provision）指在各国出于自身意愿提供全球公共产品的过程中，各主权国家独立决定它们对全球公共产品的贡献。[1]在各国独立决策的情况下，理性的国家预期其他国家的供给行为并作出策略性反应，各国通过策略性互动最终形成纳什均衡。[2]在该均衡下，虽然理性的国家在本国内部达到了帕累托效率，但从全球层面来看，因全球公共产品的非竞争性和非排他性特征，全球公共产品的供给面临着严重的"搭便车"问题，供给效率缺乏，供给总量明显不足。

纳什均衡状态是如何形成的？运用简单的模型可以对这一问题进行说明。[3]

仍考虑仅存在两国的简单情形。假设世界上只存在A国、B国这两个国家，每个国家的收入（I）等于支出（Y），支出由私人消费（c）和全球公共产品供给支出（g）两个部分组成，即$Y=c+g$，两个国家分别独立决定本国的私人消费和全球公共产品

---

[1] 这里假定世界各国不进行合作。这是各国提供全球公共产品最原始的状态，为分析国家的供给行为以及后续国家间的合作行为提供了基本的框架。

[2] 由于各主权国家之间的供给能力差异大，且全球范围的供给国数量有限，主权国家在全球公共产品供给过程中的博弈，类似于企业在寡头竞争市场上的博弈。

[3] 本小节的模型构建参考了布赫霍尔兹和桑德勒（Buchholz & Sandler, 2021）。

支出。以适用加总聚合器技术的纯全球公共产品为例，此时全球公共产品的总供给水平（G）等于两国的全球公共产品支出之和，即 $G=g_A+g_B$。因纯全球公共产品具有非竞争性和非排他性，所以两国享受到的全球公共产品水平均为 G。现在，我们可以通过求出每个国家的收入扩展线，来考察每个国家的行为决策。

收入扩展线是在不同的预算约束（即各国收入）下，使用函数关系表示的各主权国家的私人消费（c）与全球公共产品消费数量（G）的最优组合，此时各个国家在国家内部实现了均衡且有效的状态。[1]在两国情形下，可绘制收入扩展线如图4-2所示。纵轴表示全球公共产品的消费水平（G），横轴表示各国的私人消费（c）。将私人消费视作 G 的函数，A国和B国的收入扩展曲线可分别表示为 $e_A(G)$ 和 $e_B(G)$。收入扩展线的斜率反映了主权国家对全球公共产品的偏好。[2]

根据两国的收入扩展线，可以得到纳什均衡状态下全球公共产品总供给水平（G）和全球总支出（Y）之间的关系 $Y(G)$，$Y(G)=G+e_A(G)+e_B(G)$。当假定收入等于支出时，一旦收入确定，通过 $Y(G)$ 就可以得到纳什均衡状态下全球公共产品

---

[1] 类似于微观经济学中的收入—消费扩展线。又可称之为收入扩展路径（Income Expansion Path）。

[2] $e(G)$ 的倾斜程度代表国家对全球公共产品的偏好。一个国家认为全球公共产品越重要，那么它的收入扩展线会更靠近纵轴，收入扩展曲线的斜率越大。各国对全球公共产品偏好的差异，主要源于两类因素：一是客观因素，即全球公共产品给各国带来的好处存在客观差异。例如，恐怖袭击、流行病传染、难民潮、环境污染对不同的国家影响不同，各国从提供全球公共产品应对这些全球挑战中获得的好处也不同。一国获得的好处越多，其认为全球公共产品就越重要。二是主观因素，即不同国家的公民或政治家可能对全球公共产品的偏好存在差异。例如，在环境问题方面，相较于欠发达国家，发达国家的公民和政治家们通常对环境保护更为重视。

的总供给水平（G）。再将 G 代入 $e_A(G)$ 和 $e_B(G)$ 中，即可以得到两个国家的私人消费支出。

图 4-2 可以更清晰地说明纳什均衡状态下各国对全球公共产品的供给。在两国情形下，全球总收入等于两国的收入之和，即 $I_总 = I_A + I_B$。假定收入等于支出，所以全球支出等于 $I_总$。从全球支出在横轴所处的位置作垂线，与 $Y(G)$ 相交于一点，过该点作 G 轴的垂线，即可确定纳什均衡状态下的全球公共产品的总供给水平 $\hat{G}$。进一步根据 $e_A(G)$ 和 $e_B(G)$，可以确定各国的私人消费水平 $\hat{c}_A$ 和 $\hat{c}_B$。[①] 此时 $\hat{G}$、$\hat{c}_A$ 和 $\hat{c}_B$ 分别代表了纳什均衡状态下全球公共产品的总供给水平、A 国与 B 国的私人消费。纳什均衡的形成将会受到收入、国家对全球公共产品的偏好等因素的影响。[②]

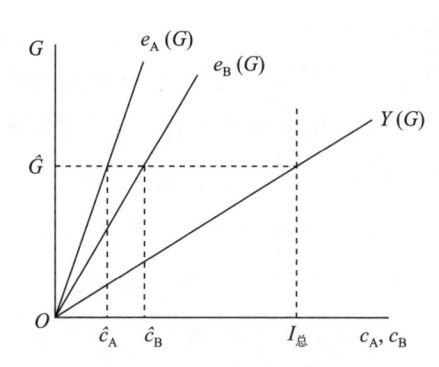

图 4-2　纳什均衡状态图形分析

在自愿供给理论下，各国通过非合作博弈达到的纳什均衡状

[①] 在两国情形中，我们假设所有国家都是贡献国，没有纯粹"搭便车"的国家。对于后一类国家，均衡状态下它们的私人消费（$\hat{c}$）等于该国收入。
[②] 这一结论的证明见本章附录一。

态不具有效率，导致全球公共产品的供给量低于帕累托最优状态下的供给量。[①]

上述分析表明，全球公共产品的供给与私人商品的供给存在明显差异。对于私人商品，在完全竞争的市场条件下，个人消费私人商品追求自身效用最大化的同时，全社会也实现了帕累托最优状态。但当全球公共产品的供给者——主权国家单独采取行动时，博弈形成的纳什均衡无法在全球层面实现帕累托效率。自愿供给理论为我们分析主权国家单独及后续合作供给全球公共产品提供了一个分析框架。

2.3 联盟供给理论

联盟供给理论为联盟供给制度的设计提供了理论依据，这些理论的关键是改变参与国的成本收益结构。[②]如果参与全球公共产品供给的收益大于"搭便车"的收益，主权国家将更愿意参与联盟，提升全球公共产品的供给水平。在收益端，选择性激励通过改变参与国的收益，促进全球公共产品供给。在成本端，成本分担机制通过影响参与国的成本发挥作用。俱乐部理论和门槛制度理论同时改变了参与国的成本和收益。[③]联盟基金和转移支付理论主要分析参与国提供全球公共产品的成本，是联盟供给理论的最新研究成果。

---

① 这一结论的证明见本章附录二。
② 在本章中，我们主要强调经济利益。
③ 涉及的选择性激励、成本分担机制、门槛制度理论的博弈论分析过程可见李娟娟：《集体行动视角下的国际公共品供给研究——一个理论分析框架及应用》，经济科学出版社2016年版，第65—71页。

2.3.1 选择性激励理论

选择性激励理论（Selective Incentives）主张改变参与全球公共产品供给的收益，激励更多的主权国家参与联盟，提升全球公共产品的供给水平。该理论最早由奥尔森提出。

奥尔森在他的开创性著作《集体行动的逻辑》中指出，合作产生的公共利益无差别地惠及所有人，因此理性的个体倾向于"搭便车"。为促进理性的个体参与合作，他提出了选择性激励理论。该理论主张，依据国家对联盟的贡献，为联盟参与国提供专属的私人利益。国家对联盟的贡献越大，获得的私人利益越多。选择性激励理论认为，具有排他性的私人利益激励了主权国家对全球公共产品的贡献，有效抑制了"搭便车"行为（Buchholz & Sandler, 2021）。

选择性激励既可以通过奖励机制发挥作用，也可以通过惩罚机制发挥作用。常见的惩罚机制包括对不参与联盟的国家进行贸易制裁、罚款等。运用惩罚机制反向激励主权国家参与联盟，至少面临着两个方面的挑战：一是惩罚机制的实施可能面临着较高的执行成本，二是以贸易制裁为代表的惩罚机制在正当性方面存疑。因此，在全球公共产品的供给中，正向的奖励机制应用更广泛。

正向的选择性激励一般通过联合产品（Joint Product）的形式实现（Cornes & Sandler, 1984）。联合产品指在提供全球公共产品过程中产生的所有产品的集合。主权国家在提供全球公共产品的过程中，还获得了提高国际威望、提升国家形象等私人利益。由于私人利益与全球公共产品同时产生且无法分割，因此，学者们通常将它们统称为联合产品。在联合产品中，积极的私人利益是发挥"选择性激励"作用的载体，激励联盟成员为获得更多的私人利益而提升对全球公共产品的贡献。以对外援助为例，理论上，发达国家为发展中国家提供对外援助，在缓解全球贫困问题的同时，也为自身带来了国家形象和国际威望等的提升。后一部分私人利益在一定程度激励了发达国家提升对外援助的水平。在实践中，为获取更多的私人利益，部分发达国家通常将援助与其他经济、政治、外交政策相捆绑。由此带来的经济、政治、外交领域的收益，就是发挥选择性激励作用的私人利益。虽然这种选择性激励提升了援助的水平，缓解了供给不足的问题，但也引发了援助国之间的利益冲突，削减了援助的有效性和正当性（马海涛等，2024）。

2.3.2 成本分担机制

在联盟内部设立合理的成本分担机制，有助于明确各联盟成员国在全球公共产品供给过程中承担的成本，为全球公共产品供给筹集充足的资金。成本分担机制指在联盟内部，各成员国通过一致决议确定每个国家在全球公共产品供给中承担的成本。

林达尔均衡（Lindahl Equilibrium）理论是公共产品理论的最早成果之一，其核心思想表明，所有参与者就公共产品供给成本的承担比例和公共产品数量进行讨价还价和磋商，当所有参与者愿意承担的比例之和为1时，全球公共产品的供给即达到了均衡状态。这种均衡状态满足萨缪尔森条件，实现了公共产品的有效供给，确定了有效供给状态下参与者之间的成本分担比例。[1]

---

[1] 林达尔均衡的具体数理推导过程和其他细节内容可参见刘京焕等：《财政学原理》，高等教育出版社2011年版，第48—49页；杜振华：《财政学》，人民邮电出版社2015年版，第58—59页。

在全球公共产品的研究中，林达尔均衡指，各主权国家就全球公共产品供给成本承担的比例和全球公共产品的数量进行讨价还价，最终确定有效供给下各国承担的成本分担比例。

在现实中，成本分担机制设计较为复杂，在不同的联盟间存在着较大差异。但在所有联盟中，国民收入水平通常都是决定各国承担成本比例的重要因素，低收入国家对全球公共产品的贡献远低于富裕国家，[①]这种分担机制与纳什均衡状态下的成本分担机制较为相似。奥尔森认为这是"穷国"对"富国"的剥削，将这种现象称为剥削假说（The Exploitation Hypothesis）。[②]在全球公共产品供给中还存在着其他的剥削现象。首先，非联盟国家可能剥削联盟参与国。当一组国家自愿形成联盟，提升对全球公共产品的贡献时，其他国家可能减少贡献，甚至不再贡献，完全成为"搭便车"者（Buchholz & Eichenseer, 2017; Buchholz & Sandler, 2021），即非联盟国家从联盟中获利，剥削了联盟参与国（Boadway & Hayashi, 1999）。其次，布赫霍尔兹和桑德勒（Buchholz & Sandler, 2016）认为，对全球公共产品偏好更低的国家剥削了偏好更强的国家，全球公共产品生产率更高的国家剥

[①] 奥尔森和齐克豪斯（Olson & Zeckhauser, 1966）将这种分担机制称为联盟理论（The Theory of Alliances）。这种成本分担与各国自愿供给下通过策略性互动形成的纳什均衡状态相似。在纳什均衡状态下，富裕的国家通常是全球公共产品的贡献国，低收入国家倾向于"搭便车"实现自身利益的最大化。

[②] 正如奥尔森在《集体行动的逻辑：公共物品与集团理论》中所说，"'剥削'一词一般用来描述不同人们的获益和牺牲不成比例的情形"。本质上，这里的剥削行为等同于"搭便车"行为，不具有道德色彩。这种剥削行为是指，在各国策略性互动后产生的纳什均衡中，富裕国家相较低收入国家承担更多的成本。参见曼瑟尔·奥尔森：《集体行动的逻辑：公共物品与集团理论》，陈郁、郭宇峰、李崇新译，格致出版社2017年版，第55页。

削了生产率更低的国家。[1]剥削现象在全球公共产品的供给中广泛存在，挑战了全球公共产品供给的公平性。在全球公共产品供给严重不足的背景下，需要平衡全球公共产品供给公平性和供给水平的关系。

林达尔均衡理论假定，所有参与者的收入、偏好、政治权力完全相同，这显然不符合全球公共产品供给的现实背景，但该理论提供了全球公共产品有效供给的路径。剥削假说的成本分担机制与纳什均衡的成本分担更为相似，虽然它体现了不同国家策略性行为的差异，考虑了低收入国家更容易"搭便车"的特点，但显然也无法实现全球公共产品的有效供给。[2]

陈和齐克豪斯（Chen & Zeckhauser，2018）尝试融合林达尔均衡和纳什均衡各自的优点，在模型中嵌入低收入国家更容易"搭便车"的特点，构建廉价"搭便车"有效均衡模型（Cheap-Riding Efficient Equilibrium，CREE），确定有效供给状态下各国的成本分担比例。为吸引这些倾向于"搭便车"的国家参与合作，就需要在成本分担设计时考虑到这些国家容易"搭便车"的特点，让其参与合作的收益大于纳什均衡状态下的收益，最终实现全球公共产品的有效供给。陈和齐克豪斯（Chen & Zeckhauser，2018）指出，以纳什均衡为起点，可以通过两种方式达到林达尔均衡，实现全球公共产品的有效供给：一是纳什讨价还价；二是基于林达尔原理，对成本分担比例和全球公共产品

---

[1] 详细的数理模型推导可参见Buchholz, W. and Sandler, T., "Olson's exploitation hypothesis in a public good economy: a reconsideration", *Public Choice*, 2016, 168, pp.103-114。

[2] 在纳什均衡状态下，全球公共产品供给不足。

供给数量进行磋商。

2.3.3 俱乐部理论

为全球俱乐部产品设立俱乐部，可以解决这类全球公共产品的定价和收费问题。全球俱乐部产品是全球公共产品的重要组成部分，具有排他性和部分竞争性。排他性意味着俱乐部产品的受益者明确，能够准确识别付费者。部分竞争性指当俱乐部产品的使用者较多时，使用者的增加将带来拥堵成本。这意味着对该产品的消费扩大到其他国家时，边际成本大于0，可以依据萨缪尔森规则对其进行定价。因此，通过设立俱乐部对全球俱乐部产品定价和收费，可以缓解"搭便车"行为，为全球公共产品供给筹资。俱乐部成员通常为全球俱乐部产品的受益者和付费者，非俱乐部成员则无法享受全球俱乐部产品带来的好处。在俱乐部内部，成员国对全球俱乐部产品使用的频率，代表了这些国家对产品的偏好。一个国家对全球俱乐部产品的使用频率越高，支付的使用费越高。理论上，如果某一国家对俱乐部产品的使用给其他国家带来了拥堵成本，那么面向该国的最佳使用费收取标准，应当等于其对所有其他参与国造成的边际拥堵成本之和（Buchholz & Sandler，2021）。典型的全球俱乐部产品包括苏伊士运河、巴拿马运河、全球航空运输系统等。

如果通过排除机制将全球公共产品转换为全球俱乐部产品，那么可以用设立俱乐部的方式解决全球公共产品的定价和收费问题，为全球公共产品的供给提供资金支持。例如，在世界卫生组织中，部分专家咨询服务需要付费获得。世卫组织通过排除机制将非付费者排除在服务范围外，为专家咨询服务提供了资金。

依据辅助原则①，俱乐部应当吸纳所有获得全球公共产品好处的主权国家。然而，全球范围内主权国家数量较多，国家之间的全球公共产品提供能力差异较大，构建大规模的俱乐部面临着巨大的交易成本，包含全部甚至大多数主权国家的俱乐部很难建立。为降低设立俱乐部的交易成本，可由部分对俱乐部产品具有强烈偏好且经济实力较强的国家作为初创成员率先组建俱乐部，再通过逐步吸收其他国家扩大俱乐部规模，提升全球俱乐部产品的贡献水平。此外，为促进俱乐部的设立，提高俱乐部的稳定性，在俱乐部成立初期应当尽可能少地约束成员国的行为。当俱乐部顺利运行后，可以通过成员国间的协商不断完善俱乐部的治理结构和制度设计。

2.3.4 门槛制度理论

门槛制度（Threshold）理论主张为全球公共产品的供给量或参与供给的国家的数量设定明确的标准（或称为门槛值）。各国通过合作达到门槛值时，主权国家将形成联盟提供全球公共产品。否则，要么联盟无法形成，要么联盟不提供全球公共产品。在门槛制度存在的情况下，各国的策略性互动可能形成两种纳什

---

① 辅助原则（Subsidiarity Principle）指全球公共产品供给机构的政治管辖区（Political Jurisdiction）应当与经济领域（Economic Domain）保持一致。经济领域指全球公共产品的外部性溢出范围，当供给机构对应的政治管辖区域与经济领域相一致时，全球公共产品即实现了有效供给。二者若不一致，则意味着供给缺乏效率。例如，当经济领域超过政治管辖领域时，由于全球公共产品的受益主体没有全部纳入管理范围，供给机构没有考虑到部分国家（地区）的边际收益，因此供给水平低于最优供给水平；当政治管辖领域超过经济领域时，全球公共产品的供给成本分担至非受益主体，供给水平高于有效供给水平。

均衡，一种是没有任何国家提供全球公共产品，另一种是所有国家的供给恰好达到门槛值（李娟娟，2016）。在第一种状态下，所有国家都无法享受全球公共产品带来的好处。因此，门槛制度可能激励主权国家的合作，通过集体行动达到门槛标准，获得全球公共产品供给带来的收益。

在门槛制度下，各国可以通过协商、谈判达成合作，一致决定每个国家对全球公共产品的贡献，从而达到门槛制度的要求。门槛制度改变了全球公共产品供给者的成本收益结构，在全球公共产品供给领域得到了广泛应用。在全球环境治理领域，几乎所有的环境保护条约都试图通过运用门槛制度缓解"搭便车"问题。这些条约设定了参与国家数量的门槛值，只有签署国家超过门槛值时，协议才会生效。例如，《蒙特利尔破坏臭氧层物质管制议定书》是旨在保护臭氧层的国际环境条约，需要消耗破坏臭氧层物质的国家签署条约，只有当签署国家超过2/3时，协议才生效。

门槛制度在提升全球公共产品供给方面通常面临着两个问题：第一，在全球公共产品的供给达到门槛值前，主权国家可能不愿意为全球公共产品供给提供资金。在门槛制度下，如果最终无法通过一致同意达到供给的门槛，联盟就不会提供全球公共产品，早期贡献国家的投入可能转为沉没成本。如果各主权国家预期最终无法达到门槛值，那么所有国家的占优策略都是不进行任何投入。第二，在全球公共产品供给达到门槛值后，所有国家都能从全球公共产品的供给中获益，其他未参与供给的国家也可以"搭便车"。门槛制度无法吸引倾向于"搭便车"的国家参与全球公共产品的供给。

门槛制度与贡献返还、成本分担机制的结合，可以缓解这些问题。贡献返还指，当最终未达到门槛值时，联盟将返还早期贡献国家的投入，或者早期承诺贡献的国家无需兑现承诺。门槛制度与贡献返还制度相结合，可以降低早期贡献国家的投入风险，克服全球公共产品供给缺乏早期投入的问题。而门槛制度与成本分担机制相结合，可以改变"搭便车"国家供给全球公共产品的成本收益结构，激励这些国家参与合作。

2.3.5 联盟基金与转移支付理论

最新的研究表明，联盟基金和转移支付相结合的制度设计，有助于提升联盟的稳定性。在这一制度安排下，通过稳定联盟提供全球公共产品，可以实现全球公共产品的有效供给[1]（Kornek & Edenhofer，2020；McEvoy & McGinty，2023）。科尔内克和埃登霍费尔（Kornek & Edenhofer，2020）通过构建模型（下文简称KE模型）为上述制度设计提供了理论支撑，给全球公共产品的有效供给提供了新的思路与方案。

假设世界有 N 个国家（地区），每个国家（地区）是同质的，都仅生产和消费全球公共产品 q，且总产出和总消费均为 c。假设全球公共产品适用加总聚合器技术。定义每个国家（地区）的代表性个体 i 的效用函数为 u，则：

$$u_i = bQ - \frac{c(q_i)^2}{2} \quad (4.4)$$

其中，$Q = \sum_{i=1}^{n} q_i$ 表示总的全球公共产品供给。

---

[1] 早期的文献发现稳定国家联盟的国家数量不超过三个（Barrett，1994）。稳定国家联盟是指联盟外的国家没有动机加入，且联盟内的国家没有动机退出的联盟（McEvoy & McGinty，2023）。

在一个非合作的纳什均衡中,每个国家最大化个体的效用u_i,可得全球公共产品供给的数量为:

$$q_i^{NC} = \frac{b}{c} \tag{4.5}$$

所以,全球公共产品的供给数量和个人的效用分别是:

$$Q^{NC} = \frac{Nb}{c}, u_i^{NC} = \frac{b^2}{2c}(2N-1) \tag{4.6}$$

而由此得到的全球公共产品供给数量小于有效供给量。假设社会最优的政策目标是最大化各个国家社会福利的总和,即:

$$\sum_{i=1}^{N} u_i = NbQ - \sum_{i=1}^{N} \frac{c(q_i)^2}{2} \tag{4.7}$$

求解这个最优化问题,可得有效的全球公共产品供给水平及对应的社会福利为:

$$Q^* = \frac{N^2 b}{c} > Q^{NC}, u_i^* = \frac{N^2 b^2}{2c} > u_i^{NC} \tag{4.8}$$

由此可见,相比于有效的供给水平,非合作纳什均衡条件下的全球公共产品供给严重不足。现在我们考察KE模型中关于国家联盟的形成与稳定性问题。

第一阶段:决定会费。国家一起决定加入联盟的会费t,这是新加入联盟的国家必须缴纳的会费。

第二阶段:加入联盟。假设最终加入联盟的国家个数为k,国家联盟的集合为S,则总会费为tk。

第三阶段:最大化效用。加入联盟的国家i选择其对全球公共产品的供给水平以最大化其效用水平。

$$u_i^m = bQ - \frac{c(q_i)^2}{2} + tk\left[\frac{c(q_i)^2}{2} - \frac{1}{k}\sum_{j \in S}\frac{c(q_j)^2}{2}\right] \quad (4.9)$$

其中，$tk\left[\dfrac{c(q_i)^2}{2} - \dfrac{1}{k}\sum_{j \in S}\dfrac{c(q_j)^2}{2}\right]$ 表示其他国家对国家 i 的转移支付。

效用最大化的一阶条件是：

$$b - cq_i + t(k-1)cq_i = 0 \quad (4.10)$$

因此，联盟国家和非联盟国家的全球公共产品提供水平分别为：

$$q^m(t,k) = \frac{b}{c}\left[\frac{1}{1-t(k-1)}\right], q^{NC} = \frac{b}{c} \quad (4.11)$$

KE模型证明，$t = \dfrac{1}{N}$，$k=N$ 时所形成的联盟是稳定的。此时，$q^m(t,k) = \dfrac{Nb}{c} = q^*$ 为全球公共产品的有效供给水平。

麦克沃伊与麦金蒂（McEvoy & McGinty，2023）认为KE模型的结论并不可信，因为在该模型中存在联盟承诺不可信的问题。参与联盟的国家可以在谈判结束后拒绝为转移支付提供资金，而联盟无法对任何一个国家的主权形成挑战。同时，他们指出，如果将联盟成员资格与上缴额外储蓄资金相结合，且储蓄资金足以支付转移支付（剩余资金可以返还给主权国家），那么这在一定程度上可以解决承诺不可信的问题，确保联盟合约的执行及全球公共产品的有效供给。

3. 全球公共产品供给模式

传统的公共产品通过主权国家的各级政府实现有效供给。然而，全球范围内缺乏凌驾于世界各国之上的公共权威，无法依赖世界政府解决全球公共产品供给不足的问题。在实践中，霸权供给和联盟供给在不同历史阶段发挥了重要作用。

3.1 霸权供给

所谓霸权供给，是在国际社会中由一个国家单独提供全球公共产品，要求该国具有绝对的全球实力优势且具有供给意愿。当全球公共产品通过霸权国家进行单边供给时，霸权国家的供给能力与供给意愿将会对全球公共产品的供给水平产生重要影响。通常认为，在霸权供给模式下，霸权国家可以提供维护世界和平、保持全球金融系统稳定、创建促进国际贸易畅通的自由贸易制度、为发展中国家提供对外援助等全球公共产品。

霸权供给模式最早由美国经济学家金德尔伯格在1974年提出。他认为，全球经济体系稳定是一种全球公共产品，这种全球公共产品的供给不足导致了1929年的经济大萧条。他进一步指出，全球经济体系的稳定与持续发展需要由单个国家承担维稳成本，这个国家需要同时具备承担成本的实力与意愿，且它必须是唯一的。[①]在这种情形下，这个国家承担了部分世界政府的职能，

[①] 金德尔伯格认为，1929年大萧条的形成源于英国的国家实力衰退，无力继续承担维持全球经济体系稳定的成本，同时，美国取代了英国成为世界范围内最具实力的国家，却没有意愿在全球公共产品供给领域扮演供给者的角色。

向世界提供了维持全球经济体系稳定、保护世界和平、构建自由贸易体系等全球公共产品。[1]

美国著名国际关系学者罗伯特·吉尔平将这一观点进一步拓展，形成"霸权稳定论"（Hegemonic Stability Theory）。该理论认为，在国际社会缺乏世界政府的状态下，应当由一个经济实力具有绝对优势、在全球事务中具有领导权的霸权国家主导构建和维持全球秩序，供给以自由经济秩序为核心的全球经济体系。除了构建自由贸易制度、维护世界和平、维持全球经济体系的稳定，该国需供给的全球公共产品还包括对欠发达国家的援助。只有当这样的霸权国家存在且唯一，并拥有供给意愿的情况下，全球经济秩序才能维持稳定；一旦霸权国家实力衰落或不存在，就会导致战争和混乱。随着时间的推移，霸权国家维护其主导的全球经济体系的边际成本必然不断递增。这与递减的边际收益不再相匹配，因此霸权国家最终注定会衰落。由此，可能引发霸权更替现象，这种世界权力的转移将导致全球公共产品供给不足。[2]

罗伯特·基欧汉则持有不同观点。他肯定了霸权国家在维护全球经济体系中的重要作用，但认为霸权衰落并不必然导致全球秩序的崩溃。他认为，虽然创建全球经济秩序这一全球公共产品的成本很高，只有霸权国家才有能力承担，但维持全球经济秩序

---

[1] 斯蒂芬·克拉斯纳也论述了这一观点，详见 Krasner, S. D., "State Power and the Structure of International Trade", *World Politics*, 1976, 28 (3), pp.317-347。

[2] 霸权国家单边供给全球公共产品的原因在于这一行为可以为霸权国家带来利益。吉尔平认为这些利益主要包括霸权国家扩张领土、扩大对其他行为体行动的影响以及扩大对全球经济的影响和控制。与此同时，吉尔平还提出了当霸权衰落时，为应对来自其他国家的挑战，霸权国家可以通过增加供给来保持自身地位，或减少供给来降低本国受到的损害。

的成本相对较低，可以由多个国家共同承担。在自由经济体制的建立与维护问题上，这种观点具有一定的合理性。

霸权供给模式的提出与流行与所处的历史背景密切相关。当时，全球范围内的其他国家与霸权国家实力悬殊，且国际社会急需全球经济体系稳定这一全球公共产品。历史实践表明，霸权供给模式在很长一段时间内发挥了重要作用。通常认为，战后的资本主义世界经济体系是以美国为核心的霸权体系。20世纪40年代后期到20世纪70年代是美国霸权的巅峰时期，它在世界范围内拥有绝对的经济、军事实力优势。在这一阶段，美国主导创建了维护世界政治秩序和经济秩序的相应机构和制度，包括联合国、基于布雷顿森林体系的国际货币基金组织、世界银行、关税及贸易总协定（世界贸易组织的前身）等，维护了全球政治与经济体系的长期稳定。这一时期，美国对其他国家的"搭便车"行为持默许态度，在一定程度上扮演了"世界警察"的角色。

在霸权供给模式中，霸权国家承担提供全球公共产品的成本。那么霸权国家为什么愿意去承担成本呢？主要包括以下两点原因：一是基于成本收益分析，霸权国家可以由此获取长期的经济收益。例如，在通过构建国际制度以维护全球经济体系稳定与发展的过程中，霸权国家可以在主导制度建立的过程中嵌入本国偏好，获取长期红利；开放、自由的贸易体制将有利于霸权国家拓展海外市场，改善本国内部的资源配置，发挥比较优势促进国内经济增长。二是在提供全球公共产品的过程中，霸权国家还会获得国际威望、国际地位与话语权等其他收益。

然而，霸权国家提供全球公共产品的动力也是霸权供给模式的缺陷。首先，全球公共产品供给反映的是霸权国家的偏好。当全球公共产品由霸权国单边供给时，霸权国将基于自身利益最大化进行决策。霸权国家对本国利益的考虑，对其他国家"搭便车"的容忍程度等，均会影响全球公共产品的供给水平。霸权供给模式仅反映霸权国自身对全球公共产品的偏好，无法反映其他国家的偏好，可能导致全球公共产品供给不足。其次，霸权国家通过将全球公共产品"私物化"以谋取自身利益。霸权国家作为全球公共产品的供给者和消费者，在提供全球经济与政治制度等全球公共产品时嵌入自身偏好，以非中性经济制度谋取私利。与此同时，霸权国还可以通过这一方式阻止其他国家对其霸权地位的挑战，获得长期利益。这意味着很难确定霸权国家与全球经济体系稳定之间的关系，无法确定霸权供给模式是否有效供给了全球公共产品。此外，霸权模式也并未解释霸权衰退之后全球公共产品的供给将何去何从。

随着国际社会对全球公共产品的需求与日俱增，霸权国家逐渐难以独自承担全球公共产品的供给成本。然而部分学者提出了"金德尔伯格陷阱"这一概念，这意味着他们并未完全放弃这一供给模式。

专栏　金德尔伯格陷阱

在2017年，哈佛大学教授约瑟夫·奈提出了"金德尔伯格陷阱"（The Kindleberger Trap）这一概念，指当霸权国家缺乏提供全球公共产品的意愿，崛起国家又不具备提供全球公共产品的实力时，全球公共产品供给不足，可能导致全球经济秩序崩溃。约瑟夫·奈用"金德尔伯格陷阱"说明了霸权国家（美国）与崛起国家在全球公共产品供给领域可能面临的问题。

> "金德尔伯格陷阱"与金德尔伯格本人提出的霸权供给理论存在着本质区别。金德尔伯格在20世纪70年代提出了霸权供给理论，该理论强调的是霸权国家缺乏供给实力而挑战者缺乏供给意愿，那么可能发生世界权力的更迭和全球公共产品供给的不足。而"金德尔伯格陷阱"则强调当霸权国家缺乏供给意愿，崛起国家又不具备供给实力时，也会造成全球公共产品供给不足。
>
> "金德尔伯格陷阱"利用霸权国家缺乏供给意愿、崛起国家缺乏供给实力两个条件来解释全球经济体系的崩溃，却并未考虑到霸权国家的供给实力。与此同时，关于霸权衰退后应当如何提供全球公共产品，"金德尔伯格陷阱"也无法提供答案。
>
> 关于金德尔伯格的霸权供给理论，详见金德尔伯格：《1929—1939年世界经济萧条》，宋承先、洪文达译，上海译文出版社1986年版；关于"金德尔伯格陷阱"，可参阅https://www.project-syndicate.org/commentary/trump-china-kindleberger-trap-by-joseph-s-nye-2017-01? barrier= accesspaylog。

当前，由于霸权供给模式逐渐被联盟供给模式取代，全球公共产品的供给愈加依赖各主权国家的自主贡献以及国家间的合作。在"共同但有区别的责任"这一原则下，发达国家与发展中国家共同参与全球公共产品的供给，通过在国家间形成联盟的方式为全球公共产品的供给提供支持和保障。

3.2 联盟供给

联盟供给是指由多个国家通过形成正式或非正式的制度安排建立国家联盟，以国家间合作的方式共同供给全球公共产品。制度安排中通常包括规定参与联盟的主体与联盟形式、联盟内部成员的协调机制等内容。如果能够形成包含所有溢出效应接受者的大联盟，且达成一致决议，则可以实现全球公共产品的有效供给。

（1）联盟的成员

包含所有溢出效应接受者的大联盟在现实中很难存在，通常而言联盟只包含有限的贡献者。对于任一种全球公共产品，参与联盟的国家是其贡献者（Contributor），联盟的非参与国则被称为非贡献者（Noncontributor）或"搭便车"者。通常而言，高收入国家和对全球公共产品偏好更强的国家更容易成为贡献者。[①]

（2）联盟的形式

在实践中，全球公共产品供给的联盟至少包括以下四类形式：一是多边组织。常见的多边组织包括联合国、世界银行、国际货币基金组织、世界卫生组织等。多边组织向世界提供了包括但不限于全球金融稳定、全球健康、全球和平与安全、减少全球贫困、缓解气候变暖等全球公共产品。这些多边组织既通过向成员国筹款为全球公共产品供给提供资金，也参与协调参与者之间的行动。二是国际条约。国际条约通过制定相应的条款，规制成员国的行为，促进全球公共产品的供给。国际条约应用广泛，尤其是在全球环境问题领域。常见的国际条约包括《蒙特利尔破坏臭氧层物质管制议定书》《联合国气候变化框架公约》《国际濒危物种贸易公约》等。三是国际制度。例如，国际电信联盟制定了全球电信标准，确保各国的无线电电台正常运行；国际海事组

[①] 证明见附录三。

织构建了国际航运业制度框架，保障了海上安全，促进了船舶运行效率和海上贸易。四是为提供全球俱乐部产品组建的俱乐部。常见的俱乐部包括负责维护全球航空运输系统[①]的国际民航组织（ICAO）、协调空间技术利用的联合国和平利用外层空间委员会（COPUOS）等。

（3）联盟供给面临的问题：集体行动困境

全球公共产品的供给通常面临着市场失灵和国家失灵的双重挑战，主权国家间的合作往往陷入集体行动困境，难以顺利形成联盟，典型例子如全球化时代国家间的税收竞争问题。各个国家为争取跨国公司在本国建立机构，吸引资本、人员、技术以及其他要素的流入，往往会设置较低的税率。然而这可能导致世界范围内的其他国家作出策略性反应，造成主权国家在税率方面的竞争，最终可能形成逐底竞争现象，破坏了作为全球公共产品的全球税基（Global Tax Base）。[②]税收洼地和避税天堂在全球层面的长期存在，说明了全球范围内各主权国家对自身经济和政治利益的最大化考量，会抑制有效的集体行动，使全球陷入集体行动困境。

当前世界范围内存在的稳定联盟，或规模很小而无法为全球公共产品供给提供充足的资金，或规模很大但在全球公共产品方面产生的影响较小。比如在全球气候治理领域，各国缓解全球气候变暖的措施主要是通过签订环境条约的方式形成联盟，如《联

[①] 全球航空运输系统旨在协调各国家航空运输的路线，避免发生空中碰撞事故。
[②] 这一竞争甚至可能演变为全面的财政竞争，进一步导致全球范围内的发展不平衡、不平等、不可持续等问题（郑新业等，2019）。

合国气候变化框架公约》《京东议定书》[①]《巴黎协定》[②] 等。虽然这些条约吸引了多国参与，然而实践中，其在全球温室气体减排领域发挥的作用有限，全球温室气体排放总量依旧在不断攀升，全球气候变暖依旧是全球社会面临的严峻挑战之一。从实践层面来看，全球公共产品仍然长期处于供给不足的状态，全球公共产品赤字问题严重（田旭、徐秀军，2021）。如何形成一个稳定且能够自我加强的联盟以促进全球公共产品的有效供给，至今仍未有成熟的解决方案，当前的制度设计还需要进一步优化。考尔在最新的研究中指出，区域公共产品供给对全球公共产品的供给产生了重要影响，然而这一影响长期以来一直被忽视。[③] 未来通过提供区域公共产品以促进全球公共产品的供给或将成为这一领域重要的研究方向。

本章小结

全球公共产品供给是应对全球挑战的重要手段。迄今为止，

[①] 1992年，《联合国气候变化框架公约》第四条正式明确了"共同但有区别的责任"，即不同国家在应对气候变化时应依据排放量等指标承担相应责任。1997年，《京都议定书》第十条再次确认了这一原则，并以法律形式予以明确、细化。它规定了发达国家应承担的减少温室气体排放的具体责任。2016年COP22会议中提出的"马拉喀什伙伴关系"，强调加强各国政府与主要利益相关者之间的合作，以降低各国的碳排放和提高抵御气候影响的能力，为旨在审议和评估全球气候行动进展的COP28会议提供了支持和指导，共同促进全球气候行动的开展和可持续发展。

[②] 《巴黎协定》设立了绿色气候基金，并规定基金主要用于减缓气候变化和适应气候变化，旨在帮助包括小岛屿发展中国家、最不发达国家和非洲国家等在内的发展中国家应对气候变化。

[③] Kaul, I., "Enhancing the Provision of Global Public Goods: Ready for More Realism?", in Wignaraja, K., and S. Waglé, eds: *The Great Upheaval: Resetting Development Policy and Institutions for the Decade of Action in Asia and the Pacific*, Cambridge University Press, 2022.

全球公共产品的供给水平仍严重不足。如何促进全球公共产品的供给？本章尝试从理论和实践层面回应这一问题。首先，本章介绍了全球公共产品的特征，指出具有不同特征的全球公共产品需要差异性的制度设计。其次，本章总结了全球公共产品的供给理论。这些理论为衡量全球公共产品的供给效率提供了标准，为提升全球公共产品的供给水平提供了理论依据。最后，本章概述了全球公共产品的供给模式。在不同的历史阶段，霸权供给和联盟供给模式发挥了重要作用。

附录

附录一：证明国家收入和偏好的变化影响纳什均衡状态

（1）收入的变化

如果某个全球公共产品贡献国的收入增加，那么在纳什均衡点处，全球公共产品供给量将更高，且所有国家的效用都会提升。

如图4-3所示，全球总支出（Y）与全球公共产品供给水平（G）呈现正相关关系。由于全球总收入等于总支出，因此全球总收入与G也呈正相关关系。所以，若一个国家的收入增加，则全球总收入增加，均衡状态下的全球公共产品供给量也会随之增加。在图4-3中，若假设A国的收入增加，则全球总收入（$I_{总}$）会增加，导致垂线右移，全球公共产品总供给水平（$\hat{G}$）上升。纳什均衡下两国各自的消费水平$\hat{c}_A$和$\hat{c}_B$也会随之上升，所有国家的效用因此均得到提升。

（2）国家对全球公共产品偏好的变化

如果某个全球公共产品贡献国对全球公共产品的偏好变强，那么在纳什均衡状态下全球公共产品的供给量会提升，而除了这一贡献国之外其他国家的效用也会增加。

为了简便分析，依旧考虑两国情形，如图4-3所示，当A国对全球公共产品的偏好增强时，A国对应的收入扩展线$e_A(G)$会更加靠近G轴，$Y(G)$也会更加靠近G轴，因此当$I_总$不变（即垂线位置不变）时，对应的$\hat{G}$会增加，均衡状态下B国的消费量$\hat{c}_B$会增加，那么此时B国的效用将会增加。

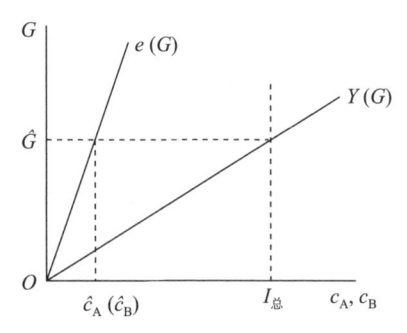

图4-3 偏好强度相同时国家的收入扩展线

附录二：证明各国通过非合作博弈达到的纳什均衡状态不具有效率

为了简化分析，我们假设全球公共产品相较于私人物品的边际生产成本为1。

在自愿供给的状态下，理性的国家独立提供全球公共产品，每一个国家在自身内部都达到了帕累托效率。根据效率条件可知，在均衡状态下，每个国家的边际支付意愿等于边际生产成本，等于1。但在全球层面考虑全球公共产品的供给时，全球公共产品的边际支付意愿支付应当等于所有国家边际支付意愿的总和，当存在n个国家时，边际支付意愿为n。

根据萨缪尔森规则的国际拓展，在帕累托效率点处，各国对全球公共产品的边际支付意愿之和等于边际成本，等于1。但在纳什均衡状态下，若假设存在两个国家，全球公共产品的边际支付意愿为2，边际支付意愿大于边际成本，增加全球公共产品的供给可以实现帕累托改进。随着国家数量n的增加，各国的边际支付意愿越大，全球公共产品的供给越偏离有效状态。

附录三：证明高收入国家和对全球公共产品偏好更强的国家更容易成为贡献者

在此，我们借助自愿供给理论分析框架中的方法进行简单的图形分析。

首先，我们考虑国家收入产生的影响：

假设所有的国家对某全球公共产品拥有相同的偏好强度，在非合作纳什均衡的状态下，所有的国家拥有相同的收入扩展线$e(G)$。

假设仅存在两个国家，A国和B国，在均衡状态下二者的私人消费相等，即$\hat{c}_A=\hat{c}_B$，若A国的收入更高，则$I_A>I_B$，$I_A>\hat{c}_A$，那么$g_A=I_A-\hat{c}_A>0$，此时A国成为贡献国；若B国收入较低，$I_B<\hat{c}_B$，此时$g_B=I_B-\hat{c}_B<0$，B国将成为"搭便车"者，不会对全球公共产品的供给出资。

因此，通过上述分析，我们可以得到收入对加入联盟意愿的影响：高收入的国家更倾向于成为贡献者，加入提供全球公共产品的联盟。

运用同样的方法，我们可以证明：对全球公共产品偏好更强的国家更倾向于成为贡献者，加入提供全球公共产品的联盟。

首先，我们假设存在两个国家：C国和E国，两个国家拥有相同的收入，但C国对全球公共产品的偏好更强。因此在图4-4中我们可以看到C国的扩展线$e_C(G)$更加靠近G轴，在纳什均衡的条件下，两国的私人消费满足$\hat{c}_C<\hat{c}_E$。

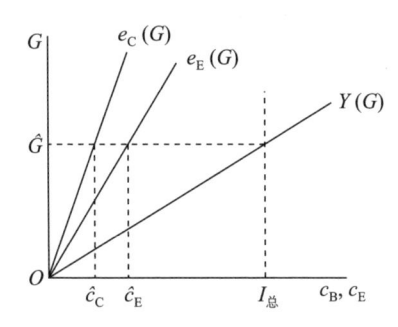

图4-4 收入相同时国家的收入扩展线

由于$I_C=I_E$，$g=I-c$，因此$g_C>g_E$。在极端的情况下，若一个国家对全球公共产品的偏好程度很低，在均衡状态下，$c>I$，那么该国会成为非贡献者，不再参与全球公共产品供给的联盟。

第五章　全球公共产品融资

融资是推动气候行动的重要力量，但当前的投资模式阻碍了向零碳经济转型的速度和规模。根据"气候政策倡议"发布的新数据，2022年全球可追踪的气候融资达到了1.4万亿美元的历史最高水平，其中包含了来自公共部门和私营部门的国内外资金流入，但与2030年每年所需的5.2万亿美元相比仍相距甚远。未来十年的资金流入必须逐年增加5,000亿美元，才能跟上需求的步伐。[①]

——世界资源研究所

全球公共产品的有效供给依赖于全球公共产品融资。但与世界资源研究所关注的气候融资领域的情况一样，其他全球公共产品的融资也面临着巨大的缺口。对于这一现象，我们可能会好奇：现在全球公共产品的融资主要来源于何处？是什么导致了巨大的融资缺口？未来如何提升全球公共产品的融资？现阶段，全

---

① 详见世界资源研究所（World Resources Institute）发布的《2023年气候行动情况》，https://wri.org.cn/insights/COP28-Underway-State-of-Climate-Action-2023-Released。

球公共产品的融资渠道主要包括三条：公共资源、私人资源、全球税。本章从这三条渠道出发，尝试回答上述问题。

1. 公共资源为全球公共产品融资

公共资源主要通过国际组织和区域组织为全球公共产品融资。主权国家参与国际组织和区域组织，为全球公共产品的供给提供资金支持。

1.1 国际组织的全球公共产品融资

国际组织是全球治理过程中的重要行为主体，它们通过履行核心职能，协调主权国家间的利益分配，推动全球共同目标的实现。为全球公共产品提供资金是国际组织的重要目标之一，国际组织在全球公共产品融资领域发挥了重要作用。联合国、世界银行、国际货币基金组织等是最具有代表性的国际组织。

1.1.1 联合国

机构简介。联合国（United Nations，UN）是在第二次世界大战后由主权国家组成的非营利性政府间国际组织。其宗旨是维护国际和平与安全，发展以尊重各国人民平等权利及自决原则为基础的国家间友好关系，进行国际合作以协调国际间经济、社会、文化和人道主义问题。联合国以其特殊的国际地位和组织力，为全球公共安全、公共健康以及减少贫困等全球公共产品提供融资支持。①

融资来源。联合国的资金来源主要包括会员国缴纳的会费和其他捐款。会费是联合国的主要资金来源之一，用以维持联合国及其附属机构的日常运作及为各会员国提供支持和帮助。会员国按照一定的比例缴纳会费，该比例根据其国内生产总值和国际发展指数等因素确定。联合国会费分为常规会费和维和经费，前者用于支持联合国的日常运营和基本活动，包括会议开销、人员薪酬、设施维护等；后者主要用于联合国的和平维持行动，包括维和行动、冲突预防、调解，以及和平建设等。会费分摊比例设置上限和下限标准，分别为22%和0.001%，并针对部分国民收入较低的发展中国家设置了低收入宽减政策。②针对拖欠财政款项的会员国，《联合国宪章》第19条规定：凡拖欠本组织财政款项的会员国，若其拖欠数目等于或超过前两年所应缴纳数目，即丧失其在大会的投票权。联合国大会由各会员国的代表投票，在审议各项事务时，每一会员国都有一个投票权表示同意或反对，重要事项需由三分之二会员国通过。联合国安理会的五个常任理事国（美国、英国、法国、俄罗斯、中国）各自拥有一票否决权，能对除程序性事项以外的联合国安全理事会决议草案进行否决。

美国作为世界最大经济体，也是联合国会费的最大贡献国，自2012年起每年均承担22%的常规预算。中国始终积极协助、配合联合国的工作，重视联合国在全球治理的作用并参与其中。

---

① 详见2022年联合国发布的《联合国工作报告》，https://news.un.org/pages/annualreport-2022/wp-content/uploads/sites/82/2022/09/SG-Annual-Report-2022_eBook-PDF_ZH.pdf。

② 详见联合国官网，https://www.un.org/zh/。

过去二十多年里,中国缴纳的会费比例逐渐提高,从2000年的1.00%提升至2022年的15.25%。2016年,中国超过法国和德国,缴费比例达到7.92%;2019年,中国进一步超过日本,跃居第二位,仅次于美国。2022年,联合国会费分摊比例前十位的国家分别是:美国(22.00%)、中国(15.25%)、日本(8.03%)、德国(6.11%)、英国(4.38%)、法国(4.32%)、意大利(3.19%)、加拿大(2.63%)、韩国(2.57%)、西班牙(2.13%)。

除会费外,联合国还通过其他方式筹集资金,例如自愿捐款、专项基金和伙伴关系项目。这些资金主要用于支持特定的项目和倡议,以满足全球各个领域的需求。其中,自愿捐款可以是核心自愿捐款、专项和战略参与资金,也可以是按特定用途制定的自愿捐款。捐款的来源包括联合国会员国、其他联合国组织、政府间组织、慈善基金会、私营部门以及其他各种渠道。

表5-1 代表国家在联合国的会费分摊比例(%)

年份	美国	中国	日本	法国	印度	德国	韩国
2000	25.00	1.00	20.57	6.55	0.30	9.86	1.01
2001	22.00	1.54	19.63	6.50	0.34	9.83	1.73
2004	22.00	2.05	19.47	6.03	0.42	8.66	1.80
2007	22.00	2.67	16.62	6.30	0.45	8.58	2.17
2010	22.00	3.19	12.53	6.12	0.53	8.02	2.26
2013	22.00	5.15	10.83	5.59	0.67	7.14	1.99
2016	22.00	7.92	9.68	4.86	0.67	6.39	2.04
2019	22.00	12.01	8.56	4.43	0.83	6.09	2.27
2022	22.00	15.25	8.03	4.32	1.04	6.11	2.57

数据来源:历届联合国大会会议文件。

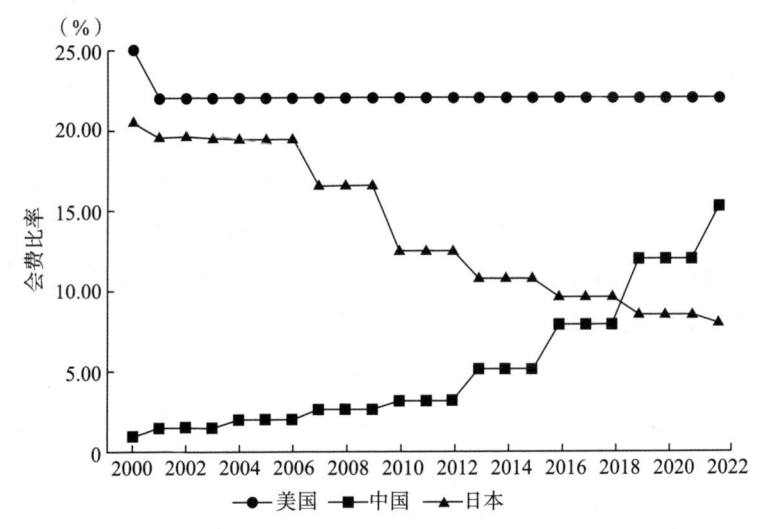

图5-1 美国、中国和日本2000—2022年联合国会费分摊比例的变化趋势图

数据来源：历届联合国大会会议文件。

融资领域。联合国通过与各个机构及合作伙伴协调合作，在多个领域为全球公共产品融资，尤其是全球安全公共产品、全球健康公共卫生产品以及应对全球贫困等领域。和平、健康和减贫作为重要的全球公共产品，都被纳入了联合国可持续发展目标当中。本节主要以两个机构为例进行介绍。

（1）联合国安全理事会

联合国安全理事会（下简称安理会）是唯一有权采取军事行动的联合国下属机构。其通过决议和行动，应对全球范围内的冲突、战争、恐怖主义等威胁，维护国际和平与安全。联合国通过维和行动、冲突预防和解决、军控与裁军、反恐怖主义等领域的工作，维护国际和平与安全，提供和平与安全类别的全球公共产品，其中组织维和行动是最重要的途径之一。1948年联合国在实践中开展维持和平行动并实施至今。1971年恢复在联合国的合法席位后，尤其从1981年起，中国始终秉承联合国宪章宗旨和原则，在尊重各国国家主权独立的基础上积极参与联合国维和行动。随着国际合作不断深化以及对维和行动的认识更加深刻，中国在维和经费分摊、人员派遣、物资捐赠等方面作出了重要贡献。

中国主动承担维和经费分摊，稳步增加贡献比例。20世纪80年代之后，世界联系愈加紧密，中国对外视野更加开阔，并以"积极主动、逐步深入"的方针对待联合国事务。在1981年的联合国会议上，中国积极支持符合《联合国宪章》精神及"哈马舍尔德三原则"的维和行动。[①]进入21世纪，联合国维和经费中的中国出资金额和分摊比重均有较大提升。2000—2021年，中国的维和经费金额从2亿多美元增加到近10亿美元，分摊比例也从1.9%上升至15.2%（见图5-2）。2019年之后，中国在联合国经费分摊比重的排名中仅次于美国，跃居世界第二，并且成为缴纳维和经费最多的发展中国家。

中国积极主动派遣人员参与维和行动，有利于满足伴随国际不稳定因素增多而日益增长的维和人员需求。目前，中国是派遣维和人员最多的安理会常任理事国，参与联合国维和行动的人员主要有军官、部队、警察等。中国亦是派遣工兵、运输和医疗等保障人员最多的国家。自20世纪90年代以来，中国参与的维和

---

① 哈马舍尔德三原则是由联合国前秘书长哈马舍尔德在1956年建立第一支联合国维和部队时提出的。三项原则被概括为中立原则、同意原则和自卫原则。

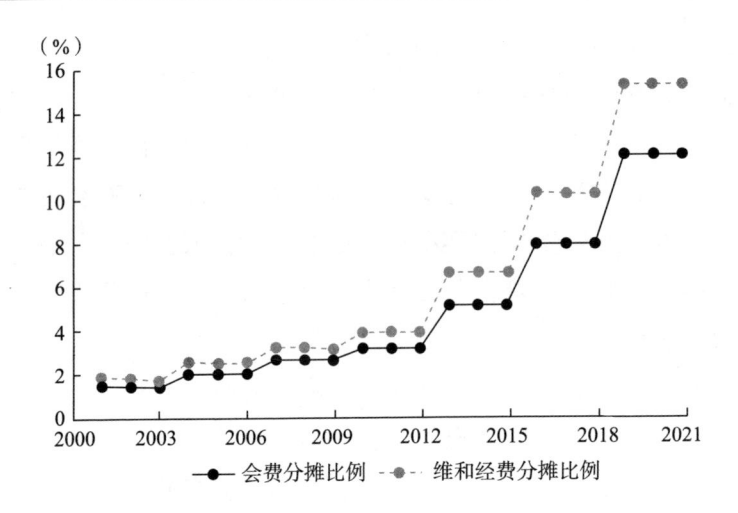

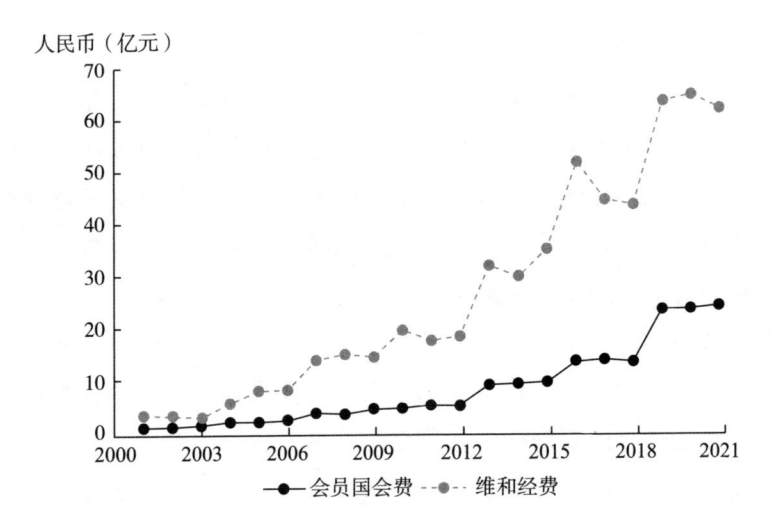

图5-2 中国向联合国缴纳会费、维和经费与分摊比例概览（2001—2021年）

数据来源：联合国正式文件系统。

行动近30项，派遣的维和行动军事人员累计多达5万余人次。[①]此外，中国还创建了较为完备的维和行动管理及人员培训机构，并于2001年12月正式成立了国防部维和事务办公室，主要负责统一协调和管理参与联合国维和行动工作的中国军队。2009年6月，中国国防部维和中心成立，承担中国军队维和培训、理论研究、国际合作与交流等任务。

在对联合国维和行动物资捐赠方面，中国主动向维和相关基金捐款并为一系列维和行动提供重要的物资支持。例如，在2006年，中国向联合国建设和平基金捐款300万美元；2008年，向联合国达尔富尔政治进程信托基金捐款50万美元；2009年，为联合国维和事务追加捐款70万美元。[②]为更好地参与联合国和平发展事务，中国于2016年建立中国—联合国和平发展基金，以支援维和行动相关事业。此外，中国也积极参与维和医疗救助。2020年，中国第19批赴黎巴嫩维和部队向当地医疗救助点捐赠医疗药品和防疫物资，提升其医疗条件。2021年，为应对新冠疫情的冲击，中国向联合国维和人员捐赠30万剂新冠疫苗，优先用于在非洲任务区的维和人员，保障维和人员的身体健康。[③]

中国在国际维和行动中的贡献有目共睹，也获得了国际社会的广泛认可。2020年9月，联合国秘书长军事顾问罗伊特中将高度肯定了中国在联合国维和行动中发挥的积极作用。中国对维

[①] 数据来源：中华人民共和国国防部，http://www.mod.gov.cn/gfbw/jmsd/4930331.html。

[②] 数据来源：中央政府门户网站，https://www.gov.cn/jrzg/2009-12/02/content_1478328.htm。

[③] 数据来源：人民网，http://world.people.com.cn/n1/2021/0316/c1002-32052788.html。

和行动的积极参与，增强了联合国的合法性，进一步维护和巩固了联合国在国际维和行动中的核心地位。这也是中国履行大国责任，参与全球安全治理，构建和谐世界的重要举措，有助于中国和国际社会在安全和发展领域形成互利共赢的良性互动。[①]

（2）世界卫生组织

世界卫生组织（World Health Organization，WHO，以下简称世卫组织）是联合国下属的国际卫生问题的指导和协调机构，是参与全球卫生公共产品融资的重要组织。作为专门应对卫生和健康问题的联合国下属机构，其重要职能在于凭借专业技术和组织能力引领并帮助各国卫生部门加强卫生预防、治疗和护理服务，以促进全球卫生领域的合作，尤其是合作应对全球公共卫生事件（比如，埃博拉疫情、新冠疫情等传染病）。中国作为世卫组织的创始国之一，曾在世卫组织创建、命名、组织结构和指导理念等方面贡献了中国智慧。1972年，中国恢复了世卫组织的合法席位，随后便被选为执委会委员并签订了关于卫生技术合作的基本协议。此后，中国开始在世卫组织框架下提供全球卫生公共产品，这主要表现在对世卫组织的资金支持、物资援助和制度供给方面。

世卫组织的资金主要来自会员国缴纳评定会费（国家会费）和会员国及其他伙伴自愿捐款。评定会费（Assessed Contributions）是各国为成为世卫组织会员而缴纳的会费。各会员国缴纳的金额根据该国的财富和人口确定，按一国国内生产总

[①] 赵磊：《构建和谐世界的重要实践：中国参与联合国维和行动研究》，中共中央党校出版社2010年版。

值的百分比（该百分比由联合国大会商定）计算，2022—2023年中国分摊会费比例位于第二位，分摊12.01%，美国和日本分别位于第一位和第三位（表5-2展示了2022—2023年世卫组织分摊会费比例前十名的成员国）。会员国每两年在世界卫生大会上批准一次预算规划。近年来，评定会费在规划预算中所占的比例有所下降，在世卫组织资金中所占的比例不到四分之一。然而，评定会费仍是世卫组织的重要资金来源，它是世卫组织得以运行的基础，有助于最大程度地减少对特定捐助方的依赖，并使资源配置与规划预算保持一致。

表5-2 世卫组织成员国分摊会费比例前十名（2022—2023年）

国家	分摊会费比例（%）
美国	22.00
中国	12.01
日本	8.56
德国	6.09
英国	4.57
法国	4.43
意大利	3.31
巴西	2.95
加拿大	2.73
澳大利亚	2.21

数据来源：WHO: Assessed Contributions Payable Summary 2022-2023, 2022.

世卫组织资金的其余部分以自愿捐款的形式筹集，主要来自会员国（除其评定会费以外）和其他伙伴的自愿捐款（Voluntary

Contributions，VC），后者主要包括其他联合国组织、政府间组织、慈善基金会、私营部门等。这些资金通常用于支持特定的卫生项目、疾病防控计划和紧急援助行动，例如疫苗研发、健康促进活动等。近年来，自愿捐款占到世卫组织资金的四分之三以上。根据资金用途的灵活程度，自愿捐款可进一步分为核心自愿捐款（CVC）、专题和战略参与资金以及指定用途的自愿捐款。核心自愿捐款是完全无条件的（灵活的），即世卫组织对如何使用这些资金来资助本组织的规划工作有完全的酌处权，这些捐款占所有自愿捐款的4.1%。专题和战略参与基金（部分灵活）旨在满足捐助者的要求，在资金分配方面灵活性相对较低，世卫组织必须更注重捐助结果。2020—2021年，这部分资金占全部自愿捐款的7.9%。指定用途的自愿捐款占全部自愿捐款的88%，该项捐款被严格指定用于特定规划的领域和地理区域，且必须在指定时间范围内使用。[①]自愿捐助，特别是核心自愿捐款及专题和战略参与资金，使世卫组织能够采取灵活和具有战略性的行动，确保世卫组织的可持续性。

中国一贯支持世卫组织建设并积极供给全球公共卫生产品，承担的世卫组织费用逐年增加。在评定会费和自愿捐款方面，中国的费用支持都稳步上升，这是中国积极参与世卫组织，提供全球卫生产品的重要标志。从费用总额来看，2016—2021年，中国提供的评定会费和自愿捐款绝对值都呈现增长趋势，尤其是中国承担的自愿捐赠份额，从2016年的690多万美元到2021年

---

① 数据来源：世界卫生组织官网，https://www.who.int/zh/about/funding。

的6,280多万美元,增长了近9倍。[①]在评定费用比例分摊方面,2012—2013年,中国对世卫组织的费用分摊仅为3.189%,居世界第8位;2018—2019年上升到7.921%,居世界第3位,仅次于美国和日本;2020—2021年上升到12.006%,居世界第2位。[②]

中国还积极参与世卫组织对全球公共卫生事件的治理,积极为相关国家提供口罩、疫苗等必要的物资捐赠,以及疫情防护和治理技术共享。此外,中国在消灭脊髓灰质炎和天花、初级卫生保健、传统医学、传染病防治等方面都取得了显著的成果,为世界其他国家应对相关的全球公共卫生事件提供了经验借鉴。

中国参与世卫组织并推动全球公共卫生治理是一种"惠己及人"的行为。一方面,世卫组织给中国带来了卫生治理的经验、技术和资金分享,这有利于中国改进疾病防控策略,推动国内公共卫生事业发展。另一方面,中国的做法、经验、技术也受到了世卫组织和国际社会的认可,被广泛借鉴和使用。2017年,世卫组织向中国颁发"社会健康治理杰出典范奖",对中国开展公共卫生建设65年来的成果表示了肯定。2021年,中国对全球公共卫生领域贡献良多,很多传统医学方面的贡献、公共卫生方面的经验,以及传染病防治方面的工作均受到世卫组织和国际社会称赞。从提升中国影响力层面来看,中国对世卫组织的认同和参与,以及在必要经费援助之外提供的技术支持,均树立了负责任的大国形象(苏静静、张大庆,2018)。

[①] 数据来源:"中国对世卫组织费用支持",http://open.who.int/2020-21/contributors/contributor?name=China。

[②] "会员国评定会费",https://www.who.int/about/finances-accountability/funding/assessed-contributions/zh/2020-04-25。

世卫组织积极参与全球公共产品供给，其提供的公共产品主要用于推动全球公共卫生事业发展，保护全球公众的健康安全，努力实现全球健康平等和可持续发展的目标。世卫组织通过监测和响应全球卫生紧急事件，提供人员、物资和技术支持，协助国家处理疫情暴发、自然灾害和人道主义危机等全球公共卫生紧急事件。此外，世卫组织还致力于推动疾病的防控和消除工作，包括传染病（如艾滋病、结核病、疟疾等）的控制、流行病监测和预警、疫苗接种等，通过提供技术指导、培训和资源支持，帮助各国提高健康服务水平和应对能力。世卫组织推动健康促进和疾病预防的全球行动，包括制定政策、开展研究、制定指南和推广健康教育活动，其工作涵盖了各个领域，如营养、心理健康、环境卫生、性健康等。世卫组织与会员国、国际组织和各利益相关方合作，共同制定和推动全球卫生政策和法规，通过召开会议、制定指南和报告，促进各国间的协调合作，推动全球卫生治理和可持续发展。世卫组织的工作对于保护全球公众的健康安全、推动全球卫生发展具有重要意义。

除了以上提到的两大机构之外，联合国还通过世界粮食计划署（WFP）、联合国儿童基金会（UNICEF）、联合国难民署（UNHCR）等机构，在自然灾害、人道主义危机、区域冲突等紧急情况下，为受到灾害、贫困、冲突影响的人群提供医疗和救灾工作、食品和营养支持、紧急援助等人道主义支持。通过对可持续发展目标的确定和推动，以及相关领域的政策制定、项目实施和资源调动，联合国努力在全球范围内减贫、提高教育和健康水平、促进经济增长和环境可持续性发展。

在气候变化领域，《联合国气候变化框架公约》及其下属的

《巴黎协定》，为各国提供了共同的目标和机制，通过国际协作推动全球减排努力，保护地球生态环境。联合国环境规划署（UNEP）和其他相关机构致力于为清洁环境和可持续发展的公共产品提供融资支持，2023年召开的第28届联合国气候变化大会（COP28），旨在解决全球气候危机，减少碳排放，加快全球能源转型，帮助各国应对当今全球气温升高和极端天气的气候问题。联合国妇女署（UN Women）和其他机构维护妇女权益、保护人权、打击歧视和不平等，在推动性别平等和保护弱势群体权益、支持全球人权方面发挥了极大作用。联合国通过各个机构的协调及与合作伙伴共事，在各个领域为全球公共产品供给提供支持，这些工作对于保护全球公众的健康安全、实现可持续发展目标以及维护全球和平与安全具有重要意义。

1.1.2 世界银行

机构简介。世界银行集团（Word Bank Group，WBG）成立于1944年，创立之初旨在通过国际复兴开发银行（IBRD）为第二次世界大战国家战后重建和发展提供支持，发展至今已经成为包含五个成员机构的国际集团，其余四个分别为国际开发协会（IDA）、国际金融公司（IFC）、多边投资担保机构（MIGA）和国际投资争端解决中心（ICSID）。世界银行（World Bank）是世界银行集团的简称。世界银行的五个机构相辅相成，紧密合作，为"终结极度贫困，促进共享繁荣"的核心目标而共同努力。[1]

---

[1] 详见世界银行《2023年年度报告》（*Annual Report 2023*），https://www.worldbank.org/en/about/annual-report#anchor-annual。

世界银行由189个成员国构成。成员国或股东国的集体代表构成理事会，世界银行行长和25名执行董事构成执行董事会。成员国通过理事会和执行董事会管理世界银行，各机构的所有重大决策均由理事会和执行董事会作出。理事是世界银行的最终决策者，一般由成员国的财政部长或发展部长或级别相当的一名高级官员出任。理事和副理事任期五年，可以连任，每年在世界银行集团和国际货币基金组织理事会年会期间集中一次。理事把具体职责委任给25名执行董事，后者在世界银行总部办公。世界银行五个最大的股东国均委派一名执行董事，其他成员国则由20名当选的执行董事代表。世界银行集团行长主持执行董事会会议，并负责世行的总体管理工作。行长由执董会选出，任期为五年，可连任。执董会的主要职责是对世界银行的业务进行监督，此外还包括审批贷款和赠款、新政策、管理预算、国别援助战略以及借款和财务决策。

融资来源。世界银行的资金来源主要包括各成员国认缴股金、发行中长期债券并收取贷款利息、国际金融市场借款。成立初期，世界银行法定资本100亿美元，全部资本为10万股，每股10万美元。成员国的认缴股金约占世界银行资金的5%，认缴比例取决于各国的经济实力，同时参照该国在国际货币基金组织缴纳的份额大小而定。[①]认缴股金分为实缴股金和待缴股金两部分，待缴股金仅在世界银行发生亏损无力偿还债务时，以美元、黄金或成员国本国货币支付。

世界银行的重要事项都须成员国投票决定，投票权的大小与

---

① 资料来源：世界银行官网，https://www.worldbank.org/en/home。

成员国认缴股金成正比。世界银行采用加权投票制。世界银行每一成员国拥有250票基本投票权，每认购10万美元的股本即增加一票。1980年4月17日与5月15日，中国分别恢复了在国际货币基金组织与世界银行的合法席位，极大加快了参与全球治理的步伐，在世界的话语权也因此得到进一步提升。2010年4月25日，世界银行通过了新一轮发达国家向发展中国家转移投票权改革方案，发达国家向发展中国家转移了3.13%的投票权。包括中国在内的新兴和发展中国家投票权有所提高，中国在世界银行的投票权从2.77%提高到了4.42%，超过德国、英国和法国，成为世界银行第三大股东国，位于美国与日本之后。印度和巴西等新兴市场国家的投票份额也有不同程度的提升。美国维持了15.85%的投票权，仍然具有否决权，日本则从7.62%减少到6.84%，成为丧失投票权最多的国家。与此同时，欧洲国家如德国、法国和英国的投票权受到相应的削弱。[①]2018年4月21日，世界银行通过一项130亿美元的增资协议，该协议增加了中国在国际复兴开发银行的持股比例，从4.68%提高至6.01%。美国的持股比例则从16.89%降为16.77%。[②]在出资比例决定的投票权份额上，中国在国际复兴开发银行的投票权进一步提高，2022年投票权占比增至5.42%（表5-3），仅次于美国和日本。

[①] 资料来源："话语权体系改革开了好头 路还长远"，《经济参考报》2010年4月27日，http://www.jjckb.cn/gnyw/2010-04/27/content_218759.htm。
[②] 数据来源：世界银行官网，https://www.worldbank.org/en/home。

表 5-3　世界银行成员国认购股本和投票权前十名（截至 2022 年）

国际复兴开发银行			国际开发协会		
国家	认购股本占比（%）	投票权占比（%）	国家	认购股本占比（%）	投票权占比（%）
美国	16.43	15.55	美国		9.91
日本	7.71	7.31	日本		8.31
中国	5.71	5.42	英国		6.72
德国	4.38	4.17	德国		5.32
英国	4.05	3.85	法国		3.79
法国	4.05	3.85	沙特		3.32
印度	3.16	3.01	印度		2.88
俄罗斯	2.87	2.74	加拿大		2.65
加拿大	2.81	2.69	中国		2.35
意大利	2.69	2.57	意大利		2.26

国际金融公司			多边投资担保机构		
国家	认购股本占比（%）	投票权占比（%）	国家	认购股本占比（%）	投票权占比（%）
美国	20.39	19.28	美国	18.36	14.81
日本	8.06	7.64	日本	5.06	4.16
德国	5.4	5.13	德国	5.04	4.14
英国	4.58	4.35	英国	4.83	3.98
法国	4.58	4.35	法国	4.83	3.98
印度	3.89	3.71	中国	3.12	2.61
加拿大	3.74	3.56	沙特	3.12	2.61
俄罗斯	3.68	3.51	俄罗斯	3.12	2.61
意大利	3.24	3.09	印度	3.03	2.53
中国	2.53	2.41	加拿大	2.95	2.47

数据来源：世界银行官网。国际开发协会认购股本占比的数据暂不可得。

世界银行贷款是指世界银行提供给发展中国家政府或由政府担保的公共机构和私人机构的优惠贷款。贷款要求专款专用，使用范围必须限于世界银行所批准的项目，领域涉及工业、农业、交通运输等诸多行业。世界银行贷款期限最长可达50年，宽限期一般为5—10年。[①]贷款利率由可变市场参考利率加利差构成，一般低于市场利率。世界银行贷款需要在贷款前一次性收取先征费（FEF），额度是贷款金额的0.25%。针对贷款未支付金额需缴纳承诺费，从贷款协议签字60天后开始计算，费率为贷款未支付金额的0.25%。贷款项目的总投资中，世界银行一般只提供项目所需的部分资金，约占项目总投资的35%—50%，剩余资金由借款国承担。世界银行的贷款工具主要包括投资贷款和开发政策贷款。投资贷款期限较长（5—10年），开发政策贷款为短期贷款（1—3年）。

融资领域。世界银行在全球公共产品供给的许多领域发挥着重要作用。通过提供贷款和技术支持，世界银行支持发展中国家改善基础设施建设，进而推动发展中国家经济增长和社会发展。此外，世界银行始终支持全球的社会保护项目和减贫计划，帮助提高弱势群体的社会保障和经济机会，支持发展中国家建立完善的社会保障体系、提供现金转移和扶贫项目，致力于减少贫困和不平等。同时，世界银行还对发展中国家进行教育、卫生和环境投资，帮助发展中国家提高教育和健康服务的质量和可及性，支持推进可持续发展和低碳经济转型，通过投资可再生能源项目，帮助减少碳排放、保护生态系统和适应气候变化。世界银行在农

[①] 详见世界银行2009年发布的《世界银行债务偿还手册》，https://documents1.worldbank.org/curated/en/400701468340478328/pdf/561590WP0CHINE0so0see0report0476140.pdf。

业和农村发展领域也提供重大支持，帮助农民提高产量，改善农村基础设施，提供农村金融服务，从而减少农村贫困，促进食品安全，推动农村经济发展。世界银行通过资金和技术支持，在多个领域提供全球公共产品，旨在促进可持续发展，减少贫困，推动全球经济增长和社会进步，提高人类福祉。

1.1.3 国际货币基金组织

机构简介。国际货币基金组织（International Monetary Fund, IMF，以下简称基金组织）是一个全球性的国际金融组织，成立于1944年。基金组织的目标是促进全球金融合作、经济稳定和可持续增长，并为会员国提供财务援助和技术援助，为全球金融公共产品融资，主要宗旨是确保国际货币体系（各国及其公民相互开展交易所依赖的汇率体系及国际支付体系）的稳定。

融资来源。基金组织结构的最高层次是理事会，由每个成员国的一位理事和一位副理事组成，理事和副理事通常来自该国中央银行或财政部。基金组织发行一种称作特别提款权（SDR）的国际储备资产，用以补充成员国的官方储备，基金组织成员国之间可自愿用特别提款权兑换货币。基金组织的主要资金来源是成员国所拥有的份额，份额大致反映成员国在世界经济中的相对地位。当前份额资金总额约为4,770亿特别提款权，美国是基金组织最大的成员国，其份额为829.9亿特别提款权。[1]自2016年10月1日起，人民币与美元、欧元、日元和英镑一起，构成特别提款权

---

[1] 数据来源：国际货币基金组织于2016年12月发布的《基金组织份额》，https://www.imf.org/-/media/Files/Factsheets/Chinese/quotasc.ashx。

篮子货币，中国国债三个月基准收益率纳入特别提款权利率篮子。

基金组织具有三大职能，即经济监督，贷款活动和能力建设。[①]

（1）**经济监督**。基金组织监督国际货币体系、监测全球经济形势，并对190个成员国的经济金融政策开展年度健康检查。针对成员国可能面临的经济金融稳定风险，基金组织通过"双边监督"就每个成员国的政策调整提出建议，并通过"多边监督"对国际货币体系以及全球和区域经济形势开展分析，从而保证国际货币体系能够实现促进各国货物、服务和资本往来的目标，以维系稳健的经济增长。

（2）**贷款活动**。基金组织通过贷款帮助成员国解决国际收支问题、稳定其经济，并恢复可持续的经济增长。在新冠疫情全球大流行和国际经济下行的双重压力下，基金组织不断完善其危机防范工具，扩大现有贷款安排，并提高快速信贷和快速融资工具的贷款限额。针对遭受自然灾害或公共卫生灾害的最贫穷和最脆弱国家，基金组织以赠款形式向其提供债务减免。最后，基金组织还向政策健全，但可能仍存在一些脆弱性的国家提供预防性融资，帮助它们防范和抵御未来的危机。

（3）**能力建设**。基金组织开展能力建设工作，包括实践性技术援助、政策导向培训以及同行学习机会，以帮助各国建设可持续、有韧性的机构和制度。能力建设工作的重点在其核心专长领域，例如公共财政、金融部门稳定和经济统计。基金组织也针对重要的跨领域问题提供相应服务，如收入不平等、性别不平等、腐败和气候

[①] 详见国际货币基金组织2021年发布的《国际货币基金组织年度报告》，https://www.imf.org/external/pubs/ft/ar/2023/chinese/。

变化问题。通过能力建设工作，基金组织帮助加强有关金融机构的能力，提高其政策的有效性，并增强经济的稳定性和包容性。

2010年12月，基金组织通过新一轮份额和治理改革方案，该方案于2016年1月27日正式生效，份额从约2,385亿特别提款权增加一倍到约4,770亿特别提款权。超过6%的份额从高份额的成员国转移到低份额的成员国，以及有活力的新兴市场和发展中国家。调整之后，中国成为基金组织第三大成员国，份额占比从3.996%提升至6.394%，仅次于美国和日本。目前基金组织份额最大的十个成员国中有四个是新兴市场和发展中国家，分别为中国、巴西、印度和俄罗斯。

表5-4　国际货币基金组织配额和投票权占比前十名
（截至2022年2月）

国家	配额（百万特别提款权）	配额占比（%）	投票权	投票权占比（%）
美国	82,994	17.43	831,401	16.50
日本	30,821	6.47	309,664	6.14
中国	30,483	6.40	306,288	6.08
德国	26,634	5.59	267,803	5.31
英国	20,155	4.23	203,010	4.03
法国	20,155	4.23	203,010	4.03
意大利	15,070	3.16	152,159	3.02
印度	13,114	2.75	132,603	2.63
俄罗斯	12,904	2.71	130,496	2.59
加拿大	11,024	2.31	111,698	2.22

数据来源：国际货币基金组织官网。

融资领域。基金组织旨在于推动全球经济合作与发展，同时维护国际经济和金融的稳定，构成全球公共产品的供给体系之一。其职责涵盖经济监测和分析、货币与汇率政策协调、政策建议和技术援助等多个方面。通过对全球经济的监测和分析，基金组织以独立而客观的经济评估和预测为基础，帮助国际社会深刻理解全球经济状况和风险，进而制定相应的政策应对措施。为促进会员国之间的货币和汇率政策协调，预防竞争性贬值和汇率波动，基金组织通过提供政策建议和技术援助、开展研究以及组织国际合作等手段，助力各国协调政策，改善会员国的宏观经济状况。在会员国经济困难或面临债务危机时，基金组织会提供贷款和技术援助来改善其债务状况，维护全球经济稳定。基金组织在全球经济金融稳定领域具有重要的作用。通过促进全球经济合作与协调、提供财务援助和技术援助，基金组织在全球金融危机和债务危机期间扮演了关键的角色，在帮助各国度过困难时期，推动经济复苏，以及维护全球金融稳定和促进可持续发展中发挥着不可或缺的作用。

1.2 区域组织的全球公共产品融资

1.2.1 亚洲基础设施投资银行

融资机构。亚洲基础设施投资银行（Asian Infrastructure Investment Bank，AIIB，以下简称亚投行）是于2016年成立的一家国际金融机构，总部位于中国北京，有57个创始成员国，包括37个区域性成员和20个非区域性成员。[1]亚投行旨在通过投资于基础设

---

[1] 资料来源：亚投行官网，https://www.aiib.org/en/about-aiib/index.html。

施和其他生产性领域，促进亚洲地区经济可持续发展，促进亚洲区域的互联互通和经济一体化，同时与其他多边和双边发展机构保持密切合作，促进区域合作和伙伴关系，应对全球经济发展挑战。亚投行的成立不仅极大满足了亚洲国家基础设施建设的融资需求，而且其互信包容的治理架构也完善了当今国际金融体系。

亚投行包括理事会、董事会和管理层三层机构。理事会是亚投行的最高决策机构，由各成员国派出一名理事和副理事构成，拥有对亚投行重大人事和经济事项的最终决策权，其余一部分权力可下放至董事会。董事会成员由理事会选举产生，共有12名成员，其中9名由区域内成员的理事选出，3名由区域外成员的理事选出。董事会负责指导银行的一般业务，行使理事会授予的所有权力，包括批准亚投行的战略、年度计划和预算、制定政策、就银行业务作出决定、监督银行经营管理等。管理层由行长、副行长和首席运营官等组成。亚投行还设有国际顾问团（IAP），就亚投行的战略、政策和一般运营问题向管理层提供支持。

亚投行成员国的总投票权包括基本投票权、股份投票权和创始国拥有的创始成员投票权的总和。基本投票权是所有成员国的基本票、股份票和创始成员国票总和的12%平均分配给所有成员的票数。每个创始成员获得600张创始成员投票权。各成员国的表决权与该成员持有的银行股本数量相等。亚投行的原始法定股本为一千亿美元，划分为一百万股，票面价值十万美元。①原始法定股本分为20%的实缴股本和80%的待缴股本。表5-5展示了亚投行成员国认购股份和投票权占比前十名。中国在亚投行拥

---

① 资料来源：亚投行官网，https://www.aiib.org/en/about-aiib/index.html。

有26.53%的投票权，拥有一票否决权。印度和俄罗斯分别拥有7.59%和5.97%的投票权，位于第二位和第三位。

表5-5 亚投行成员国认购股份和投票权占比前十名（截至2021年）

国家	认购股份占比（%）	投票权（%）
中国	30.72	26.53
印度	8.63	7.59
俄罗斯	6.74	5.97
韩国	3.86	3.50
澳大利亚	3.81	3.45
印度尼西亚	3.47	3.16
土耳其	2.69	2.50
沙特阿拉伯	2.63	2.44
伊朗	1.63	1.03
泰国	1.47	1.45

数据来源：亚投行官网。

融资来源。亚投行的资金来源主要包括普通资金和特别资金。普通资金的构成主要包括股本、借款、普通准备金、特别准备金和净收益。股本是亚投行成员认购的股本金，分为实缴股本与待缴股本。实缴股本分期缴付，每期缴付一定比例的黄金或者可兑换货币和本国货币；待缴股本无须每期缴付，而是亚投行为偿还其借款或担保金而导致资金不足时才向成员催缴。自有资本是亚投行在建立初期开展贷款业务的主要资金来源，但随着贷款规模的扩大，当自有资金不能满足贷款需求时，亚投行会从国际金融市场借款，筹集自身发展所需资金。借款期限以长期为主，形式通常为发行债券，也可与有关国家政府、中央银行甚至其他金融机构直接安排证券的销售，还可以直接从区域内外的其他商业银行贷款。亚投行每年从贷款项目中获得利息、承诺费和佣金等收入，在支付银行的借款利息、财务费用、行政管理费用以及成员服务费用以后的结余即为净收益，直接构成银行的普通资金，亚投行每年净收益的一部分划作准备金，划拨比率由理事会商讨决定。特别资金主要是区域内发达国家或是经济发展水平较高的成员国的捐赠，用于向发展水平较落后的成员国发放优惠贷款。

亚投行的融资资金极大地支持了亚洲及其他地区的基础设施建设和可持续发展项目，促进了地区经济增长，减缓了国家间发展差距。中国作为亚投行的最大股东国和总部东道国，始终发挥着大国作用，为亚投行提供了坚实的资金支持，积极参与了全球经济治理体系改革。到2022年，由亚投行支持的项目已达202个，覆盖33个国家和地区，亚投行批准融资金额已达388亿美元。[①]

融资领域。亚投行旨在通过投资于基础设施和其他生产性领域，促进亚洲地区经济可持续发展，推进基础设施互联互通，同时与其他多边和双边发展机构保持密切合作，促进区域合作和伙伴关系，为全球的经济发展提供公共产品支持，比如为各地区基础设施建设技术赋能。尽管在基础设施建设方面存在新技术的使用和创新，但其推广却十分缓慢。亚投行计划提高基础设施建设过程中的新技术使用程度，尤其是将数字化手段和技术应用于基

[①] 数据来源：央视网："亚洲基础设施投资银行开业七周年，项目遍布全球33个国家"，2023年1月，https://news.cctv.com/2023/01/16/ARTIlBX7GiuCyOoEx8Qd0IUp230116.shtml。

础设施建设领域。2021年，亚投行在"绿色基础设施"领域的投资发展势头强劲，但实际投资量却远低于预期目标。因此，亚投行将优先投资绿色基础设施建设，包括可再生能源、低碳公共交通、水资源管理和污染控制等项目。到2025年，亚投行计划将融资总额的50%用于改善气候。据估计，到2030年，亚投行累计用于气候改善项目的资金将达到500亿美元。[①]互联互通对于加强区域合作和促进经济增长至关重要，针对亚洲经济体之间的贸易联通性不足，亚投行将优先建设加强经济体之间联系的项目，投资能够促进亚洲地区区域贸易、投资、数字和金融一体化的项目，促进区域间的合作，增强跨境基础设施的连通性。

1.2.2 亚洲开发银行

融资机构。亚洲开发银行（Asian Development Bank，ADB，以下简称亚开行）致力于实现繁荣、包容、有适应力和可持续的亚太地区，消除极端贫困，促进亚太地区的经济和社会发展。为促进社会和经济发展，亚开行通过贷款、技术援助、赠款和股权投资为其成员国及合作伙伴提供援助。

融资来源。亚开行的资金来源主要有普通资金、开发基金、技术援助特别基金、日本特别基金四种。普通资金用于亚开行的硬贷款业务，是亚开行进行业务活动最主要的资金来源，包括股本、借款、普通储备金、特别储备金、净收益和预交股本等。亚开行建立时法定股本为10亿美元，分为10万股，每股面值1万美元，每个会员都须认购股本。会员国或者地区成员支付股本可选

---

① 数据来源：人民网，http://world.people.com.cn/n1/2021/1027/c1002-32266454.html。

择黄金、可兑换货币等。日本和美国是亚开行最大的出资者，认缴股本分别占亚开行总股本的15%和14.8%。中国占第三位，占总股本的7.1%。[①]在亚开行成立之初，其自有资本是其向会员国或者地区成员提供贷款和援助的主要资金，1969年起，亚开行开始从国际金融市场借款。一般情况下，亚开行多在主要国际资本市场上以发行债券的方式借款，间或同有关国家的政府、中央银行及其他金融机构直接安排债券销售，有时还直接从商业银行贷款。按照亚开行的有关规定，亚开行会把净收益的一部分作为普通储备金。亚开行创建初期的基金主要来自亚开行发达会员国或地区成员的捐赠，用于向亚太地区贫困国家（地区）发放优惠贷款，同时也从各会员国或地区成员缴纳的未核销实缴股本中拨出10%作为基金的一部分。

融资领域。亚开行的宗旨是向其会员国或地区成员提供贷款和技术援助，帮助协调会员国或地区成员在经济、贸易和发展方面的政策，同联合国及其专门机构进行合作，以促进亚洲地区的经济发展。根据官方数据，2022年，亚开行的融资达到204亿美元，重点支持农业农村发展、自然资源、交通、公共部门和水资源管理等项目。此外，亚开行还推动了数字化和可持续城市发展，提供了促进清洁能源和气候变化适应措施的支持性融资。在社会领域，亚开行关注教育和卫生部门的发展，2022年，亚开行为教育提供的融资达到8亿美元，用于支持提高学校和职业培训机构的质量，在卫生领域，亚开行加大了对医疗服务和公共卫生

---

① 与亚洲开放银行的资金有关的信息请参见：https://wiki.mbalib.com/wiki/%E4%BA%9A%E6%B4%B2%E5%BC%80%E5%8F%91%E9%93%B6%E8%A1%8C。

系统的支持，特别是在偏远和贫困地区。亚开行还积极参与环境可持续性项目，包括可再生能源、气候变化适应和生态系统保护。

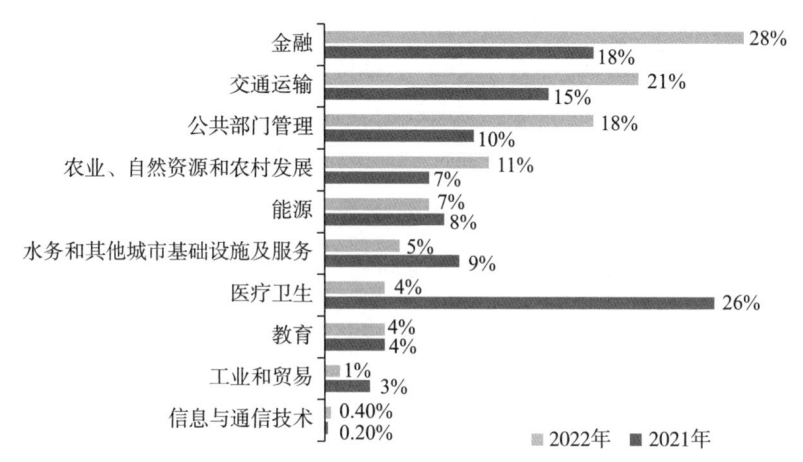

部门	2022年	2021年
金融	28%	18%
交通运输	21%	15%
公共部门管理	18%	10%
农业、自然资源和农村发展	11%	7%
能源	7%	8%
水务和其他城市基础设施及服务	5%	9%
医疗卫生	4%	26%
教育	4%	4%
工业和贸易	1%	3%
信息与通信技术	0.40%	0.20%

图5-3 2021年和2022年亚开行按部门划分的承诺金额

数据来源：亚开行2022年年报。

1.2.3 欧盟

融资机构。欧洲联盟（European Union，EU，简称欧盟）是由欧洲国家组成的政治经济联盟，致力于推动欧洲地区的经济一体化和政治合作。其下由欧盟委员会、欧洲议会、欧洲理事会、欧洲中央银行共同商议制定政治经济决策。

融资来源。欧盟的主要资金来源于成员国的会费贡献，预算中75%来自各成员国，按其国民收入的比例缴纳"会费"。第二大收入是增值税，由成员国征收后将1%上交给欧盟。其他来源还包括关税和贸易收入等，通过对进口商品征收关税和征收进口价值税来筹集资金。欧盟金融市场相对健全，企业可通过发行债券、股票和使用多样化的金融产品进行融资，但每个成员国的融资体系又有一定的差异。总体来看，欧盟有意提升中小企业融资的便利性，《欧洲小企业宪章》《欧盟扶持中小企业》等一系列政策性文件都明确了对中小企业投资与融资的支持方式，欧洲投资银行是欧盟层面专门为中小企业提供融资服务而成立的政策性银行。①

融资领域。近年来，欧盟经济逐渐走出金融危机及欧债危机，但因受英国脱欧、全球贸易局势紧张等因素影响，增速再度回落。2020年更遭新冠疫情冲击，出现第二次世界大战后最严重的衰退，GDP下降6.1%。欧盟统计局公布的数据显示，2022年欧元区国内生产总值（GDP）增长3.5%，欧盟增长3.6%。②欧盟主要为农业、制造业和现代化产业的公共产品提供融资支持。欧盟成员国普遍农业现代化程度较高，高端制造业较为发达，金融、旅游、研发、运输、教育等服务业拥有较强的竞争力。特别是在制造业领域，欧盟注重高技术产品发展，重视和鼓励研发与创新投入，努力保持科技优势，为全球科技创新提供融资支持。作为全球第二大经济体和最大的发达国家联盟，其经济基础雄厚，社会发展程度高，机场、港口遍布各地，海陆空航线四通八达，通信、电力、饮用水等各项基础设施网络完备，为各国企业提供了十分便利的公共交易环境。《欧洲气候法》首度将2050年实现气候中和目标纳入法律，并在此基础上进一步提高2030年

---

① 详见欧盟2021年发布的《对外投资合作国别（地区）指南》，https://hubei.investgo.cn/country/investment-reference/detail/525019。

② 数据来源：欧盟统计局官网，https://ec.europa.eu/eurostat/statistics-explained/index.php?title=National_accounts_and_GDP。

气候目标，提出将温室气体的目标排放量调整为较1990年至少减少55%。为实现上述目标，欧盟将采取投资环保技术、支持产业创新、发展清洁交通、加快能源脱碳、推广节能建筑、加强国际合作等具体行动，为全球可持续发展提供融资支持。欧盟数字基础设施起步较早，目前欧盟已实现城市宽带全覆盖，农村覆盖率高达90%。截至2019年，欧盟（含英国）宽带总体覆盖率达到97.1%。与此同时，欧盟还大力发展以5G、物联网为核心的新一代网络通信技术。[1]欧盟机构预测，到2035年，5G将给全球带来12.3万亿美元的经济产出，对相关价值链投资还将额外带来3.5万亿美元产出，为2,200万就业岗位提供支持，为全球促进数字转型和经济发展提供融资支持。[2]

1.3 融资困境与展望

1.3.1 全球公共产品融资困境

公共资源为全球公共产品融资的困境主要体现在融资不均衡与资金分配不平等、缺乏有效的融资机制、易滋生腐败问题、追求短期利益而忽视长期收益等方面。

第一，全球公共产品融资存在不均衡不平等问题。国际组织和区域组织通常根据成员国的经济规模和贡献程度对资金进行

---

[1] 数据来源：商务部国际贸易经济合作研究院："对外投资合作国别（地区）指南：欧盟（2021年版）"，https://www.ccpitcq.org/upfiles/202207/20220711093630646.pdf。

[2] 数据来源：IHS经济部和IHS技术部："5G经济：5G技术将如何影响全球经济"，2017年1月，https://www.qualcomm.cn/content/dam/qcomm-martech/dm-assets/documents/files/ihs-5g-economic-impact-study.pdf。

分配,这种分配方式使得经济欠发达国家反而无法获得充足的资金,导致资金分配的不均衡和不公平。以全球气候适应治理融资为例,那些最容易受到极端天气事件影响的贫困国家或小岛屿发展中国家通常缺乏足够的自有财力应对气候变化带来的挑战,亟需外部财政的支持。[①] 然而,一方面,这些国家由于自身经济条件较差,贡献比例偏低,通常难以获得足够的外部资金支持;另一方面,专门针对发展中国家的资金支持通常十分有限。在气候适应治理领域,发达国家直到2009年才承诺自2020年起每年为发展中国家的气候适应治理筹资1,000亿美元,且这一承诺目前仍未完全兑现。此外,国际组织在进行资金分配时,可能要求参与国满足政治、经济或制度改革等方面的要求,这或将导致一些国家因无法满足条件而无从获得资金。而且在资金分配过程中,为实现自身利益最大化,具有主导权和强话语权的国家可能干预分配过程,阻碍资金的公平分配。

第二,缺乏有效的融资机制。一些国家和地区可能缺乏专门从事公共产品融资的机构,导致资金筹集和分配的效率低下,难以满足全球公共产品的融资需求。即使存在融资机构,其设计和运作也可能存在不完善之处,缺乏灵活性、透明度和规范性的融资机制无法使资金有效地流向全球公共产品供给领域。全球公共产品的融资往往涉及一定的风险,包括政治风险、经济风险和环境风险等,有效风险管理机制的缺乏导致资金供应方和投资方的不确定性增加,进而抑制了全球公共产品融资的发展。相较于一

[①] 胡玉坤:"全球共同课题:加强气候适应的能力建设",《光明日报》2023年4月20日,https://app.gmdaily.cn/as/opened/n/68bdab7001964c1bbcd482190ca4a7bf。

国之内的公共产品，全球公共产品的溢出范围更大，难以将全球范围内的外部性进行内部化。因此，为全球公共产品融资建立有效的融资机制更为困难。

第三，融资过程不透明和腐败。全球公共产品的融资过程涉及承包商、代理机构、顾问等多个环节。在整个融资过程中，可能存在资金被非法侵占或滥用的问题，进而导致浪费、腐败等乱象。例如国际组织在对外援助中存在着精英俘获问题，即援助资源主要流向国家内部的精英阶层，弱势群体无法获得援助收益，大大损害了整体社会福利。同时，全球公共产品融资过程中监督机制薄弱，资金流向不透明，缺乏公开的账户、财务报告和审计机制，使得监督和问责非常困难，不透明和腐败风险更易发生。

第四，公共产品融资难以满足可持续发展和长期公共利益的需求。全球公共产品不确定性和风险更强，收益更加难以量化，可能导致融资困难。比如全球可持续发展过程中，由于温室气体减排带来的收益无法准确量化，会产生全球减排责任的不均衡问题，加剧国家减排压力和经济发展之间的矛盾，导致全球公共产品融资困难。此外，全球公共产品在融资决策和实施过程中可能注重眼前利益和即时回报，忽视了长期发展和可持续性的考虑，导致决策偏差，从而导致资源的不合理分配、投资的短期化、公共产品的长期维护和管理困难。

1.3.2 全球公共产品融资展望

为应对公共资源为全球公共产品融资的困境，可以通过改善资金分配评估机制、专设融资机构与创新融资工具、增强融资监督与融资透明程度、建立长期收益评估机制等手段，提升公共资源在全球公共产品融资领域中发挥的作用。

首先，改善资金分配评估机制，对全球公共产品融资进行优先规划。建立客观公正的评估机制，应综合考虑国家的发展需求、人均收入水平、贫困程度、社会不平等指数等因素，确定资源分配的优先次序，让公共资源向更需要、使用效率更高的国家和地区倾斜，促进全球公共产品供给与融资的效率和公平。同时，为全球公共产品融资提供灵活的融资条件，避免过于严格的政治、经济或制度改革条件。根据受援国的实际情况和需求，制定合适的条件，以确保资金的有效使用和可持续发展。加强决策过程透明度和国家参与度，确保所有成员国都有平等的参与权利，充分听取并考虑弱势国家的意见和需求，建立有效的监督机制，提升资金分配的透明度，完善问责机制，防止强势国家操纵决策过程。发展中国家需要进行科学规划和优先设置，确保有限的资源能够更好地用于满足国家和地区的发展需求。通过制定长远全面的发展战略，如建立专项基金、增加政府预算拨款、吸引私人投资和国际援助等，实现财政政策、税收政策和金融机制的可持续，确保资源的稳定供给。

其次，建立专门的融资机构，推动全球公共产品融资发展。对于发达国家和新兴国家，应注重在已有融资机构上进行创新改革，引入创新的融资工具和机制，制定更加灵活、透明和规范的融资机制，如发行全球公共产品债券、使用特许权制度、采用社会影响投资模式等，吸引更多的投资者参与全球公共产品融资。对于一些发展中国家，可以建立或者参与专门从事公共产品融资的机构，例如开发银行、基金或特殊目的机构，针对全球公共产品提供专门的融资产品和服务。政府也可以制定相关政策和法规，建立健全风险管理机制，包括风险评估、风险分散和风险共担等，提供风险保障和担保机制，吸引更多的投资者参与全球公共产品融资。

再次，增强融资机制的透明度，提高全球公共产品融资的公正性和可信度。确保全球公共产品融资过程中的透明度和问责制是解决不透明和腐败问题的关键。建立透明的财务管理系统，包括公开的账户和报告机制，确保资金流向的可追溯性和可验证性，强化中间环节的监管和审查机制，确保融资过程符合法律和制度的要求。加强反腐败措施和法律制度建设，制定严格的法规和政策，打击全球公共产品融资过程中的贪污和款项挪用行为，提升反腐败机构的执法能力，确保对腐败行为的追究和惩罚。为公众提供举报渠道和保护机制，鼓励内部和外部人员对滥用行为进行揭发，并保护举报人的权益。同时支持独立的非政府组织和媒体的参与，发挥其监督和揭露不透明与腐败行为的作用。

最后，加强长远规划，提高决策的透明度。政府和利益相关方应制定长远的发展规划和战略，并将全球公共产品融资纳入其中，确保其与可持续发展目标相一致。同时建立有效的绩效评估机制，对全球公共产品融资的实施过程和成果进行定期评估，考察融资的长期影响和可持续性，为决策提供全面有效的信息。建立合作平台和机制，通过对话、协商和合作等形式，如邀请利益相关方的代表参与决策过程、举行公开听证会和磋商会议等，以确保不同利益相关方的声音被充分听取并纳入决策过程，促进不同利益相关方之间的协调与合作，解决利益冲突，实现互利共赢。

2. 私人资源为全球公共产品融资

鉴于对全球公共产品的巨大融资需求，动员私人资源为全球公共产品融资成为公共部门缓解融资不足的手段之一。现今，私人资源已经成为全球公共产品融资的重要组成部分，主要包括非营利性组织、营利性企业和个人。与公共资源不同，私人资源作为公共资源的重要补充，具有不透明性、不稳定性、不可预测性等特点。

2.1 非营利性组织

融资机构。非营利组织最早出现在17世纪，当时主要表现为带有政治色彩的社会团体以及开展慈善救济等社会公益活动的非政府组织（滕世华，2003）。管理学大师彼得·德鲁克（Peter F. Drucker）认为非营利性组织是继政府和企业之后维持社会平衡和稳定的中坚力量。莱斯特·萨拉蒙（Lester M.Salamon）认为非营利性组织因其规模小、灵活机动以及能够利用基层活力等优点，成为弥补国家在某些方面不足的理想选择。[①]此外，莱斯特·萨拉蒙在《全球公民社会：非营利部门视界》一书中指出，非营利组织具有五个基本特征：组织性、私有性、非营利性、自治性、志愿性。

非营利性组织自诞生以来就一直把公共利益放在首要位置。全球化使得越来越多的非营利性机构开始关注超越国界的问题，

---

① 莱斯特·萨拉蒙，"非营利部门的崛起"，《马克思主义与现实》2002年，第57—63页。

如全球范围内的公民权利、社会正义、环境保护、救病减灾等，推动了全球性非政府组织的发展。国际非营利组织的数量和规模都在扩大，《国际组织年鉴》的统计结果显示，目前全球已有约72,500个国际组织，其中非政府组织占大多数。[1]联合国和很多国家政府也越来越倾向于委托非营利组织开展各种救援活动，国际红十字会、国际救灾协会等组织活跃于世界舞台并备受称赞。发达国家政府及联合国等国际组织对发展中国家在社会服务方面的援助也越来越多地以国际非营利组织为中介。[2]

融资领域。非营利性组织涉及卫生、环保、知识等领域，在全球公共产品融资方面发挥了重要作用。例如，在全球健康公共产品融资领域，国际扶轮社自1985年开始一直向世界卫生组织提供根除小儿麻痹症的资金支持，为全球根除小儿麻痹症作出了重要贡献。在全球环境公共产品融资领域，绿色气候基金、全球环境基金等非营利性组织均发挥了重要作用。自2015年以来，绿色气候基金为帮助发展中国家适应和应对气候变化，加速清洁能源转型，累计提供了超12亿美元的资金；[3]自1990年，全球环境基金致力于应对生物多样性丧失、气候变化、污染、土地和海洋健康压力，通过捐赠、混合融资和政策支持等方式帮助发展中国家应对环境问题。截至2023年4月，全球环境基金已为5,000多个国家和地区提供了超过220亿美元的资金，并动员了1,200亿美元

---

[1] 数据来源：《国际组织年鉴》电子数据库，http://ybio.brillonline.com/ybio/。
[2] 关信平主编：《社会政策概论》，高等教育出版社2004年版，第92—99页。
[3] 数据来源：中华人民共和国驻大韩民国大使馆经济商务处，"联合国绿色气候基金将投入12亿美元助力发展中国家应对气候变化"，2021年10月，http://kr.mofcom.gov.cn/article/jmxw/202110/20211003206497.shtml。

的共同融资。①在全球卫生公共产品融资领域，比尔及梅琳达·盖茨基金会在2020年捐赠了1亿美元，用于开发疫苗、药物和新诊断方法，以应对疫情、保护弱势群体的生命安全。②

融资来源。非营利组织的融资渠道分为直接融资和间接融资两类。非营利性组织利用这些资金，为全球公共产品融资提供了重要的支持和保障。

（1）直接融资，包括政府资助、社会捐赠、国际援助等。政府资助是非营利组织资金来源的重要组成部分，指政府通过财政拨款、项目资助等方式为非营利组织提供资金。政府还可以通过对非营利组织的相关行为进行指导和监管，提高资金的使用效率。社会捐赠包括两方面，一方面是指企业或个人自发地向非营利组织捐赠资金、物资或技术等，以支持全球公共产品的供给；另一方面是指非营利组织采取设立基金会、举办募捐活动等方式向社会发起众筹。人们对非营利组织的捐赠可能出于道德、使命感、责任感，也可能是为了获取捐赠行为给自身带来的其他利益，例如名誉和声望等。国际援助是指国际组织、区域组织等向非营利组织提供资金。

（2）间接融资，包括会费收入、经营收入、彩票发行收入等。会费收入是指非营利组织通过向其会员（包括本组织成员或支持者）收取会费的方式获得资金。经营收入是指非营利组织通过开展经营业务或其他活动获取的收入，非营利性组织将其中的

---

① 数据来源："全球环境基金向AGRI3基金投资1350万美元"，https://www.conservation.org/press-releases/2023/04/04/the-global-environment-facility-invests-usd-13.5-million-in-agri3-fund。

② 数据来源：盖茨基金会："合作抗击新冠肺炎疫情——盖茨基金会如何应对全球疫情"，2021年8月11日，https://www.gatesfoundation.org/ideas/articles/gates-foundation-work-in-the-fight-against-covid-19。

部分收入用于全球公共产品融资。比如非营利医院、艾滋病防治中心等通过向享受其特定服务的群体收取相应的费用来为全球公共产品融资。彩票发行收入是指非营利性组织通过国家许可的博彩运营筹措资金。

融资特点。非营利组织在全球公共产品融资领域不仅能对公共资源起补充作用，还能在一定程度上弥补公共资源融资过程中的不足。首先，非营利组织不同于官方机构，它是公民志愿参与的自治性组织，因此其运作和融资的方式具有灵活性，可以快速适应不同的环境和需求。其次，非营利性组织与公共或其他私人实体不同，它们愿意支持具有巨额回报的风险投资。例如，福特基金会和洛克菲勒基金会在20世纪60年代发起了"绿色革命"，这场农业革命在半个世纪内拯救了超过10亿人。[①]最后，非营利组织的融资方式具有多样性。其融资方式除了传统的捐赠外，还包括政府资助、国际援助、经营收入等。非营利组织在为全球公共产品融资领域虽然具有上述优势，但是它在资金规模、资源调动能力以及资本的流动性等方面仍存在一定的局限性。

融资影响因素。非营利机构在为全球公共产品融资时受到多种因素的影响。首先是捐赠者的意愿和行为。因为社会捐赠是非营利组织重要的资金来源渠道之一，所以捐赠者的捐赠意愿、捐赠金额、捐赠方式等都会对非营利组织的融资造成影响。其次是社会经济环境。比如，经济不景气时，个人和企业的捐赠意愿可能会因其财务状况变差而下降，从而加大非营利组织的筹资难

---

① 张克中："全球公共经济学研究进展"，《经济学动态》2020年第4期，第129—142页。

度。再次，非营利组织自身的能力，比如组织的筹款能力、项目管理能力、资源整合能力等也会影响融资效果。最后是政府的政策。政府对非营利组织的税收政策、财政支持政策、法律法规等都会对非营利组织的融资产生影响。比如有针对性的税收优惠政策可以提升非营利组织为全球公共产品融资的积极性。

专栏　乐施会

乐施会（Oxfam）是一家成立于1942年的国际性非政府组织。其宗旨和目标是"助人自助，对抗贫穷"，通过提供紧急援助、开展全球倡议活动等方式，减少贫困，消除不平等，并改善全球社区的生活。目前，全球共21个乐施会成员分别在约90个国家（地区）开展工作。

乐施会在全球公共产品供给与融资领域发挥了重要作用，具体表现为：（1）提高全球公共卫生水平，在全球范围内提供医疗援助、改善卫生设施和促进健康教育。（2）提高全球教育水平，为贫困地区提供教育资源和机会。例如，乐施会与香港理工大学合作开展"语你童行——初小非华语学生中文亲子支援计划"，支援约50名初小非华语学童学好中文，使他们获得更公平的教育机会。（3）提高全球公共安全和人类福祉，提供紧急援助，支持灾后重建。（4）为全球气候治理和可持续发展提供支持。例如，乐施会自2019年开始与中国生态环境部合作，推动环境与气候南南合作，共同促进全球绿色低碳发展，落实全球发展倡议。（5）降低全球贫困水平。通过提高贫困人群的受教育水平、适应气候变化的能力等，帮助这些群体自力更生，改善生活。

乐施会是全球公共产品融资的积极推动者和参与者，融资方式包括：(1) 与各国政府、国际组织、其他非营利机构、企业和个人等合作，推动全球公共产品的融资。例如，乐施会与联合国通过开展各类基础设施融资的合作项目，推动基础设施建设。(2) 向国际组织或其他非营利机构提供捐赠和援助，支持全球公共产品的融资。或者在全球范围内设立专项基金、开展义卖与专项筹款等活动，并将所筹资金用于支持全球公共产品的供给。例如，乐施会通过举办"乐施毅行者"(香港最大的远足筹款活动)，以及"乐施竞跑旅游塔"活动进行筹资，所筹资金主要用于支持防灾减灾、应对气候变化等。(3) 通过宣传、教育和社会倡导活动，提高社会各界对全球公共产品的认识和重视度，呼吁和动员更多的私人资源参与全球公共产品的融资。例如，乐施会与中国传媒大学合作，以音乐作品的形式让公众深入了解气候变化对全人类的影响。(4) 积极参与国际会议和论坛，倡导政策变革。例如，乐施会参与了联合国可持续发展峰会、可持续发展大会等重要会议，呼吁为公共产品融资。

乐施会是一个致力于促进发展和救援活动的具有国际影响力的联盟，正在凭借其强大的社会影响力，促进社会各界对全球公共产品事业的支持，推动全球公共产品的供给和融资，为全球可持续发展和人类福祉作出巨大贡献。

相关内容可参见乐施会官网，https://www.oxfam.org.hk/sc/about-us。

2.2 营利性企业与个人

融资方式。在经营过程中，营利性企业通过市场化行为谋求经济利益。与此同时，越来越多的企业开始主动承担社会责任。营利性企业通过开展环境治理等社会责任项目，从事慈善事业等方式，为全球公共产品融资注入新的活力。例如，在2019年，为让少数民族地区女童接受优质的音乐素养教育，一汽－大众奥迪联合中国儿童少年基金会开展了为期两年的公益项目，累计资金投入高达1.8亿元。① 2021年，卡夫·亨氏公司基金会承诺将在未来三年里捐赠1200万美元，用于支持粮食援助和可持续农业计划，缓解全球贫困问题。② 为助力全球贫困问题的缓解，宜家公司于2014年发起了一项名为"为难民提供更加明亮的生活"的公益活动。宜家将企业的捐款与销售行为相联系，承诺每卖出一盏灯或一颗灯泡，宜家基金会将向联合国难民署捐赠1欧元。③ 为应对全球气候变暖问题，阿里巴巴集团在2016年正式推出蚂蚁森林程序，用户可通过公共出行、减少一次性产品使用等行为在其中累积碳减排量；减排量达到既定数值后，用户将获得一棵虚拟树，这棵树由蚂蚁森林进行现实栽种，为缓解全球气候变暖提供实质性帮助。此外，为保护海洋生态环境，自2018年起，阿迪达斯公司每年举办"跑出蔚蓝"主题活动，旨在通过跑步活动的形

---

① 数据来源：汽势传媒，https://baijiahao.baidu.com/s?id=1720266666730535932&wfr=spider&for=pc。

② 卡夫·亨氏公司："2022年ESG报告"，2022年10月18日，https://esgnews.com/zh-CN/%E5%8D%A1%E5%A4%AB%E4%BA%A8%E6%B0%8F%E5%8F%91%E5%B8%832022%E5%B9%B4ESG%E6%8A%A5%E5%91%8A/。

③ 数据来源：联合国："难民署：宜家基金会启动'为难民提供更加明亮的生活'筹资活动"，2015年11月，https://news.un.org/zh/story/2015/11/247242。

式唤醒和提升公众对海洋污染的意识。阿迪达斯承诺参与活动者每跑步1公里，企业将捐赠1美元投入至Parley海洋环保教育计划。

除营利性企业外，以企业家为代表的个人也为全球公共产品融资提供了资金支持，在一定程度上缓解了全球公共产品融资不足的问题。典型的案例包括：英国著名企业家理查德·布兰森（Richard Branson）在2006年宣布出资30亿美元，用于应对未来十年的全球气候变暖问题。这笔资金主要用于开发清洁燃料、环境技术和可再生能源，十余项可持续发展计划得到了相应的资金支持。2018年，彭博创始人迈克尔·布隆伯格（Michael Bloomberg）通过彭博慈善基金会向联合国提供了450万美元资金以应对气候变化问题。[1]2021年，由杰夫·贝索斯（Jeff Bezos）成立的贝索斯地球基金捐赠20亿美元用于恢复自然和改造粮食系统，投入10亿美元用于环境保护工作。[2]

融资来源及参与方式。个人为全球公共产品融资的资金主要来源于个人储蓄和政府补贴，企业的资金则主要来源于其经营利润或通过发行股票和债券获得的收入。企业和个人可以通过慈善捐款、投资、参与众筹以及购买彩票等方式参与全球公共产品融资。其中，慈善捐款是指企业和个人通过向提供全球公共产品的慈善组织或基金会捐赠资金、物资或技术，为全球公共产品融资。投资是指个人或企业为提供全球公共产品有关的企业或项目

---

[1] 数据来源：观察者网："彭博掌门代美政府履行巴黎协定，向联合国捐450万"，2018年4月23日，https://news.sina.com.cn/w/2018-04-23/doc-ifzqvvrz9507744.shtml。

[2] 数据来源：壹点一咨询："贝索斯承诺投资20亿美元用于土地恢复和粮食生产"，2021年11月4日，https://baijiahao.baidu.com/s?id=1715463475520713106&wfr=spider&for=pc。

等进行的投资行为，比如投资疫苗研发、环境保护等领域的企业或项目。此外，企业和个人还可以参与由非营利组织等发起的众筹活动，或购买由非营利组织发行的筹资彩票，支持全球公共产品融资。部分私人资源还可通过承接国际组织、区域组织或国家政府的项目来助力全球公共产品融资。

融资特点。营利性企业与个人在为全球公共产品融资时具有一定的特点。首先，融资来源和参与方式具有多样性。企业和个人可以通过多种方式获得资金，比如个人储蓄、企业利润、政府补贴等，这些资金可以通过投资、慈善捐款等多种方式参与全球公共产品的融资，具有灵活性，企业和个人可以根据实际需要选择合适的方式。其次，个人和企业具有较强的市场洞察力，能更加敏锐地感知市场的需求和变化，为社会提供真正需要的全球公共产品。例如，私营部门参与"一带一路"项目时，能够较为准确地识别基础设施的需求并根据需求创新融资方式。[①]同时，他们注重资金的成本效益，使融资资金在分配和使用上更有效率。最后，相比国际组织、区域组织等，企业和个人的合作更具有灵活性，可与政府、非营利组织、研究机构等开展广泛的合作，共同为全球公共产品融资。

融资影响因素。企业和个人在为全球公共产品融资时受多种因素的影响。首先是财务状况。个人和企业的财务状况较好时，意味着他们的经济实力较强，愿意为全球公共产品融资投入更多的资金和资源。其次是政府对个人或企业实施的政策。例如在全

[①] 数据来源于世界银行2019年发布的《"一带一路"经济学》报告，详见http://gy.china-embassy.gov.cn/zt/202202/P020220209843383339452.pdf。

球公共产品融资领域，为企业和个人提供税收优惠、财政补贴等政策支持，可以提高企业和个人参与全球公共产品融资的积极性。阿皮农玛哈库（Apinunmahakul，2001）表明，企业和个人的捐赠行为与政府的税收政策和捐赠者的收入水平密切相关。此外，社会对全球公共产品的认知和接受程度也会影响企业和个人的融资意愿。如果社会普遍认识到全球公共产品的价值和意义，并对其持支持态度，那么企业和个人也会更加积极地参与融资过程。最后，对于营利性企业而言，组织的形象和声誉是影响其参与全球公共产品融资的重要因素。

2.3 融资困境与展望

2.3.1 私人资源融资困境

私人资源为全球公共产品融资的困境主要体现在融资分配不均、融资监管缺乏、资金不稳定与不可预测性、融资规模较小等方面：

第一，私人资源为全球公共产品融资分配不均。 私人资源通常依据商业利益以及慈善倾向为全球公共产品筹集资金并进行分配，这可能导致大量的资金聚集在某一类全球公共产品，同时也可能导致私人资源对全球公共产品的融资在区域层面的分布不均，最终无法实现全球公共产品融资的最优分配。

第二，私人资源的融资和使用过程缺乏监管，容易滋生腐败问题。 私人资源，尤其是营利性企业和个人资金，为全球公共产品的融资通常由企业和个人自主决策。企业和个人对资金的筹集、管理和使用过程具有高度的自由裁量权。目前，缺乏恰当的监管机制对他们的行为进行监管和约束。此外，当企业和个人参与具有投资回报的全球公共产品融资时，他们可以通过寻租使得相应的政府部门放松监管，进而人为设置市场壁垒或提高价格，获取巨额利润。寻租行为进一步降低了全球公共产品融资的效率。

第三，私人资源具有高度的不稳定性和不可预测性。私人资源为全球公共产品的融资主要依赖于参与主体的自愿行为。企业和个人的融资行为通常取决于其财务状况以及宏观经济条件，对某类全球公共产品的融资常常是短期行为，难以为全球公共产品融资提供稳定、可预测的资金。由于私人资源的不稳定性和不可预测性，我们也难以对私人资源进行准确评估和建立预算。

第四，私人资源融资无法弥补全球公共产品融资缺口。在私人资源中，企业和个人的慈善捐赠占据了重要地位。但这种慈善捐赠具有自愿性和无偿性的特点，捐赠主体无法获得利益回报，缺乏融资激励，慈善捐赠总额相较于全球公共产品融资缺口占比较低。在这种情况下，私人资源显然无法弥补全球公共产品的融资缺口。

2.3.2 私人资源融资展望

为应对私人资源为全球公共产品融资困境，可以从以下四个方面扩大私人资源的融资规模并提升效率：

首先，鼓励私人资源与公共资源合作。一方面，公共资源可以通过与私人资源合作获取更多可用的资金，缓解全球公共产品融资不足的问题；另一方面，公共资源在与私人资源合作的过程中，可以通过投资回报、贷款优惠等经济激励和社会声誉等非经济激励，引导私人资源在全球公共产品类别和区域间的融资分配，提升全球公共产品融资的效率。

其次，完善私人融资的评估体系，加强对私人资源融资监管。部分私人资源通过向国际组织捐款或承接国际组织的项目为全球公共产品融资。这一部分资金在管理和使用过程中由国际组织充当第三方机构，后者为资金的使用提供了监管，提升了资金的透明度。然而，该部分资金同样需要注意腐败问题的滋生，比如为获得国际组织的项目，私人部门可能采取寻租的方式，这不利于资金的有效配置。国际组织应当客观计算项目的投资收益和社会收益，加强对项目审批、项目实施等环节的监督，完善奖惩机制，提升全球公共产品融资的效率。

再次，完善再分配措施，提升私人资源为全球公共产品融资的稳定性。当私人资源对全球公共产品的融资依赖于私人主体的财务状况时，政府部门可以通过税收优惠的形式为私人部门提供捐赠和投资激励，提升私人资源为全球公共产品融资的稳定性和可预测性。比如，将部分融资资金作为个税或企税的税前抵扣项，激励私人部门对全球公共产品的融资。

最后，引入回报机制，激励私人资源对全球公共产品投资。全球公共产品融资同样面临着私人收益与社会收益不匹配的问题。为提升私人资源对全球公共产品融资的贡献，政府部门和国际组织可以运用"成本收益法"对全球公共产品融资项目进行社会收益评估，使得私人对全球公共产品项目的投资尽可能接近社会收益。此外，对于参与全球公共产品融资的非营利性组织、企业或个人，政府部门可以通过为他们颁发"捐赠证书"等方式，为企业提供声誉、社会价值等非经济激励，鼓励私人资源参与。同时，政府部门和国际组织等公共部门还可以为参与融资的私人提供特定利益，使得全球公共产品与特定利益相捆绑形成联合产品，通过联合产品的供给鼓励私人资源在全球公共产品领域投资。

专栏　私人资源为全球疫苗融资

全球疫苗是重要的全球公共产品，私人资源在其融资领域扮演着复杂的角色。一方面，营利性制药企业是全球疫苗和药品的研发主力，这些企业的首要目标是追求自身利益最大化；另一方面，疫苗具有明显的公共产品特征，企业面临着复杂的商业和道德问题。

20世纪90年代后期，国际疫苗市场曾遭遇市场失灵现象：在具有更好效果的疫苗已经大规模面世时，大量中低收入国家没有能力购买它们。在这一背景下，市场机制无法有效发挥调配作用，发展中国家难以获得疫苗资源，出现了全球疫苗的分配不平等。对于这一现象，通常有两种主流的解释：第一种解释认为药品开发成本推高了疫苗的市场价格。制药业一直隶属资本密集型行业。在过去的数十年间，制药业的投资不断增长，收益却提升甚微。企业只有提升产品价格才能够提升自身利润，实现资本回报。第二种解释认为疫苗涉及运输、仓储、分销、诊断、注射等多个环节，各个环节的成本累加推高了疫苗的市场价格。在不同的国家，每一环节的价格均存在较大差异。

同时，随着时间的推移，私人资源对全球疫苗的投资偏好下降。有研究认为，当前的国际贸易制度对疫苗的融资具有负面影响。在现行的贸易制度中，疫苗、药物生产相关知识产权的低成本扩散降低了私人资源对这一类产品的投资偏好。比如，2020年10月，南非和印度驻世界贸易组织代表提议，世贸组织应该放宽《与贸易有关的知识产权协定》，支持或暂时豁免与新冠疫苗相关的知识产权保护。一些学者认为，知识产权豁免可以促进全球健康。也有学者认为，迫使国际制药业在利润和全球健康之间作出选择是不恰当的。药品研发是一个高投入、高风险的行业，从长期来看，放宽知识产权豁免会削弱国际制药业研发新药的积极性。2000年以来，大型国际制药公司每年开发新疫苗的数量已经从九种下降到了四种，这对全球公共卫生治理具有不利影响。

在上述背景下，一些学者和国际机构认为可以通过公私合作的方式激发私人资源的积极性并提升分配公平，引导私人资源朝着全球可持续发展的方向努力。2000年后，在相关国家、世卫组织和盖茨基金会等的支持下，国际药品采购机制、全球疫苗免疫联盟和全球基金等国际组织强化了公私合作，在全球公共卫生治理领域发挥了重要作用。

但需要注意的是，公私合作严重依赖公共资源向私人资源提供的财务承诺，如果公共资源缺乏稳定的资金来源，全球公私合作将会受到限制。

相关内容参见"世卫组织支持印度和南非向世贸组织提出的豁免提议"，http://ipr.mofcom.gov.cn/article/gjxw/gbhj/yzqt/yd/202010/1956112.html。

3. 全球税

政府通过征税解决传统公共产品融资不足的问题。全球公共产品是具有全球溢出效应的公共产品，在理论上同样可以通过征收全球税的方式为全球公共产品筹集资金，以解决这一类公共产品的外部性问题。本节，我们将围绕全球税这一话题具体介绍全球税的起源与实践、全球税的征收制度、全球税实施的困境与展望。

3.1 全球税的起源与实践

3.1.1 全球税的起源

全球税是指由一个独立于各主权国家的世界税务组织，按照既定的征税形式和分配规则，在全球范围内以人们的行为或占有的资源作为纳税依据的税收。全球税可以为维持全球秩序、促进全球发展、改善全球收入再分配提供资金（Frankman，1996）。詹姆斯·洛里默（James Lorimer）在1884年出版的《国际法的最终问题》一书中最早提出全球税概念，认为国际政府的开支应该由国际税收支付，由各国政府向其公民征收，且征税额度应与国家向国际立法机构派遣的代表人数成比例。在洛里默著作问世的前二十年里，国际电信联盟和万国邮政联盟分别于1865年和1874年成立，其成员国根据获益缴纳会费，会费成为这些机构主要的资金来源。弗兰克曼（Frankman，1996）认为，如果把会费看作是一种税收，那么这是全球税实践的最初开端。

第一次和第二次世界大战期间以及战后早期，出于防止武装冲突的目的，人们开始关注国际组织的建立、融资以及与全球税相关的问题。弗兰克曼（Frankman，1996）认为国际组织的目标是促进人类福祉，而该目标需要足够的资金支持，这为全球税的提出提供了契机。凯恩斯在关于建立国际清算联盟的提议中提到对国际收支盈余征收全球税，用于战后救济、恢复和重建。

联合国成立之初，为加强国家间的合作，避免再次陷入战争和经济萧条的困境，经济学家和政治家们推崇主权国家让渡税收主权，征收全球税。然而，20世纪50—60年代，有关全球税的主张成为冷战的牺牲品，遭到美国政府和许多大公司的强烈反对。

直到20世纪70年代，全球环境问题和"全球公域"概念的提出才使全球税再次得到学界和政策界的青睐。气候变化、海洋污染等现象超越了国家边界，导致了全球环境问题以及"全球公域"（全人类共同拥有的全球环境资源）的管理和融资问题，亟待全球性的合作。全球税被视作缓解这些问题的有效手段之一。同时期，全球范围内关于共同遗产的讨论以及如何针对共同遗产征税的问题，也推动了对全球税的讨论。共同遗产原则认为某些独特的全球资源作为"共同财产资源"由所有国家共有，应该从全球层面考虑对这些资源的管理和使用，并公平地分享由此产生的利益（White，1982）。之后，共同遗产的概念被扩大到矿产权、科学技术、生产手段和其他财富来源等新领域。我们今天生活的整个世界几乎都建立在共同遗产基础之上，比如书面和口头语言、食物、全球公共产品，甚至我们的思想。这些对共同遗产的开放性解释增加了全球税征收的合理性。其他具有代表性的提议还包括促进发展和国际收入再分配的税收，例如，对不可再生资源、国际污染物、国际公务员、军备支出等征税。哈克（Haq，

1976）在一项研究中更详细地讨论了这些税收，并表达了对全球所得税的支持，同时也承认这种税将对国家主权构成巨大挑战。哈克还指出，当主权国家的行动在国际范围内造成了负的外部性时，联合国有权代表整个国际社会对这些活动征税。

20世纪90年代后，全球化和技术进步为全球经济带来新的挑战，迫切需要主权国家共同应对全球公共产品供给与融资不足、全球税基侵蚀等问题。在此背景下，联合国再次极力主张通过征收全球税的方式，为应对全球挑战提供资金支持。这一过程中，人们广泛争论国际税收的征课从国家层面转移到国际机构的可能性（Specht，2017）。例如，2001年6月，塞迪略工作组[①]发布了一份工作报告，呼吁在联合国系统内成立一个国际税务机构，实现稳定的融资，表达了对全球税的支持。[②] 2002年的《蒙特雷共识》也强调了全球税的重要性，并致力于动员发展中国家参与全球税的讨论。博德威（Boadway，2003）试图将财政联邦主义的实践经验作为分析发展融资的指南。尽管从全球的视角探讨财政联邦主义富有想象力，但其带有明显的乌托邦色彩。博德威认为这是一个有趣的参照系，并提出全球财政收益的三大来源：一是对国家征税，构建一个有利于全球均等化的方案；二是对国际外部性征税；三是对国际流动税基征税。阿特金森（Atkinson，2004）集中讨论了一些可能的方案：全球环境税，即对产生环境

[①] 21世纪到来的前夕，联合国召开关于发展筹资问题的国际会议。为准备该会议，时任联合国秘书长的科菲·安南于2000年12月委任埃内斯托·塞迪略领导发展筹资高级别小组（又称"塞迪略工作组"），就发展筹资问题进行资料整理。

[②] 数据来源：塞迪略工作组2001年发布的《发展筹资问题高级别小组技术报告》（Report of the High-level Panel on Financing for Development），详见 https://www2.weed-online.org/ffd/pdf/Zedillo-Report.pdf。

成本的商品或服务征税，如根据碳含量直接征收碳氢燃料税，或间接征收航空旅行税；货币流动税（"托宾税"），这是一种外币交易税，涵盖一系列确定性的交易（即期、远期、掉期、衍生品等）；全球彩票，通过国家经营或许可的彩票进行筹资，收益在参与国家的彩票和发展基金之间共同分享。皮凯蒂（Piketty，2014、2020）针对全球不平等愈演愈烈的现象，提出了全球财富累进税的设想。

整体来看，全球税涉及多个领域，具体可将其归类为全球环境税、全球金融税、全球贸易税以及其他税种。

3.1.2 全球环境税

全球环境税是指对产生环境成本的商品或服务征税，如根据碳含量征收碳氢燃料税，或间接征收航空旅行税，旨在消除国际环境外部性。在全球环境税中，碳税是重要的组成部分，征收碳税的目的在于控制温室气体的排放。经济学家们普遍认为征收碳税是应对气候变化的一种有效措施（Heal & Schlenker，2019）。事实上，碳税在部分国家已经实行超过30年，如芬兰于1990年即率先征收碳税。2019年南非《碳税法案》正式生效。目前已有包括加拿大、澳大利亚、英国等35个国家（地区）实施碳税政策（World Bank，2021）。[①]欧盟考虑在2026年实施碳边境调节机制（Carbon Border Adjustment Mechnism），对进口产品征收额外的碳排放税。尽管碳税得到越来越多国家的青睐，但其所覆盖的排放非常有限，相应政策推进缓慢，难以应对近年来气候的剧烈变化

---

① 数据来源：世界银行，"碳定价仪表板"（Carbon Pricing Dashboard），https://carbonpricingdashboard.worldbank.org/map_data。

(Nordhaus，2018)。伯德(Bird，2018)指出，在一个多元化的世界中，税收政策只有经过主权国家同意才能履行，而任何税收政策都难以在主权国家间达成一致，分配过程也会产生利益冲突。除非全球遭受巨大的气候灾难，否则碳税难以在全球范围内广泛实施。

> **专栏　碳税**
>
> 　　碳税属于环境税，是针对二氧化碳排放量进行课税的税种，它是碳定价(Pricing Carbon)方式的一种，是应对气候变化的有效政策工具。碳税包括两种征收形式：(1)对燃料使用者在燃料的中间或最终消费环节进行征税，按照燃料产生的二氧化碳进行计算；(2)根据商品和服务在生产过程中产生的二氧化碳对商品和服务进行征收。碳税税率的设计取决于征税目的、征税范围、目标减排量、税基以及国家或全球的目标，以更好地限制温室气体排放。
>
> 　　碳税这一概念最早在20世纪70年代被提出，诺德豪斯(Nordhaus，1977)是首位明确探讨碳税对全球气候变化影响的经济学家，他将碳税视作缓解气候变化的有效政策工具。20世纪90年代初，随着国际社会愈加关注气候变化产生的影响，并试图寻求恰当的政策工具应对气候变化带来的挑战，学者们围绕碳税这一关键的政策工具开展了广泛探讨。此后，关于碳税的研究主要围绕以下五个重要问题展开：(1)碳税对宏观经济和各部门的影响；(2)碳税的分配效应；(3)碳税的税收循环计划(Revenue Recycling Schemes)；(4)碳税的竞争性和排放泄漏；(5)碳税与其他政策工具的比较。

值得关注的是碳税带来了大量政府收入，对经济有重要影响。碳税收入的用途主要有四方面：（1）增加国防等公共支出；（2）将资金转移到家庭作为一次性退税；（3）用于削减现有税收（如个人所得税、企业所得税等）；（4）投资于经济乘数较高的出口导向型产业或部门以及补贴清洁或绿色技术。

碳税的实施主要面临着以下五个挑战：（1）能源价格上升诱发民众对碳税的抵触心理；（2）单边碳税导致排放密集型贸易（EITE）产业部门的竞争力损失，削弱政治支持；（3）现行的能源监管体系可能不利于征收碳税；（4）政府的政治考量，即政府认为违背选民的意愿强制开征碳税会侵蚀他们的选民基础，甚至会引发暴力示威，例如法国的"黄马甲"运动；（5）扭曲造成的效率损失，即碳税虽然在一些经济体中开征，但却被扭曲了，税率远低于其最优水平，无法产生预期的减排效果，且在某些情况下，关键碳排放活动或部门被豁免了，迄今为止在世界各地开征的碳税大多存在一定的扭曲。鉴于这些挑战，所有开征碳税的经济体都应当谨慎地推行这一政策，从较小的范围和较低的税率开始，随着时间的推移，逐渐提升征税水平。

碳税相关研究的详细分类、介绍和演变，可参见 Timilsina, G. R., "Carbon Taxes", Journal of Economic Literature, 2022, 60(4), pp.1456-1502。

此外，国际航空和航运税也被看作是减少碳排放的手段之一。1997年，欧盟委员会调查了国际航空和航运税在欧盟范围内实施的可行性。2006年，国际货币基金组织继续对这类税收的征收可行性进行探讨，提议各国可按自行决定的税率共同对航空燃料征税，并将获得的收入用于全球气候治理。[①]2009年，国际民用航空组织和国际海事组织分别制定了国际航空税（International Aviation Tax）和航海税（International Maritime Tax）的定价方案。[②]乐施会提出对国际航运每吨碳排放征收25美元的税，这些收入可以用于设立绿色气候基金，帮助发展中国家适应气候变化并控制自身的碳排放，以实现清洁航运。当然，要使这些税收得到有效实施，发达国家和发展中国家以及工业界必须加强合作。

3.1.3 全球金融税

如何保持国际经济稳定，尤其是全球金融稳定，一直是研究者关心的话题。1997年的亚洲金融危机和2008年的金融海啸引起了各国对国际金融系统稳定性的重视。为维持系统的稳定性，避免金融危机再次到来，全球对国际金融活动征税的关注度急剧上升。

国际货币基金组织（2010）把金融稳定性贡献税、金融交易税、金融活动税和托宾税视为提高系统稳定性的四大税种，并认为基于金融机构资产负债表进行征税，税率根据该机构持有投资组合的评估风险程度来确定，是对金融机构征收全球金融税的最佳方式。当前全球金融透明度的提升和跨国信息共享手段的完善为征收全球金融税提供了可能。

---

① 详见《国际货币基金组织 2006 年年度报告》，https://www.elibrary.imf.org/downloadpdf/book/9781589065611/9781589065611.xml。

② 详见国际民航组织航空环境保护委员会2009年召开的第八次会议，https://store.icao.int/en/committee-on-aviation-environmental-protection-caep-report-of-the-eighth-meeting-doc-9938。

金融稳定性贡献税（Financial Stability Contribution，FSC）也称银行税，征税范围覆盖所有金融机构，是对金融机构资产负债表的特定元素征税，旨在降低金融风险。金融稳定性贡献税可以采取包括对总资产、总监管资本等征税在内的多种形式。税收收入的用途主要有两方面：一是用于设立可为金融机构提供信贷的委员会，满足其准备金不足时的资金需求，帮助其承担部分风险；二是用于弥补财政对金融机构的援助或兜底成本。金融交易税是一项累积交易税，征税范围包括股票、债券和金融衍生产品等金融交易。

金融交易税（Financial Transaction Tax，FTT）可以采取多种形式。布朗多洛（Brondolo，2011）列出了可能受此类税收影响的23种不同类型的金融交易，其中很多交易在近几年以不同的名称在不同的国家实施。[1]这种税收的收入主要来自对金融衍生品征税，以防衍生品过热对资本成本、投资和增长产生负面影响。欧盟委员会于2011年正式提出在欧盟范围内实施金融交易税计划，以确保金融部门能够应对危机，阻止机构进行过度冒险投机行为，帮助机构提高收入。2013年欧盟委员会通过了一项关于11国金融交易税的提案，但参与国尚未完全同意税收征收范围和收入分配等基本事项（Bird，2018）。

金融活动税（Financial Activities Tax，FAT）是以金融机构的活动所产生的利润和工资为纳税依据的税收，旨在降低金融机构的风险，矫正金融业的工资过高现象。欧盟委员会的《金融部

---

[1] Brondolo, J. D., "Taxing financial transactions: an assessment of administrative feasibility", 2011.

门税收方案影响评估》考虑了三个版本的金融活动税,即FAT1、FAT2和FAT3,其征税基础和范围有所不同。

托宾税(Tobin Tax)是在全球范围内统一对现货外汇交易课征的交易税,详细内容可参见专栏。

专栏　托宾税

托宾税最早由詹姆斯·托宾(James Tobin)在1972年的一次学术演讲中提出,他建议"在飞速旋转的国际金融车轮中掺入一些沙子",即对所有外汇交易按统一税率征税。托宾认为外汇交易之中有很大一部分是出于套汇和投机的目的,借由汇率的波动和利率差,通过迅速倒手牟取暴利,其实质无益于实际投资。

后来学者对托宾税的思想进行了延伸,将托宾税分为广义和狭义两类。狭义的托宾税是指托宾最初提出的对外汇市场交易征税的税种;广义的托宾税泛指各种金融交易税,也称类托宾税。除外汇市场外,类托宾税还可以对资本市场和银行体系等资本流动渠道征税。

托宾税的特征是单一税率和全球性。托宾的初衷是希望在全球范围内征收托宾税,提升短期外汇交易的成本,减缓投机性资本流动,打击金融投机行为。然而,20世纪90年代以来,经济自由主义在世界范围内一直居于主导地位,托宾的这一主张受到了较长时间的冷落。近年来,经济全球化所带来的负面影响日益严重,跨国金融投机行为愈加活跃,部分关注这一问题的学者又重拾起托宾税思想中积极的方面。联合国前秘书长布特罗斯·加利就曾借用过类托宾税这个思想，提出征收国际航空税以解决联合国运营资金的困境。拉詹（Rajan）等经济学家认为，在全球范围内永久性征收托宾税将改善国际税收，并为贫困国家提供国际援助。但拉詹同时指出，由于托宾税的征收远远超出了当前国家相关机构的监管能力，当征收范围没有覆盖全球时，会出现严重的"搭便车"问题，引发货币交易者的避税行为，这会给国际税收协调带来挑战，因此托宾税的实施面临着巨大的阻碍。

一些新兴市场国家为了应对资本账户开放中的资本流动风险，实施了各种形式的托宾税。例如，巴西在2009年实行了基于宏观审慎监管的金融交易税，而泰国和马来西亚等国家也曾实施过不同形式的托宾税。托宾税的实施改善了这些国家的债务期限结构，降低了短期资本流动规模，扩大了长期资本流动规模，提高了金融稳定性。

学界广泛研究了托宾税如何影响金融市场波动。例如，安科尼等（Bianconi et al., 2009）采用模拟实验的方法研究了托宾税对市场波动性的影响，并指出当市场接近完全市场的临界线时，托宾税能降低市场的波动性，反之则只有微弱的影响。而邓（Deng, 2018）和才静涵（Jinghan Cai, 2021）则发现较高的托宾税有利于降低价格波动。

托宾税已成为各国广泛采用的宏观审慎调控工具。为改善社会总体福利水平，部分国家开始对跨境资本流动征收托宾税，以此来降低国际资本双向流动给本国带来的外部性和资源配置扭曲。

3.1.4 全球贸易税

在各种有关全球税收的提案中，全球贸易税（Global Trade Tax）因其庞大的税基和可观的收益规模而成为各国考虑最多的税种。凯恩斯在1944年"布雷顿森林体系"的筹备工作中即提议对国际贸易征税，布兰特委员会于1982年也提出了这项税收，旨在提高世界贸易价值的收入。在全球贸易税中，全球贸易一般税是重要的组成部分。这是对跨国商品贸易和服务贸易等国际贸易活动征收的一种税，旨在为促进国际贸易繁荣发展提供资金支持。由于重复征税问题以及各国在征税地点、税率设定等方面存在利益冲突，因此有关全球贸易税的协议一直未能达成，全球贸易税也一直未能付诸实践。

全球数字税（Global Digital Tax）是对开展数字经营业务的企业征收的一种税，它的提出是为了顺应数字经济的发展趋势，防范跨国企业的避税行为。数字产品税与数字服务税是全球数字税实践的基本形式。数字经济的高速发展使得生产生活方式、收入与财富分配方式发生了巨大的变化，在这一背景下，数字产品税或将成为国家收入的重要来源。许多欧洲国家采取单边行动，开征数字服务税，这为全球数字税的落地提供了实践基础。超过40个国家和地区已征收或拟征收数字服务税，其中，于2019年引入数字服务税的法国是世界上首个对数字税进行立法的国家，主要对大型科技企业开展的线上广告、在线交易平台等各类数字服务收入征缴3%的税收。[①]然而，不同国家在数字经济时代有不

---

① 数据来源：中国税务协会，https://cti.ctax.org.cn/xsyj3/llyj3/202101/t20210112_1113001.shtml。

同利益诉求，全球统一的数字税设想仍未有成熟的方案。基于数字税的单边实践以及全球统一数字税设想，如何征收数字服务税以及如何实现国家间数字服务税征收的协调，是当前以及未来很长一段时间内全球税收体系和国际税收协调规则需要解决的重要问题。

3.1.5 其他税种

为了应对全球化挑战以及为全球公共产品供给提供更多的资金支持，学者们提出了多种可能的税收政策，例如自然资源税、航空旅行小额税收、全球武器贸易税、全球财富税等。

（1）自然资源税

自然资源税（Resource Tax）主要针对全球公共资源的使用者征税，尤其是对那些获得资源但却没有生活在资源所在地的人。2011年有学者建议对自然资源的开采进行征税，并将收入用于减贫。在2012年，为防止全球海底资源的过度开采，联合国建议对全球公共海底矿产资源的开采进行限制，[1]并提出以下具体措施：征收开采自然资源的土地使用费；对化石燃料的使用者以及其他排放来源征税；提高关联国家的财政透明度。[2]目前几乎所有的国家都以不同的形式对自然资源的开采、使用等进行征税，这一税种在全球层面的实施具有一定的可行性。

---

[1] 全球公共海底矿产资源是指那些所处位置距离任何主权国家的领土均超过100英里（约160,934.4米）的矿产资源。
[2] 《采掘业透明度行动计划》（EITI）仅涵盖几十个国家，在没有任何真正的全球治理体系的情况下，这些提高透明度的努力并不是一个完整的解决方案（Forstater，2017），但依旧是朝着正确方向迈出的重要一步（Bird，2018）。

（2）航空旅行小额税收

航空旅行小额税收（Airline Tickets Tax）是通过向购买航空客票的人员征税获得的收入。希尔斯（Seers，1964）提出可以通过对国际航空旅行征收全球税，促进世界各国共同发展。然而，欧盟的一项研究表明，机票税的征收并不合时宜，且其收入不足以支付管理系统的费用（Commission of the European Communities，2005）。[①]法国和其他几个国家在2006年对航空客票征收小额税，并将所得款项转入国际药品采购组织，用于资助发展中国家抗击疟疾、肺结核等传染疾病。[②]随后，包括英国、印度等在内的38个国家组成联盟，研究如何利用航空旅行税收入促进共同发展。[③]为了降低旅客从国内机场转移到国外机场的风险，部分国家倾向于采取较低的利率水平或对短途航班采用较高税率，而对长途航班采用较低税率。尽管航空旅行税的征收遭到了很多反对，但其依旧是唯一实现并延续至今的一种全球税。

（3）全球武器贸易税

全球武器贸易税（Global Arms Trade Tax）主要对武器购买者进行征收，目的是降低武器贸易的规模，并将收入用于补偿战

[①] 欧盟委员会工作文件SEC（2005）733：《基于航空机票作为新的发展融资来源的可能贡献分析》（*An analysis of a possible contribution based on airline tickets as a new source of financing development*），2005年6月，https://taxation-customs.ec.europa.eu/system/files/2016-09/tax_airline_tickets.pdf。

[②] 陈曦：《国际财政学》，中国商务出版社2022年版，第195页。

[③] Peter Whal."Results of the Conference 'Innovative Instrument for Financing development'"，2006年3月，https://archive.globalpolicy.org/global-taxes/45823-results-of-the-conference-qinnovative-instruments-for-financing-developmentq.html。

争受害者，提供发展基金，同时为裁军活动筹集资金。这一概念最初在1980年的《布兰特报告》[①]中被提出（国际发展问题独立委员会，1980），旨在提高武器价格，减少武器转让，从而减少具有破坏性的军事冲突。这一提议一经提出，即在国际上引起了广泛的关注。从20世纪80年代末开始，一些领导人和诺贝尔和平奖获得者进一步推动了武器贸易税的想法。然而，由于征税对象是武器转让而不是所有军事支出、被征收者主要是发展中国家而不是军事实力强大的发达国家等反对意见，再加上税基难以划定、逃税更容易、国际武器贸易尤其是小武器和轻武器贸易的透明度较低等问题，全球武器贸易税难以实施。

（4）全球财富税

全球财富税（Global Wealth Tax）主要对所有家庭总资产的总价值征税，包括所有者拥有的房产、现金、银行存款、货币基金以及用于保险和养老计划的存款；房地产投资和非法人企业投资；公司股票、金融债券以及个人信托等。布兰德（Brand，2017）指出征税目的在于缓解财富在国家间流动产生的避税现象，从而解决不平等问题。另一个版本的征税方案叫作"亿万富翁税"（Billionaire Tax），即对财富过亿的个人征收1%的全球税，用于穷国的基本教育和健康服务。对个人资产超过10亿美元的，税率提高至1.5%。[②]这些措施在政治上是可行的，且有利于

[①] 即国际发展问题独立委员会1980年发布的由威利·勃兰特（Willy Brandt）主持的独立委员会报告《南北生存计划》（North-South. A Programme for Survival）。详见：https://www.jstor.org/stable/633721.。

[②] 数据来源：乐施会，https://policy-practice.oxfam.org/resources/the-case-for-a-billionaire-tax-620169/。

经济增长，合乎道德，也是社会发展的催化剂。然而，尽管巴菲特、盖茨等亿万富翁们和保守的经济学家们也认为这些税收是有益的，目前各国还没有就全球财富税达成共识（Bird，2018）。

3.2 全球税的征收制度

全球税征收的关键在于建立稳定且可持续的征收制度。理论上，以世界税务组织为核心的全球税收架构，是征收全球税的理想制度。

通常认为，全球税收架构由代理征税机构（Agent，通常为主权国家的税务部门）、世界税务组织（Word Tax Authority）、全球发展机构（Global Development Institution）组成。理论上，全球税收架构的运作流程可如下图5-4虚线部分所示。在全球税收架构下，纳税人直接或通过代理征税机构间接向世界税务组织缴纳全球税。世界税务组织将筹集的资金分配给不同的全球发展机构，再由全球发展机构分配资金，为全球公共产品供给提供资金支持。在这一框架下，世界税务组织是执行全球税制度的主要机构，负责全球税的规则制定与征收。这需要主权国家将部分税收主权让渡给世界税务组织。与此同时，主权国家对辖区内的税收决策过程具有自由裁量权和管理权。

然而，这种理论架构的运作面临着难以逾越的政治障碍。一方面，长期以来，主权国家不愿意让渡税收主权，全球税的制定始终停留在理论层面，只有少数全球税通过国家间自愿签署协议的方式获得了合法地位；另一方面，世界范围内缺乏凌驾于各主权国家之上的世界税务组织，迄今为止没有任何国际组织具有直接征税的权力。

现实中，全球税的征收规则主要通过国家间自愿商定，税收征管则基于传统财政架构实现，这一过程如图5-4实线所示。此时，主权国家是征收全球税的主体。在传统财政架构下，纳税人向国内税务部门纳税，并构成国家财政资金的一部分。主权国家对税收收入进行分配，将部分资金转移给全球发展机构（通常为联合国、世界银行、国际货币基金组织等国际组织）。目前，这样的征收方式符合国际法的基本原则，避免了由世界税务组织征收全球税对国家税收主权形成的挑战。

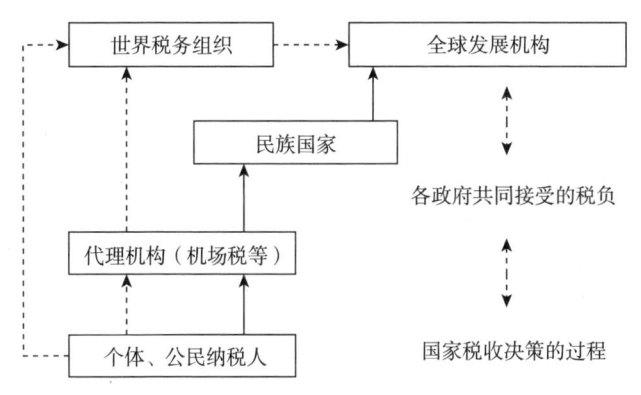

图5-4 全球税收架构

来源：本图参考了阿特金森（Atkinson，2004）的思想。

尽管全球税收架构的理论与实践存在差距，但并不意味二者之间隔着无法跨越的鸿沟，它们之间的关键差异仅在于缺乏凌驾于各主权国家之上的世界税务组织。世界税务组织的建立对于进一步推动全球税的征收至关重要，至少体现在以下两个方面：第一，在全球税收架构的理论框架下，世界税务组织是与主权国家税务部门相对应的机构，是全球税的政策制定与执行、征收与管理的重要机构。如今，全球税基本停留在理论层面，世界税务组织的率先建立将为全球税提供政策制定与协商平台。第二，即便基于传统财政架构征收全球税，在制定全球税的相关政策时，也需要在各主权国家间进行协调并达成一致。①

虽然建立世界税务组织的设想带有一定的"乌托邦"色彩，但在2023年，我们似乎看到了它走向现实的可能。2023年11月，为促进主权国家间税收合作与协调，联合国大会决议拟起草《联合国国际税务合作框架公约》，进一步提升了世界税务组织成立的可能性。目前，有关建立世界税务组织的讨论，主要强调世界税务组织在协调主权国家间税收政策、遏制税率逐底竞争、打击非法资金流动、保护全球税基等方面的作用与优势。但不论出于何种目的，世界税务组织的建立对于完善全球税收架构都具有重要意义。世界税务组织的建立意味着存在了一个凌驾于各主权国家之上、聚焦于税收问题的全球机构，打破了税务问题方面全球机构真空的局面。同时，据此成立的世界税务组织在未来也更容易拓展其职能，承担全球税政策制定与征管的责任。至少，它可以为全球税政策的制定提供一个可能的协商平台。

所以，周达里与皮奇奥托（Chowdhary & Picciotto，2021）认为，尽管困难重重，但创建世界税务组织协调国家间的税收政策，仍是全球税收问题的优先事项。

---

① 此外，全球税收架构和世界税务组织不仅仅适用于全球税的征收，还可以为促进主权国家间税收合作与协调提供平台。

3.3 全球税实施的困境与展望

虽然世界各国已经决议在联合国框架下建立全球税收公约，在一定程度上为建立世界税务组织和完善全球税收架构奠定了基础，但目前公约的内容仍主要聚焦促进主权国家间的税收协作方面，尚未就征收全球税问题展开探讨。实践中，全球范围内通过征收全球税获得的资金与全球公共产品融资的缺口相距甚远。

如何在全球范围内征收全球税，学界也尚未达成共识。伯德（Bird，2018）指出，任一全球税政策的执行都难以在全球范围内达成一致，全球税的分配过程具有强烈的利益冲突。同时，他认为通过构建全球税收体系征收全球税，至少面临以下四个方面的挑战：一是国家主权难以让渡，税收政策制定的权力和税收管理权力仍由主权国家掌握；二是全球税和国民福利之间的关系难以建立，各国需要明确税收和社会福利之间的联系；三是国际征税机构的收入和支出难以做到公开透明；四是各国共同参与全球税收决策难以实现，无法建立一个共同可接受的全球财政框架。

全球税的实施不论在理论还是实践层面仍面临着诸多挑战，亟需学界和政府部门对相关问题开展深入研究。在制定全球税政策和建立税务组织时，至少需要考虑五个方面的重要问题：

第一，征收机构的代表性和受益的普遍性。如前所述，全球税征收的关键在于建立一个包容、有效、具有全球代表性的世界税务组织。只有税收机构具有全球代表性，才能吸引更多的国家参与全球税政策的制定与执行，为全球带来更大的利益。在具有主权国家广泛参与的世界税务组织中，主权国家应通过协商谈判等方式，充分考虑不同国家的国情，尤其是低收入国家、小岛屿发展中国家等的需求、优先事项、征管能力，就全球税的政策制定与征管达成一致决议。

第二，保持全球税征收的透明，建立完善的监督和问责机制。在构建全球税收架构方面，还存在一个关键的问题，即人们通常担心全球机构拥有过多的权力，进而造成权力滥用、寻租腐败和受益不公等问题。但和联合国、世界银行、世界卫生组织等既有机构类似，世界税务组织可以通过提升征收流程和政策制定过程的透明度，并建立较为完善的监督和问责机制，在一定程度上克服这一问题。比如，若世界税务组织建立在联合国之下，则可以要求其定期向联合国大会汇报政策设计和收支明细，寻求独立专家对其进行审计，向社会公众披露必要信息，从而获取全球公民和主权国家政府的信任。

第三，制定全球统一标准，降低政策的复杂性。在世界税务组织的领导下，考虑各国国情制定全球税统一标准，有助于降低政策的复杂性和全球税政策的协调成本。同时，提升税收政策的标准化程度还有助于遏制征收过程的逃避税行为（Chowdhary & Picciotto，2021）。统一、简洁的标准固然令人向往，但考虑到制定统一标准可能也面临着较高的协调成本，吉莉安·布洛克（Gillian Brock，2014）指出，通过部分国家合作得以实施的机票税为我们提供了新的思路，即便没有达成统一的标准，我们依旧可以沿着正确的方向采取进一步行动。

第四，将全球税的税收收入与全球公民福利建立直接联系。如果全球税政策能够为全球居民和各主权国家带来可感知的、合理的收益，那么全球税政策的制定更有可能从理论走向现实。例如，将某项全球税收入直接用于某类全球公共产品支出，此时税收收入与公共支出以及全球公民由此获得的福利建立了直接的联系,在很大程度上缓解了国家和公民对于权力的滥用和资源浪费的担忧,全球公民和主权国家更有可能自愿付费。

第五,从人权视角出发,为全球公民的福祉提供保障。 独立专家阿提亚·瓦里斯(Attiya Waris)指出,[①]在讨论世界税务组织和全球税收框架时,应当将透明、问责、公平等原则与人权原则相联系。征收全球税的初始和最终目标是为全球公共产品融资,为全人类谋求更大福利。

本章小结

充足的资金支持是实现全球公共产品有效供给的必要条件。全球公共产品的融资渠道主要包括公共资源、私人资源、全球税。本章从三条融资渠道出发,概述了全球公共产品融资的现状与特点、面临的困境与挑战,并试图总结全球公共产品融资可能的改进方向。

---

① 参阅联合国文件 A/77/169。

第六章　全球税收竞争与合作

我们支付了我们应该支付的所有税款，每一分钱。我们不仅遵守法律，还遵守法律的精神。我们不依赖税务花招。我们不会将知识产权转移到海外，然后利用它来销售我们的产品回美国以避税。我们不会将钱藏在某个加勒比海岛上。

——苹果总裁蒂姆·库克（Tim Cook）

这是苹果公司首席执行官蒂姆·库克在美国参议院听证会上的发言，在听证会上，库克宣称苹果公司缴纳了全部的应缴税款，且没有进行任何违法行为：没有进行知识产权转移，没有将资金存放至加勒比地区的小岛上（加勒比海地区是全球最大的"避税天堂"聚集地），没有将海外子公司的资金用于美国的业务。在库克的发言中，苹果似乎是一家遵纪守法的好公司。但真的是这样吗？

库克被传唤到参议院小组委员会作证——正是该小组委员会指控苹果公司逃税。民主党人卡尔·莱文和共和党人约翰·麦凯恩领导的两党委员会调查发现，虽然苹果2012年缴纳了近60亿美元的税款，但同年该公司还将360亿美元的应税收入从美国转移出去，逃避了90亿美元的缴纳义务。双方的证词如此相悖，正是由于苹果作为一家跨国公司存在大量的海外收入。苹果利用爱尔兰的税收漏洞，将来源于美国以外的利润转移至位于爱尔兰的子公司，并在过去五年没有向任何国家政府缴纳企业所得税。而源于美国的收入，苹果公司按法律要求缴纳了税款，这也就是为什么库克敢于宣称苹果公司缴纳了每一分税款，且没有进行任何违法行为。而参议员则认为，虽然苹果公司的海外收入并非源于美国，但其主要产品均在美国研发，因此需要为海外收入中由美国研发产生的部分缴纳税款。

追本溯源，双方对应纳税所得额产生分歧，主要在于美国的企业税收制度没有跟上数字时代的到来和全球经济的快速变化。不同于收入来源于一国内部的本地公司，跨国公司的收入来源于世界各国，而各国为了维护本国税收利益，大多实行了限额抵免政策，即本国居民在国外获得并已纳税的所得，汇入国内时需按照本国税率额外缴纳差额税款。苹果公司为规避美国的高额税负（2017年之前为35%），并未将海外收益汇回美国国内。"我们的外国子公司持有我们70%的现金，根据美国现行的企业税制，将这些现金带回美国的成本非常昂贵。不幸的是，税法没有跟上数字时代的步伐。"库克在美国参议院听证会上这样说道。那么你是否好奇，为什么跨国公司可以在不违背各国法律的情况下缴纳如此低的税额？这一税制的起源是什么？各国为抑制跨国公司的国际避税曾经作出什么样的努力？之前的努力是否有成效？现阶段国际税收的发展方向是什么？本章的后续部分将会针对这些问题展开探讨。

1. 全球税收竞争

1.1 税收竞争：从地方到全球

税收竞争所描述的是政府通过税收的方式来开展竞争的行为。这一概念起源于学者们有关地方政府公共支出的研究。公共经济学家蒂伯特（Tiebout，1956）这样描述了地方竞争，以及产生税收竞争的逻辑：如同公共产品无法由私人市场来提供一样，在一个联邦制的政府中，由联邦政府负责提供公共产品同样是不足的；但如果由地方政府来负责提供，情况则可能不同。如果居民能够自由迁徙，那么居民就可以依据自身对公共产品的偏好选择合适的社区和居住地；此时，为了吸引居民的流入，地方政府就会在公共产品的提供、税收的负担等维度开展类似于私人厂商之间的竞争行为，这种竞争机制能够实现公共产品的充分提供与高效率配置，使得偏好相同的居民集中在同一地区，居民的偏好与政府公共支出之间达成完美的匹配。

不难看出，在蒂伯特所构建的框架中，居民既是消费者也是"用脚投票者"，通过对不同地区的选择以获得满足自身效用最大化的公共产品和税收的组合。而地方政府则在两个领域开展竞争：一是公共产品方面，政府需要增加公共产品的支出，通过改善基础设施等公共产品供给水平与质量来提高居民的福利，吸引居民流入；二是税负水平，有竞争力或相对较轻的税负同样是吸引居民流入的重要手段，后者即为税收竞争的基本形式。在后续的理论和实践演进中，尽管蒂伯特模型所假定的居民自由流动，以及政府向下负责等背景与很多发展中国家的实际情况并不吻合，但在经济增长的大背景下，地方政府间围绕流动性资本与税基的竞争却十分符合模型的推定，税收竞争广泛存在于各国的经济发展过程中，同时，竞争的手段也从法定税率维度扩展到了实际税率。

全球化是税收竞争从地区走向全球的关键。蒂伯特的理论关注的是地方政府之间的竞争，但实际上在全球化时代，各国政府也变得越来越像地方政府了。当20世纪70年代世界各国开始放松对资本流动的管制之后，全球范围的税收竞争便广泛开展起来了。一方面，在经济增长的压力下，各国对流动性资本与生产要素的争夺也越发激烈；另一方面，在追逐利润的过程中，各国税制结构和税负水平的差异也给国际资本的跨区域流动提供了充足理由。数据显示，自1990年以来，全球资本流动平均以每年15%的速度增长，3倍于世界经济的平均增长速度，跨国公司通过海外子公司筹集了7%的股权融资和9%的债券融资（Coppola et al., 2021）。与一国范围内地方政府间围绕税率（或实际税率）展开的逐底竞争一样，全球税收竞争同样导致了全球范围内所得税与资本税税率的不断下调。从时间轴来看，最早的所得税税率下调起于英国和美国的减税行动，从1982年到1986年，英国将企业所得税税率从52%降至了35%，美国则在1987年将联邦企业所得税的税率从46%降至了34%。随后，大量发达国家如澳大利亚、加拿大、法国、德国、日本等也大幅下调了企业所得税税率。在20世纪80年代之前，各主要大国的企业所得税平均税率在40%以上；此后，企业所得税税率一直大幅下降。图6-1展示了1996—2021年经合组织30个成员国企业所得税平均税率的变化，可以看出，税率呈现剧烈的下降态势，从早期最高的56%降至了25%以下。

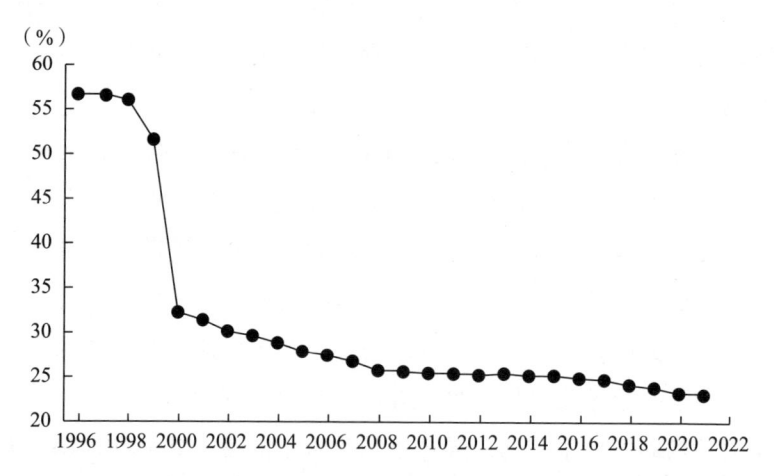

图6-1　1996—2022年经合组织成员国企业所得税平均税率变化

数据来源：毕马威（KPMG）。

不仅如此，在税收竞争的压力下，个人所得税收入也持续下降。全球个人所得税最高税率已经从1985年的45%降至2005年的29%（Peter et al., 2010；Swank, 2016）。图6-2展示了经合组织成员国个人所得税收入占GDP和税收收入比重的变化趋势，可以明显看到，在全球税收竞争逐步加剧的三十年间，个人所得税占GDP的比重从1980年的9.9%下降至2010年的7.2%，而个人所得税占税收收入的比重也从1980年的31%持续下降至2010年的22%，降幅非常惊人。

从实际案例来看，在进入21世纪20年代之后，国家之间开展的税收竞争仍呈现出愈演愈烈的态势：

图6-2　1980—2010年经合组织成员国个人所得税占比

一是爱尔兰的低税率促使英国不断降低税率。爱尔兰当地公司所适用的税率一直都比较低，而且2013年爱尔兰更是将税率从16%削减至12.5%，这一举动使其成为全球公司所得税税率最低的国家之一，给欧盟其他成员国带来了巨大的竞争压力。英国与爱尔兰接壤，为了缓解邻国低税率带来的冲击，英国多年来一直在努力降低公司所得税税率：2008年4月1日从30%下调至28%，并且在那之后一直在进行或大或小幅度的下降调整，直到2023年，英国公司所得税税率维持在19%的水平。

二是澳大利亚降低税率使新西兰面临降税压力。澳大利亚现行公司所得税普通税率为30%，小企业可享受28.5%的优惠税率；而与之相邻的新西兰现行公司所得税税率是28%，这一税率甚至比澳大利亚小企业享受的优惠税率还低。2017年3月31日，澳大利亚参议院通过立法，将小企业适用的所得税税率从28.5%降至27.5%。同时，澳大利亚计划分阶段扩大享受优惠税率的企业范围，将享受优惠税率的小企业标准（年最高营业额标准）提高。此举立即使得澳大利亚企业享受的税率更为优惠，扭转了之前的局面，进而促使新西兰国内企业敦促新西兰政府同步降低中小企业所得税税率，以维持竞争力。

引发新一轮全球税收竞争讨论的导火索是2018年起生效的美国税收改革方案。特朗普政府从个人所得税、企业所得税、遗产税、替代性最低税等方面综合降低美国个人和企业税负水平，加剧了全球税收竞争态势（Chodorow-Reich et al., 2023）。2018年，德国新资本利得法案正式实施，对机构投资者和个人投资者提供税收减免；2017年，英国政府将企业所得税税率下调至19%；2018年6月，澳大利亚议会通过高达1,440亿澳元的大规模税收改革方案，大幅降低税负水平；2018年9月，法国政府在2019年财政预算提案中提出306亿美元的减税方案。

那么，如何从理论上给全球税收竞争作一个定义呢？

不同的学者作出了不同的尝试。例如，罗哈克（Rohac, 2006）将税收竞争定义为：为了吸引流动税基而不合作设定税率的过程——它会导致低效率的公共产品供给。该定义仅涵盖针对流动税基的竞争；而且，公共产品供应不足不是税收竞争的一个必要特征，而是在某些情况下的一种结果。国际上研究税收竞争的代表人物威尔逊和维尔达斯（Wilson & Wildasin, 2004）从广义、中义和狭义三个层面界定税收竞争。其中，广义的税收竞争足指独立政府进行的各类税制设定，以吸引流动资源，例如改革税收制度、提升税收政策实施效果以及改善税收征纳关系等手段，目的在于促使商品、服务、资本及技术等资源流入对本国有利的领域，进而推动国内经济增长和发展：中义的税收竞争则是指独立政府进行的影响税收收入分配的税收制度设定,相较于广义的税收竞争,它增加了一个限定条件,即若政府的非合作税收制度发定并非为了改变税收收入在政府间的分配或实际无法产生影响,则该行为不应被视为政府间的税收竞争活动;狭义的税收竞争则特指影响政府间税收收入分配的非合作性税收制度设定,在此类税收制度设定下,各政府的政策选择会直接影响到各自代表的辖区内流动性税基的配置。这一定义将税收竞争局限于同一层次的政府之间(横向税收竞争),而非不同层次的政府之间(纵向税收竞争)。

从总体上讲,全球税收竞争可以定义为:各国政府通过降低税率或执法力度来吸引国际流动资本、流动贸易等流动性生产要素,从而推动本国经济增长。

1.2 全球税收竞争:有利还是有害?

1.2.1 支持全球税收竞争的观点

(1)国际税收竞争促进经济效率,保持了税收中性原则

一般而言,不规范的税收法律制度、对某些商品与服务的歧视性课税、较高的税率等因素都会影响纳税人的行为决策,结果主要表现在两方面:一方面,税率的提高会增加纳税人的税收额外负担,从而降低资源的配置效率,降低了国际经济效率;另一方面,对某些商品与服务的歧视性课税也会扭曲纳税人在这些商品与服务方面的资源配置,影响整体经济的增长与发展,违背了税收的中性原则。国际税收竞争则在一定程度上促使各国实行以扩大税基、降低税率为主要内容的税制改革,矫正了税收对经济活动的扭曲，更好地保持税收中性原则。

（2）国际税收竞争降低了全球和整体的税率，促进经济增长

经济学家阿瑟·拉弗（Arthur B. Laffer）提出的著名的"拉弗曲线"概述了税负与经济增长的关系。若税率超过一定水平，降低税率将导致更多的居民总产出，推动经济增长，同时扩大税基，增加政府的税收收入。参与国际税收竞争的国家会采取下调税率、降低整体税负以及采取一定税收优惠政策等措施来降低企业的投资成本，从而吸引国际投资和国际经营活动，促使商品、资本及劳务的流入，推动这些自身的经济增长，进而促进全球的经济增长。郑新业等（2019）利用1980—2016年牛津大学企业税负研究中心的48个主要国家税率数据与世界银行数据库中的外国直接投资（FDI）与国内生产总值（GDP）数据，绘制出FDI与GDP之比和企业所得税税率的关系图。图6-3显示，法定税率与FDI/GDP之间确实存在一定的负相关关系，某种程度上降低税率可以促进投资。

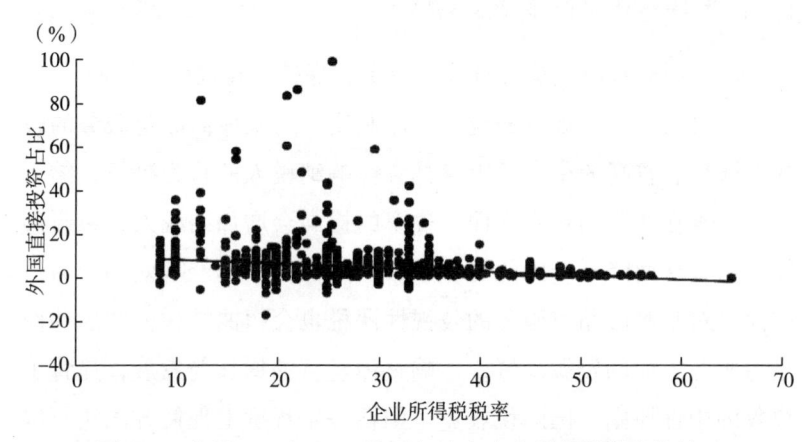

图6-3　各国FDI占GDP比重与法定企业所得税税率的关系

第六章 全球税收竞争与合作

专栏 陈列在博物馆的餐巾布

自2015年起，到访美国国家历史博物馆的游客可以欣赏一张印有阿瑟·拉弗"画作"的餐巾布。尽管这也许不是拉弗1974年在两大洲餐馆画出同名曲线的原始餐巾布，而更可能是多年后创作的纪念品，但作品中的所有要素都在那里。税率在一条轴上，税收收入在另一条轴上，这是有道理的。税率的提高首先会增加税收收入；但随着税率的进一步提升，在某一点后，税收收入开始下降。当税率达到100%时，税收收入就归零了。这堂课很简单：过度征税会扼杀税收。这张餐巾布是献给唐纳德·拉姆斯菲尔德的，他在1975—1977年担任杰拉尔德·福特政府的国防部长，2001—2006年又在乔治·布什的领导下担任国防部长。作为一幅简图，博物馆里陈列的餐巾布令人费解。它把所有东西都搞颠倒了：轴线是颠倒的，方程式有错误的符号。不过，虽然拉弗可能不是像弗兰克·拉姆齐一样的数学奇才，但他抓住了重点。如果从明天开始，所有收入都被以100%的税率征税，则人们要么花费大量精力隐藏收入，要么干脆停止工作。因为0和100%的税率都不会产生任何税收，所以在这两个极端税率之间必定有某个税率使税收收入达到峰值。这一税率通常被称为拉弗税率（Laffe-rate）。当然，很难知道这个税率是多少。50%？60%？80%？从纯粹的逻辑来说，一切皆有可能，这取决于人们对税收的敏感程度。但无论与税收收入的峰值相对应的是何种税率，我们似乎永远都不应该超过这一水平。任何社会都不会希望处于拉弗曲线

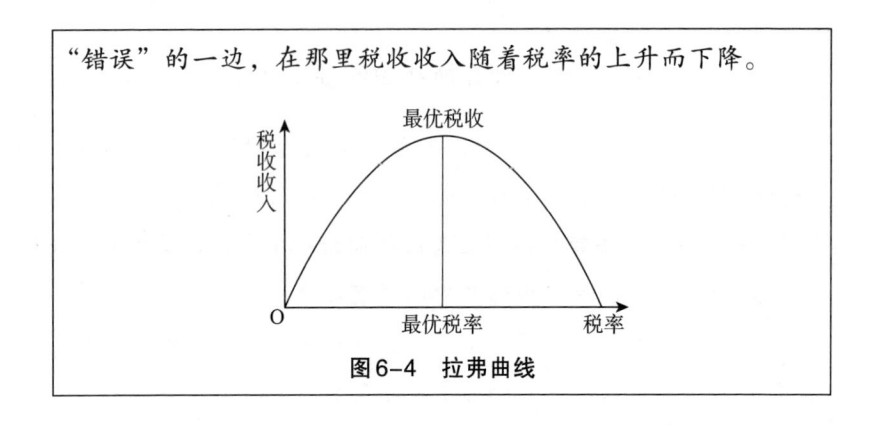

"错误"的一边，在那里税收收入随着税率的上升而下降。

图6-4　拉弗曲线

（3）税收竞争有利于提高政府效率，促进管理水平

公共选择学派聚焦于税收竞争对缩减政府规模的作用。政府存在着天然的膨胀动机，在没有约束的情况下，总是倾向于从经济活动过多地进行攫取，对财产所有者过度征税（Brennan & Buchanan，1983）。并且，政府对于经济事务拥有垄断性的强大控制力，人们对于政府的财政政策没有太多的可选择空间。就像一家垄断的大企业，政府提供的服务总是又少又差，效率低下，但定价（税收）却非常昂贵，而人们只能被迫接受这种糟糕的局面。全球化和税收竞争的存在改变了政府与纳税人的上述关系：对政府财政政策不满意的工人、投资者和企业都可以迁往其他地方追求更好的条件，这反过来促使政府改进自己的服务体系，并降低税负。总而言之，在存在税收竞争的情形下，各国政府为了吸引更多的国际投资与生产经营活动，获得更多的纳税人支持，会展开各种竞争，这种竞争有利于提高政府的服务效率，改善其提供公共产品与公共服务的能力，增进人民的整体福利。

1.2.2 反对全球税收竞争的观点

虽然全球税收竞争普遍被视为一种激励国家优化其税收体系、吸引资本和促进经济增长的机制,但值得注意的是,这一观点并非全然没有争议。一些观点认为,全球税收竞争并非市场力量的正常体现,我们在分析全球税收竞争的过程中,不应忽略竞争可能带来的负面影响。

(1)国际投资环境日益恶化。在国际税收竞争的情况下,各国只注重通过税收政策导向、税收法制规范优化本国的投资环境,而不注重相互之间的合作与协调,甚至出现恶性税收竞争,对国际投资环境造成了巨大的负面影响(Keen & Konrad,2013)。而投资环境作为国际投资法的重要组成部分,能有效地影响国际资本市场的一切外部条件和因素。换言之,国际税收竞争可能损害国际资本市场运行,降低资本效益。

(2)全球实际税收收入下降。为降低整体税负,跨国公司倾向于选择税率更低及税收政策更优惠的国家(地区)进行投资和生产经营。因此,1975—2019年,跨国公司利润增长高于全球利润(Wier & Zucman,2022)。跨国公司的这种选择行为会使流动性较强的商品、劳务、资本和技术等生产要素从高税负的国家(地区)向低税负的国家(地区)转移,于是前者为弥补上述税基侵蚀所造成的财政损失,也会降低本国的整体税负或采取税收优惠等措施以吸引投资,从而导致全球性的税基减小,并造成世界性财政功能弱化,影响各国的公共供给。

(3)税收竞争加剧了国际逃避税等问题。国家之间为了吸引外资而进行的税收竞争,甚至是有害的税收竞争,使跨国公司和高净值个人与各国政府进行税收博弈时处于优势（Alstadsæter et al.，2019），为跨国公司利用各国政策的差别进行税收套利提供了契机，强化了跨国公司进行国际逃避税的动机。而形形色色"避税天堂"的存在进一步加剧了国际税收竞争，给跨国纳税人创造了更大的国际避税空间（Desai et al.，2006；Dyreng et al.，2013；Hines & Rice，1994）。美国很多知名跨国公司巨头，比如苹果、亚马逊和谷歌等，成功逃脱各国税负的新闻不绝于耳。[1]这些跨国公司表面上利用的是各国之间税收政策的漏洞，实际上利用的正是税收竞争所产生的机会。

（4）税收竞争提高了各国税收征管的成本。税收竞争为各国的税收征管带来了挑战，提高了各国税收征管的成本（Tørsløv et al.，2023a）。例如，为保证合理征税，需要建立诸如税收情报交换的国际情报网络，加强对税务官员与跨国公司博弈的税务能力构建工作的投入。这些资源集中型的工作使各国有限的税务资源更加紧张，而跨国纳税人屡次进行逃避税的行为恶化了国内纳税人的税收地位，降低了国内纳税人自觉纳税的积极性，进一步加大了税收征管的难度。

---

[1] 资料来源：人民网，"调查显示苹果公司每年避税数额高达数十亿美元"，http://finance.people.com.cn/n/2013/0522/c1004-21566616.html；人民网，"谷歌一年避税约20亿美元 海外避税让美国年损失1500亿"，http://finance.people.com.cn/n/2012/1212/c1004-19875124.html；搜狐，"10000亿收入0%税负！亚马逊避税架构的惊天秘密！"，https://www.sohu.com/a/299655368_530597。

专栏　亚马逊的避税秘密

亚马逊创立于1995年，注册地位于美国著名避税地——特拉华州，总部位于华盛顿州的西雅图。成立之初，亚马逊只经营书籍的网络销售业务，并将公司定位成"地球上最大的书店"。此后，亚马逊通过品类扩张和国际扩张，到2000年时已将其宣传口号改为"最大的网络零售商"。目前亚马逊已成功实现了前两项战略定位，成为了全球商品品种最多的网上零售商和全球第三大互联网公司。然而，作为市值近万亿美元的龙头企业，亚马逊却连续两年零纳税。

据美国智库税收与经济政策研究所（ITEP）统计，亚马逊已经连续两年没交过联邦所得税：2017年亚马逊净利润为56亿美元，获得了1.37亿美元的联邦退税，等于实际联邦税负为-2.5%；2018年亚马逊净利润为112亿美元，但在享受了美国联邦税收抵免（Tax Credit）和扣除公司高管的股权补偿后，公司获得1.29亿美元的联邦退税，相当于实际联邦税负为1%。

亚马逊避税的秘密究竟是什么？它如何做到在美国国内税务局（IRS）的严格监管下进行"合理合法"的避税活动？

境内避税——"避税天堂"特拉华州

美国的税收管理体制实行彻底的分税制，联邦、州、地方三级税收分开，各自进行征管，地方税收由州决定。也就是说从属地来讲，企业需要缴纳联邦税和州税。而亚马逊成立之初便将公司注册地选在了"全球避税天堂"之一的特拉华州，可见其眼光之长远。特拉华州法律规定：如果公司没有在特拉华州范围内经营，就不会被征收特拉华州所得税；如果不在美国国内经营商业活动，就不用缴所得税，只需每年3月前缴纳年度特许经营税和年检费；若在本州有实体经营，所得税税率为8.7%。此外，特拉华州的股份有限公司可以把股权作为员工激励的一种方式给予其员工、董事会成员以及领导层成员。这些法规吸引了众多公司和信托，亚马逊就是其中一员。虽然特拉华州宽松的税收政策招致了美国其他州甚至世界其他避税地的排挤和批评，但这并非短时间内就可以解决的问题，各大公司依旧乐此不疲地前往特拉华州寻求庇护。

海外避税——"美国—卢森堡经营主体—卢森堡壳公司"避税架构

在美国之外，亚马逊利用利润转移和政策漏洞，成功将公司的欧洲利润降到了极低的水平。其欧洲避税框架主要是由两个卢森堡公司搭建的：

（1）卢森堡经营公司，即亚马逊欧盟（Amazon EU），负责亚马逊整个欧洲的零售业务。卢森堡经营公司通过与卢森堡壳公司签署独家许可协议，支付大量费用（约为利润的90%）来购买亚马逊欧洲的知识产权使用权，以此将所得大量转移到壳公司，只剩极少部分利润须向卢森堡税务部门缴纳所得税。

（2）卢森堡壳公司，即亚马逊欧洲（Amazon Europe），是典型的壳公司，没有实际经营业务。壳公司与亚马逊美国签署"成本分摊协议"，支付少许费用给亚马逊美国，并获得亚马逊欧洲的相关知识产权，通过该知识产权使用权的买卖与卢森堡经营公司完成利润的转移。而该壳公司属于有限合伙企业，根据卢森堡税法规定，其本身不被征税，仅须在合伙人一方纳税，而合伙人又位于美国，因此该壳公司在卢森堡不是纳税主体。与此同时美国税法（税改前）规定，外国公司产生的利润汇回美国前无须纳税。亚马逊由此实现了合法避税。

1.3 如何看待已有观点：资本与劳动的视角

从前面的论述来看，毫无疑问，全球税收竞争一方面促进了国际范围内的要素流动和集聚，提高了要素回报率，推动了全球税负下降，促进了经济增长，因而有其积极一面；但另一方面，竞争也引发了效率下降和收入分配恶化等问题（Alstadsæter et al., 2019；Alstadsaeter et al., 2022）。全球税收竞争降低了政府从流动性要素获取收益的能力，大量利润被转移至"避税天堂"，导致政府财政收入下降（Gravelle, 2009），公共产品供给能力也相应下降，公共产品提供的萨缪尔森规则因而得不到满足，由此又会产生负面影响。那么，该如何对全球税收竞争进行评价呢？

在回答上述问题之前，我们先给出一组数据。1990年，在30个经合组织国家中，税收占GDP的比重为33.9%，而到了2000年，上述比例却升至了36.2%，并一直持续至2010年。类似地，在欧盟国家中，上述比例从20世纪80年代开始上升，于1999年达到最高，为42.3%，并在此后的时间里基本维持在这个水准。也就是说，在全球税收竞争导致所得税税率大幅下降的背景下，政府从经济体中获得的税收收入不降反升！这事实上为全球税收的支持者们所希望看到的限制政府规模的结论提供了完全相反的证据。那么，税收收入的增长来自哪里呢？图6-5所展示的现象一定程度上揭示了潜在的答案。该图展示了自1913年以来美国联邦公司税和联邦个人所得税在国民收入中的比例，可以明显看到，20世纪60年代之后，两者呈现了明显的分叉，公司税在国民收入中的占比逐步降低，而个人所得税的占比则持续提高。与此同时，根据塞斯和祖克曼的统计数据，尽管资本和劳动在国民收入中的占比长期中保持了惊人的稳定（资本25%，劳动75%），但在1980—2018年，世界范围内劳动收入的占比出现了普遍的下降，而资本收入的占比则明显上升。

为什么会出现上述现象呢？答案很简单：全球税收竞争的盛行，特别是"避税天堂"的存在，给资本逃避税负提供了得天独厚的条件，利润的转移以前所未有的速度和规模在增加。

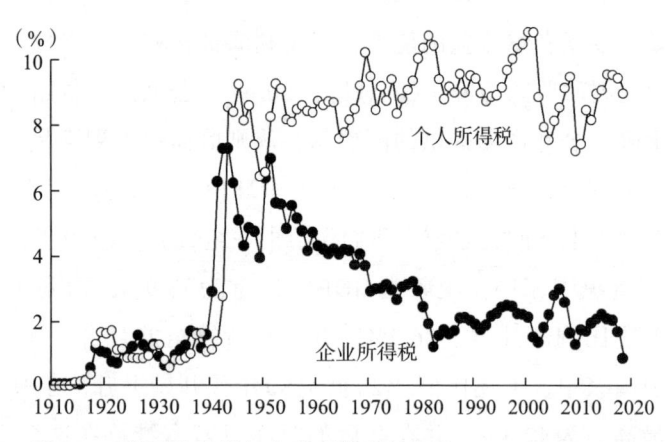

图6-5 美国公司税与个人所得税的占比：1913—2020年

数据来源：伊曼纽尔·赛斯、加布里埃尔·祖克曼：《不公正的胜利》，薛贵译，中信出版集团2021年版。

直到20世纪70年代末，美国跨国公司尽管面临50%的公司所得税税率，但几乎没有利用任何离岸"避税天堂"。它们中的一些公司确实在瑞士设有办事处，或在加勒比小岛上设有控股公司，但总的来说，涉及的金额微乎其微，约95%的外国利润被入账至高税收地区，主要是加拿大、英国和日本。20世纪70年代末，受荷属安的列斯群岛避税的启发，利润转移开始加速扩张，20世纪80年代初，美国公司在"避税天堂"入账的外国利润比例飙升至25%。不过，当时美国公司的大部分利润仍在美国。尽管它们将25%的外国利润转移到了"避税天堂"，但与它们的总收入（美国加外国）相比，涉及的金额仍然很小。最后，荷属安的列斯群岛的避税热潮对美国巨头企业的全球税收影响甚微。直到20世纪90年代末，利润转移才真正变得显著起来。

如今，美国跨国公司在海外赚取的不断上升的巨额利润中，有近60%是在低税收国家入账的。具体在哪里呢？主要在爱尔兰和百慕大。不幸的是，更精确的地理位置是不可能得知的，正如我们在地图上看到的，这两个岛屿之间的边界并不清楚。当我们研究利润转移的地理位置时，最好把它们视为大西洋某处的一个国家，可称之为百慕兰（Bermuland）。

2016年，美国跨国公司在百慕兰一个地方入账的利润比在英国、日本、法国和墨西哥入账的利润总和还要多。在波多黎各，美国跨国公司也入账了大笔利润，适用于1.6%的有效税率。波多黎各不征收美国公司所得税，并且长期以来一直是雅培这类科技公司等逃税者的可选目的地。接下来是荷兰、新加坡、开曼群岛和巴哈马，在这些地区，美国跨国公司入账的利润比在中国和墨西哥的都要多。最后不得不提的是这场逃税闹剧中最离谱的部分：美国公司在2016年（可获得数据的最新一年）将超过20%的非美国利润计入了"无国籍实体"（Stateless Entities）中，即无处注册、无处征税的空壳公司。实际上，它们已经找到了一种方法，可以在另一个星球上赚取1,000亿美元的利润。

事实上，并不是只有美国的跨国公司将利润转移到低税收地区，欧洲和亚洲的公司也这样做。最近的一项研究估算，如今在全球范围内，所有跨国公司来自其注册地以外的利润，如苹果公司在美国以外地区的利润，或者大众汽车在德国以外地区的利润，有40%在"避税天堂"入账（Tørsløv et al., 2023b）。这相当于在美国、法国或巴西赚取的约8,000亿美元收入，最终在开曼群岛、卢森堡或新加坡入账纳税，税率通常在5%至10%。

当然，理论上，资本和利润的大幅转移并不能完全否定税收竞争，因为这可能是生产活动的重新配置。也就是说，利润的转移只能说明跨国企业对税率差异作出反应，并在税率较低的地方重新安排活动。不过，现实的数据却并不支持上述论点。如图6-6所示，与流向"避税天堂"的利润相比，实际生产活动的转移几乎可以忽略不计。也就是说，尽管全球税收竞争已存在了数十年，但没有证据表明生产已经大规模转移至"避税天堂"。相反，绝大多数的生产活动与员工雇佣仍然发生在税率相对较高的国家，如美国、中国、印度、墨西哥和巴西。也就是说，与全球税收竞争的支持者们所预期的不同，税率的逐底竞争，特别是一些单一税体制国家和"避税天堂"的产生，并没有使资本和生产行为更有效率，反而为富人们避税提供了有效工具。

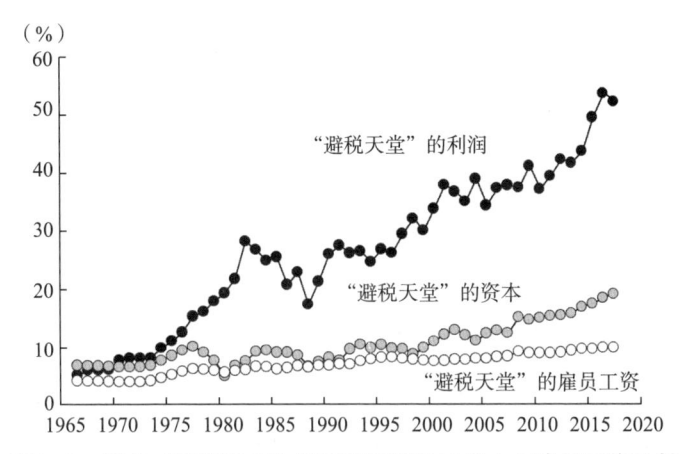

图 6-6　流向"避税天堂"的利润与当地的资本与雇员工资比较

数据来源：伊曼纽尔·赛斯、加布里埃尔·祖克曼：《不公正的胜利》，薛贵译，中信出版集团 2021 年版。

从收入分配的角度来说，降低对资本征税，以及随之而来的提高对劳动征税，会极大地推升不平等。无论何时何地，工薪阶层和中产阶层家庭的大部分收入都来自劳动所得。在很多国家，对收入分配金字塔底部 90% 的人来说，超 80% 的税前收入来自劳动所得，而资本收入仅贡献了 15%—20%。对富人而言，情况恰恰相反。对收入分配顶端 1% 的人来说，一半以上的收入来自资本收入，前 0.1% 的人超过 2/3 的收入源于资本收入。一个具有普遍性的规律是：随着收入水平的提升，资本收入在总收入中所占的比例不断上升，直至 100% 的收入都源于资本。当政府降低对资本收入征税时，他们几乎总是在为富人减税。对资本征税的减少意味着，从资本中获得大部分收入的富人可以毫不费力地积累更多财富。这会带来滚雪球效应：财富产生收入，当对资本收入征税较低时，收入的更大比例被用于储蓄；这种储蓄增加了现有财富，进而产生更多收入，如此往复循环。从这个角度来说，全球税收竞争的一个重要结果是推升了全世界范围内的收入不平等（Alstadsæter et al., 2019），为资本的避税提供了可乘之机。这不仅会破坏全球化的可持续性，增大了保护主义卷土重来的风险，而且使全球化变成了为主要赢家减税的代名词。为了阻止这种税收不公正的持续恶化，世界各国有必要采取某种协调与合作手段共同应对全球税收竞争的不利影响。

2. 全球税收合作

2.1 全球税收模式转变：从竞争到合作

2.1.1 全球税收合作的背景

全球税收合作正是各国进行制度协调的方式，它并不是全球税收竞争的对立面，相反，其进行正是为了保证和促进税收竞争积极作用的发挥，并约束负面的影响。因此，超越国界的全球税收合作是十分必要的。

20世纪90年代以来，全球化成为世界经济的一个显著特征，国际贸易和国际投资规模迅速扩张的同时，跨国企业在世界范围组织研发、生产和销售，在世界范围内配置资源的能力大大增强。与此同时，所得税成为普遍开征的税种。在二者的共同作用下，国际重复征税问题变得突出。为解决该问题，以1923年国际联盟的《双重征税报告》（Report on Double Taxation）为起点，各国开始以防范双重征税为主题签订相应的税收协定，追求在缔约国家之间达成正式和普遍的共识与妥协，并形成具有正式约束力的持续稳定的规制（Leduc & Michielse，2021）。

然而，防范双重征税却容易演变成双重不征税。在全球税收竞争的背景下，各国为吸引海外资本投资本国逐渐展开恶性税收竞争，使得全球性税基下降，财政功能弱化，国际投资环境恶化。大量跨国公司利用不同国家之间税收协定的差异来规避税款，以最大程度地减少其全球税收负担。尤其是"避税天堂"的出现，更吸引了大量跨国公司的利润转移，使各国政府遭受巨额的税收损失，国家之间的税收恶性竞争进一步加剧。图6-7展示了阿斯特达塔等（Alstadsæter et al., 2023）估计的1975—2023年全球由利润转移到"避税天堂"而导致的税收损失占全球总税收的比重。从全球视角来看，利润转移导致的税收损失自1995年起快速上升，直至2015年经合组织推出了税基侵蚀和利润转移（Base Erosion and Profit Shifting，BEPS）计划和2017年美国推

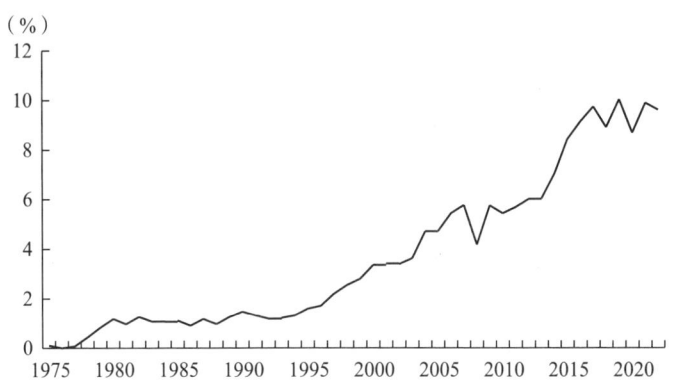

图6-7 1975—2023年利润转移到避税天堂而导致的全球税收损失

数据来源：欧盟税务观察站，"2024年全球逃税报告"，https://www.taxobservatory.eu/publication/global-tax-evasion-report-2024/。

出了减税就业法案（TCJA）后才开始逐渐趋于平缓。为减少税收竞争带来的负面影响，提升税收治理水平是大势所趋。

除此之外，数字化经济冲击也使得加强全球税收治理成为国际社会共识。具体而言，数字化带来的冲击有二：一是数字化带来的外部性冲击现有的税收秩序。以互联网为基础的信息技术革命，催生了许多新兴的经济业态，给全球经济带来了新的增长点。但是，很大一部分资金流、货物劳务流游离于现有税收制度体系的管控之外，大量的财富在短期内集聚在少数企业和个人手中，却没有接受税收制度的再分配调控。这种现状既不利于维护现有的经济运行和税收管理秩序，也不利于保障市场机制的自由选择、公平竞争、自动调节三大价值取向。二是以贸易战、新冠疫情为代表的诸多不稳定因素导致国际分工与产业链布局调整加速，逆全球化趋势加剧，多数国家面临政府债务压力和减收增支需求并存的困境，从而将税收作为竞争和导流工具，通过低税率等手段巩固其全球利润分配地位以及既得利益，使原本稳定的国际税收竞争与协调体系面临冲击。

国际税收合作作为加强国际税收治理的重要手段，在促进生产要素有序流动、资源高效配置、市场深度融合等方面发挥了重要作用，也在缓解税收恶性竞争危机、应对数字化背景下税收治理挑战、重塑税收规则等方面促进了全球合作。因此，进行全球范围内的税收合作是大势所趋。

2.1.2 全球税收合作的概念

全球税收合作也称全球税收协调，是指世界各国为了打击全球范围内的避税行为，消除税收竞争带来的如侵蚀国家税基、恶化国家收入分配和公共产品供给水平、加剧宏观政策及其影响的不确定性等各种不利影响,建立一个公平、透明和现代化的国际税收体系而进行的双边或多边税收征收与管理合作。具体而言,它包括以下几个关键方面:

避免双重征税。每个国家都有自己的税收制度,如果各国之间没有税收合作,同一收入或交易可能会被多个国家征税。为防止这种情况,国家间通常会签订双边或多边税收协定,分配征税权,并提供抵消或抵免在另一个国家已缴纳税款的机制。

税收协调机制。在部分国际组织,各成员努力协调彼此的税收政策和税率,以促进跨境贸易和投资。例如,欧盟已经努力协调其成员国之间税收的部分方面。还有部分国家建立了跨境税收征管互助和争议解决机制,例如国际税收遵从保障项目,通过高效的协调方式为参加试点的跨国公司提供某些活动和交易的税收确定性。

反避税措施。许多跨国企业和个人采用避税策略,以减少其税务负担。国际税收合作包括制定和执行相应的反制措施。典型的反避税措施主要包括信息交换协议,例如共同报告标准(Common Reporting Standard,CRS)和《外国账户税务合规法》(Foreign Account Tax Compliance Act,FATCA)(Casi et al.,2020;De Simone & Stomberg,2023),以及由经合组织领导的税基侵蚀和利润转移(BEPS)计划(OECD,2016)。

2.2 全球税收合作理论与框架

2.2.1 全球税收合作理论基础

避免双重征税是早期国际税收合作的重要议题。为防止跨国公司在多个国家和地区重复缴纳税款，各国进行税收合作，并签订了大量避免双重征税的协定。但随着各国税收竞争加剧，甚至出现恶性税收竞争，国际资本的运行和效益再度受到了严重影响（Coppola et al., 2021），抑制跨国公司全球避税成为各国税收合作的重要议题。无论是早期以避免双重征税为主还是现阶段以防止跨国公司避税为主，各国为什么需要进行税收合作？税收合作的理论基础是什么？本节将重点论述上述问题。不过，在介绍全球税收合作相关理论之前，我们不妨先了解一下国际税收征收原则和国际税制。

目前，国际税收征收的两种基本原则是来源国原则（Source Country Principle）和居民国原则（Residence Country Principle）。这两种原则是国际税法的核心，它们决定了一个国家在征税时应考虑的收入来源。人们普遍认为，**来源国拥有对源自其境内的收入征税的优先权**，即征税主要产生在发生经济活动的境内，即使收入的受益者不居住在该国，只要收入来源于在该国进行的经济活动，该国就有权对其征税。针对是否在居民国境内进行征税，即居民国对其居民或企业的全球收入征税，而不论这些收入是在国内还是国外获得的，不同的国家采取的策略不同。但即使企业需要在居民国境内再次缴税，大部分国家也允许从国内应税收入中扣除在国外缴纳的税款。

各国现行的国际税制可以分为属地税制和全球税制。属地税制是一种强调在特定地理范围内产生的收入纳税的制度。在这种制度下，国家只对在其境内发生的经济活动产生的收入征税，而对在其他地方产生的收入不予征税。如果一国采用属地税制，本国跨国企业的海外收入汇回时，不需要缴纳额外的税款。目前仅少数国家如美国、英国、新加坡等采用属地税制。[1]全球税制是一种强调对在全球范围内产生的收入进行全面征税的制度。在这种制度下，国家有权对其居民或本国企业在全球范围内产生的所有收入进行征税。我国目前采用全球税制，即对在中国境内产生的收入进行征税，而对在国外产生的收入实行一定的免税或税收优惠政策。[2]

在全球税收竞争的背景下，全球平均税率持续下降，尤其是"避税天堂"出现后，大量跨国公司将利润转移至这些地区以免除税负。各国为确保税基不被侵蚀，开始逐步合作重构全球税收制度。就学界而言，研究者们主要从以下几个方面探讨全球税收合作的理论基础，并为各国政策制定相应政策出谋划策。

（1）税收合作的根源——国家税权的局限性

随着全球化的加速，越来越多的企业拓展了自己的国际版图，开始在多个国家设立分支机构、子公司和孙公司，从而参与跨国经营活动。这种全球化趋势使得企业能够在不同国家的市场上寻求增长机会，并利用不同国家的资源和市场优势。然而，与企业的跨国运作不同，一个国家的税收主权并不会随着其本国企业的国际扩张而扩展。国家的税收权限局限于本国范围

---

[1] 其中，新加坡一直采用属地税制，美国于2017年、英国于2010年分别由全球税制转变为属地税制。

[2] 现阶段，我国已在海南和横琴地区实现属地税制。见《财政部 税务总局关于横琴粤澳深度合作区企业所得税优惠政策的通知（财税〔2022〕19号）》，https://guangdong.chinatax.gov.cn/gdsw/hqsw_yhssyshj2022_zcwj_zxzc/2023-04/21/content_69e44ae7f320492ba37afdcb0d33470b.shtml；《关于海南自由贸易港企业所得税优惠政策的通知（财税〔2020〕31号）》，https://www.gov.cn/zhengce/zhengceku/2020-06/30/content_5522949.htm。

内，这意味着它们只能对在本国境内注册或运营的企业和个人征税。是当所得税成为各国的主要税种之后，这一局限性更加凸显。

跨国公司能在国际上规避税务责任的原因之一就是一国政府无法向本国企业在他国的分支机构收取企业所得税。不同于增值税等流转税，所得税不是在商品或服务在国家之间流通时即时征收，而是以企业在扣除相应成本后的盈利为基础，进行逐年计税。这种税收方式在一定程度上体现了税收的中性，有助于减轻税收对企业生产的直接扭曲。然而，在国际税收领域，受制于国家税权的局限性，以企业所得税为基础的征税却出现了多种问题。

具体而言，当跨国公司子公司在海外赚取利润后，根据来源国征收原则，这些子公司需要在其所在国缴纳税款。但当这些利润被转回母公司所在国时，便可能遭遇双重征税问题：在来源国缴纳了企业所得税后，这些利润回流到母公司所在国时，可能会再次被征税。同一笔利润若在两个国家被重复征税，将严重影响企业的盈利能力和其国际业务的经济效益（Mollan & Tennent, 2015）。

为解决双重征税问题，国际社会普遍采取了签订双重征税协定的策略。这些协定的目的在于明确规定哪个国家对哪些特定收入拥有征税权，并且确定如何减轻或避免双重征税。其中，常见的做法包括对海外缴纳的税收给予抵免或减免，采取不同的税收减免策略来激励跨国经济活动等，以确保全球企业不会因重复税负而受到过度压迫。这样的国际合作不仅有助于公平分配税收责任，而且还促进了全球经济的健康发展。

（2）税收竞争有害论

虽然双重征税有效解决了跨国公司被多个国家重复征税的问题，保护了跨国公司的利益，但随着国际化和全球化快速发展，各国展开了"税收逐底竞争"。一些国家为吸引外国投资而不断降低企业所得税率，他国被迫跟随，全球税率持续下降。这不仅降低了政府的税收收入，还可能使国际税收体系出现失衡，对发展中国家造成的负面影响尤为严重。因此，尽管双重征税协定在一定程度上减轻了跨国公司的税收负担，但各国之间的税收竞争却带来了新的挑战，税收竞争有害论逐渐被学者和政府关注。

1998年，经合组织发布了报告《有害税收竞争：一个新出现的全球问题》，对有害税收竞争现象进行了详细分析（OECD，1998）。该报告明确指出了"有害税收行为"的特征——具有不良溢出效应的"避税天堂"和优惠税收制度，并提出了一些建议措施以抵制有害税收竞争，包括受控外国公司制度、加强信息交换等。该报告的发布引起了全球范围内政府和学者的注意，税收竞争有害论得到广泛关注和讨论。税收竞争有害论强调了国际税收竞争可能带来的负面影响，认为某些国家，尤其是"避税天堂"，通过极低的税率或过多的税收优惠，给予了跨国公司以合法手段在全球范围内转移利润以减少其税收负担的能力（Braun & Weichenrieder，2015；Hanlon et al.，2015；Dyreng et al.，2016）。这种行为非常不公平，因为普通纳税人和本地企业难以享受相同的税收优惠，同时它还侵蚀了其他国家的税基，导致全球财政资源的流失，加剧了全球财政不平衡。根据这一观点，为了避免过度竞争对全球经济和社会产生的负面影响，国际社会需要加强合作，制定一致的国际税收标准。

（3）国际税收中性理论

税收中性是指税收政策不应干预资本向最有效用途的自然流动，不应驱使和激励个人与公司改变其经济行为与经济决策，包括改变对其他不同的商品、地点、投入规模、雇用规模的选择（Weisbach，2015）。但在将税收中性引入国际税收时，学界产生了一定的分歧，这是因为考察国际税收中性的角度很多，对其作出的解释没有得到普遍公认。若基于国际税收征收中的来源国征收原则，国际税收中性理论应主要侧重于强调来源国的税收管辖权，跨国所得应该由来源国政府征收税款。而对于母国是否有权对其征收差额税款，不同的理论提出了不同的观点。

目前大多数国家采用全球税制，这一税收制度源于资本输出中性（Capital Export Neutrality）原则。资本输出中性原则旨在实现有限资源，尤其是资本的最佳全球配置，其核心理念是税收不应影响纳税人选择是在国内还是国外进行投资。这需要母国政府允许跨国纳税人将其在国外的已交税款用于抵免其在国内的应交税款。为避免双重征税，实行资本输出中性原则的国家通常采用抵免制度，即当跨国公司在本国和外国都要缴纳税款时，征税国（本国）会将外国缴纳的税款金额抵免掉本国应征税款，以避免重复征税。

对于采用属地税制的国家，其主要遵循资本输入中性（Capital Import Neutrality）原则。资本输入中性原则指的是不同国籍的跨国投资者在同一个国家从事投资经营时，应当获得相同的税收待遇。对于母国而言，如果实施资本输入中性政策，那么在国外投资的居民应该与当地居民承担一致的税负，母国会完全放弃对本国居民的税收管辖权，对本国居民来自国外的所得作免税处理。与资本输出中性不同的是，实行资本输入中性政策，跨国纳税人会直接受益于来源国提供的税收优惠，而不必考虑母国是否实行境外税收抵免政策。

现阶段，各国力争实施的全球最低税率主要遵循资本所有权中性（Capital Ownership Neutrality）原则。资本所有权中性理论主张，税收制度应保持对资源配置的中立性，以实现资本的最佳配置，从而最大程度地增进全球福祉。按照这一理论，如果所有国家都一致采用来源国征收原则，对外国投资收益免税，那么潜在投资者在投资某一资产时，其投资收益将受到统一的来源国税法约束。由于不存在税收制度的差异，潜在投资者之间的竞争将使资产配置到具有最高资本生产率的所有者那里。因此，资本所有权中性理论要求各国统一税率，以确保全球范围内各国税收制度的不同不干扰资本的所有者配置。

（4）新自由主义制度理论

新自由主义制度理论最初源于国际关系理论，它着眼于国际合作带来的共同利益（Ring，2006）。新自由主义制度理论认为，国家都是理性的利益最大化者，它们通过国际制度合作来克服"市场失灵"，实现共赢。在这一视角下，税收方面的国际制度是各国为解决双边或多边税收问题而建立的，目的是促进各国的经济利益。例如，通过双边税收协定解决双重征税问题，可以降低跨国经济活动的税收负担，促进贸易和投资。新自由主义制度理论强调国际税收制度的形成是各国围绕特定问题展开的制度化协商与合作的结果。在具体分析中，新自由主义制度理论主要运用博弈论等方法，研究不同国家在税收问题上的战略互动及政策选择。

新自由主义制度理论表明，政府为应对国际税收竞争的挑战，会调整其国家税收策略。但具体采用何种方式，不同学者有不同的看法。有观点认为，国家可能采用类似"斯塔克尔伯格领导"的方式进行税收策略调整。[①]这种方法具体表现为一个全球影响力显著的经济体率先实施税收政策的创新（Kumar & Quinn, 2012；Swank, 2016b），由经合组织发起的BEPS计划就是一个例证。另一观点是，政策制定者可能会参考其他国家的税收政策历史，以此作为国内改革的参考。曹（Cao, 2010）提出，政策可能通过国际资本流动、贸易以及国际组织成员间的网络进行传播。通过外国直接投资（FDI）、商品和服务贸易等国际交流，一国能够感知到其他国家税收政策变动的影响，并据此调整自身政策。

2.2.2 全球税收合作框架

目前全球税收合作主要体现在两个关键领域：一是降低各国税率差异；二是加强对跨国企业收入的监督和征管力度。第一个领域的税收合作主要通过设立国际共同最低税率实现，在全球设定一个最低的税率水平，能够有效抑制世界各国为吸引外资展开的"逐底竞争"，同时打击跨国企业利用低税地避税的行为。比

[①] 斯塔克尔伯格领导（Stackelberg Leadership）是一种经济理论中的市场结构模型，属于博弈论和产业组织理论的一部分。这个概念由德国经济学家海因里希·冯·斯塔克尔伯格（Heinrich von Stackelberg）提出。在斯塔克尔伯格模型中，市场由两家（或更多）公司构成，其中一个领导者首先作出决策，然后其他跟随者根据领导者的决策作出反应。

如,"双支柱"方案中的支柱二就是通过规定15%的全球最低企业所得税税率（OECD,2021b）,打击恶性跨国避税行为。第二个领域的税收合作主要通过订立多边协议,交换跨国企业的经营收入信息来实现。比如,"双支柱"方案中的支柱一旨在构建多边公约,避免双重征税。这种税收合作方式在避免国际双重征税的同时也能打击企业的逃税行为,实现对本国纳税人国外收入的有效监督,减少国际税收套利和国际避税行为的发生。

3. 全球税收合作方式演变

在经济全球化的初期,全球税收合作以税收情报交换等双边协议为主,是国家间进行税收征管合作以及保护国家合法税收权益的重要方式。随着经济全球化的不断深入,数字经济也得到蓬勃发展,全球税收治理框架主要由BEPS行动计划以及"双支柱"等多边方案构成（廖体忠,2021）。经过经合组织对BEPS行动计划和"双支柱"方案的不断完善,目前它们几乎涵盖了当前国际税收治理方式的全部内容及规则。以下将从双边和多边全球税收合作方式的演进过程进行介绍。

3.1 双边全球税收合作

3.1.1 税收协定

在早期阶段,双边税收协定是主要的协调手段。1923年,荷兰、意大利、美国和英国的四位经济学家受国际联盟委托发布了

《双重征税报告》(Report on Double Taxation),[1]其核心思想是为促进跨国经济活动,需要消除双重征税(Leduc & Michielse,2021),具体方式是居民国与来源国签订双边税收协定以分享跨境税收收入信息。在过去近百年里,国际税收合作一直以防范双重征税为主题,兼顾防止国际逃避税,追求的是缔约国家间达成正式和普遍的共识与妥协,并形成具有正式约束力的、持续稳定的规制。双边税收协定是这一时期的主要税收协调工具。

(1) 税收协定的内容

国际税收协定(Tax Treaties)是主权国家间就税收问题订立的书面国际协议,属于国际经济法范畴,广义上所有关于国际税收方面的协议均可以被称为税收协定,但一般情况下其特指关于对所得(和财产)避免双重征税的协定。

当前国际税收协定的主要形式是双边税收协定,即两个主权国家所签订的协调相互间税收分配关系的税收协定,在内容上则是以经合组织或联合国的税收协定范本为蓝本。目前为止,各国之间仍未能缔结一个真正具有全球性质的多边税收协定。

《关于所得和资本的税收公约范本》(Model Tax Convention on Income and on Capital)是由经合组织制定的、用于协助各国建立双边税收协定的标准文本。该范本旨在帮助各国规范国际双重征税问题,并确保有效的合作来防止税收逃避和多次征税。该范本涵盖了多种税收问题,包括所得税和资本税。它提供了一种

---

[1] 这四位经济学家分别是:鹿特丹商业大学布鲁因斯(Bruins)教授、都灵大学艾瑙迪(Einaudi)教授、纽约哥伦比亚大学塞利格曼(Seligman)教授、伦敦大学斯坦普(Stamp)爵士(Coates, 1924)。

标准的法律文本，可供各国政府用作基础，以便双方在共同的税收事务上进行谈判，并达成共识。这有助于降低跨国企业和国际投资者个人的税收不确定性，鼓励国际商业和投资。

《关于所得和资本的税收公约范本》由经合组织不断更新和修改，自1992年首次发布以来已经更新了十次（分别在1994年、1995年、1997年、2000年、2002年、2005年、2008年、2010年、2014年和2017年）。最近一次的更新采纳于2017年，包括了大量源自BEPS项目的修改，以更好反映税收和国际经济环境的变化（OECD，2017）。该范本提供了一种解决国际法律双重征税领域最常见问题的统一基础，各国可以根据需要采用这一范本，并在谈判中根据自身情况进行调整，以达成双边税收协定。这有助于确保国际税收协议的一致性和可预测性，使各国能够更好地解决涉及国际双重征税的问题。经合组织的这一范本为全球税收合作提供了重要的框架，有助于降低税收不确定性，提高税收公平性，促进国际贸易和投资，以及减少税收争端。通过遵循这一范本，国际社会能够更好地协调和管理跨国税收问题，促进全球经济的稳定和可持续增长。

（2）中国税收协议的实践

为促进国际贸易和投资，降低双重征税风险，以及防止逃税和避税，中国已与多个国家（地区）签署了税收协议，这些协议涵盖了不同类型的所得，如股息、利息、特许权费、资本利得等。截至2022年6月底，我国已与109个国家（地区）正式签署了避免双重征税协定，其中与105个国家（地区）的协定已生效，并与中国香港、中国澳门两个特别行政区签署了税收安排，与中国台湾地区签署了税收协议。①

（3）税收协议的缺陷

税收协议主要用于规定各国之间如何分配和征收跨境所得的税款，通常会规定税收分配规则、减免和抵免机制以及争端解决方式，以避免同一所得被多次征税。但在实际执行中，其存在以下两点缺陷：一是避免双重征税容易演变成双重不征税（Halabi, 2011）。一些跨国企业和个人可能会利用税收协定之间的差异，以及国际税收法律的漏洞来规避征税。他们可能通过在不同国家之间分割业务活动，将所得分配到低税率国家，从而避免被征税。同时由于国际立法通常需要时间进行协商制定，新兴经济活动可能因此未被有效覆盖，从而存在避税漏洞。二是多边税收协议难以推进。多边税收协议的演进过程曲折复杂，这主要由于多种因素共同作用，但其中最重要的因素之一是各国对本国税收主权的高度重视。国家税收主权决定了各国在税收体制方面存在着显著差异。一些国家采用所得税制度，而其他国家可能不采用或仅将其作为辅助制度。即便是采用所得税制度的国家，也有些仅实行居民税收管辖权或来源地税收管辖权，而另有部分国家则并行采纳二者。随着全球经济一体化的发展，税收主权作为经济主权的一部分并非完全不可弃权。各国之间签订的众多双边税收协定体现了各国对部分放弃本国税收主权的意愿。因此，多边税收协议的发展路径复杂并非因为各国不愿意在多边框架内合作，而是因为各国税收体制之间的多样性如此之大，以至于难以在多边

---

① 我国与其他国家签署的避免双重征税协定名单详见https://www.chinatax.gov.cn/chinatax/n810341/n810770/c5171677/content.html。

层面进行税收协调，只能通过双边谈判来解决。

3.1.2 税收信息交换协定

随着经济全球化的发展，世界各国经济的相互依赖程度不断加深，贸易和投资水平日益提高，人员交流和往来趋于频繁，同时，大量资金通过低税地运作达到避税目的等现象愈发广泛。为了避免投资者不正当套取税收优惠政策所提供的利益，保护相关国家的税收权益，1843年，比利时与法国共同签订了关于交换两国间开展税务情报的有关事项，全球各国的税收情报交换活动由此展开。1963年，经合组织财政委员会制定并公布了《关于对所得和财产避免双重课税的协定草案》（Model Convention for the Avoidance of Double Taxation with Respect to Taxes on Income and on Capital），第一次对国际税收情报交换作了专门的规定，自此，税收情报交换条款被正式列入国际税收协定中。2002年4月18日，由经合组织推动组成的全球反有害税收竞争论坛发布了税收情报交换协议（TIEAs）范本，提供了反有害税收竞争所要求的有效税收情报交换的标准。① 2014年2月发布的经合组织《金融账户涉税信息自动交换标准》成为继欧盟利息税指令、美国《外国账户税务合规法》（FATCA）以及经合组织既有协定之后国际税收情报自动交换多边协定的最新相关协议（OECD，2014）。

（1）税收情报交换的内容

税收情报交换是指税收协定缔约国之间互相提供包括其国内

---

① 值得注意的是，虽然经合组织于2002年提出范本，但最早的税收情报交换协议是2000年安提瓜和巴布达与美国签订的。

税法规定和有关跨国纳税人纳税情况的税收情报。作为推动国际税收合作和防止遇税的基石，税收情报交换是遵于经合组织多边协定的共同努力。

由于税收情报自动交换在获取递税信息、威慑潜在逃税者以及实现税收公平等方面具有多重作用，经合组织早在1963年的《经济合作与发展组织关于避免双重征税的协定范本》（以下简称《OECD范本》）中就已对情报交换进行了规定（第26条）。2000年3月发布的《关于加强用于税收目的的银行信息交换的报告》，明确了在民事和刑事税收案件范围之外的金融保密权，同时支持税务部门获取银行信息，确保税法的有效执行，2002年，经合组织发布《税收情报交换协议范本》，其中对情报交换的规定比《OECD范本》第26条的规定更为全面和具体，进一步扩大了可交换情报的范围。

经合组织在2004年对《OECD范本》第26条进行了重大调整：取消国内税收利益的要求、扩大情报交换的税种范围；引入了"可预见的相关"标准；将银行情报等特殊情报纳入交换范畴并放宽了情报交换限制。2006年，经合组织又发布了《为税收目的实施情报交换条款手册》，详细阐述了六种税收情报交换的方法。

2011年，经合组织对《多边税收征管互助公约》（以下简称《公约》）（OECD, 2011）进行了修订。根据修订后的《公约》，情报自动交换需要通过主管当局间的独立协定实现，该协定可以由双方或多方达成，由此形成一个包含多个参与方的单一协定。《公约》已经发展成为一项全面覆盖各种税收协作模式的全球性协议，这种协议能够确保情报交换的及时性和准确性，同时也能够有效减低行政成本，已有包括G20成员在内的64个缔约方签署，有13个司法管辖区（Jurisdiction）通过领土延伸被覆盖。2013年，经合组织发布《解决税基侵蚀和利润转移》和《解决税基侵蚀和利润转移行动计划》两份文件，进一步显示出各国对于推动国与国间税务合作以及共同应对跨国企业避税行为的决心，引发了广泛的国际反响。这些协定或文本为新标准的制定提供了有力的支撑。

（2）税收情报交换的实践与进展

2002年4月18日，由经合组织推动组成的全球反有害税收竞争论坛发布了《税收情报交换协议范本》，提出了反有害税收竞争所要求的有效税收情报交换的标准。2014年2月经合组织发布的《金融账户信息自动交换标准》是国际税收情报自动交换领域的最新多边协定，其出台背景是欧盟利息税指令和美国《外国账户税务合规法》等相关法规的实施。

①双边实践：美国《外国账户税务合规法》

2008年金融危机引发经济衰退之后，美国政府将打击避税作为增加财政收入的重要手段。然而，随着跨国公司海外逃税现象的日益严重，美国不得不调整税收政策。2010年3月18日，奥巴马政府签署《外国账户税务合规法）(FATCA)，旨在通过建立税收信息自动交换机制和引入惩罚性赔偿责任规则，有效遏制跨国公司在海外的逃税行为。然而，由于该法案对美国企业境外收益征税的原因、纳税身份的确认以及跨境收入的界定等关键条款缺乏明确规定，美国国内外质疑和反对声浪不断。尽管如此，美国参众两院仍强行通过了FATCA策略，并在历经四年多的抗争后，于2014年7月1日正式实施。然而，由于FATCA的要求过于严苛，其遭到了众多国家的抵制，尤其是那些需要承担30%预提税的国家。

根据FATCA，全球金融机构需向美国税收部门提交其美国客户的详细信息。为了解决由此产生的法律问题及成本问题，美国与法国、德国、意大利、西班牙、英国五个经合组织成员国及欧盟一同制订了实施该法案的政府间（协定）范本（即《FATCA执行的政府间协定范本》，以下简称《FATCA范本》），内容包括获得与可报告账户有关情报的义务、情报交换的时间和方式、FATCA对缔约方的适用等内容。该范本要求金融机构向其当地税务部门提交报告，然后再由这些部门与美国税务机关进行自动情报交换，这样FATCA就可以在全球范围内得以有效实施。

从内容上看，《FATCA范本》不仅包括信息报告制度，还包括考虑到信息保密性及隐私保护的一些注意义务。随着法国、德国、英国、意大利、西班牙等国签署《FATCA范本》，该范本所确立的政府间合作方式受到了广泛的认同和提倡，成为制定新标准的关键参考和基础。FATCA很大程度上增强了政府获取本国民在海外资金活动信息的能力（De Simone & Stomberg, 2023）。

②经合组织税收情报自动交换新标准的发展

作为国际税收合作不可或缺的环节，税收情报自动交换至今仍以双边协议为主导。以《欧盟法》为代表的区域协定仅适用于某些具有深厚历史渊源或者政治经济体制趋同的国家，相较于全球性多边公约而言，其覆盖面依然有待提高。尽管经合组织此前已经在更广泛的多边层面作出努力，但是，但由于参与方的数量和执行力度的限制，税收情报自动交换的实际效果仍需依靠双边及区域协定的推动才能发挥。

随着美国积极推动FATCA，税收情报自动交换在双边协定中的执行力度逐步加大。然而，多边协定的发展未能跟上其步伐。尽管如此，作为跨国协作平台的经合组织仍推动了税收协作领域的明显进展。在与G20及欧盟密切合作的背景下，经合组织于2014年2月公布了新的标准，标志着税收情报自动交换多边协定再次取得了进步。同年5月6日，包括美欧澳等发达国家及中巴印等发展中国家在内的48个国家签署了《税务信息自动交换宣言》。该宣言明确了各方在信息自动交换上的共同立场，并对遵循新标准作出了具体安排。新标准包含两个部分：《主管当局协定范本》（Model Competent Authority Agreement，CAA）和一般报告与注意义务标准（Common Reporting Standard，CRS）[①]。这两项标准的出台，既扩大了参与成员的范围，又增强了标准的可行性，有力地推动了国际税收情报自动交换制度的发展。

（3）税收情报交换的缺陷

全球税收情报交换主要依托双边及多边协定，就各国之间的信息报告制度、信息保密性及隐私保护的注意义务等事项作出规定，是在经济全球化背景下世界各国加强税收信息交流、促进税收征管合作的现实选择，也是保护各国合法税收权益的重要方式，能够为打击跨境避税和偷逃税提供关键性的信息支持，且能够通过不断变化来适应全球经济的数字化发展。但是，由于缔约方或参与方数量过多、交换程序烦琐、时间跨度较长等因素，税收情报交换协定的执行效果相对有限。仅仅采用税收情报交换作为单一的税收合作方式，难以满足世界各国对于全球税收征管合

[①] 大量文章考察了CRS的反国际避税作用（樊勇等，2022；Casi et al.，2020）。

作的需求（Tørsløv et al.，2023a）。一方面，涉税信息往往关乎金融信息与隐私权保护，金融机构以及一些以金融保密制度严格或避税条件便利闻名的国家对税收情报交换持抵制态度；另一方面，税收情报自动交换的实施需要相关国家（地区）具备相应的税收法律制度或实施细则，以及支撑情报交换的信息技术或设备，当这些国家（地区）不具备这样的条件或者具备这样的条件要花费大量成本时，其对税收情报自动交换的积极性就大打折扣。

3.2 多边全球税收合作

3.2.1 BEPS行动计划

（1）BEPS行动计划的目的

据不完全统计，全球每年约4%—10%的企业所得税因跨境避税流失，每年损失约1,000亿—2,400亿美元（OECD，2016），严重侵蚀了相关国家的税基，不利于各国政府有效执行其主权税收政策，对企业所得税收入依赖性更强的发展中国家来说尤其如此。因此，为了有效打击跨国企业的避税行为，同时为吸引并维持投资提供一个更具确定性的国际税收环境，由G20领导人背书并委托经合组织推进的国际税改项目——BEPS行动计划由此产生。BEPS行动计划是超越税收情报交换的全球税收合作规则，它不同于需要受限于双边或多边协定实行情况的税收情报交换，而是单独形成了一系列防止协定滥用、完善反避税机制、提高税收透明度、优化税收争议解决的建议措施，对于应对数字化经济下进行全球税收合作具有非常积极的作用。

（2）BEPS行动计划的内容

BEPS即"税基侵蚀和利润转移"（Base Erosion and Profit Shifting），指跨国经营的企业利用国际税收规则存在的缺陷以及不同国家和地区间的税制差异和征管漏洞，人为地将利润从高税国或地区转移到低税（无税）的国家（地区），目的是最大程度地减少税负，甚至达到双重不征税的效果，实现全球利润最大化。由经合组织主导的BEPS行动计划，旨在识别并改进现有规则或法规中的不足之处，就国际规则和各国国内立法的调整提出建议，以便各国协调一致应对税基侵蚀和利润转移问题。BEPS行动计划具体包括十五项行动计划报告，其主要内容大致为以下五类：应对数字经济带来的挑战、协调各国企业所得税税制、重塑现行税收协定和转让定价国际规则、提高税收透明度和确定性、开发多边工具促进行动计划实施（OECD，2016）。

整个BEPS行动计划大致内容可概括为以下几方面：

一是数据及经济分析。各国联合收集了一系列评估BEPS的严重程度和经济影响的指标。数据表明BEPS形势已很严峻，并严重地影响了政府的财政收入。BEPS行动计划2015年最终报告在整合已有数据基础上，描述了数据的局限性，并提出了评估BEPS的新指标；同时，描述了分析BEPS危害和结果的理论和方法；最后，就未来监控BEPS行为的数据指标和分析工具提出了建议。根据各国联合收集的数据，36%的跨国公司利润被转移到了全球"避税天堂"（Tørsløv et al.，2023b）。由于发展中国家财政收入更依赖企业所得税，BEPS对其造成损失与财政收入之比高于发达国家。此外，跨国企业在低税率地区申报的利润率是整个集团利润率的两倍之多；大型跨国企业实际税负与纯国内经营企业相比要低4%—8.5%。而且，大型跨国集团企业利息支出占收入的比例，在高税率地区的分支机构几乎比集团全球范围内向第三方支付的高三倍。上述及其他相关指标均凸显出BEPS问题的严重性。

二是强化转让定价规则。在转让定价方面，独立交易原则指南获得更新，确保转让定价结果根据经济实质而非合同确定（详见第8—10项行动计划产出成果）。经合组织转让定价指南包含一个清晰的分析框架，指出合同条款虽重要，但作为转让定价分析的出发点，独立交易原则的判定不能依靠虽能自圆其说却不反映真实交易的合同。修订后的指南明确了风险及其相关的收入如何在集团企业中分配、无形资产收入如何在企业集团中分配，此外还有合约企业之间的转让定价详细指南，以及对地域性成本节约、地域市场优势及劳动力优势等因素的考虑。由于无形资产价值评估困难，一项处理无形资产的特殊方法应运而生。针对大宗商品交易和低附加值服务的简易方法也已经形成，这种简易方法最重要的贡献在于帮助理解发展中国家的关切并设计出最佳应对方案。各方已就全球价值链中如何利用利润分割法取得一致同意，并制定了一个更为周详的新指南。

在提升跨国企业经营信息透明度方面也有重大改进，即对转让定价同期资料要求有了实质性改变（OECD，2015）。跨国企业须在"主体文档"中包含就其全球经营方式和采用的转让定价方法，同时在"本地文档"中提供其与关联方交易的详情。跨国企业的国别报告须就利润、销售、人员、资产的分布，及税款产生及缴纳提供清晰的全貌图。在这个方面，相关的指南和工具已经被开发出来，以确保能够按统一标准快速地在各国生成国别报告,并在税务机关间广泛共享信息,同时保障业已达成共识的保密性、合理使用和一致性要求得到遵守。

三是强化税收协定条款。在税收协定领域,各方一致同意对税收协定范本作出重要修改,这样做的初衷是为了保证税收协定仅仅被用来消除国际间的双重征税现象,而非被滥用以实施过于烦琐且可能造成税源流失的税务筹划,使应税收入流向零税率或低税率地区,而在来源地免予征税。为防止滥用税收协议避税,制定的最低标准将确保税收优惠仅授予真正符合条件的实体(第6项行动计划)。除此之外,针对如何利用税收协定中的特定条款进行税务筹划以获取税收优惠的问题,如通过股息剥离安排、双重居民身份以及混合错配等方式,行动计划中也提出了一系列更为具体且有针对性的解决方案。

常设机构的定义也已更新,以便更准确地体现当下商业实情,防止通过规避常设机构规则来进行避税(第7项行动计划)。修订后的条款将确保企业的核心商业活动不会被误认为通过筹划获取不正当利益,也不会通过在集团内部不同实体间拆分经营活动或者通过使用代理人或类似架构来规避常设机构的构成。随着国际共识的进展,利润归属的相关规定也需要作出相应的更新和调整。

各国已郑重承诺要通过相互协商程序(MAP)有效及时地解决税务争端,因此制定了一项推进争端解决的最低标准,并计划建立一个强有力的监督机制(第14项行动计划)。有关简化相互协商程序的11个最佳实践也已得到确认。与此同时,众多国家都表示愿意尽快推动强制仲裁机制的实施。目前预计,在为实施协定相关BEPS措施而计划制定的多边工具中,如果仲裁条款被纳入作为可选项，将有助于加快实现这一承诺。

四是保证公平税收竞争的标准及其应用。BEPS措施将保证各国政府取消或修订那些对仅在账面而无相应实际经营活动的所得有吸引力的优惠税收政策（第5项行动计划）。各国应审视本国的税收政策，保证其不会鼓励或促进BEPS。各国已就"关联法"达成共识，来评估无形资产相关优惠税收制度是否有害。所有经合组织和G20国家都同意使用这一方法，即要求在产生一项可以享受某种税收优惠的所得的活动发生地（例如研发活动实际发生地）与取得优惠税制利益的该项收入发生地之间存在某种关联或者实在的联系。有16项优惠税制被发现完全或部分不符合关联法的要求，相关国家应着手进行可能的修订。政府之间的透明度也是影响打击BEPS成效的重要因素，涉及影响到其他国家税基的裁定时尤其如此。为此，行动计划针对某些特定种类的税收裁定建立了强制性的自发情报交换制度。

五是弥合国内法中的漏洞。针对涉及跨境课税的大量国内法规定，行动计划确认了范本规则、最佳实践和趋同方法等三种方式。它们包括处理混合错配安排的范本条款。混合错配安排是指使应税收入不被课税或者让纳税人对一笔费用可多次扣除的安排（第2项行动）。如果总部所在国存在有效受控外国公司（CFC）规则，则将会减少剥离其他国家收入的诱因，这样这笔收入一定会被充分课税。所以，行动计划确定要建立有效的CFC制度（第3项行动）。在利息扣除问题上（第4项行动），推荐的方法是设定一个固定比例，使一个实体的净利息扣除被限制在利息支付额与息税折旧摊销前利润（EBITDA）的比例之内。这个方法还有一个补充方法，即全球集团比例法。后者允许在一定情况下该实体的利息扣除超过上述限制。

六是数字经济的主要内容。所有应对BEPS的措施，特别是常设机构、转让定价和CFC规定，也可以处理因数字经济而愈加严重的BEPS问题（第1项行动）。纳税人将不必再构建出有效分离收入和增值业务的架构，收入和增值业务分离的现象因为数字经济的关键特征和业务模式变得尤其严重。重要的是，已经设计好的规则能够确保增值税在消费者所在国征收。这一问题对于在线B2C市场特别突出，它极大地影响了国内供应方和跨国供应方之间的公平竞争。在这方面，已经引入简化的注册制度的国家经验十分具有参考价值，并对增值税的征收产生了重要影响。

（3）BEPS行动计划的缺陷

2015年形成最终方案的BEPS行动计划，核心理念是征税权应与"价值创造地"保持一致，创造了价值的国家可根据一个既定的（强调企业决策和控制职能的）框架，对已分得的利润征税。该计划虽就应对经济数字化税收挑战的方案作了诸多探索，但并未形成建议各国实施的解决方案。在此税收治理框架下并不能够有效地应对新的税收挑战，跨国企业集团仍有利用各国税制差异进行税收筹划以降低总体税负的动机，数字化经济导致的各种风险并未彻底根除。与此同时，一些辖区为维护自身税收利益，开始酝酿和推出单边措施，此类举措加剧了全球恶性竞争。因此，2017年G20再次委托经合组织通过BEPS包容性框架制定数字经济国际税收规则多边方案。国际上对这一方案的工作方向认可度更高，各方赞同其超越了2015年形成的BEPS行动计划的价值创造框架，因此其被称为BEPS2.0，又称"双支柱"方案。

3.2.2 "双支柱"方案

(1)"双支柱"方案的产生

随着数字经济的不断发展，以互联网为基础的信息技术革命催生了许多新兴的经济业态，给全球经济带来了新的增长点，但这些新兴业态有别于传统的行业形态和商业模式，对其行为的界定往往处于一种不太明确的"灰色地带"或"中间地带"，导致很大一部分资金流、货物劳务流游离于现有税收制度体系的管控之外。G20和经合组织推出的应对税基侵蚀和利润转移项目的BEPS行动计划通过引入国内税法差异协调机制、冲突与争端解决机制、信息透明和共享机制，解决了一部分国际税收中的矛盾问题，但是未能完成应对数字经济税收挑战的新规则的制定，也未能消除各国税制和税率差异形成的"税收位势差"。因此，被称为BEPS 2.0的"双支柱"国际税收新规则应运而生，"双支柱"方案通过构建剩余利润再分配机制（支柱一）和税负差异平抑机制（支柱二），实现了国际税收治理体系在经济全球化进程中的升级迭代，对国际税收合作方式产生了深远的影响。这些问题在BEPS行动计划下难以得到有效解决，世界各国亟待新的税收合作方案来应对数字经济对税收征管带来的挑战。

"双支柱"方案能够有效解决数字经济背景下的国际避税问题，也是应对BEPS行动计划未能解决的问题的良好办法。支柱一在现行国际税收规则的运行基础上，通过附加实施一套全新的联结度和利润分配规则，较好地解决了经济数字化带来的税收挑战；支柱二从跨国企业集团母国和投资东道国两端挤压企业的逃避税空间，要求跨国企业集团在全部有经营实体的辖区承担不低于15%的有效税负,是降低各国税率差异这一类税收合作方式的集中体现,能够从根本上消除跨国企业集团进行激进税收筹划的动机和条件,更有效地解决BEPS遗留问题。鉴于税收合作方式的演进过程,实施"双支柱"方案是进行全球范围内税收合作的必由之路。

(2)"双支柱"方案:重塑全球税收合作规则

2019年5月,经合组织发布《形成应对经济数字化税收挑战共识性解决方案的工作计划》,正式提出"双支柱"方案(OECD,2019)。随后,"双支柱"方案不断完善,截至2021年10月18日,G20/经合组织税基侵蚀和利润转移包容性框架140个成员中已经有136个成员司法管辖区同意了《关于解决经济数字化带来的税务挑战的双支柱解决方案的声明》。在"双支柱"方案中,支柱一旨在重新构建市场管辖区的征税权与利润分配规则,解决征税权的重新划分问题;支柱二旨在设立世界范围内公司所得税的最低有效税率,即全球最低企业税,有效打击利用低税地避税的问题,包括全球反税基侵蚀规则(GloBE)和应税规则(STTR)。支柱二作为支柱一的托底,通过人为设定最低税率确保跨国企业至少支付最低水平的税款,从而应对跨国企业利润转移以及内部转让定价等问题,重塑全球税收合作规则。

①支柱一:重构征税权与利润分配规则

支柱一旨在重新构建市场管辖区的征税权与利润分配规则,即解决征税权的重新划分问题。具体而言,其框架由金额A、金额B和税收确定性组成,后两者都是金额A的补充。金额A的提出突破了现有的独立交易原则,也是"双支柱"方案中最具创新性的核心内容。通过公式分配法将金额A分配给市场管辖区,实质上是想合理分配数字业务产生的新增利润，在这个过程中市场管辖区被赋予了一种新的征税权。这种新的征税权将商品/服务消费地作为收入来源地，市场管辖区有权力对相关企业进行征税，这与传统工业经济中以企业在市场国有物理存在的常设机构为标准进行缴税的要求明显不同。经合组织在2015年《关于税基侵蚀与利益转移的报告》中首次提出以"显著数字存在"为标准，"根据有关合同要素证明，非居民企业与国家发生了具有实质意义的影响"，这是顺应全球数字经济迅猛发展提出的对常设机构的新补充，将数字经济业务纳入其中。

2021年7月1日经合组织发布的《应对经济数字化税收挑战的双支柱解决方案的声明》（以下简称《应对方案》）取消了《支柱一蓝图报告》中自动化数字服务（Automated Digital Service，ADS）与面向消费者的企业（Consumer Facing Businesses，CFB）营业活动的门槛，对支柱一的适用范围进行了更改（OECD，2021a）：一是全球营业额超过200亿欧元且税前利润率超过10%的企业；二是未来条件成熟时，全球营业额门槛将降至100亿欧元；三是排除采掘业和受监管的金融服务业。2021年10月8日，经合组织如期更新了其在7月1日发布的《应对方案》（以下简称《新声明》），其中依然延续了这一变化。支柱一范围的重大变化表明其实质上不再仅限于解决数字化带来的税收挑战，因为其扩大后的适用范围包括不同行业的企业，更加强调跨国企业高利润的特征，而非数字经济商业模式和数字经济的关键特征，这在一定程度上减轻了支柱一的经济影响。

支柱一相比于支柱二更加受到欧洲国家的关注，因为它们是数字服务等的主要消费国，经济数字化程度相对较低。一些欧洲国家为了保证本国的税收利益，开征了数字服务税（DST）作为临时措施，但DST并没有给相关国家带来理想的税收利益，反而因为其本质上属于一种单边税收，遭到了美国等数字经济发达国家的抵触，增加了税收成本，比如美国对法国开展了301调查，对后者的奢侈品、香槟加征关税。同时，大型的跨国数字企业也将增加的税负进行了转嫁，比如亚马逊对法国的消费者增收了3%的服务费。支柱一中的金额B是对分销机构从事的基础营销和分销活动设定固定的回报率，使相关报酬标准化，以简化独立交易原则的运用。金额B也是金额A的补充，它强调形成多边公约（MLB），其主要目的是避免双重征税。《新声明》要求所有缔约方撤销对所有企业的所有数字服务税以及其他相关类似单边措施，并承诺未来不再引入类似措施。然而，由于多边条约的生效需要国内法的配合，每个国家所得税税制情况不同，税务机关的征管能力也不同，这些因素都会影响到条约的实施情况，所以多边条约需要考虑到不同国家的接受程度进行拟定，金额B的具体方案仍有待研究。

②支柱二：划定全球税收竞争"底线"

支柱二是支柱一的托府，源于美国全球无形资产低税收入（GILTI）和税基侵蚀和反滥用税（BEAT）制度，在《新声明》中也有明确的说明：支柱二与GILTI并存。支柱二目的是在世界范围内设立公司所得税的最低有效税率。具体而言，其包括全球反税基侵蚀（GloBE）规则和应税规则（STTR）两部分，其中前者由所得纳入规则（IIR）和低税支付规则（UTPR）构成（参见图6-8）。据统计，世界各国因利润转移到国际避税地而每年损失的税收收入高达4,270亿美元。2021年10月8日的报告明确

```
                          ┌─ 所得纳入规则（IIR）
       ┌─ 全球反税基侵蚀（GloBE）规则 ┤
支柱二 ┤                  └─ 低税支付规则（UTPR）
       └─ 应税规则（STTR）
```

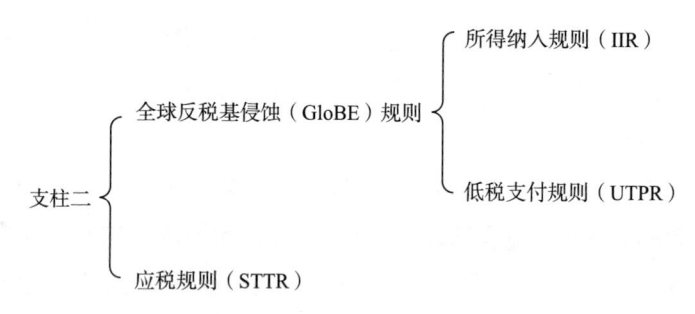

图6-8　支柱二的具体构成

了世界范围内设立公司所得税的税率最低为15%，这个税率考虑到了一些北欧国家的情况，因为过低的税率会削弱其对外商投资的吸引力。通过人为设定最低税率确保跨国企业至少支付最低水平的税款，支柱二提供了应对跨国企业利润转移以及内部转让定价现象的措施，以防止全球税收恶性竞争。[①]其中，高度数字化企业受到的影响更为重大，因为数字化企业更能够通过组织架构的规划，且更容易用无形资产进行利润的转移，比如苹果公司等美国高科技、高数字化企业即通过"三明治"方法进行避税（参见节末专栏）。《新声明》中还确定了"应税规则对利息、特许权使用费等所得的最低税率为9%"，而《应对方案》中将其表述为"7.5%—9%"，这在一定程度上维护了发展中国家的利益。同时，《新声明》中的GloBE规则中还延长了经济实质排除期，即"从有形资产现值的8%和工资总额的10%起步，前5年排除比例每年减少0.2个百分点，后5年有形资产每年减少0.4个百分点、工资总额每年减少0.8个百分点"，为低税国家吸引外商进行有形投

---

① 全球最低税率虽然并未正式实施，但已有文献对该政策进行估计发现，全球税收收入增加预期可达1,790亿欧元（Baraké et al., 2022）。

资提供了低税率优惠。为了防止最低有效税率对企业国际化产生不利影响，特别在许多发展中国家鼓励本国企业"走出去"的背景下，《新声明》中补充了"处于国际化活动初始阶段的跨国企业可免于适用低税支付规则，这类跨国企业是指海外有形资产不超过5,000万欧元，而且在不超过5个海外管辖区从事经营活动的企业"。

支柱二的进程总体上看要稍慢于支柱一，因为其中有很多内容还有待明确，比如STTR与UTPR的适用顺序等，并且支柱二是对企业实际税率的要求，而跨国企业在某一税收管辖区的实际税率计算需要以大量的财务数据为基础，计算的过程也比较复杂，需要考虑到税务机关的执行成本以及跨国公司的数据安全。

（3）各国立场：积极配合还是阻碍重重？

①支柱一的争论焦点

一是"双支柱"方案涉及金额A与数字服务税之间的权衡取舍。2021年10月，136个包容性框架成员签署了《应对方案》，同意在2023年12月和多边公约生效日中较早一日之前暂停实施新的数字服务税。2022年11月，欧盟委员会通过了修正《自有财源决定》的提案，提出如果支柱一在2023年年底仍然没有明显的进展，则将考虑实施数字服务税或类似措施。因此，数字服务税作为世界各国实施支柱一金额A的机会成本，金额A规则的延迟或分歧均可能导致各国对数字活动征税采取单边措施。对于法国、英国等已经开征数字服务税的国家，抵免协议将使其缺乏推动支柱一达成多边协商的动力，而加拿大、新西兰等尚未开征的国家则需要向公众解释为何暂缓征收数字服务税。

二是发展中国家的利益和诉求难以平衡。当前，尼日利亚、肯尼亚、巴基斯坦和斯里兰卡认为支柱一对其税收收入存在潜在的负面影响，因此对《应对方案》仍持保留意见。沙特阿拉伯、尼日利亚等国家境内跨国企业的金额A大多集中在石油和天然气、金融、电信、制药领域，支柱一方案的实施将不利于相关产业发展。南方中心（The South Centre）认为，几乎没有非洲企业能够达到支柱一规定的门槛，实施"双支柱"方案将减少潜在的税收收入并造成投资流失。此外，支柱一规则的复杂性对发展中国家的征管能力提出了挑战。比如，大多数发展中国家缺乏与其他税收管辖区税务机关进行争端解决的资源配置，在"双支柱"框架下难以解决转让定价、常设机构和利润分配等诸多问题，因此"双支柱"方案难以平衡发展中国家的利益和诉求。

三是各国对于支柱一的态度难达共识。如果没有足够数量的国家（地区）签署支柱一多边公约，则该方案很难有效落实。目前，欧盟整体对于支柱一的态度较为积极，但是对于其中的净出口国家而言，跨国企业就国外利润纳税所流失的税收收入将会高于国外公司在该国缴纳的税款，因此当剩余利润在市场国重新分配时，将处于不利地位。对于中低收入国家而言，签署具有法律约束力的多边公约意味着放弃数字服务税，取而代之的是具有较高不确定性且难以预估的收入，这也是支柱一方案在中低收入国家遭受较大阻力的主要原因。同时，美国对于支柱一的态度并不明确。当前，美国共和党认为，支柱一金额A会造成美国税收收入的流失，这使得支柱一在美国的落地实施较为困难。

②支柱二的争论焦点

支柱二全球最低税规则的实施主要依赖于不同国家（地区）

税务机关的协调统一。当前，近50个国家（地区）对于支柱二落地实施的表态较为积极。截至2023年4月，已有英国、韩国、瑞士等12个国家颁布相关法案草案，新加坡、中国香港、马来西亚等10个国家（地区）提出相关提案，近30个国家（地区）成立工作小组并展开公众咨询或讨论。

欧洲诸多国家正在进行支柱二的相关立法程序，欧盟于2022年12月达成全球最低税指令，这也被视为影响支柱二全球实施进展的关键举措。

美国对支柱二的态度仍然不够明晰。一方面，美国财政部对《支柱二征管指南》的内容表示赞同，认为其不仅为绿色能源的税收优惠政策提供保障，还将为美国企业创造公平竞争环境并终结税收"逐底竞争"；另一方面，美国众议院筹款委员会成员多次表达对实施全球最低税的担忧，认为UTPR可能使得其他管辖区对跨国公司在美国的低税收入课征补足税，造成针对产业研发、低收入住户、新兴市场与境外无形所得的特定税收抵免失效，侵蚀美国税基。总体而言，美国在支柱二的实施方面仍然停滞不前。

亚洲国家（地区）对于支柱二整体上呈现较为积极的态度。韩国、日本均已经制定GloBE法案。韩国是全球第一个颁布关于支柱二法案的国家，规定IIR和UTPR均于2024年开始生效。日本国会通过税收改革法案，规定自2024年开始实施与《支柱二立法模板》大体一致的IIR。印度尼西亚、越南、马来西亚等国家正在加快研究部署。新加坡、中国香港确认于2025年开始适用GloBE规则和QDMTT方案。但是，中国针对外资的税收激励政策集中于高新技术产业，支柱二方案下的外资税收优惠政策将面临有效税率低于15%的风险，相关税收激励政策实施空间将被压缩，对吸引高新技术产业外资构成阻碍。

至于非洲国家，由于其严重依赖税收优惠吸引投资，因此支柱二的实施遇到较大阻碍。大部分非洲国家认为，UTPR仅适用于IIR无法实践或最终母公司所在辖区税率低于15%的情况，因此拥有大多数跨国企业总部的居民国拥有优先征税权，而非洲国家多数接受资本输入，资本将在一定程度上回流至居民国，显著降低非洲国家投资吸引力。当前仅有南非明确表示采用和实施支柱二方案。

专栏 "三明治"避税法

跨国数字巨头利用各国税制差异转移利润的现象非常普遍，其中"三明治"方法是应用得较为广泛的方法（参见图6-9）。谷歌以"爱尔兰—荷兰三明治"避税方法将来自欧洲的利润转移至"避税天堂"。苹果利用欧盟和美国在非居民纳税人认定和域外收入征管规定方面的交叉漏洞，将来自欧洲市场的巨额利润转移到美国，苹果国际销售公司（ASI）2011年在爱尔兰的有效所得税率近乎零。微软采取类似方式，在爱尔兰和卢森堡设立分公司，利用当地低利润税率，以知识产权转移和特许权使用费的方式规避税负。根据统计，欧盟每年因跨国公司避税产生的税收损失高达500亿到700亿欧元，数字经济领域是其中"重灾区"。

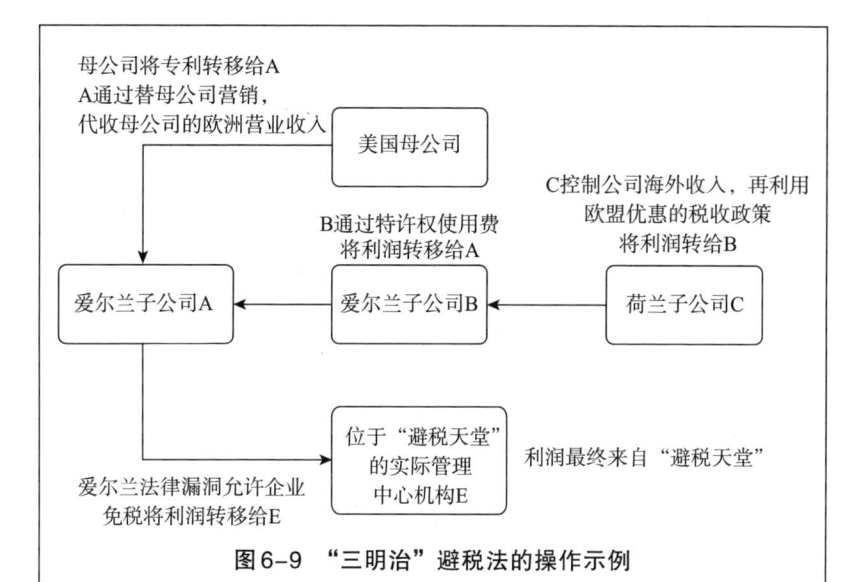

```
母公司将专利转移给A
A通过替母公司营销,
代收母公司的欧洲营业收入
                        ┌─────────┐
                        │ 美国母公司 │
                        └─────────┘
                              │          C控制公司海外收入,再利用
                              │          欧盟优惠的税收政策
                              │          将利润转给B
                              ▼
                    B通过特许权使用费
                    将利润转移给A
  ┌─────────┐      ┌─────────┐      ┌─────────┐
  │ 爱尔兰子公司A │◄─────│ 爱尔兰子公司B │◄─────│ 荷兰子公司C │
  └─────────┘      └─────────┘      └─────────┘

                    ┌─────────┐
                    │位于"避税天堂"│
                    │ 的实际管理  │    利润最终来自"避税天堂"
爱尔兰法律漏洞允许企业 │ 中心机构E   │
免税将利润转移给E    └─────────┘
```

图6-9 "三明治"避税法的操作示例

第一步：设立爱尔兰子公司A，并把无形资产转移出去

美商公司（如苹果）会在爱尔兰设立一家子公司A。而身在美国的母公司，同时会将在欧洲的无形资产（例如应用在网络搜索的运算法等），通过合同转让给A公司。然后，A公司同意协助美国母公司在欧洲市场上进行营销。因此，A公司会替美国母公司代收欧洲方面的营业收入。

第二步：将爱尔兰子公司A迁移到"避税天堂"

爱尔兰子公司A会通过正式决议，将其实际管理中心机构所在地迁移到不课征任何所得税的"避税天堂"。如此一来，A公司就变成税务上的双重居民。换句话说，从爱尔兰税法上的角度看来，A公司不再是爱尔兰税务居民，也无须承负爱尔兰企业所得税。

第三步：设立爱尔兰子公司B

A公司再设立另一间直属的爱尔兰子公司B，但是跟A公司不同的地方是，B公司必须不能被认定为美国税法上的公司，而这可以通过美国税法上著名的税格勾选制度来达成。首先是由于美国税法仅认定设立国（爱尔兰）的国籍，其次是假如B公司不属于海外公司企业个体预设名单，就可以自行勾选税上的法人格，决定是否要被视为税上透明。一旦被视为税上透明，则B公司会被视为A公司的分支机构，而没有个别法人格，那么其与A公司的交易，也将被视为仅在A公司内部发生，而不会产生任何应税的交易。之后，A公司就可以将从美国母公司移转过来的无形资产，全数授权给B公司使用。而B公司会据此支付特许权使用费，如此一来，相较于高达35%的美国企业所得税，只有B公司扣除完支付给A公司的权利金后的少数净利必须以爱尔兰当地的企业所得税税率12.5%纳税，而A公司因为变成"避税天堂"的税务居民，所以税负为零。但由于A公司已成为非居民企业，因此B公司需要支付给A公司权利金，而且必须负担20%的预提扣缴税。也因此，架构中又必须多加一层，来降低总体税负。

第四步：设立荷兰子公司C

为了有效降低税负，特别是爱尔兰的权利金扣缴税，必须在A公司和B公司中间，夹入一间荷兰子公司C，而A公司会先把无形资产授权给C公司，之后，再由C公司重新授权给B公司，也就是说，权利金从B公司付到C公司，再转付给A公司。

3.3 全球税收合作论争

3.3.1 全球税收合作框架进程

过去60年，经合组织承担了全球税收政策制定与协调的主要职能。[①]其中，经合组织在税基侵蚀和利润转移包容性框架（2012）的设计中发挥了重要作用，保护了全球税基并一定程度上遏制了主权国家间税收的逐底竞争。2013年，经合组织将该框架扩展到G20，并在2016年进一步面向所有国家开放，扩展了全球税收合作与协调的空间。

尽管经合组织是目前全球税收治理的关键机构，但它仍然无法扮演或发展成为世界税务组织，更难以在自身的基础上创建全球税收架构。目前，以经合组织为核心的全球税收政策至少受到了以下四方面的批评与质疑：[②]

第一，经合组织不具有全球代表性，无法反映全球的利益分配偏好。经合组织本身仅包含38个成员国，且其宗旨要求优先考虑成员国的利益，这使得它本身无法从全球层面设计公平一致的政策。以BEPS计划的制定为例，尽管在2016年它面向了

[①] 除经合组织外，部分世界税务组织的职能还由联合国经济和社会理事会（United Nations Economic and Social Council，ECOSOC）、全球税收透明度和信息交换论坛（The Global Forum on Transparency and Exchange of Information for Tax Purposes）等全球机构承担。然而，多机构管理造成了国际标准的重叠，带来了额外的成本和负担。世界税务组织可以通过制定统一标准降低协调成本（Chowdhary & Picciotto，2021）。

[②] 可参见周达里与皮奇奥托（Chowdhary & Picciotto，2021）的总结和论述。

所有国家开放，但加入该计划需要接受BEPS第一阶段的相关要求，而这些新获准加入的国家并未参与第一阶段政策的制定与表决。即便是BEPS 2.0阶段，许多国家依旧发现他们难以参与政策的制定与表决过程（联合国，2023）。[①]第二，经合组织的政策制定流程不透明，通常仅在组织内部探讨并决策。第三，全球税收规则缺乏正式的法律地位和政治问责机制。经合组织制定的全球税收规则，依赖于各主权国家的自愿参与和自愿遵守，没有相应的法律约束和强制执行机制，这在很大程度上削弱了政策的有效性。第四，规则不具有包容性和有效性。经合组织在制定政策和规则时未考虑到主权国家间发展阶段的差异。部分发展中国家面临着较强的资金约束、税收征管能力的限制以及更为紧迫的优先支出事项，无法有效实施相应的政策和规则（联合国，2023）。[②]

为克服上述缺陷并维护全球利益，以非洲国家集团为代表的其他国家呼吁在联合国主持下建立一个更具包容性、有效性和公平性的联合国税收公约，承担全球税收政策制定与协调的责任，这一呼吁在2022年得到了官方落实。2022年10月，联合国经济与金融委员会向联合国大会提交《联合国国际税务合作公约》，呼吁联合国就全球税收规则展开谈判。[③]该项决议草案于2022年11月23日通过，[④]并最终形成了联合国第77/244号决议。决议要求联合国就如何加强全球税务合作的包容性和有效性进行政府间

---

① 联合国文件，文号A/78/235。
② 联合国文件，文号A/78/235。
③ 联合国文件，文号A/C.2/77/L.11。
④ 联合国文件，文号A/C.2/77/SR.25。

讨论，立足现有全球税收制度安排提出备选方案，并概述可能采取的下一步行动。

2023年7月，联合国秘书长安东尼奥·古特雷斯在联合国大会上作了题为《在联合国促进包容和有效的国际税务合作》的报告，为联合国税务公约的制定提供了三类备选方案：[①]方案一，制定一项关于税务的多边公约；方案二，制定一项关于国际税务合作的框架公约；方案三，制定一项国际税务合作框架。三类方案的特点如下表6-6所示。

表6-6 三种联合国税务公约方案

	多边税务公约	国际税务合作框架公约	国际税务合作框架
性质是什么？	具有约束力的法律协定，确立关于国际税务合作的可执行义务，如信息交流，从而可能修改缔约方的税权；主要是规制性的	在国际税务合作领域建立一般治理制度的具有约束力的法律协定；主要基本性质，借助议定书通过规管方面	关于改进税务规范和能力的国际、国家、区域和双边各级协调行动的非约束性议程
何时最可能有效？	就需要在全球一级处理某个问题达成政治共识，并就解决办法达成协商一致的时候。如果仅就具体问题达成共识，在可能时达成不太全面的协定是一个备选方案，例如联合国关于与税收有关的非法资金流动的多边公约	没有就具有约束力的实质性措施立即达成政治共识和（或）问题正在变化时，因为这一备选方案允许逐步取得进展	没有就实质性措施达成政治共识，或者问题的某些方面需要采取多层次办法，或者最好是在国家、区域或双边一级而不是在全球一级加以处理，尽管这种办法仍然以框架为指导

[①] 联合国文件，文号A/78/235。

续表

	多边税务公约	国际税务合作框架公约	国际税务合作框架
参加	普遍	普遍	普遍
议程制定	普遍	普遍	普遍
决策	谈判：大会规则 持续：根据公约的规定，并辅之以缔约方大会的决定和行动	谈判：大会规则 持续：根据公约的规定，并辅之以缔约方大会的决定和行动	谈判：大会规则
执行	公约规定	框架公约规定	各国自愿参与框架内确定的国际、国家、区域或双边行动
争端解决	公约规定	框架公约规定	不适用，因为没有具拘束力的义务

数据来源：联合国文件，文号A/78/235。

立足前序工作，联合国最终于2023年11月15日在该问题上形成了题为《在联合国促进包容和有效的国际税务合作》的决议。该决议强调需要制定一项联合国国际税务合作框架公约，提升全球税收规则的包容性和有效性。同时，该决议作出以下重要决定：

第一，在联合国设立特设政府委员会，负责起草公约的权限范围。第二，要求特设政府委员会在存续期间于纽约举行会议，会期不超过15个工作日。同时，期望委员会在2024年8月前完成相关工作。第三，特设委员会设立主席团，主席团成员的选择应当充分考虑地域和性别代表性。第四，在拟定公约权限范围时，应充分考虑处于不同发展阶段国家的国情,尤其是发展中国家的需要、能力和优先事项。同时拟定的范围应当具有前瞻性、灵活性和韧性,能够适应技术和经济的发展,并与现存国际制度和国际机构相协调。第五,要求特设委员会向第七十九届联合国大会提交一份报告,列入联合国框架公约的权限范围草案。

专栏　联合国税收公约的进程[1]

2019年,非洲国家集团首次在联合国大会上呼吁制定联合国税务公约。[2]

2021年2月,联合国经社理事会财务问责、透明度和诚信高级别小组(Financial Accountability, Transparency and Integrity, FACTI)发布研究报告,呼吁建立联合国税收公约,通过在联合国主持下建立政府间组织,监督全球税收规则的制定。[3]

2021年11月,发展中国家政府间组织南方中心(South Centre)发布简报,提议通过建立联合国税务合作框架公约的方式,实现全球税收规则的统一与协调,为创建联合国税收公约提供了参考。

2022年3月,来自欧洲债务和发展网络(Eurodad)和全球税收正义联盟(Global Alliance for Tax Justice)的民间社会专家,提出了全球第一份联合国税收公约草案。[4]

2022年7月,独立专家阿提亚·瓦里斯(Attiya Waris)向联合国大会提交报告,呼吁围绕联合国税务问题公约展开探讨,并强调对人权的保护。[5]

2022年10月，联合国大会经济和金融委员会向联合国大会提交了一份决议草案，呼吁在联合国就全球税收问题和规则制定展开探讨。[6] 该决议在2022年11月获得一致通过。[7]

2023年7月，联合国秘书长安东尼奥·古特雷斯作了题为《在联合国促进包容和有效的国际税务合作》的报告，分析了现行全球税收规则安排，并概述了进一步促进全球税收合作与协调的备选方案。[8]

2023年11月15日，《在联合国促进包容和有效的国际税务合作》决议形成。该决议要求，在联合国下设特设政府间委员会，负责起草《联合国国际税务合作框架公约》草案。[9]

资料来源：

1 https://taxjustice.net/2022/11/22/%f0%9f%94%b4-live-blog-un-vote-on-new-tax-leadership-role/.

2 塞内加尔代表非洲集团在联合国大会上的发言，http://webtv.un.org/watch/part-1-high-level-meeting-on-international-cooperation-to-combat-illicit-financial-flows-and-strengthen-good-practices-on-assets-return/6037733391001. 2019-05-16。

3 FACIT, 2021, https://factipanel.org/docpdfs/FACTI_Panel_Report.pdf.

4 EURODAD/GATJ, 2022, https://assets.nationbuilder.com/eurodad/pages/2852/atta chments/original/1654678410/un-tax-convention-final.pdf?1654678410.

5—9 均来自联合国文件，文号分别为：A/77/16、A/C.2/77/L.11、A/C.2/77/SR.25、A/78/235、A/C.2/78/L.18/Rev.1。

3.3.2 联合国主导框架的争论

在过去的60年中，经合组织承担了全球税收政策制定与协调的主要职能，包括本章先前提到的BEPS行动计划和"双支柱"

方案。但2023年7月的一篇名为《为什么世界需要联合国在全球税收政策上发挥领导作用》(Why the World Needs UN Leadership on Global Tax Policy)的文章指出,当前由经合组织主导的体系缺乏代表性,并提议转为在联合国的框架下扩展有关全球税收治理的讨论。[①]围绕这一观点,大量专家学者展开了讨论:

(1) 支持联合国主导的观点

联合国作为一个全球性机构,承担着协调涉及众多利益竞争的复杂议题的重任,并在此过程中取得了显著成就。其谈判机制的核心特征包括:各成员国立场的透明性、民主决策原则(包括投票机制),以及全球范围内具有包容性的成员构成。这些核心要素对谈判结果产生了深远影响,因为在支持或反对特定提案时,各国政府不仅需要相互负责,还必须对自己的国民负责。

联合国是引导全球税收政策发展的正确机构,它是最具代表性的全球机构,其专业技术机构和法律框架正是为了协调和统一全球实践而设计的,并且它通过可执行的约束性协议和报告机制确保问责。以下是支持联合国主导的主要观点:

①代表性

联合国是世界上最具代表性的全球机构——世界上只有两个国家不是其成员国(梵蒂冈和巴勒斯坦)。其成员国的广泛性使其能够从全球视角理解包括可持续发展目标在内的全球问题,以及贸易和金融体系如何影响这些目标的实现。在各国税收"逐底

---

① https://taxjustice.net/2023/07/25/why-the-world-needs-un-leadership-on-global-tax-policy/.

竞争"的背景下，这种全球视角尤为重要。同时，由于联合国还包括许多较小或低收入国家，它在制定政策时能够考虑政策对那些被边缘化的国家的溢出效应。目前，欧洲议会已经承认了全球包容性税收标准制定的必要性，并呼吁欧盟成员国支持联合国税收公约谈判。①

②专业性

联合国在建立和监督一些处理高度复杂、技术性问题的最有影响力的专业机构方面有着丰富的经验，已经建立或监管多个成功的国际专职机构，比如针对贸易的国际标准化组织、世界贸易组织、联合国贸易与发展会议等。由于税收通常是贸易的另一面，税收、贸易和债务紧密相连，因此联合国具备引导全球税收合作的专业能力。

除了其专业机构外，联合国还颁布了多项关注全球挑战的公约，涉及人权、环境保护、裁军、卫生、劳工权利和性别平等领域。这些公约为各国间的对话、信息交流、合作、技术援助和能力建设提供了平台。它们不仅从法律角度重要，而且在培养集体责任感和团结精神，以及推动更进步和包容地解决问题等方面发挥了重要作用。

③透明性

联合国的操作流程和成员国的参与在很大程度上保持透明，这极大地促进了成员国对其作出的决策及对这些决策的遵守负责。联合国的报告体系和监督机构为公众提供了一种途径，使公众得以清楚地了解各成员国在履行其国际义务方面的表现，并进

---

① 资料来源：https://taxjustice.net/press/european-parliament-backs-a-un-tax-convention/。

一步确保这些国家对其所承诺的义务承担责任。此外，联合国内部还设有一套问责机制，一旦某一公约或协议被通过，所有成员国便受到该机制的约束。这种机制保证了国际税收合作的有效实施，确保各国在全球税收政策方面的合作能够顺利、公正地进行。

（2）反对联合国主导的观点

①效率和实用性问题

部分学者指出，虽然联合国已成立联合国税收委员会（UNTC）[①]来处理国际税务问题，但该委员会在目前的国际税收体系中并没有发挥足够的作用，这可能是因为其内部结构存在一定的缺陷。同时，还有担忧认为，如果提升UNTC的地位，可能会使其与其他国际机构，尤其是经合组织，在职责上发生重叠，导致工作重复和资源浪费。这种担忧源自于对当前国际体系效率的考量，以及对职能重叠和混乱的担心。此外，学者们还忧虑，提升UNTC的地位可能会使国际税收标准变得更加多样化，降低其统一性，从而增加整个体系的复杂性和不确定性。

②资源和成本问题

提升UNTC的地位可能需要各国政府需要在国际税务问题上增加投入。这种变化可能会对政府造成更大的财政压力，由此引发了关于是否会显著增加国家财政支出并干扰国家资源分配的问题。此外，当前只有少数学者从理论角度支持由联合国领导国际税收合作，这一做法的实际效果缺乏详细的成本效益分析。因

---

① 联合国税收委员会（United Nations Tax Committee，正式名称为联合国专家委员会税收问题专家组，或简称为UNTC）是联合国经济和社会理事会（ECOSOC）下属的一个专家委员会。

此，在制定相关决策时，可能会缺乏对经济合理性的全面评估，无法确保决策的经济合理性和有效性。

③政治和法律问题

部分学者担心，合作机构的政治化可能使各国更倾向于追求各自的狭隘利益，而不是共同的全球利益。这种担忧反映了国际政治环境中的现实主义观点，即各国通常会首先考虑自身利益。而由于国际机构的决策往往需要各国颁布相应的法律来具体实施，因此往往具有法律约束力，能够直接影响到国家的税收政策和主权。在这样的环境中，当机构的政治化导致国家间利益的冲突时，可能会妨碍寻求和维护全球共同利益的努力。为此，重视和平衡各国利益，特别是在涉及关键的税收主权问题时，显得尤为重要。

本章小结

在过去的一百年中，全球税收模式经历了重大的变化，各国政府从竞争走向合作，从避免双重征税走向反国际避税。为梳理全球税收模式的变化，本章从全球税收的起源出发，首先对全球税收竞争理论、全球税收竞争的争议进行了详细的论述。随着全球化的发展，全球税收的重点从全球税收竞争转为合作，本章随后介绍了国际税收合作的背景、理论及框架。最后，本章介绍了全球税收合作的演变，并对未来可能的全球税收合作形式进行了展望。

第七章　全球财政金融协调

> 我们需要财政政策、货币政策和供给侧措施达成平衡的组合，以实现金融可持续性发展、促进生产性投资并创造更好的就业机会。政府监管需要解决国际贸易和金融体系日益加深的不对称问题。
>
> ——蕾韦卡·格林斯潘（Rebeca Grynspan）

伴随着全球化深化，全球经济活动和经济关系日益加强，全球的生产供应链与资源配置、国际经贸关系、经济增长与社会福利正在深刻变化，对各国政府的经济活动产生了深远的影响。本章首先回顾了全球财政金融协调的现实困境，其次从全球经贸协调、债务协调和金融协调三个方面阐述了全球财政金融协调的政策与内容，接着分析了全球财政金融协调的挑战与未来趋势，此外还介绍了基于财政规则的全球财政框架和主权财富基金等内容。

引言：欧债危机何去何从？

欧盟的发展历程：从西罗马帝国灭亡开始到第二次世界大战

结束，欧洲各国间的摩擦与冲突从未止歇。为了避免战争悲剧重演，共同发展经济，各国决定放下纷争，加强合作。大体而言，这一过程主要经历了三个阶段：荷卢比三国经济联盟—欧洲共同体—欧盟。1999年1月1日，共同货币"欧元"推出，并在三年过渡后，于2002年1月1日正式进入流通。

演化：单一国家债务危机—多国家银行流动性危机

2009年12月，希腊的主权债务问题凸显。受其影响，葡萄牙、意大利、爱尔兰、西班牙相继陷入债务危机中。危机使得"信仰"破灭，形成"主权债务危机—公债资产缩水—银行部门资产负债表恶化—银行流动性紧缩—信贷衰退—经济衰退—债务负担加剧"的恶性循环。欧债危机经历了从单个国家的主权债务危机，到欧元区银行流动性危机，再到欧元危机逐步深化的过程。

制度因素：欧债危机是货币和财政政策分离的副产品

欧元区的货币政策由欧洲中央银行统一管理，但财政政策由各国政府主导，这种二元的结构设计使得欧元区国家面临财政货币政策协调上的矛盾。欧元区货币一体化后，各国放弃了货币政策上的独立性，但在政治、经济、财政方面的差异依然巨大，于是形成了少数发达国家对政策享有更大话语权，而外围国家利益被忽视的局面。同时，欧元区内各国的联系较为紧密，交叉持有债务，使得单个成员国的风险极易扩散至整个欧元区。

应对与余波：欧债危机的化解与影响

欧债危机爆发之初，救助措施滞后，危机一度恶化。而后，欧盟、欧央行、国际货币基金组织联合发力，通过流动性支持、紧缩财政、债务重组等手段，展开积极干预的救援措施，才使得危机逐渐化解。

纵观整场欧债危机，不难发现，欧元的发行使得欧盟成员国在政治、经济上都高度绑定在一起，虽然满足了政治上的需要并提供了贸易上的便利，但是也带来了许多风险。货币政策的统一与财政政策的分化与差异，反而催生了更多的不确定性。值得我们思考的是，当今全球债务风险问题已成为全球未来十大挑战之一，过去的危机非但没有结束，还出现了变异，正逐渐演化成一个危及战后全球政治经济秩序的危机。

1. 全球财政金融协调的发展进程

全球公共财政打破了国家的地理边界，扩大了国家公共政策辐射的空间范围。全球化逐渐消弭了国家间的隔阂，这也意味着公共政策影响范围不再局限于本国，而是会波及全球其他国家。怀尔德森（Wildasin，2021）将封闭经济中的财政问题拓展到了开放经济，资本、劳动等要素在辖区之间自由流动，政府为争夺流动性生产要素利用财税金融政策展开竞争。全球财政金融协调与合作是克服国家失灵和市场失灵的关键，能够维护全球经济稳定和促进经济增长。

全球财政金融协调是指各国在全球经济活动中协调彼此的财政与金融政策，以解决利益分配产生的问题，主要包括全球支出的复杂性问题、全球公共产品的负外部性问题、公平收益问题、全球财政金融规则协调问题等。理论上，要想减轻公共政策的跨边界负外部性，就需要全球政府采取统一规制框架、协调财政金融、征税等手段予以矫正。现实中，国家间的协调与合作是应对全球经济发展不确定性、金融风险等共同挑战的出路。

全球财政金融协调的历史可以追溯到20世纪50年代，由欧洲各国率先发展，最初的协调主要集中在减少国际贸易和投资的壁垒，以及货币政策协调等方面。随着全球经济一体化的加快，全球财政金融协调的侧重点也发生了变化，转向政府之间的财政政策协调、金融监管改革以及全球财政金融协调政策的创新。

1.1 第二次世界大战后：欧洲率先协调发展

第二次世界大战后，欧洲的财政金融协调伴随着欧洲经济一体化和欧元区的建立日益深化。

（1）欧洲共同市场建立：1948年，荷兰、比利时、卢森堡三国组成关税联盟，主要目的是免除关税，开放原料、商品的自由贸易。1951年4月18日，联邦德国、荷兰、比利时、卢森堡、法国、意大利六国签署《巴黎条约》，决定成立欧洲煤钢共同体，合作推动煤与钢铁的生产销售；1952年7月23日，该条约生效，欧洲煤钢共同体正式成立。1957年3月25日，六国在罗马签署《罗马条约》；1958年1月1日，该条约生效，欧洲经济共同体和欧洲原子能共同体正式成立，旨在创造共同市场，取消会员国间的关税，促进劳动力、商品、资金、服务的自由流通。1965年4月8日，六国签订《布鲁塞尔条约》，决定将煤钢共同体、原子能共同体和经济共同体所属机构加以合并，统称为"欧洲共同体"；1967年7月1日，该条约生效，"欧洲共同体"正式成立。1972年后，丹麦、英国、爱尔兰、希腊、西班牙及葡萄牙先后加入欧洲共同体。

（2）欧洲货币联盟形成：欧洲货币联盟的发展可以追溯到1992年签署的《马斯特里赫特条约》，该条约规定了欧洲货币联盟的基本框架和目标。1999年，欧元正式成为欧盟成员国的官方货币，并开始在一些成员国中流通。2002年，欧元正式进入流通，同年7月欧盟成员国原有货币停止流通。欧元的使用，简化了欧洲国家之间的贸易和支付流程，提高了欧洲在全球金融市场的影响力。

（3）金融领域合作加深：欧洲中央银行（European Central Bank，ECB）成立于1998年，是欧洲货币联盟的核心机构，负责制定和执行欧元区的货币政策。欧洲中央银行的成立是为了确保欧元区内货币政策的统一和协调。它的主要职责包括维护价格稳定、管理欧元区的外汇储备、发行欧元货币等。欧洲中央银行的目标是通过稳定的货币政策促进经济增长和就业，同时保持通货膨胀率在合理水平。

（4）政策协调和统一：欧盟的财政政策规则主要是1993年生效的《马斯特里赫特条约》（以下简称《马约》）和1997年执行的《稳定与增长公约》（以下简称《稳约》）。这些规则对成员国的财政政策目标进行了规定和约束，包括预算赤字和债务等指标。《马约》旨在约束成员国财政政策，以保证欧洲中央银行免受通货膨胀性债务救援压力，维护中央银行的独立地位和货币政策实施能力。《稳约》进一步强化了价格稳定机制，促进成员国经济的长期增长。它由欧盟理事会决议和两个部长理事会条例组成，要求成员国在货币统一后继续执行严格的经济政策，保持财政平衡。根据《马约》和《稳约》，欧盟成员国年度财政赤字不得超过其国内生产总值（GDP）的3%，公共债务不得超过GDP的60%。欧盟通过制定统一的政策和法规加强经济合作，并致力于建立共同的标准和规范，使欧洲市场更加统一和规范化，为欧洲企业提供了更广阔的舞台。

1.2 全球金融危机后：全球财政金融协调缺位

货币政策和财政政策的配合对维持全球宏观经济稳定尤其重要。目前，全球货币政策协调成效显著，机制趋于完善。全球货币政策制定和协调涉及多个机构和平台，例如，国际货币基金组织（IMF）通过监测全球经济发展、提供政策建议以及向成员国提供财政援助等方式来促进国际货币政策的协调；国际清算银行（BIS）致力于促进国际货币与金融合作，为各国中央银行提供银行服务。然而，当前全球财政金融协调缺位，各国在此方面仍处于探索阶段，在制定和实施财政与金融政策时缺乏有效的合作。

以本章引言中提及的欧债危机为例：最初，欧盟就不清楚如何达成财政和经济政策的协调，鉴于成员国不愿放弃财政主权，任何协调措施都仅停留于模糊的尝试。因此，欧洲货币联盟的制度框架呈现出分散的经济体系和完全集中的货币政策之间的不对称。2008年爆发的全球金融危机和欧债危机凸显了这一缺陷，主要反映在缺乏有效的财政金融协调机制，加剧了危机的传播和溢出效应。欧洲经济虽缓慢复苏，但仍然面临财政不可持续的严重挑战。因此，欧盟成员国须在《稳定与增长公约》的框架下，不断加强财政金融协调，共同应对未来的冲击。欧元区在2011年推出了新的政策协调框架——"欧洲学期"（The European Semester），将财政协调从模糊的尝试升级为详细的政策规定和明确的实施进度表。

"欧洲学期"是欧盟协调和监督经济和社会政策，应对经济挑战的框架。2008年的危机表明，欧盟成员国之间需要加强经济治理和政策协调。2010年前欧盟各国的经济和社会政策协调程序是独立实施的，因此，成员国认为有必要同步这些程序的实施时间以简化流程，并更好地协调各国预算、增长、就业和社会政策等方面的目标，将监测和协调范围进一步扩大到更广泛的宏观经济和社会政策层面。目前，"欧洲学期"仍在稳步推进，欧盟在协调财政政策以确保公共财政符合《稳定与增长公约》[①]和防止宏观经济过度失衡方面迈出了实质性的一步。2024年1月，欧洲理事会如期启动新一期"欧洲学期"进程，《2024年年度可持续增长调查》概述了周期的主要特征，比较了其与以前周期相比的新发展，强调需要充分利用欧盟资金工具的互补性，如欧盟复苏基金（Recovery and Resilience Facility）和凝聚力政策基金（Cohesion Policy Funds）。该调查还提出，要进一步加强欧盟政策的协调一致，通过绿色和数字化转型提高欧盟的竞争力，确保社会公平和领土凝聚力。

1.3 新冠疫情后：全球财政金融协调刻不容缓

当家庭和企业受到疫情等重大冲击或货币政策受到限制时，政府需要依靠财政政策为经济稳定提供必要的支持。在世界层面，国际货币基金组织、世界银行等国际组织为脆弱经济体应对冲击、全球经济复苏作出了重要贡献。

2020年5月，在新冠疫情的冲击下，欧盟委员会出台"下一代欧盟"复苏基金计划，提议在欧盟多年期财政预算1.1万亿欧元的基础上增加7,500亿欧元的专项复苏基金，以支持各成员国

[①] 详见欧盟官网，https://economy-finance.ec.europa.eu/economic-and-fiscal-governance/stability-and-growth-pact_en。

渡过疫情引发的公共卫生和社会经济危机，这是欧盟和欧元区向财政联盟迈出的关键一步。2021年8月2日，国际货币基金组织批准了6,500亿美元的特别提款权（SDR），以增加全球流动性。此外，G20峰会提出的"暂缓最贫困国家债务偿付倡议"得到了世界银行、国际货币基金组织和巴黎俱乐部的支持，世界最贫困国家将从中受益120亿美元。鉴于财政政策在应对近期危机和未来挑战中的核心作用，各国改革财政治理、全球财政金融协调的呼声已然引起共鸣。

2. 全球财政金融协调的现实困境

在全球化的背景下，各国经济依存度越来越高，财政金融政策溢出效应显著。各国财政金融协调的缺失可能会导致贸易不平衡，加剧国际贸易冲突，扩大某些国家的债务风险，引发全球债务危机，全球金融市场将面临巨大的风险和不确定性。

2.1 国际贸易摩擦

国际贸易摩擦是指两个或多个国家之间因为贸易政策、关税、贸易壁垒等问题而发生的争端或摩擦。这种冲突导致国家之间经贸关系紧张，影响国际贸易秩序，甚至对全球经济稳定产生重大影响。

近年来，随着全球化程度加深，国际贸易摩擦日益增多，国家之间贸易关系逐渐紧张。2018—2023年全球贸易摩擦愈演愈烈，不仅频次上大幅攀升，而且涉及的领域和范围也在不断扩大。据世贸组织统计，近五年间全球范围内发生的贸易争端案件数量相比前五年增长了超过40%。其中，中美贸易摩擦成为焦点，双方互加的关税措施涉及数千亿美元的商品，对全球贸易产生了深远的影响。根据WTO的数据，近五年全球贸易额的增长率远低于过去十年的平均水平。贸易摩擦导致了贸易伙伴之间的信任危机，许多企业为了规避风险，不得不调整供应链和生产布局，这不仅增加了成本，也影响了全球产业链的稳定性。此外，贸易摩擦还引发了资本流动的变化，一些投资者开始重新评估全球投资环境，导致资本流向更加不确定。这些负面效应不仅影响了相关企业的利益，也阻碍了技术创新和知识传播。

国际贸易冲突通常会导致市场不确定性增加，对企业和消费者产生负面影响，也可能引发货币贬值、股市波动等金融市场问题。值得一提的是，贸易摩擦还加剧了全球经济不平等现象。一些发展中国家由于出口依赖度高、产业结构单一等原因，更容易受到贸易摩擦的冲击。这不仅影响了这些国家的经济发展，也加剧了全球贫富差距。解决国际贸易冲突，通常需要通过谈判和协商来寻求共识，也可以通过国际组织来进行调解和解决争端。

2.2 全球债务危机

全球债务危机是指全球范围内出现的债务累积和偿还困难，导致债务违约和金融系统不稳定的情况。债务危机通常涉及政府、企业和个人的债务，可能由多种因素引起，包括经济衰退、不良贷款、高利率、外部债务、政府赤字等。

自1970年以来，全球公共债务已经增加了两倍，公共债务规模占全球GDP的比重从30%增加到了2022年的92%（略高于91万亿美元）。私人债务规模从1960到2021年也增加了两倍，达到全球GDP的146%（接近144万亿美元）（见图7-1）。从2009年开始，中国债务规模增长相当明显，尤其是非金融类公司的债务，占全球28%，位居全球第一。[①]

世界各国的主权债务可持续性指标不断恶化，很多低收入国家面临极大压力。目前已有12个国家主权债的交易利差处于承压水平，另有20个国家的主权债交易利差超过了700个基点。低收入国家的债务在过去二十年大幅增加，超过一半的低收入发展中国家已陷入债务危机或者正处于高风险水平，约五分之一的新兴市场的主权债券交易处于危机水平。为了应对全球债务危机，国际组织和各国政府需要采取一系列措施，包括财政政策调整、货币政策干预、债务重组和国际援助等。

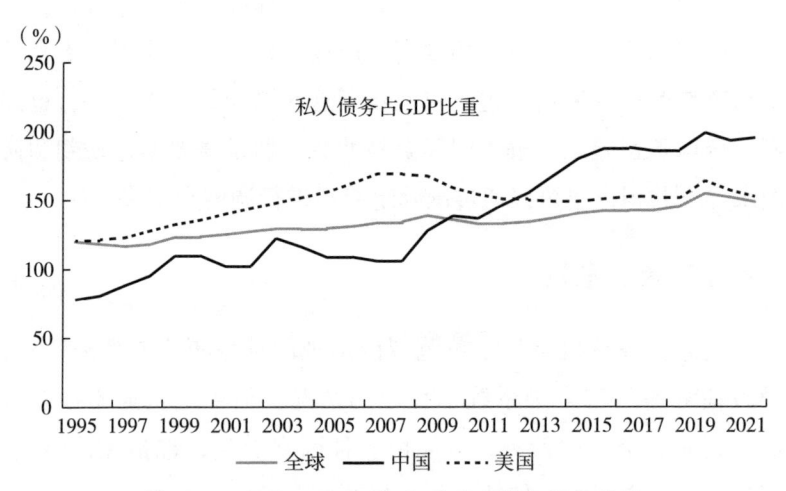

图7-1　1995—2021年全球私人债务增长趋势

数据来源：IMF全球债务数据库。

[①] 资料来源：International Monetary Fund, Global Debt Monitor (2023).

2.3 全球金融市场不稳定

全球金融体系的抗风险能力正在面临严峻考验，金融风险迅速上升。全球金融危机后，利率处于极低水平，波动性受到抑制，各国政府释放了充足的流动性。在这种环境下，市场参与者增加了其对流动性风险、久期风险和信用风险的敞口，且往往会利用资金杠杆来提高回报率。这些脆弱性使得金融风险居高不下。[①]

货币政策紧缩、金融条件收紧与脆弱性积累的相互作用导致银行业动荡，给金融市场的稳定带来巨大的挑战。通胀压力比预期更为持久，金融市场的压力使央行的任务变得更加复杂。大型经济体通过一系列手段有效避免了负向的溢出效应，而规模较小且风险较高的经济体则面临债务持续性恶化的问题。

非银行金融中介机构（NBFI）通过增加信贷渠道促进经济增长，在全球金融体系中发挥着关键作用。由于低利率，非银行金融机构的财务脆弱性有所增加。NBFI的压力往往伴随着高杠杆、资产负债流动性错配而出现，NBFI与传统银行机构之间的高度关联可能成为金融风险的重要渠道，这些压力会溢出到新兴市场，放大货币政策和金融环境收紧的影响。在当前通胀高企和金融状况趋紧的环境下，各国央行面临着解决金融稳定风险和实现价格稳定目标之间的复杂权衡，政策制定者需要适当的工具来应对非银行金融机构压力对金融稳定造成的后果。

---

① 详见IMF：《全球金融稳定报告》（*Global Financial Stable Report*），2023年4月，https://www.imf.org/-/media/Files/Publications/GFSR/2023/April/English/text.ashx。

当前一些地区不断加剧的地缘政治紧张局势引发了人们对全球经济和金融碎片化的担忧，这也是影响全球金融稳定的潜在不利因素。地缘政治紧张局势可能会影响资本跨境配置、国际支付体系和资产价格，这将会进一步增加银行的融资成本，降低其盈利能力并减少对私营部门的信贷供应，带来宏观金融波动。

为了应对全球金融市场的不稳定，国际社会需要加强监管，进行全球范围内的协调与合作，制定应对危机的政策和措施，以维护金融市场的稳定和可持续发展。

3. 全球财政金融协调的现行框架

本节从经贸、债务和金融三个方面简述全球财政金融协调现行的政策与内容。

3.1 全球经贸协调

全球经济贸易协调是各国为促进全球经济增长和贸易自由化而进行的政策协调和合作。全球经贸政策协调的主要动因是一国经贸政策可能产生的负外部性，单边的贸易政策产生的负溢出效应可能对其他国家造成严重影响。20世纪30年代的大萧条时期，美国采取以邻为壑的贸易保护政策，导致其他国家采取报复性关税措施，全球贸易量急剧下滑。2018年，美国加征钢铝产品关税的做法再次招致贸易伙伴的强烈反击，欧盟、加拿大、墨西哥、土耳其等纷纷对美国采取反制措施。缺乏经贸政策协调会导致各国以自身利益最大化来制定政策而引发全球性的危机，通过经贸政策协调可以避免单边政策对全球经济发展的负面影响。

3.1.1 多边贸易体系和区域贸易协调

20世纪90年代冷战结束以来，随着全球化的快速发展，贸易、环境和安全等全球挑战变得更加突出，多边贸易协调机制不断完善，区域贸易协调日益深化。

多边贸易体系是指由多个国家参与的贸易体系，通常由国际组织参与主导，其核心是贸易协定，旨在促进成员国之间的贸易自由与合作，推动全球经济发展。多边贸易体系的发展历程可以追溯到第二次世界大战后的布雷顿森林体系崩溃后，国际社会对贸易自由化的迫切需求。1947年，美国主导签订了《关税及贸易总协定》（GATT），这是世界上第一个多边贸易协定，旨在降低关税和贸易壁垒，促进国际贸易自由化。随着全球化进程的加速和国际贸易规模的不断扩大，GATT逐渐演变为世界贸易组织（WTO），成为全球范围内最重要的多边贸易组织。WTO的成立标志着多边贸易体系的发展进入了一个新的阶段，它不仅涵盖了商品贸易，还包括了服务贸易、知识产权和投资等方面。

随着全球化和自由贸易的发展与深化，多边贸易体系也面临着越来越多推行上的挑战，亟需进一步变革。各国的贸易纠纷和贸易保护主义抬头，为其带来了前所未有的压力。然而，多边贸易体系依然是国际贸易合作的重要平台，在促进全球经济增长和发展方面发挥着重要作用。因此，在这一阶段，区域贸易协调作为多边贸易体系的补充开始急剧增加。究其原因，可能有如下几点：20世纪90年代初中欧和东欧国家之间出现了新的贸易模式；世贸组织成员因多边谈判进展缓慢失去信心，而双边谈判和"区域"谈判比多边谈判更容易；服务贸易和带有服务承诺的区域贸易协定的重要性日益增加。

区域贸易协定（RTAs）是指两个或多个伙伴之间的互惠贸易协定。WTO认为，区域贸易协定是多边贸易体系的补充而不是替代。自WTO成立以来，区域贸易协定的数量一直呈上升趋势，范围也不断扩大。截至2023年8月1日，已有360项区域贸易协定生效，其中欧洲和亚洲的区域贸易协定数量居于前列（见图7-2、图7-3）。在当今的许多贸易协定中，贸易谈判早已超出了关税范围，涵盖了商品贸易、服务贸易、投资和边境监管等多个政策领域，例如竞争政策、政府采购规则和知识产权等。

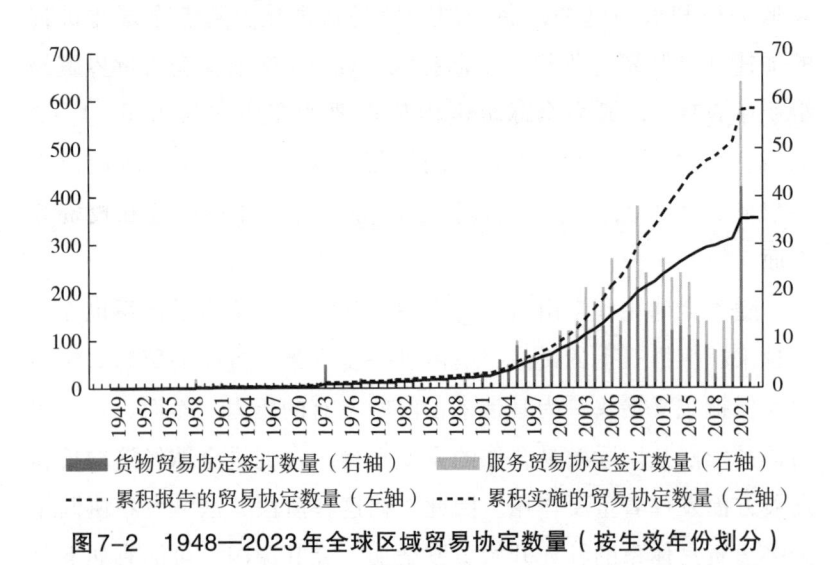

图7-2 1948—2023年全球区域贸易协定数量（按生效年份划分）

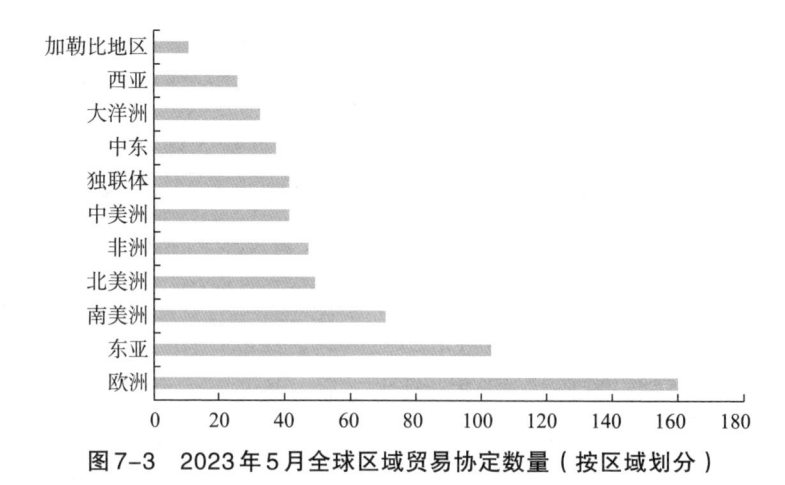

图 7-3 2023 年 5 月全球区域贸易协定数量（按区域划分）

资料来源：WTO 数据库。

关于区域贸易协定对全球贸易自由化的影响，学界看法不一。尽管区域贸易协定旨在惠及签署国，但如果资源配置扭曲或贸易和投资转移没有最小化，则预期收益可能会受到影响。区域贸易协定的增加还产生了成员重叠的现象，当交易者难以同时满足多套贸易规则时，贸易流动可能受阻。此外，随着区域贸易协定的范围扩大到包括不受多边监管的政策领域，不同协议之间不一致的风险会增加。大多数较旧的区域贸易协定仅涵盖关税自由化和相关规则，例如贸易保护、标准和原产地规则。更新的区域贸易协定越来越多地纳入服务自由化以及服务规则、投资、竞争、知识产权、电子商务、环境和劳动力方面的承诺。这些不同可能导致监管混乱，在实施过程中产生一系列问题。

3.1.2 全球经贸协调的调整趋势

（1）**多边主义陷入困境，双边自由贸易盛行**。在全球经贸协调方面，WTO作为国际贸易的多边主义平台承担着主要的引领作用。然而，多哈回合贸易谈判的失败直接影响了WTO在各国政府决策中的地位。同时，欧盟—拉美自由贸易区谈判陷入僵局，"跨大西洋共同市场"一直停留在构想阶段难有新的突破，北美自由贸易区因成员方利益的冲突而出现裂痕……WTO多边谈判受阻已成为双边自由贸易再度盛行的一个重要原因。

　　双边及区域自由贸易协定蓬勃发展，导致国际经贸规则呈现碎片化的发展趋势。金融危机发生之后，这种碎片化趋势更加明显。2018年中美贸易战加深了发达国家主导的逆全球化思潮。目前，世界经济和国际贸易体系正处于一个关键变动阶段，全球化呈现回调趋势，多边贸易进程进展缓慢，而双边自由贸易协定和区域贸易协定在不断增加，这带来了国际贸易体系分割的风险，国际贸易组织的发展呈现区域化和碎片化的趋势，贸易政策国际协调的模式进入了深化调整阶段。

　　（2）**贸易政策协调目标转变**。从中美经贸争端来看，以往单边贸易的政策目标是实现本国利益的最大化，现在单边贸易的目标则很大程度上是消减主要竞争对手的发展速度，减缓对本国的冲击。在贸易政策协调过程中，两国贸易合作协调的目标也从通过贸易协商和政策协调达成双方收益的最优，转变为通过协调减缓共同对手的发展速度。技术创新是现阶段经济增长的主要动力，中美大国博弈主要体现在技术创新领域的竞争加剧。中美协调的模式在一定程度上体现了两国对未来全球化发展目标的认知。美国希望削弱中国在经济增速方面对本国造成的压力，这超越了贸易领域的问题而表现在技术创新方面，例如减少部分新兴行业的合作、减少技术溢出、减少高技术人才的流动、阻碍技术追赶的速度,从而维护自己在技术创新领域的优势地位(全毅、东艳,2022)。

(3)全球本土化(Glocalization)成为全球治理新模式。"Glocalization"结合了"Globalization"(全球化)和"Localization"(本土化),是全球化和本土化相结合的一种趋势或策略。[①]"全球化"指企业跨越国界传播产品、思想和资本,可能导致世界各地文化和消费者的同质化,"全球本土化"则注重当地的习俗和文化,使产品能更好地适应地区需求。

自 2008 年金融危机以来,全球化的走向面临着重大挑战,保护主义和单边主义盛行,国际贸易和投资面临不确定性。2020 年新冠疫情蔓延,各国经济、贸易和外国投资增长呈停滞状态。在这种严峻的全球经济环境下,各国都在寻求新的全球化模式和全球治理体系,以适应当前的挑战和变化。"全球本土化"可能成为去全球化时代的新趋势。各国会更加强调本土产业的发展和保护,以减少对全球供应链的过度依赖。在全球治理缺位和全球性挑战蔓延的双重背景下,各国都可以结合本土化治理体系,进行全球治理危机的应对。然而,"全球本土化"也需要平衡,避免过度保护主义。国际合作和开放性仍然是推动经济增长和全球发展的关键因素。

[①] "Glocalization" 一词首次出现在 20 世纪 80 年代末出版的《哈佛商业评论》中。社会学家罗兰·罗伯逊(Roland Robertson)指出,全球本土化意味着 "the simultaneity—the co-presence—of both universalizing and particularizing tendencies"。在商业和文化领域,"全球本土化"指的是跨国公司在全球范围内推广其产品和服务,同时根据当地的文化、习俗和需求进行调整和定制。

专栏　全球财政金融协调——汇率政策与国际收支不平衡

外汇政策与国际收支不平衡成为G20首尔峰会的争论焦点，主要是因为它们都影响到贸易，而贸易则关系到国内出口行业与进口行业的直接利益。在外汇方面，美国希望通过货币贬值促进出口；在收支不平衡方面，美国试图减少出口大国的贸易盈余以降低国内生产者的竞争压力。德国的政策态度则与美国针锋相对。在此案例中，政府的国际态度很明显受到了国内利益的影响。

在汇率政策上，美国总统奥巴马指责中国操纵汇率，人民币汇率的"大幅低估"造成美国的贸易赤字与本土劳动力的失业压力，中国应该让人民币相对美元升值。时任美国财政部长盖特纳指出："我们相信让主要新兴市场国家的外汇体系变得更为灵活、市场化是非常重要的。"然而，另一方面，美国却在实施量化宽松政策。在德国看来，美国此举有很明显的让美元贬值的意图。默克尔指出：美国不断印发钞票造成美元贬值，使其行为与对中国的指控非常不一致。德国出口协会主席安东·伯尔纳强调：若美国继续印发钞票，货币竞争性贬值导致的货币战争会让每一个国家都成为失败者。

观察美国与德国对汇率政策的态度，我们可以发现其背后国内利益主导的逻辑。美国国内因面临贸易竞争而遭受损失的企业会游说美国政府，企图寻求贸易保护。因此，美国政府出于对国内经济部门利益的保护，会尽量限制由国际竞争造成的本土经济压力。而德国作为全球出口大国，则试图阻止货币竞争性贬值。如果中美争端引发全球货币战争，必将导致德国的出口部门在世界市场上遭受损失。

> 在国际收支不平衡问题上，美国希望以中国、德国和日本为首的出口大国能够降低其贸易盈余，将其经常账户的贸易赤字/盈余限制在4%以内。美国解释限制经常账户的不平衡可以更好地促进各国本地市场需求。对此，默克尔表示，德国出口业的成功不是由操纵货币造成的，而是因为德国企业的竞争力。反观美国的增长模式，正陷入危机之中。此外，德国有三分之二的增长来源于国内需求而不是出口。默克尔还表示，"我们清晰地发现，贸易盈余是由于我们更具竞争力，因此绝对不应该被制止"。
>
> 从外汇和国际收支不平衡的争论中，我们可以明显看到美国和德国都在极力维护其国内特定经济部门的利益。美国试图保护其国内的生产者，而德国则在维护其出口行业的成果。

3.2 全球债务协调

公共债务或主权债务是政府为增长和发展融资的重要方式。主权债务水平及其利率反映了一个国家企业和居民的储蓄偏好以及外国投资者的需求。与个人和公司一样，主权国家也可能难以偿还债务。这可能是因为借贷过多或借贷方式风险太大，或者是受到了意外冲击，例如严重衰退或自然灾害。主权债务违约是指一国以自己的主权为担保向外借来的债务的违约。在市场经济中，如果一国不能偿还其主权债务，就可能会出现主权债务违约。

一旦发生主权债务危机或违约，主权国家需要重组其债务。但与个人和公司不同的是，主权国家没有破产法庭可以迫使债务人及其债权人解决问题。相反，它变成了一场谈判：债权人希望收回尽可能多的资金，而主权国家则希望在不付出太多代价的情况下恢复金融市场的"正常"状态。债务重组对于债务人和债权人来说往往代价高昂。著名的例子包括俄罗斯（1998年）、阿根廷（2005年）、希腊（2012年）和乌克兰（2015年）。如果能够在主权违约（即无法偿还债务）之前达成协议，其成本通常要小得多。这些先发制人的重组通常会很快得到解决，并且对经济和金融体系的负向溢出效应较小。而一旦发生主权国家债务违约，随后的重组过程可能会漫长且代价高昂。

现有各国协调应对主权债务危机模式是通过第二次世界大战后的相关治理实践形成的，表现为从巴黎俱乐部原则到国际货币基金组织多边救助具体程序等一系列规则和方法。

3.2.1 主权债务处置的主要谈判协调机制

自债务危机发生以来，国际社会一直在努力寻找解决发展中国家债务问题的方案。巴黎俱乐部、伦敦俱乐部、布雷迪债券、重债穷国减债倡议、多边债务减免倡议以及新冠疫情后的债务服务暂停倡议等都是重要的债务处理举措和倡议。这些措施反映了国际社会在不断寻找解决方案的努力，形成了一系列重要的债务处理机制和政策。

20世纪80年代，巴黎俱乐部成为解决债务危机的主要推动力。巴黎俱乐部是一个由主要债权国的官方债权人组成的非正式团体，其作用是为债务国所经历的支付困难找到可协调和可持续的解决方案。随着债务国进行改革以稳定和恢复其宏观经济和金融状况，巴黎俱乐部债权人将提供适当的债务待遇。在危机期间，年度协议的数量显著增加，反映了俱乐部在紧急时期所扮演的重要角色。待遇可比性原则是巴黎俱乐部的四项原则之一，要求债权人团体平等分担责任，包括私人债权人和非巴黎俱乐部双边债权人。同一时期，伦敦俱乐部也在努力解决扎伊尔的债务偿还问题，通过伦敦商业银行俱乐部重新安排各国向商业银行支付的债务。

布雷迪债券（Brady Bonds）创建于1989年3月，以美国财政部长尼古拉斯·布雷迪的名字命名，他提出了一项针对发展中国家的债务削减协议，即在20世纪80年代许多国家出现债务违约后，将银行贷款（主要是拉丁美洲的银行贷款）转换为各种新债券。布雷迪债券的关键创新是允许商业银行将其对发展中国家的债权兑换成可交易工具，从而使它们能够将债务从资产负债表中剔除，降低了商业银行的集中风险。

1996年，重债穷国（HIPC）减债倡议推出。根据该计划，38个国家（其中32个位于撒哈拉沙漠以南的中部非洲地区）有资格接受债务减免，这些国家的债务逐渐被取消近90%。2005年，多边债务减免倡议（MDRI）补充了HIPC倡议，将债务减免与联合国可持续发展目标相关的结构性改革计划联系起来。

国际金融协会（Institute of International Finance）的主权债务政策以《稳定资本流动和公平债务重组原则》为中心。该原则于2004年获得G20认可，是预防和解决主权债务危机的有效框架，被债务人、官方和私人债权人、国际金融机构等广泛引用。这一原则旨在促进自愿、可预测和有序的债务重组，其基础是善意地行动、公平对待所有利益相关者。主要措施包括提高债务透明度，促进债权人和债务人之间信息的及时流通，以促进和维持可持续的市场准入；推动债权人密切对话与合作，避免债务违约。

3.2.2 疫情后的主权债务处置

2020年以来，发展中国家经历了第三轮主权债务高峰，主权债务违约规模达到历史新高。国际社会在G20框架下推出了"缓债倡议"（DSSI）和"缓债倡议后续债务处理共同框架"，试图改善现有国际主权债务重组机制。2023年2月，全球主权债务圆桌会议（GSDR）启动，讨论"共同框架"的相关流程和规则优化，同年4月和6月召开第二和第三次会议。

（1）缓债倡议（DSSI）

DSSI指双边债权人在有限期内暂缓部分国家（73个低收入和中低收入国家）的偿债付款。这是暂时缓解债务国家融资限制并释放资金的一种方式，用以减轻新冠疫情对经济社会的影响。DSSI有助于解决当前的流动性需求，但并不意味着其中一些国家现有的债务可持续性问题将得到彻底解决。在新冠疫情之前，许多符合世界银行国际开发协会（IDA）赠款和低息贷款条件的国家（简称IDA国家）的债务脆弱性已上升，其中超过50%的国家被列为债务困扰风险或高风险债务困扰国家。但DSSI确实提供了帮助，它为评估和解决各国债务可持续性问题提供了更长的时间。

（2）DSSI后续的债务处理共同框架（"共同框架"）

"共同框架"是G20和巴黎俱乐部达成的一项协议，旨在协调和合作73个符合DSSI资格的低收入国家的债务处理。

共同框架下的债务处理是应债务国的请求并根据具体情况启动的，旨在确保债权人广泛参与并公平分担负担。它不仅包括巴黎俱乐部成员，还包括非巴黎俱乐部成员的中国、印度、土耳其和沙特阿拉伯等G20官方双边债权人。共同框架可用于解决符合DSSI资格的低收入国家的各种主权债务挑战：对于公共债务不可持续的国家，可以提供深度债务重组，使债务净现值降低以恢复可持续性；对于债务可持续但存在流动性问题的国家，可以将部分偿债付款推迟多年以缓解融资压力。

（3）全球主权债务圆桌会议（GSDR）

GSDR始于2023年2月，旨在帮助解决主权债务重组中的瓶颈问题，对G20、巴黎俱乐部和债权人委员会的工作起到补充，包括"共同框架"下的债务重组。圆桌会议由国际货币基金组织、世界银行和G20主席国（现任国为巴西）共同主持，成员包括官方双边债权人（包括巴黎俱乐部的传统债权人成员和新债权人）、私人债权人和借款国。

GSDR不会取代现有的"共同框架"等重组机制，相反，它通过加深对现有机制的概念和原则的理解和共识来支持这些机制良好运作，进一步促进债务重组。例如，GSDR加强了信息共享和多边开发银行在重组进程中关键作用的共识。此外，GSDR还就债务重组截止日期、待遇可比性、界定债务重组范围、暂停偿债和拖欠、国内债务重组问题以及国家或有债务工具的使用等主题进行了深入讨论。

专栏　全球财政金融协调——债务问题

新冠疫情对全球生产和需求造成全面冲击，各国为防止世界经济陷入深度衰退，联手加大宏观政策对冲力度。2020年3月26日的G20领导人应对新冠肺炎特别峰会声明强调加强全球合作及维护世界经济稳定，有效应对疫情全球性扩散对经济社会产生的影响，支持全球宏观经济政策协调，促使世界各国携手解决潜在挑战，保障经济社会的稳定发展。[1]

从全球宏观经济政策协调的空间来看，财政债务高位运行使世界各国宏观政策协调空间大幅缩窄。在经济社会受到疫情等意外冲击时，世界各国可以通过宏观政策协调，财政政策工具针对特定领域精准施策，以此实现稳定经济社会运行的目的。2008年金融危机期间，美国等世界主要国家债务水平不高，但当前世界主要国家债务水平大多处于高位运行状态，美国联邦债务占GDP比重已经由2008年的62.6%上升到2019年的105.5%，意大利、比利时、法国、西班牙等国政府债务与GDP之比也均达到甚至超过100%。财政债务高位运行让世界各国应对全球经济风险的宏观政策协调空间有限。

从全球宏观经济政策协调的诉求来看，世界各国的分化使得全球协调难以就具体政策达成共识。各国经济社会差异巨大，宏观政策侧重点不同，对于全球宏观经济政策协调的诉求也因此不同。在此背景下，虽然世界各国认识到全球协调的重要性，但对于G20峰会等治理机制达成的共识，则面临着如何落实、什么时候落实等挑战。

---

[1] 详见https://www.gov.cn/xinwen/2020-03/27/content_5496212.htm。

3.3 全球金融协调

3.3.1 金融市场一体化

金融市场一体化是相邻国家、区域内或全球经济体的金融市场通过跨境资本流动、外资参与国际金融市场，以及金融机构之间通过信息共享等方式紧密联系在一起的现象。

金融市场一体化是财政政策溢出效应的重要渠道。它的第一个作用渠道是利率和汇率，即财政政策可以诱导短期利率和汇率的变化，进而实现政策效应外溢，这种溢出为政策协调中"以邻为壑"的论点提供了支持。由此带来的金融风险的蔓延也可能增加其他国家的风险溢价，特别是通过削弱金融中介的作用。当主权国家债务处于高位，而财政扩张是由债务融资引发时，财政政策的溢出效应可能尤其显著。财政刺激最终也会通过提高来源国的通货膨胀来影响贸易条件，这是第二个作用渠道，赫博斯和齐默尔曼（Hebous & Zimmermann，2013a）称之为"通过实际汇率产生的溢出效应"。如果在一个拥有大量成员国的经济体中大力实行财政扩张政策，将导致实际汇率升值，政策的扩张效应将因贸易平衡恶化而降低。

不同形式的金融市场一体化也是跨国溢出效应的一个来源。在欧元区，金融一体化导致跨境银行风险敞口增加。因此，外国对银行的债权可能会放大财政政策冲击（Caporale & Girardi，2013；Alcidi et al.，2016）。另一个重要方面是政府债务危机与中央银行充当政府最后贷款人之间的关系，由于存在财政政策的外部性，一个货币联盟中的小国可能会忽视央行降低通胀目标的可信度，导致其借贷决策对通胀预期产生影响（Alcidi et al.，2016；Aguiar et al.，2015）。

此外，溢出效应还与结构性财政政策有关。由于税收的扭曲，财政政策可能会影响相对价格，从而影响贸易条件，这种政策被称为财政贬值。例如，增值税增加而工资税降低，这种增加劳动力供给的结构性财政政策也可能通过金融一体化产生溢出效应。

3.3.2 国际投资协定

国际投资协定（IIA），在双边背景下通常也称为双边投资条约（BIT），旨在促进签署国之间更多的投资，并制定投资保护政策。

2020年，各国缔结了至少21项新的国际投资协定：6项双边投资条约（BITs）和15项含投资条款的条约（TIPs）。在这21项国际投资协定中，有12项是英国在退出欧盟后为维持与第三国现有的贸易和投资关系而达成的展期协议。此外，至少有18项已经完成谈判的国际投资协定于2020年生效，到当年年底国际投资协定总数至少达到2,646项（见图7-4）。①

根据联合国贸发会议发布的《2023年世界投资报告》，2022年全球外国直接投资为1.3万亿美元，同比下降12%。同时，当前地缘政治、通胀以及金融市场的悲观情绪给全球外国直接投资带来巨大的下行压力。《投资便利化协定》是全球首个多边投资协定，旨在提升投资政策透明度，简化行政审批程序，促进跨境

---

① 资料来源：https://investmentpolicy.unctad.org/publications/1253/recent-developments-in-the-iia-regime-accelerating-iia-reform.

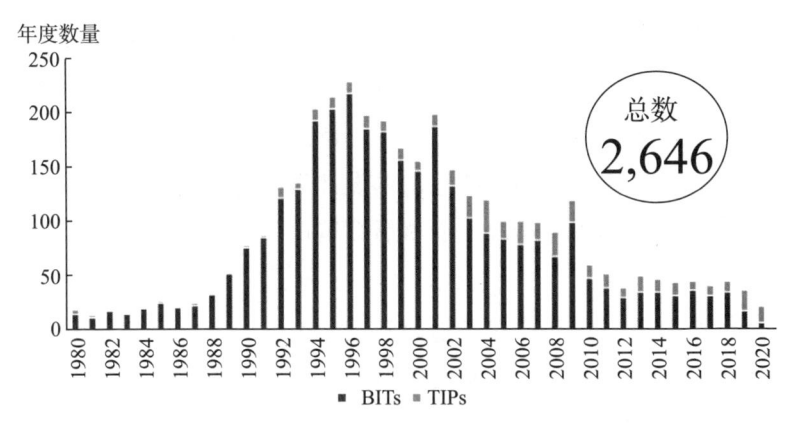

图7-4 1980—2020年全球国际投资协定数量

数据来源：IIA Navigator.

投资便利化合作，推动全球经济可持续发展。该协定有助于提升全球投资监管政策的稳定性和可预期性，进一步提振全球投资者信心，推动全球投资稳定增长。投资便利化是由中国等部分发展中国家于2017年牵头发起的重要议题，目前已有110多个WTO成员参与联署，成为当前世贸组织进展最快、参与成员最多的谈判议题之一。

4. 全球财政金融协调的挑战与趋势

4.1 全球财政金融协调的挑战

2008年全球金融危机以来，货币政策的限制使得人们重新关注财政政策作为稳定工具的角色。为应对危机，各国推出了大规模的财政刺激计划，留下了大量的公共债务，因此财政稳定已成为后危机时代各国政府的主要目标。由于许多国家同时进行主权债务整合，故而除了自身的财政政策之外，各国还面临来自外部的财政政策溢出效应影响。然而，协调财政政策溢出效应可能极其困难。一般来说，事前政策协调设计没有足够的灵活性来应对当前经济发展的现实情况，而事后政策协调则由于政治经济因素而变得复杂。

财政政策溢出效应以及财政政策约束性一直是经济学家和政策制定者关注的问题。财政政策对经济活动的影响是复杂的，在开放经济的条件下，关于一国采取的财政政策如何影响其他国家，经济学家还未达成共识。

4.1.1 国际贸易和金融市场的不确定性

全球财政政策协调面临着国际贸易和金融市场的不确定性，这可能导致国家之间的财政政策难以协调。

开放经济体中财政溢出效应的关键传导渠道是贸易。根据凯恩斯乘数理论，扩张性的国内财政政策将会导致国内消费需求增加。一国贸易开放对其他国家的正向外溢效应是该国国内经济的部分需求转移至其他国家。与此同时，国内财政政策的刺激也会影响实际汇率。理论上，若财政政策刺激导致汇率上升，则国内商品相对比外国商品贵，即进口需求增加，对外国产出的推动效应增大；反过来，若实际汇率因财政刺激而贬值，那么财政政策对外国产出的溢出效应则为负——贸易规模越大，溢出的负面效应越大。**实际上，关于实际汇率如何应对财政冲击的问题，学界几乎没有达成共识**。伊洛里等（E. Ilori et al., 2022）建立 VAR 模型研究了美国和德国扩张性财政政策的溢出效应。两国的财政政策均导致实际汇率贬值，其中，美国的实际贬值幅度远大于德国，美国政府的财政冲击对G7其余六个经济体的GDP产生了显著的积极影响。鉴于美国在政府支出冲击后的实际汇率贬值，除日本外，其他G7经济体相对于美元的双边实际汇率在冲击之初升值。美元的初始贬值将一部分美国消费者的购买力转移到了外国消费者身上。大约经过五个季度，这个传导渠道会发生逆转，美国的贸易伙伴将经历实际汇率的贬值。价格弹性的开放经济模型预期实际汇率会在积极的需求冲击后升值。多数相关研究都得出了类似的结果（Ravn et al.，2012；Corsetti & Müller，2013），但贝茨马等（Beetsma et al.，2016）的研究结论与之相反。

金融市场是财政政策溢出效应的另一个重要传导渠道。由债务融资类的财政扩张政策导致的政府债务上升，可能会因为储蓄下降或风险溢价上升而提高国内利率。从国内利率溢出到国外利率的角度看，随着消费的跨期价格上升，国外产出将受到负面影响。随着政府支出的逆转，长期利率也可能下降，并通过金融渠道传导，增加外国消费和产出。值得注意的是，财政政策冲击的来源国会影响金融市场上利率反应的方向与规模。例如，德国新发行的债券往往会降低长期收益率（大约20至35个基点），而意大利新发行的债券往往会将收益率提高至多20个基点。此外，财政政策不可持续的高债务国家似乎具有更强的利率溢出效应。

关于财政政策溢出效应是由贸易渠道还是金融渠道主导的争论从未停歇。一些学者认为财政政策的溢出效应是通过贸易主导，继而引发金融渠道传导。例如，财政政策溢出效应的大小因财政冲击的来源国规模以及来源国与接受国之间的贸易强度而异。德国1% GDP的财政刺激导致财政支出增加的外国GDP平均增长0.15%，减税的外国GDP平均增长0.05%。相比之下，希腊的财政刺激方案使得财政支出增加（减税）的外国GDP平均增加0.01%（0.005%）。另一些学者认为财政政策溢出效应的国际传导主要通过贸易渠道而不是金融渠道起作用（Hebous & Zimmermann, 2013b）。利率对财政政策冲击的反应是微不足道的，而出口对外国财政政策冲击的反应是负面的。还有一些学者认为，金融渠道的重要性要大于贸易渠道的传导。法奇尼等（Faccini et al., 2016）发现，为了应对美国政府支出政策的冲击，其他国家的实际利率显著下降但贸易基本保持平稳，这表明了金融渠道的重要性。然而，伊洛里等（E. Ilori et al., 2022）的研究结果并不支持这种金融渠道主导论，他们发现美国和德国财政支出的增加，在贸易平衡恶化的同时，其他国家的长期利率都有所上升。此外，还有研究表明贸易渠道和金融渠道的作用方向相反，相互抵消，造成了模糊的财政溢出效应，财政政策的总体溢出效应是有限的（Attinasi et al., 2017）。

4.1.2 主权债务处置的协调难题

如何进行机制化、规范化和有效的债务处置一直是主权债务救助中的核心问题。长期实践表明，主权债务救助机制和规范的构建只是对债务救助集体行动难题的回应和改进，并不能从根源上克服集体行动难题。具体而言，这一难题可分为两方面：

一是不同类型债权人之间的协调难题。债权人的分歧决定了多边、双边、私人金融机构等不同类型债权人的责任和贡献存在着很大差异，完整、公平的集体债务处置方案很难达成。私人金融机构参与动力小，多边机构不参与债务处置，这使得集体债务行动往往要求双边债权人承担主要义务，导致了不合理和不公平。

二是官方债权人之间的协调难题。主权债务处置常涉及国家间协调和大国政治。长期以来，西方国家主导了这一规则和行动，巴黎俱乐部的成立进一步确立了发达国家在主权债务处置中的领导地位。目前，国际融资格局发生重大变化，中国等新兴国家成为发展中国家主要双边官方债权人，而西方国家的官方债权持续下降。这引发了一个新的问题，即中国债权虽大但话语权弱，而西方债权小却话语权强，二者如何协调合作。在发展中国家债务问题严峻的背景下，协调问题更加突出，进一步加剧了主权债务处置的集体行动难题（周玉渊，2023）。

4.1.3 财政金融政策协调的效果与时滞性

财政金融政策的协调与实施效果通常需要一定的时间才能显现，而且会对不同国家的经济产生不同的影响，从而增加了全球财政金融协调的难度。

财政金融政策溢出效应存在着异质性，依赖于各国的不同特征。每个国家的经济体量、发展水平、政策制度等特征都不一致，经济周期也不同步，这些差异导致不同国家在实施财政金融政策时对他国所产生的影响同样具有差异。例如，经合组织国家之间财政溢出效应的强度随着经济周期的变化而变化。经济衰退时，他国财政冲击溢出效应较强；经济扩张时，他国财政冲击的效应为负。此外，当国内和国外都处于衰退时，溢出效应会更加明显。

货币政策在财政金融政策溢出效应中发挥着重要作用，在一国反通胀的货币政策下，该国国内政府支出由于长期实际汇率上升，对他国国内产出产生负面溢出效应。例如，德国2009年和2010年财政刺激计划对法国和意大利的溢出效应不同。对意大利来说，溢出效应的影响在一年后变为负值，是由于德国的财政扩张导致共同货币欧元升值，降低了成员国相对于世界其他地区的竞争力。此外，政策的外溢效应与还与贸易价格弹性、开放程度呈正相关关系。

决定财政金融政策国际溢出效应的潜在因素还有很多。例如，相对国家规模——较大的经济体产生更大的溢出效应；贸易开放度——开放程度较低的经济体会产生更高的国内财政乘数，但对世界其他地区的影响较小；政府支出的进口商品比例——比例越高，政府支出在国际上的溢出效应就越大。

专栏　全球财政金融协调——G20对经济刺激计划与政府债务的争论

在金融危机发生后，大多数G20成员采取了大规模经济刺激计划并提供了巨额资金来援助银行业。美国的刺激计划达到GDP的4.8%，德国达到GDP的3.5%。这些刺激计划导致了高昂的公共债务。自2010年来，政府债务成了诸多国家的核心问题。在这些启动刺激计划的发达国家中，各国采取了不同的应对形式。接下来，我们将首先分析美国和德国的国内相关政策，然后再延伸至G20峰会上两国的分歧。

美国的刺激计划使用的主要手段为增加公共支出，减少税收，采取量化宽松政策。在这些行动中，政府支出主要通过政治因素进行分配，而量化宽松注入市场的货币则通过市场进行分配。美国刺激计划的特点符合其自由市场经济（LME）的理念与制度体系。从社会理念分析，美国人民更倾向高消费，储蓄率明显低于德国，因此债务主导的公共消费得到了公众的广泛支持。从制度体系分析，美国的刺激计划由宽松的货币政策与市场导向的分配原则构成，符合自由竞争市场体系及理念，即相比于政府调控，社会对于市场展现了更强的信任。

作为社会市场经济体的德国，更多依赖其制度化的福利自动稳定机制（automaticstabilizers）。自动稳定机制在危机期间通过政府干预，依靠财政支出实现社会福利的转移。"27.7%的德国人认为依靠政府向富人征税救助穷人非常重要，而在美国只有6.6%的人这样认为。"以上数据充分体现了德国与美国的社会理念差异。在国内制度方面，德国的大型福利系统与"短时工"机制自动减少了危机的影响。该体系符合"集体团结稳定与公平"的社会理念，也引导德国更少地依赖市场机制与财政赤字刺激经济。此外，德国拒绝美国式"宽松的财政政策"的原因还在于其历史背景形成的社会理念与体系。德国在魏玛共和国时期遭遇的恶性通货膨胀深深影响了国内经济管理与整体社会利益导向，形成了"反通胀"的社会理念。

了解完两国的国内政策后，我们再来看他们在G20峰会上发表的观点。美国提倡高赤字刺激计划与宽松的货币政策（量化宽松）并行。德国则明确提出反对高赤字支出：首先，德国怀疑该经济刺激计划的可持续性；其次，德国强调由此可能引发的通货膨胀与物价上涨压力。时任美国财长盖特纳在G20峰会上曾表示，各成员国应该通过财政政策和外汇政策来推动国内经济增长与全球需求；而德国前总理默克尔则表示，在各国寻找金融危机的"退出策略"时，必须巩固财政预算，正像德国所做的。

G20峰会的争论反映了德国和美国在刺激计划、财政政策与货币政策上的不同需求。该差异由于没有涉及具体经济部门的特定利益，因此政府态度主要受到两国国内理念与制度体系的影响。作为社会市场经济体，德国坚持信任政府监管、财政审慎与反通胀社会理念，且与国内制度体系保持一致（非市场分配自动稳定机制）。作为自由市场经济体，美国高度信任市场力量。高赤字、宽松的货币政策得到社会理念的支持。同时，市场分配机制符合美国的国内制度体系。由此，我们可以证明如下观点，即当没有特定部门的经济利益受到直接影响，而主要考虑在推动经济时与政府角色有关的基本问题时，政府态度将主要由社会理念决定；当全球经济治理事宜涉及国内社会经济管理形式时，政府态度将会与国内制度体系保持一致。

4.2 基于财政规则的全球财政框架

财政政策协调的主要工具之一是财政规则。财政规则通过限制预算总额，对财政政策进行长期的限制，旨在纠正过度的财政激励和超额支出，从而确保财政政策可信度和债务可持续性。为保证财政规则的执行，许多国家建立了独立的财政机构——财政委员会（Fiscal Council）。

4.2.1 财政规则

20世纪90年代以来，世界上越来越多的国家建立了基于财政规则的财政框架。截至2021年底，大约105个经济体采用了至少一条财政规则（见图7-5）。主要发达国家最先开始采用财政规则，2010年以来，新兴市场和发展中经济体采用财政规则的数量大幅上升。截至2021年底，建立了财政规则的发展中国家数量是发达国家的两倍多。[①]

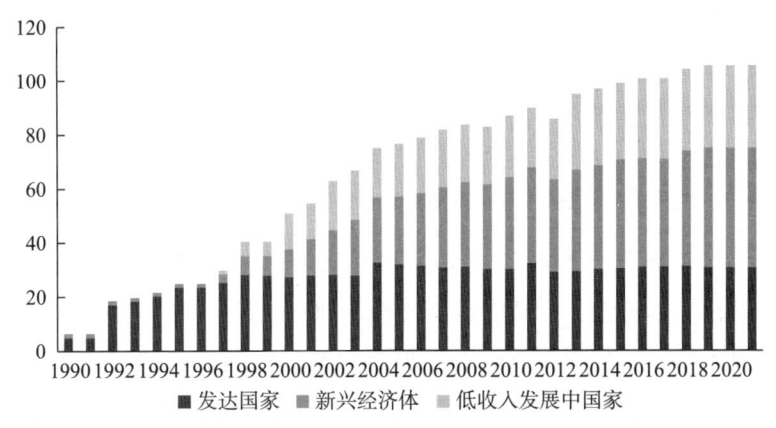

图7-5 1990—2021年采用财政规则的国家数量

数据来源：国际货币基金组织财政规则数据集：1985—2021。

财政规则中最主要的是债务规则、支出规则和预算平衡规则。全球约70%的国家有债务规则，并对公共债务占GDP的比重设定了明确的上限；预算平衡规则实施最为广泛，其核心在于协调政府一定时期内的收支平衡；支出规则的使用越来越普遍，

[①] 参见国际货币基金组织财政规则数据集：1985—2021（IMF Fiscal Rules Dataset: 1985-2021）。该数据集涵盖了1985—2021年106个经济体的财政规则，包括四种类型：预算平衡规则（BBR）、债务规则（DR）、支出规则（ER）和收入规则（RR），适用于中央或广义政府或公共部门。该数据集介绍了财政规则的各种细则，例如其法律依据、覆盖范围、例外条款、稳定属性以及执行程序。

通常对年度支出增长率设置上限；收入规则的使用较少，在发达国家，收入规则通常设定为收入占GDP比重的上限，以避免进一步增税；而在低收入国家，收入规则通常设定为下限，以促进征税收入。

各国财政规则的数量也在不断增长，目前平均每个国家有三条财政规则。多种财政规则的并用可以保证更高标准的财政规范，并实现更多的财政目标。但这也导致了财政框架的复杂性，例如规则和目标之间的冲突，使得规则的执行情况难以监控。

4.2.2 财政委员会

财政委员会是政府设立的独立财政机构，是基于财政规则的财政框架支柱。财政委员会公开、独立地评估政府的财政政策、计划和绩效，提供经济预测，监督财政规则的执行情况，并计算政府实施政策的成本，从而提高政策透明度，促进公共财政稳定。

随着财政规则的广泛采用，越来越多的国家建立了财政委员会。全球金融危机给各国带来的经济压力，推动了财政委员会的迅速崛起。截至2021年，全球共有51个财政委员会，分散在49个国家。[①] 2015年，欧洲财政委员会（European Fiscal Board，EFB）成立，旨在与各国独立的财政委员会合作，评估欧盟财政框架的实施情况，并对欧盟财政框架的未来发展提出建议。此外，这一风潮已从欧洲蔓延到新兴市场。例如，巴西、哥斯达黎加、智利和巴拿马在过去五年中都成立了财政委员会，以监测财政规则的执行情况。

[①] 资料来源：国际货币基金组织财政委员会数据集（IMF Fiscal Council Dataset）。

财政规则的制定涉及规则刚性和灵活性之间的权衡。一方面，财政规则限制了政府债务和过度支出，从而提高了财政政策的可信度和稳定性；另一方面，财政规则的过度刚性可能会限制政府对突发事件和经济冲击作出灵活应对。在某些情况下，政府需要一定的自由裁量权，以采用适当的财政政策来应对经济冲击。为了确保财政规则既能够提供稳定性，又能够在必要时允许政府采取灵活的应对政策，各国财政委员会可以通过定期会议和协商，加强对全球经济形势的共识，达成全球财政政策的协调，共同应对全球性挑战。

4.3 主权财富基金

主权财富基金（Sovereign Wealth Funds，SWF），指由主权国家政府建立并拥有，用于长期投资的金融资产或基金，其资金主要来源于国家财政盈余、外汇储备、自然资源出口盈余等，一般由专门的政府投资机构管理。到2030年，主权财富基金和养老基金的规模将超过54万亿美元，当中多个基金的规模将达到数万亿美元。[1]在今后的国际关系，尤其是全球跨国贸易与投资等方面的问题中，主权财富基金可能成为重要的力量，这种力量不仅可能重塑全球化，也可能引起国际关系的深度变革。

---

[1] 根据全球主权财富基金数据平台（Global SWF）发布的《2022年年报——国有投资者3.0》(*2022 Annual Report--State-Owned Investors 3.0*)，2021年主权财富和养老基金交易数量和数额都比之前六年来得高，共有853项交易，总值超过2,150亿美元，比2020年高出29%。该平台预测，到2030年，主权财富基金和养老基金的规模会超过54万亿美元，当中多个基金的规模会达到数万亿美元。详见https://globalswf.com/reports/2022annual。

4.3.1 主权财富基金的概念和目标

SWF的历史可以追溯到20世纪50年代石油输出国科威特成立的科威特投资委员会。1956年，科威特又正式设立科威特投资局，负责石油出口收入盈余的投资，以减少对石油收入的依赖。两次石油危机和石油价格的攀升，使得石油输出国累积了大量外汇储备，为SWF提供了最初的资金来源。

SWF是由政府所有或控制的、为达到一定目的而设立的公共投资基金，这类基金出于中长期宏观经济和金融目标而持有、管理及运作资产，并运用一系列投资策略投资于国外金融资产（IMF，2008）。欧盟（EU，2008）将SWF定义为对国内和国际金融资产进行多元化投资并由政府控制的投资基金。

国际货币基金组织将SWF分为五类：一是稳定基金，旨在避免财政收入和经济遭受商品价格（通常是石油或出口产品价格）过度波动的影响；二是储蓄基金，旨在将不可再生资源所得收益投资于多元化的资产组合，实现财富在代际之间的转移和分享；三是储蓄投资基金，旨在增加储备资产的收益；四是发展基金，为社会经济项目提供资金，旨在提高一国的潜在产出量和社会经济发展水平；五是意外储备基金，旨在弥补一国政府资产负债表中可能出现或未预料到的债务。

SWF通常是因有利的经济条件而积累的国家预算盈余产生的。在资源丰富的国家，资金经常来自大宗商品的收入补充，主要是石油和天然气，这些商品由国家拥有或征税。首先，建立SWF可以成为资源丰富的国家的一种手段，以避免政府过高的资金分配阻碍公民工作和开发人力资本。其次，SWF可以克服"荷兰病"，即财富的突然增加（通常是由于自然资源的发现）引发国内价格的快速上涨，而货币的走强会降低国际竞争力，从而导致去工业化。在拉丁美洲，即使各国面临预算赤字，SWF也经常通过正贸易平衡来补充，这意味着这些主权基金本质上包含"借来的储备"。

SWF的主要目标包括稳定政府和出口收入；为资源丰富国家的后代积累储蓄，以抵消未来自然资源的缺乏；或是管理外汇储备。例如，世界上最大且表现最好的SWF，挪威政府养老基金全球（NGPF-G），规定其目的是"确保该国石油财富的合理部分造福后代"。更一般地，SWF的主要目标可以表述为最大化财务回报和最小化风险和损失，同时维护国家的长期发展和稳定。

4.3.2 主权财富基金的发展水平

20世纪70年代石油危机后，中东产油国出于对石油资源耗尽的忧虑，纷纷组建各种SWF。20世纪90年代，以"亚洲四小龙"为代表的新兴市场在高速发展中积累了大量的外汇储备盈余，为寻求多元化和高收益的投资途径，刮起第二波SWF设立风潮。在2008年金融危机前后，人们对SWF投资的兴趣和关注再度增加。

全球SWF的数量逐年增加。截至2023年，全球SWF的总数为175家。1970—2022年这五十余年间，全球SWF的新增数量大幅增长（见图7-6）。2005—2023年，SWF的资产规模从1.7万亿美元增加到了11.6万亿美元（见图7-7）。

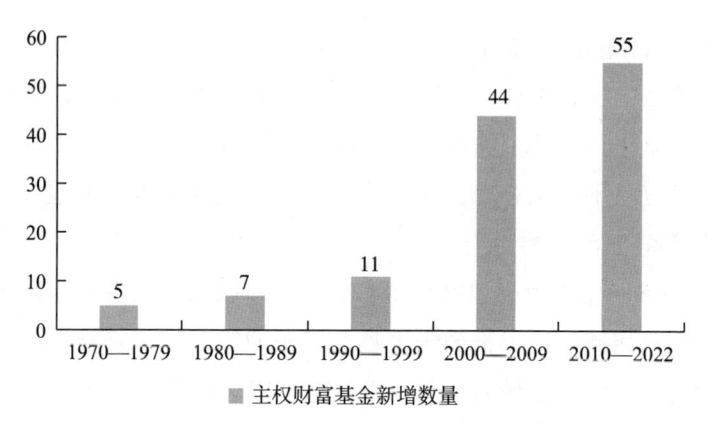

图 7-6 1970—2022 年全球 SWF 新增数量

数据来源：全球主权财富基金数据平台（Global SWF）。

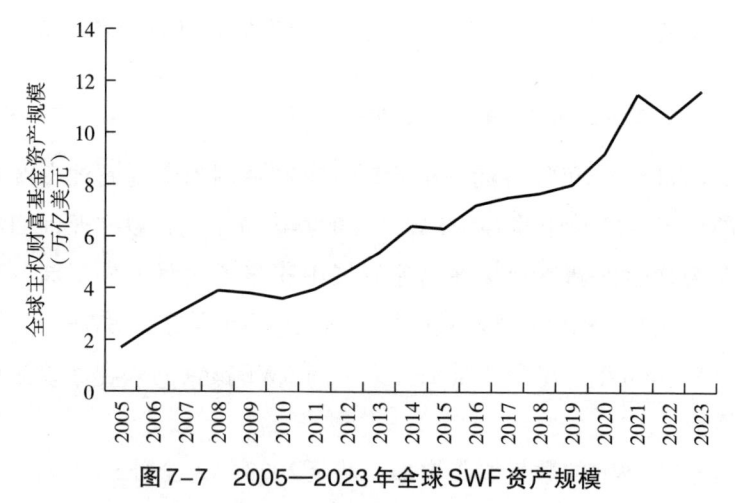

图 7-7 2005—2023 年全球 SWF 资产规模

数据来源：全球主权财富基金数据平台（Global SWF）。

主权投资者的区域偏好多样化。新冠疫情前，SWF 向新兴经济体的投资逐年增多，占比从 2015 年的 28% 上升至 2018 年的 46%。新冠疫情期间，出于避险需求，投资者对新兴经济体的投资比例下降，对北美地区的投资比例上升（美国实施的宽松政策进一步吸引了更多投资），对欧洲的投资偏好则保持稳定。2023年，主权投资者对新兴市场重新燃起兴趣，包括沙特、土耳其和阿联酋（主要来自国内SWF），以及印度、巴西、中国和印度尼西亚（主要来自外国投资者）。[①]

4.3.3 主权财富基金和全球财政金融协调

随着SWF的进一步扩张和发展，未来它将在全球财政金融协调中起到越来越重要的作用，其影响主要体现在以下几个方面：

（1）国际投资和资本流动。SWF通常在全球范围内进行投资，对象包括股票、债券、房地产等。这些投资行为会对全球资本市场产生影响，促进国际资本流动和资金配置，增强全球经济的活力和流动性，为发展中国家提供更多的投资机会。国有跨国公司和SWF的规模与国际化程度都在加速增长，各国政府倾向于将SWF作为国际化投资的工具。小而富裕的新兴国家和发达经济体主要通过SWF在发达经济体进行投资；相比之下，大型新兴经济体主要通过国有企业将其国际投资引至其他新兴国家和部分发达经济体；此外，中国利用国有企业和SWF在全球各地进行投资（Cuervo-Cazurra et al.，2023）。

（2）资本市场稳定和风险分担。SWF的投资行为会对全球资

[①] 根据全球主权财富基金数据平台（Global SWF）发布的2024年年报（*2024 Annual Report—SOIs Powering Through Crises*），SWF在2023年的投资额为1250亿美元，比上一年减少了20%。然而，新兴市场逆势而上，2023年新兴市场从SWF和公共养老基金（PPF）共获得650亿美元，比2022年增长了17%。详见https://globalswf.com/reports/2024annual。

本市场的稳定产生影响。它们可以通过投资多样化的资产组合来分散风险，有助于提高全球资本市场的稳定性。此外，SWF还可以在全球金融市场中扮演风险缓冲和风险分担的角色，有助于减轻全球金融市场的波动性。新冠疫情更凸显了SWF抵抗风险的能力，在拥有SWF的国家，疫情的暴发不会减少外国直接投资（Nawo & Njangang，2022）。

（3）国际金融合作和协调。一国的SWF通常与其他国家的SWF、国际金融机构和其他投资者进行合作和协调。它们可以通过合作投资、共同项目等方式促进国际金融合作，有助于增强全球财政金融协调和合作。国际主权财富基金论坛（The International Forum of Sovereign Wealth Funds，IFSWF）是一个由SWF管理者组成的非营利性国际组织，成立于2009年，总部位于英国伦敦，为SWF制定治理标准，通过定期会议帮助成员吸引外国投资，促进信息共享。[①]2023年9月下旬，IFSWF举行了为期三天，主题为"转型投资"的会议，成员们讨论了国有投资者所面临的最紧迫问题：全球安全、经济、能源和技术领域的转型。

总的来说，SWF通过其在全球范围内的投资行为和国际合作，对全球财政金融协调产生着积极的影响。同时，也需要注意SWF的投资行为可能会引发一些财政和经济方面的争议，因此需要谨慎管理。

[①] 资料来源：国际主权财富基金论坛（IFSWF）官网，https://www.ifswf.org/。

本章小结

当前，全球财政金融协调存在缺位，各国对于财政政策协调仍处于探索阶段，在制定和实施财政政策时缺乏有效的协调和合作。本章主要介绍了全球财政金融协调缺位给全球经济发展和金融稳定所带来的现实困境，并就全球范围内的经贸、债务、金融协调等方面对全球财政金融协调的现行政策和框架作了进一步阐述，最后分析了全球财政金融协调面临的挑战并介绍了未来财政协调的趋势。

第八章　全球不平等

　　孩子们进食的场所是一间宽敞的大厅，一口钢锅放在大厅一侧，开饭的时候，大师傅在锅边舀粥，他为此还特意系上了围裙，并有一两个女人替他打杂。按照这样一种过节般的布置，每个孩子分得一汤碗粥，绝不多给——遇上普天同庆的好日子，孩子们才能得到额外的二又四分之一盎司面包。

——查尔斯·狄更斯（Charles Dickens）

　　这是英国作家狄更斯在《雾都孤儿》中对小主人公奥利弗·特威斯特所在的济贫会（workhouse）里孩子们就餐场景的描述。故事写于瓦特实现蒸汽机改良的七十年后，本应享受工业革命成果的英国民众却陷入日益穷困的生活中。1834年新《济贫法》（Poor-Laws）的推出非但未能让奥利弗和他的伙伴们过上三餐饱腹的生活，反倒催生了阴暗的廉价童工交易。放眼19世纪初的欧洲，奥利弗般的穷困生活不仅限于无家可归的孩童和失去工作的成人，大量的工人乃至中产阶级也饱受着贫富差距带来的绝望与痛苦。如果你从未听闻过当时欧洲著名的三大工人运动

（1831年法国里昂工人运动、1836年英国宪章运动、1844年德国西里西亚工人运动），我们不妨走近那个年代英国社会不同阶层的人，从他们的收入状况来窥视轰轰烈烈的工人运动背后的经济力量——不平等。

同样拥有童工经历的大卫·科波菲尔，尽管不像奥利弗仅能换取棺材铺老板给予的微薄食物作为报酬那般令人沮丧，但十岁年纪的他，以苦力换来的周薪也只有可怜的6先令（这在当时可以换取24块黑面包或者12个肉饼）。① 然而少年大卫的薪酬却还不是最糟糕的：如果一个人在预期寿命仅为40岁的社会中顺利成年并成为一名为富人家庭的侍从，他每年仅能赚取6.5英镑，还不及出卖苦力的少年大卫。即便作为律师助理，米考伯先生的周薪也仅有22先令6便士（即1.125英镑）。遇到好雇主的成年大卫，在律师事务所的见习工资则高出一些，为每年70英镑。如果工资水平普遍不高，上述数字也并不会有十分不妥。然而，作为牧师的哈雷斯居然可以赚取每年450英镑的薪水；更令人咋舌的是，法院登记处的注册官员们每年能获取高达不下8,000英镑的（普遍是中饱私囊的）利润，足足是那位普通侍从年薪的一千二百多倍。倘若有人告诉你，在大多数工薪阶层每年收入普遍低于当时社会平均年薪32.5英镑的同时，他们还要每周工作约65.5小时的话，你是否会觉得这比"996"的状态更为不幸？②

作为经济学人，在关心这些鲜活人物的命运之外，我们会本

---

① 大卫·科波菲尔为狄更斯笔下半自传性质的同名小说主人公。后文的米考伯先生是其做童工时的房东。

② 薪资收入与工作时长数据均来自英格兰银行数据库；预期寿命数据来自英国国家统计局。

能地想了解：在他们身处的庞大社会中，更广泛的收入或财富分布是怎样的，是否具有普适特征？哪些重要因素在左右收入和财富的分布及其演化？政府应该制定怎样的公共政策？本章的后续部分将会针对这些问题展开探讨。

1. 不平等的显著事实

"不平等"（inequality）一词最早出现在经济学中，是用以描述宽泛的社会资源或机会不均衡，譬如，区域发展不平等（Clark，1908）；城乡经济不平等（Rutledge，1930）；资源价格不平等（Haney，1917）；居民收入不平等（Johnson，1935）。阿特金森（Atkinson，1970）有关收入分布测度的开创性理论研究之后，"不平等"一词才逐渐被视作对收入或财富分布个体差异的专属描述，本章对不平等的定义也遵照这一传统。

在展示近现代社会的不平等之前，你或许应该知道这样一个事实——不平等自私有制出现后，便一直与我们形影不离。针对不平等这种"与生俱来"的特性，杨晓亮和周鹏（Yang & Zhou，2022）曾提供了存在交换与平等机会时不平等必然存在的严格数学证明。近年来，经济学家试图从考古发现中重构几千年前乃至上万年前的不平等状况。2018年，来自美国的提莫森·科勒（Timothy Kohler）教授和迈克尔·史密斯（Michael Smith）教授出版的《万年不平等史：财富差异考古学》一书，根据当代考古发现探讨了古代的（财富）不平等状况。表8-1汇总了来自该书的部分数据，从基尼系数（从0到1逐渐由完全平等过渡到极度不平等）来看，在可观测到的一万年前，不平等便已存在，尽管当时程度还较低。在姑且不考虑各地区数据可比性以及基尼系数恰当性的情况下,我们能较直观地看到公元纪年之后的不平等水平似乎更高。[①]同时,我们也应该意识到,这种以文物存量测度的不平等只能作为财富不平等的近似,但却难以被用来估计收入不平等,两者之间具有明显差异。

表8-1 部分来自《万年不平等史》的古代不平等数据

遗址所在地	研究作者	时间	不平等测度	基尼系数
美索不达米亚北部	Boǵaard et al.	公元前 10000—公元前 4000 年	居住和储存区的分布	0.1—0.4
中国	Peterson & Drennan	公元前 4000—公元前 3500 年	家用人工制品组合数据	0.05—0.2
约旦(努迈拉)	Oka et al.	公元前 2850—公元前 2550 年	人工制品组合数据	0.19—0.32
印度西部(焦耳)	Oka et al.	公元前 300—公元前 1800 年	贵重物品的复合数据	0.6—0.87

即便我们只试图回顾近200年内的不平等,依然会面临数据匮乏的困扰。主要发达国家权威的居民收入结构数据最早可以追溯到20世纪头10年,大抵是现代直接税产生的初期,譬如源自布鲁金斯研究院(the Brookings Institution)、美国商务部(U.S. Department of Commerce),以及美国联邦政府消费者金融调查(Survey of Consumer Finances)的美国居民收入调查数据;源

[①] 更多有关历史上长期不平等的介绍,可以参见 Alfani and Di Tullio , *The Lion's Share: Inequality and the Rise of the Fiscal State in Preindustrial Europe*, Cambridge University Press, 2019 和 Milanovic, *Global Inequality: A New Approach for the Age of Globalization*, Harvard University Press, 2016。

自英国牛津大学经济与统计研究所（Institute of Economics and Statistics）、英国中央统计办公室（Central Statistical Office），以及英国国家统计局（Office for National Statistics）开展的英国居民收入调查数据（National Survey of Personal Incomes and Savings）等。上述调查不仅提供了样本量充足的居民可支配收入结构数据，更重要的是为广大学者提供了税前收入的分布数据。[①]在此基础之上，致力于为研究者提供广泛的关于各国内部和各国之间收入和财富分配历史演变数据的学者们建立了世界不平等数据库（World Inequality Database，WID），进一步丰富和拓展了不平等数据资源。

1.1 国民收入不平等

布尔吉侬与莫里森（Bourguignon & Morrisson，2002）、冯·赞登等（van Zanden et al.，2014），以及钱斯尔和皮凯蒂（Chancel & Piketty，2021）等在WID数据库的基础上，将收入不平等数据向前估计至19世纪初叶。这类估计的通常做法是将常用的不平等指标（例如基尼系数）根据其统计学特性转变为易于处理的线性回归方程，并寻找合适的代理变量作为回归因子，再利用已有观察数据估计参数并生成历史数据。

图8-1展示了钱斯尔与皮凯蒂估计的1820—2020年全球80多个国家加权平均的税前国民收入基尼系数。[②]从全球视角来看，

[①] 这些数据的早期应用见约翰逊（Johnson，1935）、库兹涅茨（Kuznets，1955、1963）等人的研究。

[②] 对于部分中间年份的数据缺失，我们使用窗口长度为10的移动中位数进行了插值数据补充。

收入不平等自1820年起出现了快速上升，在19世纪末期增速放缓，直至第一次世界大战前的1910年达到顶点。收入不平等在随后的90年间呈现出先降后升的"U"形，并在2020年再次达到顶点，这一形态也被形象地称为"大象曲线"（the Elephant Curve）抑或"卧S曲线"（the Supine S Shape）。① 而在过去20年间，尽管不平等的话题持续升温，尽管我们在直觉地认为不平等在持续加剧，但从全球税前收入的基尼系数来看，我们会惊讶地发现世界不平等状况一直在改善。当然，我们尚无法判断这样的趋势是否会持续下去，但即使只有过去20年全球收入基尼系数的显著下降也足以令我们心生疑问：这样的下降是否在不同类型或地区的国家间也具有普遍性？或者更一般地说，这样的"大象曲线"是否在国家间也普遍存在？大家熟知并习惯使用的基尼系数是否可以作为不平等水平的准确而全面的度量？

对于第一个疑问，我们使用钱斯尔和皮凯蒂（Chancel & Piketty，2021）分地区和国家的收入分位数的长历史数据重新计算基尼系数（对19世纪部分年份进行了平均移动法的插值处理），绘制了图8-2。我们选取了来自亚洲的中国和日本，来自欧洲的德国和法国，来自美洲的美国和巴西，来自非洲的埃及和南非，以及来自大洋洲的澳大利亚，以尽可能全面地展现全球各地区的收入基尼水平。② 不难发现，尽管各国的收入基尼系数水平

---

① "卧S曲线"最早由拉克纳和米拉诺维奇（Lakner & Milanovic，2016）提出，用以描述20世纪80—90年代的全球收入分组中随着收入等级的提高，组内人群收入增长率呈现出的先升后降再度上升的形态，阿尔瓦拉多等（Alvaredo et al.，2018）随后将其命名为"大象曲线"。

② 在此感谢石莹莹女士对此图中所展示国家样本的精心挑选。

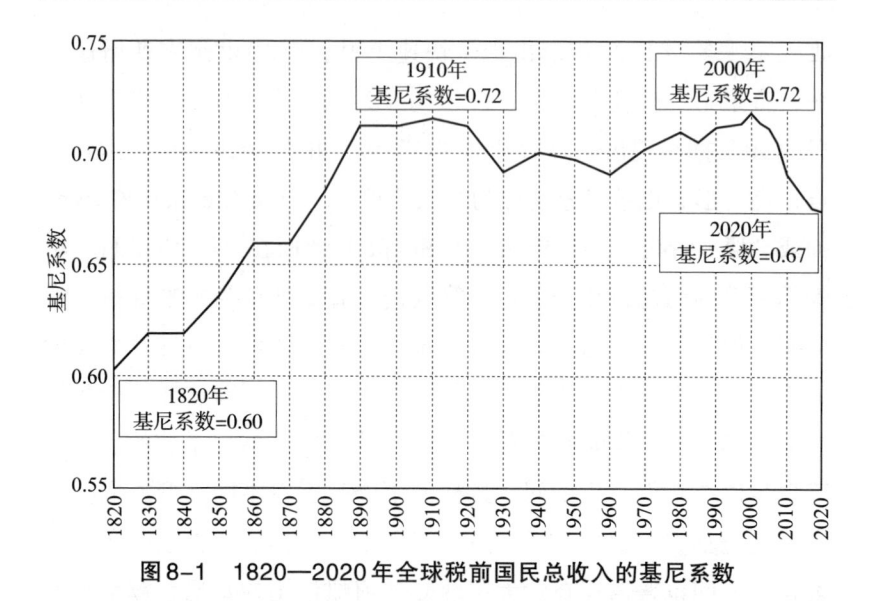

图 8-1　1820—2020年全球税前国民总收入的基尼系数

数据来源：钱斯尔和皮凯蒂（Chancel & Piketty，2021）附录。

各异，但在1820—2020年，除北非的埃及以外，其他国家都表现出了一致的"大象曲线"（先升后降并再度回升），且在19世纪大多数时间内形成了长长的"象鼻"（稳定且长期的增长）。在此期间，各国也展现出了各自独特的数据特征：不同于中、日、德、法、南非等国在1910年前后达到收入基尼系数的峰值，美国与巴西的基尼系数在第一次世界大战前后依然保持了上升态势并在1940年左右才达到峰值；澳、埃两国则在不同时期维持了较长时间的高基尼系数水平。然而，过去20年间全球人口加权后的收入基尼系数（图8-1）所展现出的不平等下降却并未在诸国中有一致的体现。中、日、法等国家在过去的十（数）年间确实呈现出了与全球加权平均相似的收入基尼系数的下降，但其他国家并未出现同样的变化，特别是美国、南非和澳大利亚的收入基尼系数在20世纪末期便持续上升，直至现在。

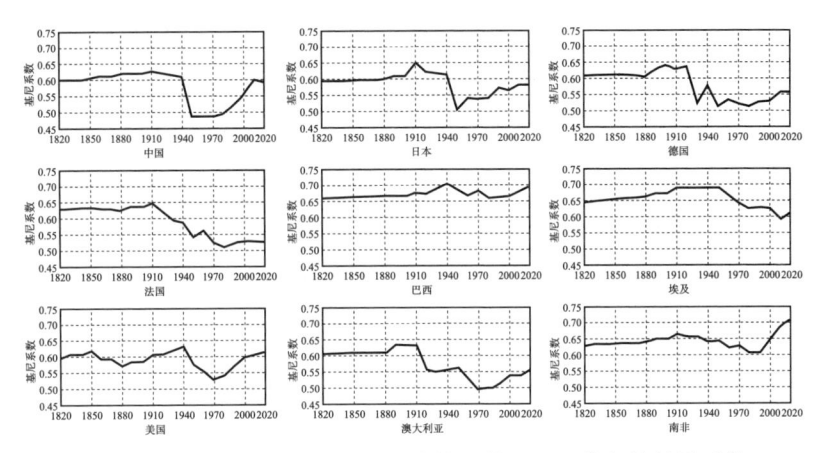

图8-2　1820—2020年不同国家的税前国民总收入的基尼系数

数据来源：钱斯尔和皮凯蒂（Chancel & Piketty，2021）附录。

为防止使用离散分位数数据计算基尼系数可能存在的误差导致上述观察有偏，我们同时收集了WID提供的有限时间内的逐年分地区的收入基尼系数，如图8-3所示。与图8-2中代表性国家相似，收入基尼系数的动态在过去十（数）年间呈现出较好趋势的仅为亚洲与西欧地区。因此，尽管不平等是世界各国普遍存在的社会问题，但各个国家（地区）间也存在差异和特征，旨在削弱不平等的再分配财政政策同样应因地制宜。

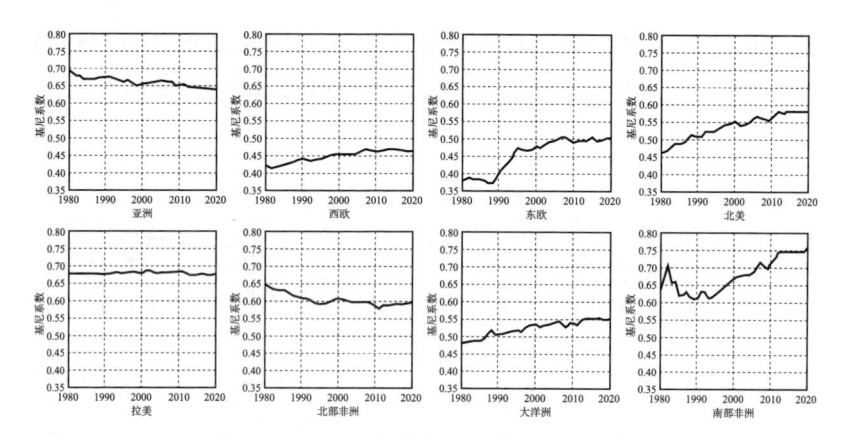

图8-3　1980—2020年不同地区的税前国民总收入的基尼系数

数据来源：WID数据库。

1.2 不平等的度量

对于有关基尼系数衡量收入不平等准确性与全面性的疑问，我们首先要了解基尼系数的计算方法与特点。基尼系数最早由意大利统计学家科拉多·基尼（Corrado Gini）于1912年提出，作为衡量不平等程度的一种指标。[①]有趣的是，基尼系数为人熟知却并非源于基尼本人的专著，因为以意大利语出版的此书从未被翻译为英语；而是始于1920年基尼与英国经济学家休·道尔顿（Hugh Dalton）在《经济学期刊》(*Economic Journal*)上的交流。1914年，基尼又在其论文中将基尼系数与洛伦兹曲线

[①] 基尼系数的首次提出见于基尼1912年出版的 *Variabilità e Mutabilità: contributo allo studio delle distribuzioni e delle relazioni statistiche* 一书，该书以意大利语书写，主标题可译为 "可变性与易变性"。更多有关基尼及其指数的介绍，可参见切里亚尼与韦尔梅（Ceriani & Verme, 2012）。

（Lorenz Curve）结合起来，从而形成了普遍流行的依据洛伦兹曲线计算基尼系数的方法。[①] 同样有趣的是，这篇意大利语论文直至2005年才有了英语译文。

> **专栏　基尼系数的发明者之争**
>
> 关于基尼系数的发明者还有一段小插曲。旅美德裔经济学家阿尔伯特·赫希曼（Albert O.Hirschman）1964年在《美国经济评论》上发表了题为《一个指数的父权认证》（"The Paternity of an Index"）的一页声明，宣称基尼系数是其在1945年出版的著作《国家实力与对外贸易结构》（*National Power and The Structure of Foreign Trade*）一书中首创的。事实上，1945年距离基尼首次公开发表相关不平等指标已经过去了33年。我们只能感慨，语言和信息的传播在那个年代是如此不畅了……

事实上，基尼系数只是统计学领域度量不平等或离散度（Dispersion）众多方法中的一种。我们常见的方差或标准差都可以作为离散度的简易度量，但经济学领域对不平等的度量与统计学中纯粹的离散度的度量有什么区别呢？为什么我们不用最为简单的方差来度量收入或财富不平等呢？

[①] 洛伦兹曲线由美国经济学家马克斯·洛伦兹（Max O. Lorenz）于1905年在《财富集中度测量方法》（"Methods of Measuring the Concentration of Wealth"）一文中首次提出。

我们不妨借用道尔顿（Dalton，1920）的一个例子来回答上面的问题，同时我们也乐于将这篇时隔百年的论文作为本章的推荐文章之一。假使你是一位农业耕种者，那么你所在地区的降水量将会是你十分关心的问题。但重要的并非当地降水量与周围地区降水量孰多孰少的比较，而是你所在地区的降水量如何影响农作物的问题。倘若周围地区持续暴雨，而你所在的地区恰好降下了适合作物生长的雨量，那这种大范围的降水不平等对你来说也是有益的；或者说，假如所有区域都处在极端的干旱状态，那平等但微薄的降水对全社会来说反而不如仅在几个地区降下充足的雨水。当我们把大家的收入水平想象为降水量，把经济福利想象为农作物的生长，便不难理解经济学所指的不平等与统计学中的不平等或离散度的差异了——经济学者寻求的应当是一种建立在经济福利上的平等，我们对于不平等的测度也应该与经济福利相关联（甚至是建立精确的函数关系）；我们反对不平等的重要理由是不平等对经济福利的损害，而非不平等本身。因此，经济福利度量的不唯一性也意味着不平等指标的不唯一性，这一观点也为阿特金森（Atkinson，1970）等学者所推崇。

通常来讲，收入与经济福利的关系公式应满足如下三个条件：(1) 当收入超过一定数额后，经济福利的平等增长应与收入的增长比例相称；(2) 随着收入的无限增长，经济福利应该趋于一个有限值；(3) 当收入下降至一定数额时，经济福利应降为零，同时较低收入对应的经济福利应为负。满足上述条件的收入（记为y）与经济福利（记为w）之间的关系可能有多种形式，最简洁的是$w=c-1/y$，其中c为常数。根据这一关系，一种在基尼系数问世之前被广泛接受的不平等指标是利用收入分布的算术平均数（y_a）与收入的调和平均数（y_h）构造的福利函数值的相对比例，如式（8.1）的形式。[1]

$$\frac{w_a}{w_h} = \frac{c - 1/y_a}{c - 1/y_h} \qquad (8.1)$$

如果收入数据是完整的，诸如式（8.1）的指标似乎并无不妥。但细心的你也许会思考：倘若收入数据并不完整，需要通过样本或其他方式近似估计时，上述指标（也包括其他使用调和平均数或几何平均数的指标）是否仍然恰当？答案是否定的，特别是当收入分布中存在极大值（这种情形是十分普遍的）时，y_a（抑或其几何平均形式）对于近似估计将会非常敏感。

早在1901年，英国统计学与经济学家亚瑟·鲍利（Arthur Bowley）就利用分位数构造了一种不平等指数，以避免对极端数据近似估计导致的指数偏误。[2]但鲍利分位数指标也存在着现实问题。想象一下，如果只有两个人，在总收入和收入人数均为恒定的情况下，当收入从富裕一方转移到贫穷一方并且不会改变二者收入排位的话，不平等将会下降。即使收入人数很大，对于不太大的收入转移，上述情形也同样成立，这被称为不平等的转移原则。理论上讲，一个不平等指标应该符合转移原则，即对

---

[1] 算术平均数（Arithmetic Mean）即通常我们讲的均值；调和平均数（Harmonic Mean）则指倒数和平均值的倒数，例如A和B的调和平均数为$1 / \left(\frac{1}{A} + \frac{1}{B} \right)$；除此之外，还可以计算数据的几何平均数（Geometric Mean），定义为$\sqrt{A \cdot B}$。三者存在如下关系：调和平均数≤几何平均数≤算术平均数。

[2] 鲍利分位数指标可以写为$(Q_3 - Q_1)/(Q_3 + Q_1)$，其中和分别为数据分布四分位中的第一、三分位数，详见鲍利（Bowley, 1901）。

上述类型的转移十分敏感，但由于仅选取四分位分割，鲍利分位数指标的转移敏感度并不高。现在来看，基尼的思想与鲍利的思想不无相似，都是一种利用数据排序分布的点位来计算点位平均差（Mean Difference）的方法，但基尼系数还兼顾了不平等的转移原则与收入人数的影响。基尼（Gini，1912）曾介绍多达13组（26个）适用于不同条件的不平等指标，而我们常用的基尼系数仅仅是其中的少数几种表达。假设存在一组N个按升序排列的（收入或财富）数据$y_1 \leq y_2 \leq \cdots \leq y_N$，基尼推导了如式（8.2a）和（8.2b）形式的平均差异，分别称为"N个量的平均差异"（Differenza Media tra le N Quantità）和"包含重复的N个量的平均差异"（Differenza Media con Ripetizione tra le N Quantità）。

$$gini_{D1} = \frac{2}{N(N-1)} \sum_{i=1}^{\frac{N+1}{2}} [(N+1-2i)(y_{N+1-i} - y_i)] \quad (8.2a)$$

$$gini_{R1} = \frac{2}{N^2} \sum_{i=1}^{\frac{N+1}{2}} [(N+1-2i)(y_{N+1-i} - y_i)] \quad (8.2b)$$

按照基尼的说明，$gini_{D1}$最适合用于测量精确的（收入或财富等）测量值之间的差异；$gini_{R1}$则更适合于展现平均差异（变量值与平均值之间偏差的绝对值的算术平均值）与样本观测值到中位数或均值之差的平均值之间的关系。我相信，读者们看到此段表述多半会感到拗口，并且对于式（8.2a）和（8.2b）也会感到陌生。我们不难将两个指数同等变换为式（8.3a）和（8.3b）。

$$gini_{D2} = \frac{1}{N(N-1)} \sum_{i=1}^{N} \sum_{j=1}^{N} |y_i - y_j| \quad (8.3a)$$

$$gini_{D2} = \frac{1}{N^2} \sum_{i=1}^{N} \sum_{j=1}^{N} |y_i - y_j| \quad (8.3b)$$

这样的形式下，$gini_{D2}$与$gini_{R2}$的含义更加明显，二者的区别仅在于计算平均值的对象分别为$N(N-1)$个和N^2个。事实上$\sum_{i=1}^{N}\sum_{j=1}^{N}|y_i-y_j|$的确是$N^2$个距离之和，只是其中存在$N$个恒等于0的值$|y_i-y_i|$。式（8.2a）—（8.3b）通常被称为绝对平均差异，如果将上述表达除以均值便可以得到相对平均差异，我们熟悉的基尼系数正是通过对式（8.3a）和（8.3b）除以2倍均值（$2\bar{y}$）后得到的。①

$$Gini_D = \frac{1}{N(N-1)}\sum_{i=1}^{N}\sum_{j=1}^{N}\frac{|y_i-y_j|}{2\bar{y}} \quad (8.4a)$$

$$Gini_R = \frac{1}{N^2}\sum_{i=1}^{N}\sum_{j=1}^{N}\frac{|y_i-y_j|}{2\bar{y}} \quad (8.4b)$$

从上述表达式可以看出，基尼系数的吸引力在于其包含了每一对观测值间的差异，并通过单一数值来体现整体分布的不平等程度。需要说明的是，基尼提出的上述不平等指标并不依赖于洛伦兹曲线，但在其1914年的论文中阐述了如何将这种差异指标与洛伦兹曲线相结合。

现在，我们也习惯于将$Gini_R$称作"基于洛伦兹的基尼系数"（Lorenz-based Gini），并广泛使用。图8-4所示为边长为单位1的区域内基于升序排列的（收入或财富）数据$y_1 \leqslant y_2 \leqslant \cdots \leqslant y_N$绘制的洛伦兹曲线（$LC$）。下面我们可以很容易地展示$Gini_R$与洛伦兹曲线的关系。横轴$OP$表示统计人口的累积份额，由于$y_i$表示独立个体的收入或财富数据，该累积份额由0到1按$\frac{1}{N}$的数额均

---

① $\sum_{i=1}^{N}\sum_{j=1}^{N}|y_i-y_j|$计算了各数值间差异之和的两倍，故计算基尼系数时需要除以2倍均值而非1倍均值。

匀增加。纵轴表示按升序排列并对应于人口累积份额的累积收入或财富份额，若记数据总和为 $Y \equiv \sum_{i=1}^{N} y_i = N\bar{y}$，则收入或财富的累积份额由 0 开始依次为：$\dfrac{\sum_{i=1}^{K} y_i}{Y}$；$K=1$，$\cdots$，$N$。对于较大的 N，洛伦兹曲线 LC 与横轴 OP 与垂直线 PQ 围成的区域，其面积 SLC 可以近似为三角形面积 $S1$ 与所有梯形面积 Si；$i=2$，$\cdots$，N 之和。面积 Si 很容易由下列式子计算得出：

$$S_1 = \frac{1}{2} \cdot \frac{1}{N} \cdot \frac{y_1}{Y} \tag{8.5}$$

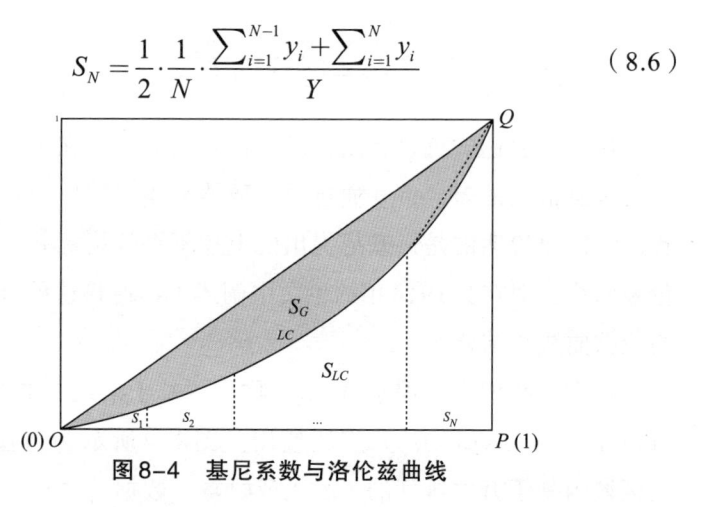

$$S_N = \frac{1}{2} \cdot \frac{1}{N} \cdot \frac{\sum_{i=1}^{N-1} y_i + \sum_{i=1}^{N} y_i}{Y} \tag{8.6}$$

图 8-4 基尼系数与洛伦兹曲线

记均匀分布线 OQ（完全平等）与洛伦兹曲线 LC 构成的阴影区域面积为 S_G，我们通过递推归纳法不难证明

$$S_G = \frac{1}{2} - S_{LC} = \frac{1}{2} - \sum_{i=1}^{N} S_i = \frac{1}{2NY} \left(\frac{1}{2} \sum_{i=1}^{N} \sum_{j=1}^{N} |y_i - y_j| \right) \tag{8.7}$$

上式可以进一步写为 $S_G = \dfrac{1}{2} Gini_R$ 或 $Gini_R = S_G / \left(\dfrac{1}{2}\right)$，等式右

侧即阴影区域面积与下三角 OPQ 区域面积之比,这便是我们广泛使用的洛伦兹曲线法计算基尼系数的由来。但我们却常常忽视了 $Gini_R$ 的局限性——若离散数据样本的数量不足够充分,$Gini_R$ 所依赖的近似洛伦兹曲线将不可避免地与真实洛伦兹曲线存在偏差,从而导致 $Gini_R$ 衡量的偏误(Dasgupta et al., 1973)。$Gini_R$ 另一个显而易见的缺点在于难以反映分布的两极分化(Alvaredo,2011;Piketty & Goldhammer,2014)。假设一种极端情形,社会财富全部集于一人之手,$y_N>0$ 且 $y_i=0$;$i=1,\cdots,N$(于是 $y_N=N\bar{y}$)。运用式(8.4b),我们可以计算得出此时的 $Gini_R=\dfrac{N-1}{N}<1$。我们假设的这种极端情形是一种完全不平等状况,对应的洛伦兹曲线为 OPQ 的直角折现,很显然此时的基尼系数理应为1,但此时的 $Gini_R$ 却小于1,即会低估当前的极端不平等。这样的偏误在样本数量有限时尤为明显。面对极端不平等更恰当的基尼系数计算方法应采用基于差异的 $Gini_D$(但相较于离散样本,$Gini_D$ 更适用于精确数据),这一问题早在1914年便被基尼本人提及,但很遗憾经济学者在使用基尼系数时大多忽略了这一偏误。

此外,当基尼系数暗示不平等存在时,我们也很难通过它知道不平等究竟从何而来。观察如表8-2所示的三组收入数据。三组数据具有相同数目的观测值且有相同的均值(等于100),根据前述式子计算可知,它们的基尼系数均为 $Gini_R=0.772$(即便采用 $Gini_D$ 指标,三组基尼也均相等)。然而,三组数据存在明显差异,与基准组A组相比,B组最高收入者的数据略有下降,同时下降的还有中等偏下的第(4)位次的收入,而中间第(5)位次的收入明显提升;同样与A组相比,C组中等收入位次和最高位次的收入都有所提升，但较高和较低位次的收入均出现了下降。后两组收入分布结构的变化显然无法通过单一数值的基尼系数来反映。倘若政策制定者赋予中低收入者更多的关切，那C组收入数据自然是其最不愿看到的，但倘若中等收入者被赋予更多青睐，那C组的收入变化似乎是不错的结果。因此，单纯的指标有时难以帮助我们获得对不平等程度准确而完整的评价，同时大众以及决策者对分布结构的偏好也会左右评价标准。

表8-2　不同收入组别的基尼系数比较

收入升序	（1）	（2）	（3）	（4）	（5）	（6）	（7）	（8）	（9）
A组	0	5	10	15	30	50	90	200	500
B组	0	5	10	11	35	50	90	200	499
C组	0	2.5	7.5	19	35	50	87.5	197.5	501

为此，本书建议读者在使用基尼系数进行不平等评估时，可以同时观察容易低估不平等水平的 $Gini_R$ 和容易高估不平等的 $Gini_D$，再结合头部或尾部份额（例如收入最高的1%、10%的人或收入最低的50%的人所获取的社会收入份额）以观察两极分化。[①]

在了解了被广泛使用的基尼系数 $Gini_R$ 存在的缺点后，我们有理由质疑图8-1所展现的过去二十年间全球收入不平等下降的发现。但在比较不同指标所示的结论之前，我们还留有一处问题等待回答。在本章1.1节，我们曾提到许多经济学家尝试利用回归方程来估计基尼系数与其他变量的关系，从而生成所需的历史

---

① 更多有关基尼系数与头部份额的比较，参见楚和王（Chu & Wang, 2021）。

数据。现在大家已经对基于洛伦兹曲线的基尼系数有了相当程度的了解，可以很轻松地理解学者们的做法。以冯·赞登等（van Zanden et al., 2014）的方法为例，假设在时刻 t，社会收入个体可以划分为占人口份额为 α_t 高收入者，并且我们能观察到社会人均收入水平 μ_t 以及低收入者（或非技术性）的人均收入 y_t，那么利用洛伦兹曲线法，我们可以很容易地找到累积分布的分割点，具有 $(1-\alpha_t)$ 的人口份额和 $(1-\alpha_t)y_t/\mu_t$ 的收入份额，于是计算 $Gini_R$ 如下：

$$Gini_{R,t} = \frac{\frac{1}{2} - \frac{1}{2}(1-\alpha_t)\frac{(1-\alpha_t)y_t}{\mu_t} - \frac{1}{2}\alpha_t\left[\frac{(1-\alpha_t)y_t}{\mu_t}+1\right]}{\frac{1}{2}} \quad (8.8a)$$

$$= \frac{(1-\alpha_t)}{\mu_t}(\mu_t - y_t)$$

对上式（8.8a）取对数后，我们可以得到线性方程（8.8b）。

$$\ln Gini_{R,t} = \ln(1-\alpha_t) - \ln\mu_t + \ln(\mu_t - y_t) \quad (8.8b)$$

更进一步，观测值可能无法准确反映真实的高收入、低收入，以及人均收入，而这于现实中是大概率事件。我们可以考虑如式（8.8c）所示的更一般形式：

$$\ln Gini_{R,t} = \ln(1-\alpha_t) + \beta_1 \ln\mu_t + \beta_2 \ln(\mu_t - y_t) \quad (8.8c)$$

诸如式（8.8c）的回归方程被经常用于国家或区域面板数据的回归，而我们通常只需要作一些简单又合理的假设即可，譬如，我们可以将"高收入者"定义为收入升序排列中的某个头部群体（比如10%），同时也可以加入国家或区域的固定效应等。实际应用中，当收入数据难以获取时，学者们习惯于使用与收入相关的代理变量如身高等作为回归因子（Moradi & Baten, 2005；

Guntupalli & Baten, 2006; van Zanden et al., 2014）。

1.3 收入结构

现在我们已经对1820—2020年"大象曲线"的来龙去脉有了比较充分的了解，是时候带着对基尼系数估计偏误和指标计算偏误的怀疑再次审视这期间的不平等水平了。作为基尼系数的补充，图8-5（a）展现了过去两百年间全球税前总收入分布的分组份额。如果以最高收入10%的群体所占有的收入份额（简称T10，其他组别简称类似）作为收入不平等的度量（这在皮凯蒂和戈德哈默［Piketty & Goldhammer, 2014］之后是十分普遍的），抑或中等40%收入群体的收入份额（简称M40）作为反向度量，前面基尼系数呈现出的"大象曲线"依然成立；但若是以最低50%收入群体的份额（简称B50）作为反向指标，这一形态便不再明显了。同时，从高收入者的进一步细分来看（见图8-5（b）），T1、T0.1、T0.01等级的收入群体呈现出的份额变化与T10基本一致，仅在过去十年间变形出了一点不同。由此看来，我们可以通过收入结构（收入组别的份额）观察到基尼系数难以展现的收入不平等特征，即19世纪20年代到20世纪10年代，收入不平等的上升来自于高收入者收入份额的提升和中、低收入者收入份额的下降；20世纪10年代到21世纪初，高收入者与中等收入者的收入份额分别经历了"U"形与"倒U"形的变化，这百年时间的前半段可以称得上是"中产阶级的黄金年代"，而相比之下，底层收入者的收入份额则经历了几乎持续百年的漫长下跌；2000年至今，高收入群体的收入份额总体有所下降，但更确切地说，收入分布中最高等级的群体（T0.1与T0.01）的收入份额并未有显著下降,次高收入群体成为了高收入群体份额缩水的主要承受者,这些收入份额转向了中等收入群体和底层收入群体,尤其是前者。

从不同地区的代表性国家来看,与基尼系数相似,收入份额的结构也表现出极大的差异性。如果衡量经济福利时,决策者对所有个人赋予同等权重,且各国的标准是一致的话,法国无疑是样本国家中表现最为突出的一个:无论是顶层高收入者还是一般高收入群体的收入份额都保持了较好的动态趋势;低收入群体的收入份额提升明显;中等群体的收入份额较第一次世界大战前有了大幅增长,尽管近几十年来有所缓慢下降。若我们更关心过去

(a)高中低分组收入份额

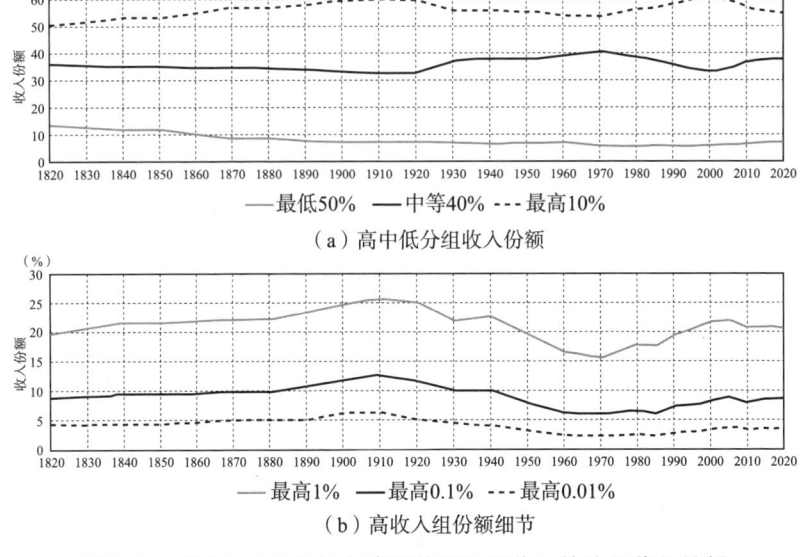

(b)高收入组份额细节

图 8-5　1820—2020 年全球税前国民总收入的分组收入份额

数据来源:钱斯尔和皮凯蒂(Chancel & Piketty,2021)。

十数年间收入分布结构的动态变化,中国的表现无疑最为惊艳:这期间,中国是所有样本国家中唯一高收入群体的收入份额有所下降的国家,同时也是唯一中等收入群体份额提升的国家。相比之下,日本过去十数年间收入结构的变化并未如基尼系数所展现的不平等变化那样乐观。美国、澳大利亚、南非的收入结构变化如同基尼系数的变化一样糟糕,特别是美、澳两国的年收入分布结构自20世纪70年代起便开始了长达近50年的全面恶化。尽管如此,就当前的静态分布来看,中国的收入结构仍有改善的空间,譬如,与法、澳相比,中国目前的中等收入群体还有待扩大,低收入群体的相对收入也有待进一步提升,从而缩小与高收入群体的收入差距。特别需要说明的是,目前我们展现的数据为税前收入或称为"初次分配"。

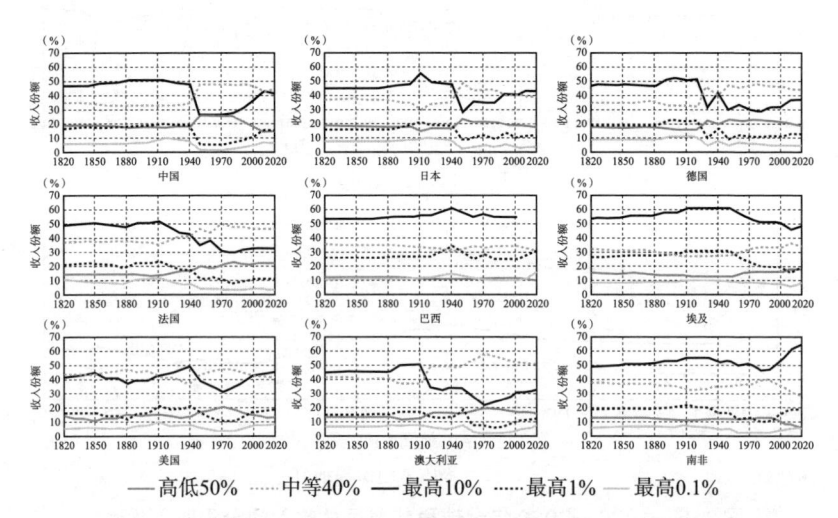

图8-6　1820—2020年不同国家的税前国民总收入的分组份额
数据来源:钱斯尔和皮凯蒂(Chancel & Piketty, 2021)。

1.4 国家内与国家间的收入不平等

至此，我们从整体水平（基尼系数）和收入结构（分组份额）两个层面观察了过去两百年间的收入不平等变化。在了解了收入存在国家内个人差异以及国家间平等性差异的基本事实后，我们不禁要问：在形成全球性收入不平等的动态过程中，国家内与国家间这两个维度的不平等各自影响有多大？前一个维度侧重于每个经济体各自的国家治理，而后一个维度则关系到国家协作乃至全球共同治理。

考察国家内与国家间不平等的一种直观且简单的方式是分别构建排除国家间收入差异和国家内收入差异的不平等指标。熟悉微观经济学基础的朋友或许会联想到利用瓦尔拉斯均衡和希克斯均衡将价格变化的总体需求效应分解为收入效应与替代效应的过程，这样的思想在收入分配研究中也是十分奏效的。假设所有国家都拥有相同的平均收入（更确切地说，假设每一个收入分布的分位数上，各国家的收入额都相同），排除国家间差异的国家内不平等可以用所有国家某个收入分位数占比的平均值来度量，如图8-7中虚线所示。假设每个国家只有一个收入额（即单一代理人），排除国家内差异的国家间不平等可以用所有国家构成的人均收入分布的分位数占比来度量，如图8-7中实线所示。

首先，我们可以直观地发现国家内与国家间不平等的动态变化差异巨大。在19世纪，国家内的高收入份额明显高出国家间许多（图8-7（a）），同时国家内的低收入份额明显低于国家间的份额（图8-7（b）），也就是说在这一时期，国家内不平等严重高于国家

(a) 最高收入10%的收入份额

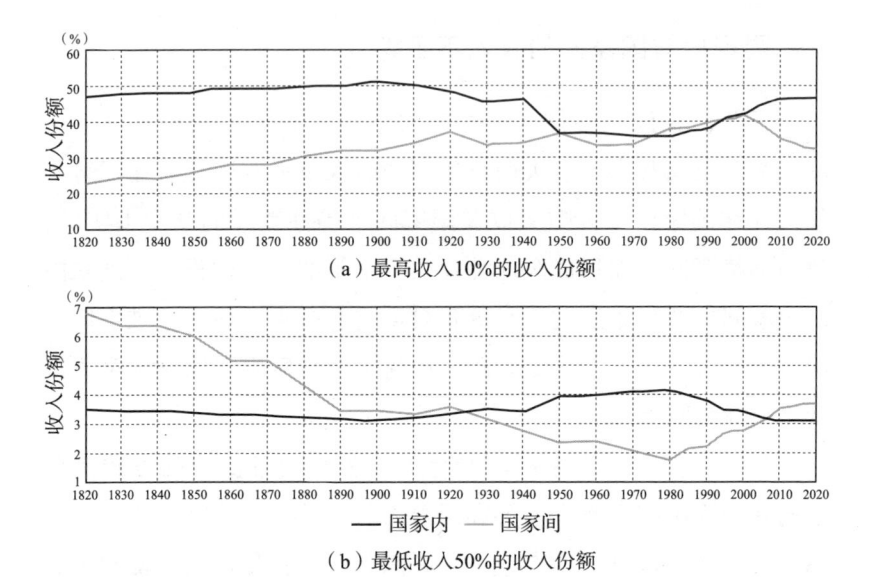

(b) 最低收入50%的收入份额

图 8-7 全球税前收入不平等的国家内表现和国家间表现

数据来源：钱斯尔和皮凯蒂（Chancel & Piketty, 2021）。

间不平等，尽管从变化来看后者在不断恶化。进入20世纪后，情况变得有些复杂，20世纪中叶开始，国家间的高收入份额已升至与国家内相当，同时国家间的低收入份额则在更早些时候便已落后于国家内水平，致使国家间不平等程度在此期间比国家内不平等更加严重。总体来看，1820—2020年，国家内收入不平等呈现出与全球加权收入不平等相似的"大象曲线"，但国家间的不平等并未呈现该形态。本世纪以来的情况又有一些新的不同：国家内与国家间高收入份额的变化出现了明显分化，前者呈现出边际递减的上升态势，而后者则出现了明显的下降；这期间，低收入者的份额与高收入份额的变化趋势刚好相反，两者具有相同的含义，即过去十数年间国家内不平等并未改善，但国家间不平等大幅降低。如果将这一观察与图8-5（a）所示的T10曲线相比较，近年来全球整体收入不平等的下降是国家间收入差距的缩小带来的。这或许是发达经济体中底层民众对收入现状普遍不满的原因之一：这些国家的普通民众，既面临着自身相对收入在国内比较中寸步未进的困境，同时又目睹着欠发达国家普通民众收入水平的快速提升。

经济学家通常更热衷于精确度量不同时段各种因素在左右整体分布中的贡献，一种方便的分析方法是使用泰尔指数（Theil index）进行国家内与国家间不平等贡献的分解。泰尔指数是由荷兰经济学家亨利·泰尔（Henri Theil）于1967年在《经济学与信息理论》一书中提出的用以测度（收入）不平等的一种指标。若全样本中观测值y_i的个数为N，样本均值为$\bar{y}$，则泰尔指数T通常写为式（8.9a）的形式，其与基尼系数相似的性质是，当数据分布完全平等时（$y_i=\bar{y}$），$T=0$；T值越大表示不平等的程度越强，若不平等达到极端程度，即所有收入或财富完全由一人拥有（$y_i=N\bar{y}$；$y_{-i}=0$），则有$T=\ln N$。该指数可以十分方便地按照式（8.9b）—（8.9d）所示被分解为组内效应（T_w）和组间效应（T_b），其中M表示组数；$\bar{y}_k$为观测值个数为G_k的第k组的均值；ω_k则为第k组的收入占全样本收入总额的比例。于是，我们便可以很容易地借助T_w/T和T_b/T来观察组内和组间不平等对整体不平等的影响程度。

$$T = \frac{1}{N} \sum_{i=1}^{N} \frac{y_i}{\bar{y}} \ln\left(\frac{y_i}{\bar{y}}\right) \qquad (8.9a)$$

$$T = T_w + T_b \qquad (8.9b)$$

$$T_w = \sum_{k=1}^{M} \left[\omega_k \frac{1}{G_k} \sum_{j=1}^{G_k} \frac{y_j}{\bar{y}_k} \ln\left(\frac{y_j}{\bar{y}_k}\right) \right] \qquad (8.9c)$$

$$T_b = \sum_{k=1}^{M} \omega_k \ln\left(\frac{\overline{y_k}}{\overline{y}}\right) \quad (8.9d)$$

图 8-8 展示了基于泰尔指数分解的国家内与国家间不平等对全球税前收入不平等的贡献程度（即 T_w/T 与 T_b/T，"贡献"一词在此处并无褒奖之意）。可以看出，20 世纪 80 年代之前，尽管国家内不平等对全球不平等的贡献程度一直高于国家间不平等的贡献程度，但其影响力在持续下降。自 20 世纪 80 年代开始，国家内不平等的贡献度再度占据主导地位并不断上升。与对未来国内不平等趋势判断的复杂性不同，如果经济全球化的风向不变，欠发达国家经济持续显现追赶效应（Catch-up Effect），我们几乎可以肯定国家间不平等对全球收入不平等贡献度的下降会保持下去，但近年来以美国为首的部分西方国家频现逆全球化的举措，也为国家间不平等的持续缩小增添了不确定性。

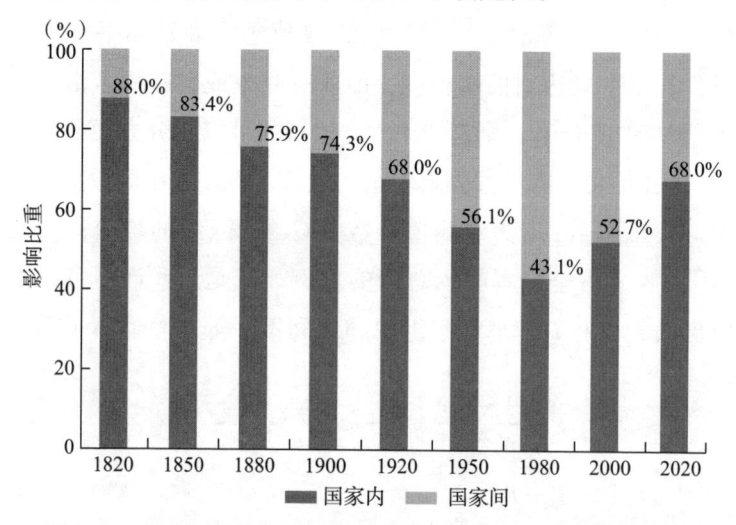

图 8-8 全球税前收入不平等的国家内和国家间泰尔指数分解
数据来源：钱斯尔和皮凯蒂（Chancel & Piketty, 2021）。

在此，我们还需要对泰尔指数作一个简单说明。表8-3对比了三组均值相同的收入组。与基准组A相比，B组中等偏下的第（4）位次者将收入等额转给了位次（3）与位次（5），尽管较低收入者（3）的收入份额的确有所上升，但整体来看，最低收入50%的份额却有所下降，这部分收入转移实质发生在并不富裕的群体内部；与A组相比，位次（5）则将部分收入等额转给了（4）和（6），整体来看，收入实现了从高收入群体向低收入群体的转移。我们很难说B组的不平等有所改善，同时更难说C组的不平等变得更糟。然而式（8.9a）得出的泰尔指数却显示$T_C > T_A > T_B$，表明C组的不平等程度较A组更高，而B组的不平等程度较A组更低。因此，在使用各种不平等指标时，我们需要清楚的是，尽管泰尔指数相比于$Gini_R$而言，更容易突出极端的不平等程度，但其对中等收入群体变化带来的不平等变化敏感性较弱。

表8-3 不同收入组别的泰尔指数比较

收入升序	（1）	（2）	（3）	（4）	（5）	（6）	（7）	（8）
A组	50	50	100	200	300	500	800	2,000
B组	50	50	110	180	310	500	800	2,000
C组	50	50	100	210	280	510	800	2,000

1.5 收入不平等的特征性差异

前面关于收入不平等的描述全部是围绕总收入展开的，但现实中我们都是按照不同的收入类型来获取收入、缴纳税收的，例如我们获取的工资属于劳动性收入，取得的股息和利息属于资本性收入，变卖房产的获利归于资本利得。此外，生活中我们不难发现，按照某些个人特征划分的群体之间也会存在明显的收入差异，甚至收入水平会依据个人特征表现出有规律的分布形态。为方便计，我们将上述收入不平等的细分差异统称为"特征性差异"。有些特征性差异会因国而异，但也有些具有全球普遍性。对这些特征性差异的研究将是丰富而有趣的，但考虑到数据的局限性和篇幅的限制，此处我们不再就细节作过多展开，但仍希望可以为广大读者在此领域更广泛深入的研究带来一点启发。

从国民收入的基本类型来看，我们不难发现一个全球普遍性事实——总收入的不平等程度高于劳动性收入的不平等程度。图8-9绘制了美国和法国1915—2019年的总收入中高收入者的份额与劳动收入中高收入者份额，尽管两国高收入者份额形态各异，但都在百年历史中始终呈现出总收入不平等（实线所示）高于劳动收入不平等（虚线所示）的特点。事实上，这一特点在数据可行的全球其他国家依然成立（Hammar & Waldenström，2020），同时这也进一步暗示资本收入的不平等程度要远超劳动收入的不平等。清楚意识到这一特点是重要的：一方面，这有助于我们分析不平等的成因，譬如当社会总收入以资本收入为主时，在不考虑其他因素的情况下，初次分配必然会呈现出较高的不平等；另一方面，这也为决策者制定再分配政策提供了方向，例如旨在削弱总收入不平等的税收政策，应在保证一定社会资本积累的条件下，尽可能由对劳动收入课税转向对资本收入课税。

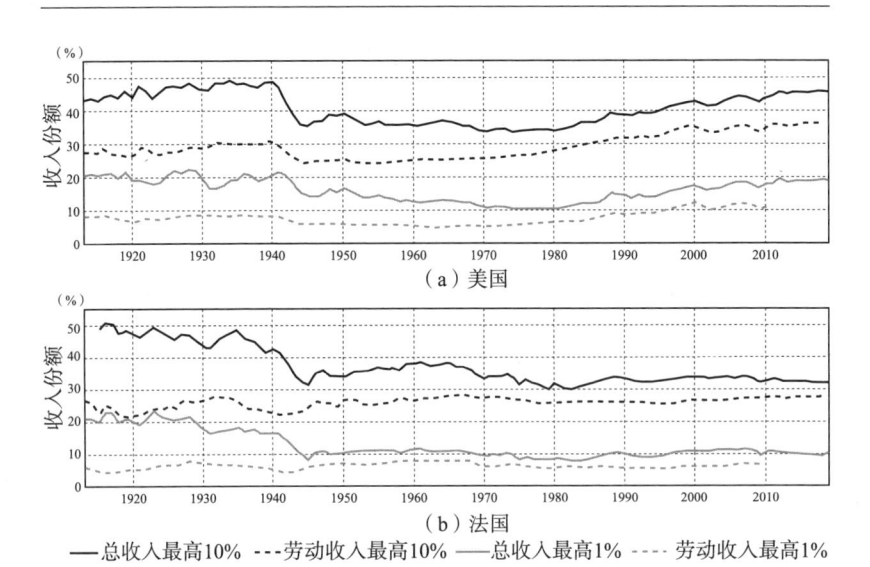

图8-9　美、法两国分类型的收入不平等

数据来源：WID，皮凯蒂和戈德哈默（Piketty & Goldhammer, 2014），国际劳工组织（International Labor Organization）。

　　此外，我们还可以从许多维度去观察细分后的收入不平等。对宏观经济稍有关注的读者应该经常会看到"二元经济结构"一词，在这种农业与工业两部门思想的引导下，我们很容易就会联系到城市与乡村居民收入的差异。在该领域，我国学者的研究颇为丰富（如蔡昉、杨涛，2000；陈钊等，2004a；倪鹏飞等，2014；等等）。

　　居民收入还可能呈现出不同程度的性别差异。例如，布劳和卡恩（Blau & Kahn, 2017）使用1980—2010年美国收入动态面板研究数据发现，工资收入的性别差异存在但呈持续下降趋势，不过高收入群体范围内的性别差异仍然十分显著，这与克里斯托菲迪斯等（Christofides et al., 2013）利用欧盟收入和生活条件统计（European Union Statistics on Income and Living Conditions）数据的研究结论基本一致；我国学者夏庆杰等（2007），李利英、董晓媛（2008），陈斌开、许伟（2009），汤二子、孙振（2012）等也为相关领域贡献了有价值的研究。

性别只是个人固定特征的一个方面，个体收入在其他个人特征，诸如身高、种族，乃至年龄等方面都表现出了一些有趣的分布结构。本章第1.1.1节已经为大家列举了几篇有关身高与收入关系的应用文章，此处不再就此问题展开讨论，但我们仍希望向大家推荐一篇有趣的研究论文以启发收入特征分布的研究应用。想必所有研修过经济学课程的读者都不会对格里高利·曼昆（Gregory Mankiw）感到陌生，他曾与哈佛同事马修·温齐尔教授（Matthew Weinzierl）发表过一篇关于最优身高税的有趣文章。曼昆和温齐尔（Mankiw & Weinzierl, 2010）研究了美国的收入数据后，发现成年人的收入与其身高无论在怎样的收入水平下都存在显著的正向关系，并根据此特征设计了现实中并不存在的身高税，以观察社会福利是否相较于当前所得税制之下有所改善。你是否会对向身高课税的想法感到不可思议？但试想一下，如果社会招聘中真实存在这类普遍的歧视——高个子更容易找到高薪工作，又或是俊美的容颜极易带来丰厚的薪水，再或者美国种族歧视背景下白人收入更高等等，那当前的所得税制度在课税时是否能够具备反歧视的功能呢？如果不能，那以这些个体特征为课税对象的税收或许也是削弱不平等的一种选择。当然，我们相信，如同曼昆和温齐尔发现的一样，当前的税制可以具备反对身高歧视的功能，因此身高税并不是必要的，但推而广之，性别税、年龄税呢？

图 8-10 对比了我国与美、英、法三国在相同年份里居民收入的年龄分布。各国居民按年龄分组的组均收入水平均呈现"倒 U"形，这一发现早在迪顿与帕克森（Deaton & Paxson，1994）中便被提出。由于收入并不随年龄均匀分布，剔除年龄因素后的收入不平等程度将有所下降，反之，收入随年龄分布越不均匀，整体国民收入的不平等程度也越容易高企（Mookherjee & Shorrocks，1982；Almås et al., 2011）。近年来我国学者也开始关注到收入的年龄分布（如陈钊等，2004；寇璇等，2021等），但我们也应当注意到最高收入年龄组存在国家间差异。我国的最高收入年龄位于 40 岁之前，而其他几国的最高收入年龄均高于 40 岁，甚至为 51—65 岁。过低的"黄金收入年龄"对经济或许是有害的，这样的担忧不无道理。现代经济学内生增长理论的核心之一是人力资本的积累，当我们将实物资本投入到人力资本的生产过程中便会提升未来的人力资本水平（你可以将此过程想象成为了在优秀的大学学习而支付学费），这种提升会直接促成技术进步和生产率的提高，从而带来经济增长。当然，要让我们积极主动地投入资本和时间在教育或培训领域，也是需要一定条件的。如果就业市场告诉我们，从群体角度看，无论学历如何，经验如何，大概率 35 岁以后的收入会大幅缩水，那我们青年时代拼命积累知识和经验的动力是不是会有所减弱呢？人力资本积累的激励应该来自长期的高边际回报，而非过早下降的边际回报。造成这种黄金年龄下降的原因一定也是多方面的，但如果收入的年龄结构是长期稳定的，甚至黄金年龄是不断下移的，那公共财政可以做些什么呢？一种类似于身高税的反歧视思想应运

而生：为什么不试试年龄税（Age-dependent Tax）呢？温齐尔（Weinzierl，2011）与热尔韦（Gervais，2012）分别在年龄依赖税的应用和理论方面作了建设性的尝试。举一反三地来看，当前我国部分地区实行的大学毕业生就业扶持计划也可以被视为"反收入年龄歧视"的政策，未来或许会有帮扶超过"黄金收入年龄"群体的收入政策出台也未可知。

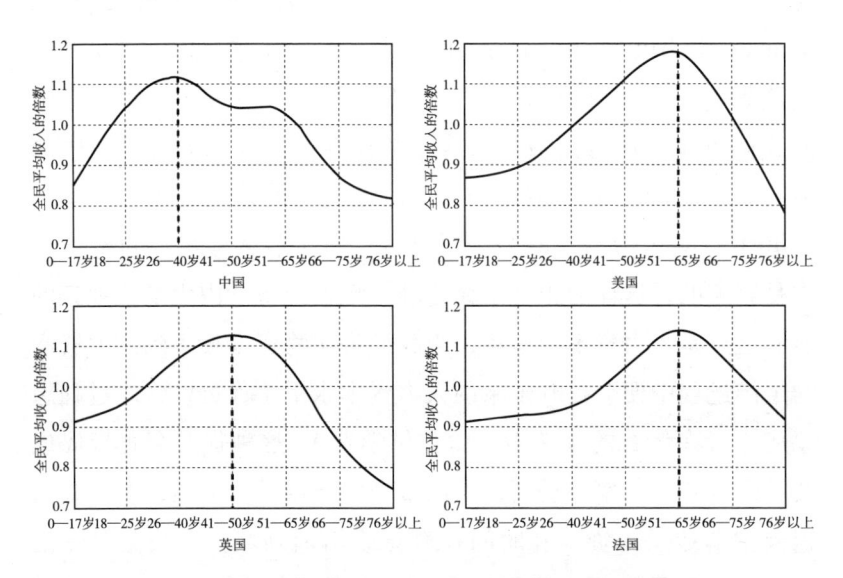

图 8-10　中、美、英、法 2011 年国民收入年龄分布比较

数据来源：经合组织收入分配数据库（OECD Income Distribution Database）。

现在你也许已经有所体会，了解收入的分布是何其重要的事情。特别是对于我们公共财政领域，只有熟悉了收入是如何因人而异的，才能有针对性地制定再分配政策，同时还要兼顾公平与效率的权衡。

2. 居民财富不平等

相比于收入数据，居民财富分布的统计则囿于财富组成众多、资产估值困难等原因发展较晚。很长一段时间内，经济学家们尝试用遗产继承（Atkinson，1970）、土地所有权（Alesina & Rodrik，1994）、房屋价值（Mian et al.，2013）等代理指标的分布来近似财富分布，并将样本范围限制在过去几十年内。幸得WID团队和瑞士信贷（Credit Suisse）等机构在全球财富数据领域的杰出贡献，现如今财富分布数量研究的困难程度大为降低。按照皮凯蒂和戈德哈默（Piketty & Goldhammer，2014）的方式，居民私人财富通常可以简单划分为如图8-11所示的组成部分，据此构成，WID召集了全球140余位经济学者对各自所在国的居民财富数据进行了收集和估计。图8-12比较了其中数据期限最长的三个国家的财富与收入分布的头部份额，可以看出，首先，各国的财富不平等程度（实线）都显著高于收入不平等（虚线）；[1] 其次，二百年间的财富不平等变化趋势大致与收入不平等变化趋势一致，也呈现出"大象曲线"的形态。然而21世纪以来的数据显示，英、法两国居民财富持续向高财富群体聚集，这与两国高收入群体收入份额的下降形成了鲜明的对比。相反，在此期间，美国财富向上聚集的速度却明显低于收入向上聚集的速度。

---

[1] 若考虑居民私人净财富（=私人总财富-私人债务），财富不平等依然远高于收入不平等。

这一方面说明，当前各国面临的不平等在类型上存在差异；另一方面也表明，短期内财富不平等和收入不平等的变化未必一致。

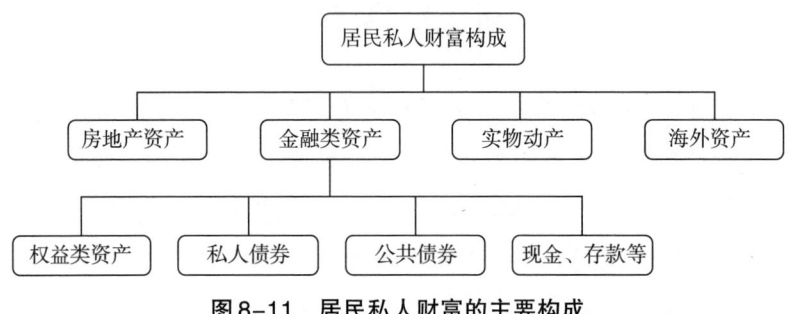

图 8-11　居民私人财富的主要构成

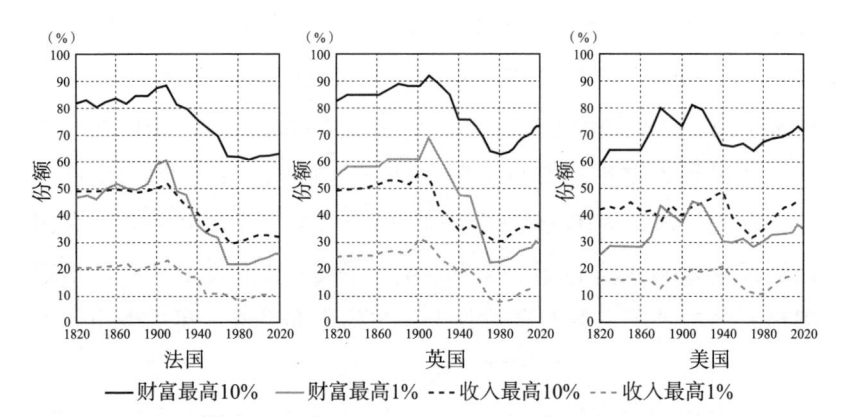

图 8-12　法、英、美三国居民总财富不平等与总收入不平等对比

数据来源：WID，皮凯蒂和戈德哈默（Piketty & Goldhammer, 2014），钱斯尔和皮凯蒂（Chancel & Piketty, 2021）。

为理解财富与收入不平等变化的差异，我们不妨看一下当期财富 W_t 是如何实现积累的（见式（8.10a））。首先，上一期的财富 W_{t-1} 并不会凭空消失，而是积累到 W_t 中，尽管有时会存在折损 δ，甚至被征收财产税；其次，劳动收入 y_t 和资本收入 $r_t W_{t-1}$ 在扣除个人负担的所得税后也将汇入当期财富中；个人还可能收到二次分配中来自政府的转移支付F_t；最后，消费C_t会让财富水平有所下降，同时个人财富还将面临一些未知的冲击ε_t，比如突如其来的战争的破坏力。

$$W_t=(1-\delta)W_{t-1}+(1-\tau_L)y_t+(1-\tau_K)r_tW_{t-1}+F_t-C_t+\varepsilon_t \quad (8.10a)$$

由此可见，影响收入不平等的因素一定也会影响财富不平等，譬如资本回报率r_t，较高的r_t会带来较高的资本收入，进而提升个人财富水平；又例如工资税或股息税等等。尽管如此，收入的变化对财富积累的影响也是有限的。对于拥有较高财富水平的人来说，财富的延续$(1-\delta)W_{t-1}$的影响要远高于收入的影响，特别是对于非代际传递的财富（代际传递的财富即遗产），只有财产税而非遗产税才可以降低其水平。

驱使财富不平等变迁的因素如此之多，以至于即便我们已经用极其简化的式子（8.7a）来概括财富积累过程，依然很难厘清哪些因素是真正重要的。假设我们允许所有人享有相同的资产折旧率、资本回报率、消费倾向，以及税率，则在不考虑转移收入和外生冲击的情况下，式（8.10a）可以简化为（8.10b）：

$$W_t=\beta_1W_{t-1}+\beta_2y_t \quad （8.10b）$$

原始财富W_{t-1}的重要作用无须赘述，现在我们将目光投向存在个体差异的劳动收入y_t。如果劳动性收入在社会产出中的占比（经济学称为"劳动收入份额"，即Labor Income Share）足够高，那么收入不平等的变化将极易带来财富不平等的同向变化；反之，若劳动收入份额较低，财富不平等则更加依赖于自身程度的延续。那劳动收入份额又是由什么决定的呢？是社会的生产方式。假设经济社会中的要素市场是完全竞争状态的，考虑最简单的柯布-道格拉斯（Cobb-Douglas）生产函数（8.10c）：给定技术水平 A，投入的资本和劳动力要素 K 和 L 最终转化为产出 Y。

$$Y = A(K)^\alpha (L)^{1-\alpha} \quad (8.10c)$$

面对社会工资率 w，企业通过利润最大化决定对劳动力的需求，于是我们可以得到工资与劳动力的边际生产率相等的关系（8.10d），而劳动收入份额则为（8.10e）。

$$w = \frac{dY}{dL} = (1-\alpha)A(K)^\alpha (L)^{-\alpha} = (1-\alpha)\frac{Y}{L} \quad (8.10d)$$

$$\frac{y_t}{Y} = \frac{wL}{Y} = (1-\alpha) \quad (8.10e)$$

劳动收入份额 $1-\alpha$ 或资本收入份额 α 是由生产函数（8.10c）给定的，因此其主要由生产方式决定（当然现实中产业结构、所有制结构等都会对其产生影响）。举例来说，我们可以把 K 和 L 理解为微观层面的一家制衣企业生产一万件校服所需的裁床运行时间和工人劳作时间，制衣企业要赶在开学前完成不多不少的一万件校服（等产量，Iso-quant），企业为这项业务制定了完美的生产计划——裁床机运行 K^* 小时、工人工作 L^* 小时。但事有不巧，近期高温持续，有工人患上了热射病需要调休，工人的总工作时间将变化 dL 小时（$dL<0$），企业现在不得不重新规划裁床机的最佳运行时长。那究竟应该增加多少小时的机器运行时间以弥补工人工作时间的缩减呢？我们可以很容易地利用边际技术替代率 $MRTS_{L,K}$ 计算出机器运行时间的最佳调整量 dK：

$$dK = MRTS_{L,K} \cdot dL = -\frac{(1-\alpha)K^*}{\alpha} \frac{L^*}{L^*} dL > 0 \quad (8.10f)$$

显然此调整量依赖于 $1-\alpha$，这也正是劳动收入份额的意义所在，即国民生产对劳动力的依赖程度。假如极端情况发生，

$1-\alpha=0$，那么国民生产中将不再需要劳动力，相应的劳动收入也就随之消失了。皮凯蒂和戈德哈默（Piketty & Goldhammer，2014）观察了近现代几个国家投入产出的变化后发现，劳动收入份额并非像许多宏观经济学家假设的那样固定不变。图8-13展示了其整理的有关英、法两国劳动收入份额 $1-\alpha$ 的观测值与估计值。[①] 如果以1910年为分界线的话，可以看出英、法两国在20世纪10年代以前 $1-\alpha$ 的平均水平明显低于其后的水平，而这与分界线左侧收入和财富不平等水平显著高于分界线右侧的事实相符。回想图8-9中我们所观察到的，劳动收入的不平等通常

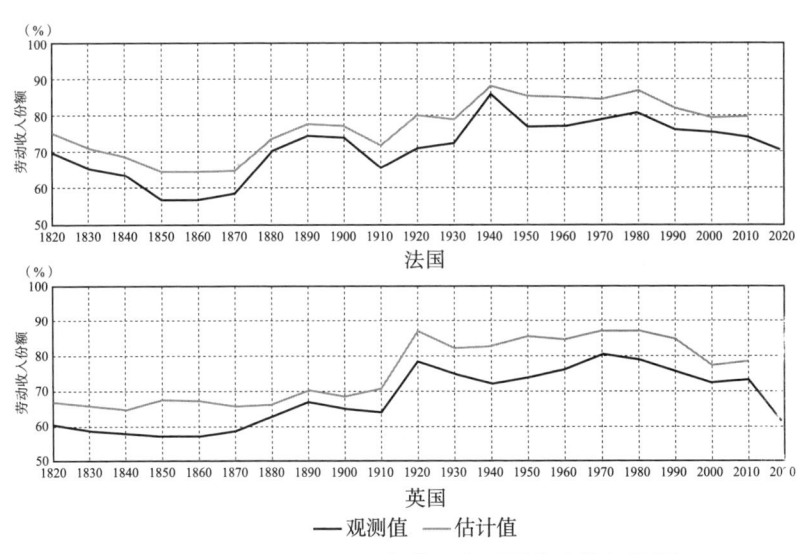

图8-13　1820—2019年英、法两国劳动收入份额

数据来源：皮凯蒂和戈德哈默（Piketty & Goldhammer，2014），国际劳工组织。

[①]　我们使用国际劳工组织数据对皮凯蒂数据中2010—2019年的缺失部分进行了估计补齐。

远低于资本收入的不平等,这一点并不难以理解:富人更多依靠资本收入,而多数普通人主要依赖劳动收入。因此,较高的$1-\alpha$会让财富不平等更容易受到劳动收入不平等的影响,而后者往往程度并不高。

劳动收入份额还可以帮助我们更好地理解国家间不平等的下降(见图8-7)。如图8-14所示,金融危机后的十数年间,高收入国家的$1-\alpha$与中低收入国家该份额的差距有所下降,这一趋势在中、美两国的比较上更为明显。

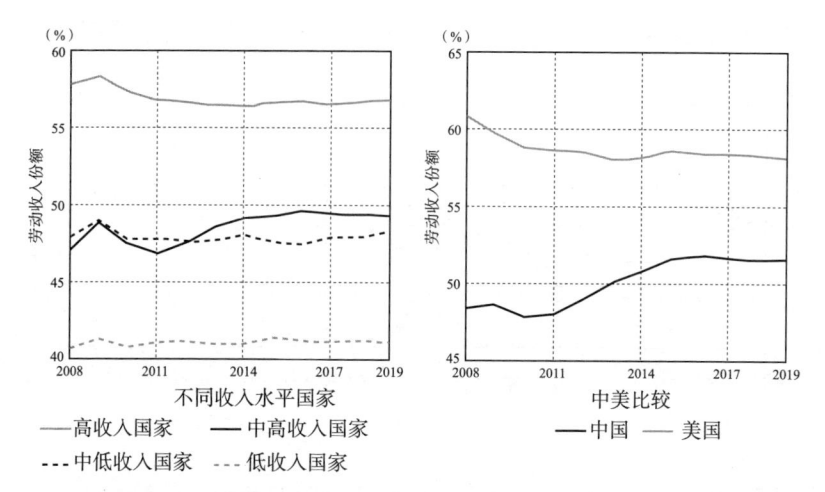

图8-14　2008—2019年不同收入类型国家的劳动收入份额

数据来源:国际劳工组织。

尽管财富不平等与收入不平等的趋势变动有时不一致,并且前者通常远高于后者,但二者也有相似的统计学特征,即财富分布与收入分布都服从单侧长尾分布(Long-tailed Distribution,有时也称作厚尾分布、重尾分布、肥尾分布)。所谓长尾即分布的概率密度函数(PDF)拖着一条长长的"尾巴",在这条尾巴上的每一个观测值都是非常极端的,要么很大,要么很小,而这些极端值发生的概率无法被忽视(于是尾巴便始终与横坐标轴保持一个正的距离,即厚尾)。何为长尾并无严格规范,只是一种相对形态的描述,图8-15(a)中实线PDF相较于虚线PDF的尾部更长(厚),对于一个极大或极小的观测值,实线PDF所示的其发生的概率将比虚线PDF所示概率更高。需要说明的是,收入或财富数据通常服从如图8-15(b)所示的单尾分布,而非图8-15(a)所示的对称分布——想象一下,你辛苦赚到的工资总不会是负数。早在1897年,意大利经济学家维尔弗雷多·帕累托(Vilfredo Pareto)便发现收入(以及财富)的分布是右偏的,并提出了经典的帕累托分布(即一种幂律分布)。[1]这种分布形态与收入或财富高度集中在少数人手中的事实非常吻合,我们也习惯将这种集中现象叫作"二八定律"。一般来说,财富分布形似图8-15(b)中的虚线,财富底层的群体数量是非常大的(财富横轴越接近0,频率越高),同时财富顶层的群体在数量上是极少的,但其影响又是巨大的,以至于财富分布中极小概率的事件也依然无法被忽视,就好像在谈论个人财富时,我们无法对贝索斯和巴菲特的巨额财富视而不见一样。收入分布则如同实线一样,比财富分布的尾部更短。这些重要的统计特性在有关不平等的数量分析中是十分重要的,例如早期对最优所得税研究中戴尔蒙德等(Diamond et al.,1980)等都假设收入服从正态分布,这显然

---

[1] 对于连续随机变量x,帕累托分布的PDF为$f(x)=\alpha\frac{(x_{min})^\alpha}{(x)^{\alpha+1}}$,其中$x_{min}>0$表示随机变量的最小值,$\alpha>0$也被称作帕累托指数或尾部指数,$\alpha$尾部越厚的同时收入或财富越向上集中。该分布的互补累积分布函数(CCDF)为$P(X>x)=\left(\frac{x_{min}}{x}\right)^\alpha$。

与事实不符，还可能造成相关再分配政策分析时对底层群体福利的轻视（更多有关不平等统计性质的数量分析应用参见杨晓亮和周鹏[Yang & Zhou，2022]）。了解这些特性或许对我们笑对生活也有积极作用。当你在自媒体平台看到收入或财富统计的热帖时，不必再为自己的收入落后于均值或中位数而悻悻不快，因为在这些数字两侧的收入差距并不大。

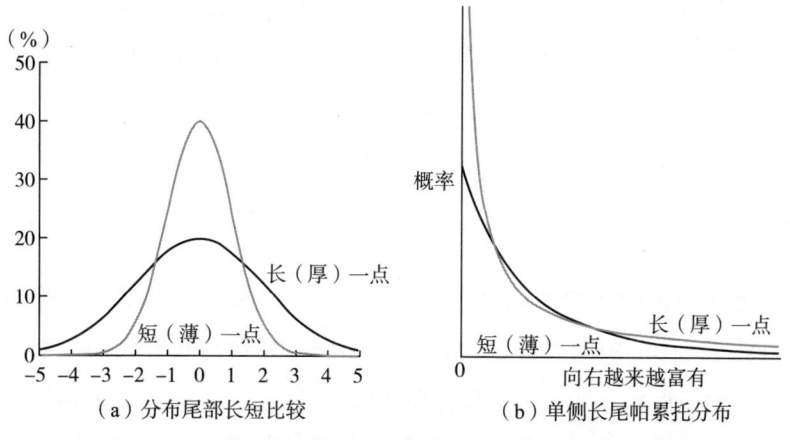

(a) 分布尾部长短比较　　(b) 单侧长尾帕累托分布

图8-15　长尾分布示例

3. 贫困之殇

不平等描绘了社会收入或财富的总体分布形态，以及社会中个体间的相对差异。分布底层（相对贫困）的部分群体可能因为资源匮乏、低薪、高失业率和缺乏社会保障等问题而无法达到满足基本生活需求所必需的最低生活水平，陷入绝对贫困之中。

贫困的影响早已超出了经济范畴，不仅导致深陷其中的人们有更低的预期寿命（Martin & Baten，2022），还会对他们的心理和精神造成巨大冲击。现有研究表明，来自贫困家庭的人们，往往在心理上更加自卑（Alloush & Bloem，2022）；更易形成"抱负失败"心理（Aspirations Failure，即未能追求自己的潜力）从而更易失败（Dalton et al.，2016）；在毅力与努力程度上也更容易受到贫困的负面影响（Sharafi，2023）；在延迟消费上的耐心更低，在延迟工作上的偏好更高（Bartoš et al.，2021）；更易产生暴力犯罪行为（Ludwig et al.，2001），甚至于形成恐怖主义行为（Enders & Hoover，2012）。这使得全球减贫行动更加迫切。

3.1 货币贫困

尽管首节所展现的全球税前国民总收入分组最低50%组别的相对收入份额，在过去数十年间并未有显著增长（图8-5），但在绝对收入水平上，国际社会在减少贫困方面的确取得了很大进展。1990—2019年，全球收入位于国际货币贫困线[①]以下的人口数量持续减少了近15亿，贫困人口占比从38%降至8%（见图8-16）。

货币贫困率在全球范围内大幅下降的同时，也呈现出显著的地区差异。发展中国家的货币贫困率普遍较高，许多撒哈拉以南非洲国家的货币贫困率超过了40%，作为金砖国家的印度与巴西也面临着较高的贫困率。但作为世界最大发展中国家的我国，过去40年间使8亿人口摆脱了极端货币贫困，占1980年以来全球贫困

---

① 货币贫困（Monetary Poverty），指一个人获得社会转移支付后的等价可支配收入低于贫困阈值。世界银行在2022年以前的贫困阈值1.90美元/天，上调为以2017年购买力平价计算的价格2.15美元/天。

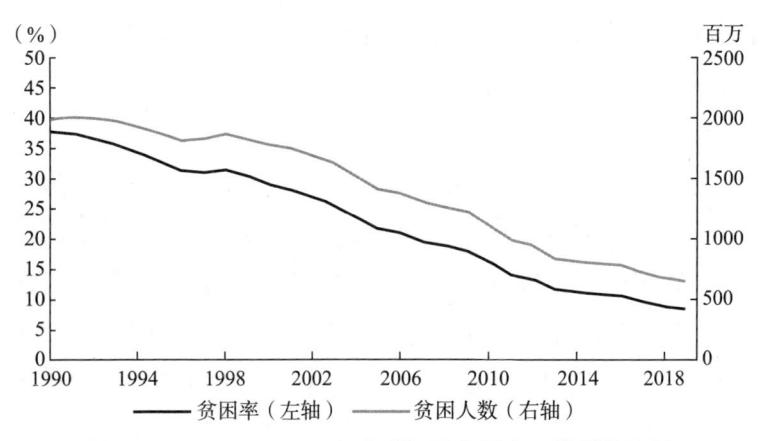

图 8-16　1990—2020 年全球极端贫困人口数量及比例

数据来源：世界银行贫困与不平等平台（World Bank Poverty and Inequality Platform）。

人数减少总数的四分之三。目前我国已跻身世界贫困水平最低的国家行列，货币贫困率甚至低于美国。

3.2 多维贫困

通过货币贫困指标，我们对全球各地区人民的货币收入有了直观了解，但贫困的生活却无法仅仅通过可支配收入来衡量。譬如，在撒哈拉以南非洲，由于基础设施的大幅落后，每天拥有 4.3 美元可支配收入（世界银行贫困线的两倍）的人们或许也很难购买到需要的饮水、卫生、教育、交通等生存和生活服务。高于货币贫困线的收入水平并不能使当地居民真正摆脱贫困的生活。为此，经济学家们提出了以货币贫困、教育贫困、基本基础设施服务贫困等不同方面构建的多维贫困（Multidimensional Poverty）指数来重新度量贫困（Alkire & Foster, 2011；Alkire et al.，2022），甚至于生活中可利用的休闲时间也可以被纳入指数成分（Dorn et al.，2023）。

联合国开发计划署（UNDP）发布的《全球多维贫困报告2022》指出，以多维贫困指数重新评估，当前全球仍有12亿人口生活在严重贫困之中，占全球总人口的19%，几乎是陷入货币贫困人数的两倍。在撒哈拉以南非洲地区，超过一半的人口生活在多维贫困之中。巨大的地区差异以外，由于不同特征群体所面临的生活需要有所不同（例如，儿童和老人对于医疗的需要普遍较高，青少年对于教育的需求十分迫切），我们还应关注不同群体的贫困差异。

在全球范围内，儿童及青少年是最容易陷入多维贫困的群体。当前，约有5.9亿名贫困人口是18岁以下的儿童及青少年，占据多维贫困人口的一半，他们通常面临着营养不良、医疗保健和教育机会缺乏等问题。在某些国家，儿童死亡率仍然很高。联合国儿童基金会数据显示，2019年全球5岁以下儿童的死亡人数为535万，平均死亡率为38%，其中有298万的死亡儿童来自撒哈拉以南非洲，该地区儿童死亡率高达75%，死亡原因包括营养不良、水源和卫生设施不足、传染病和缺乏医疗保健等。相比之下，卫生和医疗条件发达的欧洲和北美地区，五岁以下儿童的平均死亡率仅为3.7%和6.1%。

老年群体和女性群体也是容易被忽视的贫困群体。全球多维贫困人口中，约9,400万名是60岁或以上的老年人，占比8%；在拉丁美洲和加勒比地区，老年人口占贫困人口总数的比例高达30%。这些老年人通常面临着医疗保健、社会保障和住房等方面的问题，例如，在撒哈拉以南非洲，老年人口中能够获得养老金的比例只有5%。性别群体方面，部分国家（地区）的女性在教育、就业和社会地位等方面均明显处于劣势，相比于男性更易成为贫困人口。例如，在印度，以女性为户主的家庭中，约有19.7%的人生活贫困，而以男性为户主的家庭中，这一比例为15.9%。此外，城乡差异在贫困人口的地域分布上也极为明显，全球约83%的多维贫困人口生活在乡村。

多维贫困统计为我们了解贫困人口的生活状况提供了触目惊心的数据。读者朋友，当您在仲夏夜的明亮空调房里阅读本章节时，是否知道在非洲地区从未享受过生活用电的国民占比高达80%的国家就不少于8个？您又是否知道在我们已经不屑于计较燃气还是电力做饭更便宜的当下，全球仍有10亿人口的家庭还在使用对健康危害很大的固体燃料解决吃饭问题？您是否还知道当我们在整洁的浴室里恣意淋浴时，尚有4.4亿人口不敢奢望有基本饮用水保障的日常生活？

3.3 新冠之忧

自2020年新冠疫情暴发以来，全球经济面临着前所未有的挑战，贫困状况进一步恶化。拉克纳等（Lakner et al., 2022）的研究发现，新冠大流行可能仅在2020年一年便迫使6,000万人陷入极端贫困。世界银行的估计则更加悲观：2020年全球货币贫困人口可能增加了7,100万，贫困率由2019年的8.4%上涨至9.3%。[1]疫情大流行或致全球过去三至十年的减贫努力付诸东流。世界粮食计划署的最新数据表明，生活在粮食危机或更严重状况中的人

---

[1] 联详见合国《2020年可持续发展报告》，https://www.un.org/en/desa/sustainable-development-goals-report-2020。

数已由2020年的1.35亿人增加至2021年的1.93亿人。

尽管新冠大流行已结束,但其对全球贫困状况的负面影响仍将持续数年。考虑到疫情与俄乌冲突期间食品与能源价格上涨带来的购买力冲击、新增失业、预期寿命减少,以及经济复苏放缓等因素(Brandily et al.,2021;Heuveline,2022;Bianchi et al.,2023),2022年全球贫困水平仍难以恢复至疫情前水平。值得警惕的是,食品通胀的贫困影响,通常在非产粮国与城市地区更加严重(Ferreira et al.,2013)。

新冠大流行对货币贫困率的拉升已十分醒目,但不难想象,医疗与教育糟糕状况的加剧会使多维视角下的贫困程度进一步恶化。受新冠疫情影响,全球各国贫困调整预期寿命(PALE)都有不同程度的下降,其中除高收入国家(HICs)以外国家的PALE均大幅下降,体现出死亡率上升、生活质量下降、教育参与度下降的多重作用。[1]

4. 应对不平等的公共政策

收入和财富的分配是与社会生产过程中要素投入、生产方式、产出成果、社会消费、储蓄积累等几乎经济社会运行的所有方面息息相关的。本节仅就学者们最为关心的几个因素作简单梳理,其中有些与不平等之间还存在双向因果关系。

---

[1] 详见世界银行官网,https://www.worldbank.org/en/news/feature/2021/12/20/year-2021-in-review-the-inequality-pandemic。

4.1 财富禀赋或遗产继承

财富不平等的源头无疑是个人初始财富禀赋的差异，这种差异一方面会在一代人之间通过投资效应被逐渐扩大，另一方面又会以遗产继承的方式在代际之间传递。从公有制经济向私有制经济转变的过程中，一部分"幸运"的人拥有了较高的初始财富，成为了资本家（或地主），并通过为社会生产提供资本投入而赚取回报；不那么幸运的大多数人则只能为社会生产提供劳动力。私有化之初的生产资本是相对短缺的，想象一下工业革命之前农业作为主要产业的时期，我们似乎很难找到可以与有限的土地相媲美的生产资本。有限的资本必然导致高涨的边际资本回报率，于是资本家的回报率总是高于劳动者的回报率，而高收入又可以帮助资本家兼并更多的资本，财富持续向上聚集的过程（见图 8-1）便可想而知了。同时，资本投入门槛的存在进一步强化了财富禀赋对不平等的影响。试想北宋年间一位每年只能赚取 30 贯的无田户，即使有意进入土地出租行业，面对每亩 50 贯的地价，也只能望洋兴叹吧。这种进入门槛时至今日依然存在，并已扩大到了信贷领域，形成了信贷约束/配给（Credit Constraint/Rationing）。缺少初始资本，就很难对高回报的投资或创业行为进行融资，或者将不得不面临更高的融资成本，这显然也会助长财富分化（Galor & Zeira，1993；Piketty，1997；Galor & Moav，2000；Foellmi & Oechslin，2008；Papadopoulos，2019；Yang et al.，2021，2024；杜两省、程博文，2020；陈斌开、林毅夫，2012）。

财富一旦聚集，富人便有意愿以遗赠方式将财富传递给后代，还记得《雾都孤儿》中的主人公奥利弗吗？他最后通过继承生父的遗产实现了阶层跃迁。尽管后代未必会保有遗产的全部（譬如遗产税的作用）或者聚集的遗产会被后代分散（Mankiw，2015），但这种代际间的财富衰减速度是十分缓慢的。例如，克拉克与卡明斯（Clark & Cummins，2015）针对19世纪50年代到21世纪10年代英国居民财富继承的研究发现，财富在代际间的传递程度非常高，[①]社会的财富代际流动性很低。皮凯蒂和戈德哈默则展现了同时期法国居民遗产占当期社会财富总额的比重（Piketty & Goldhammer，2014，图11.7），在法国不平等最严重的19世纪下半叶，这一比例高达80%—90%，随后遗产份额的走势与不平等相似，也呈现出先降后升的形态，但即便近代历史最低值也仍近50%。

面对财富禀赋的显著差异和财富遗产的巨大数额，公共政策可以做些什么以缓解它们加剧的不平等？经济学家们首先想到的是遗产税，因为这似乎实施起来并不困难，世界上许多国家也实行了很长时间的遗产税。在20世纪的百年间，英、法、美等发达国家遗产税的最高边际税率呈"倒U"形（Piketty，2014，图14.2），最高边际税率一度高达80%，这与社会财富中遗产份额的"U"形变化形成了鲜明的对比，在一定程度上说明遗产税对控制遗产份额的增长是有积极作用的。赫尔（Heer，2001）、皮凯蒂和塞茨（Piketty & Saez，2013）、科普丘克（Kopczuk，2013）、帕沃尼和亚兹吉（Pavoni & Yazici，2016）等学者也在代际模型

[①] 如果用子代财富从社会平均水平的偏离除以父代财富偏离程度的话，这个比值在英国处于0.7—0.8的高位区间。

中证明了遗产税对社会福利的改善作用。但过去的数十年间情况似乎有所变化，已经有包括澳大利亚、新西兰、新加坡、瑞典、奥地利在内的许多发达国家相继取消了遗产税。随着信托等各类金融工具的发展，以及"避税天堂"的出现，富人更加容易逃避遗产税负，中等财富群体则逐渐沦为了遗产税征收的最大输家（Alesina et al.，2018）。

皮凯蒂和戈德哈默（Piketty & Goldhammer，2014）提出了在全球范围内课征累进资本税的建议，并得到了塞茨和斯坦切娃（Saez & Stantcheva，2018）、塞茨和祖克曼（Saez & Zucman，2019）、菲斯曼等（Fisman et al.，2020）等学者的积极响应。事实上，对财富税的理论研究在皮凯蒂的倡议之前就存在争议，贾德（Judd，1985）、科切拉科塔（Kocherlakota，2005）、查里等（Chari et al.，2020）的动态均衡分析均表明最优的财富税率为零。反对财富税的理论核心是对该税扭曲资本积累的担忧，毕竟资本投入是经济增长的关键要素。除此之外，财富税还存在实施上的困难，丹麦、瑞典作为全球少数征收财富税的代表国家也相继取消了该税种。赛姆（Seim，2017）、布鲁尔哈特等（Brülhart et al.，2022）、隆多尼奥－韦莱斯和阿维拉－马埃查（Londoño-Vélez & Ávila-Mahecha，2021）分别针对瑞典、瑞士、哥伦比亚的实证研究发现，私人财富申报对于财富税税率的弹性很高，财富税的实行会引发大量逃税。相比于大刀阔斧的财富税建议，曼昆（Mankiw，2015）则提出了更易实行的累进消费税，[①]他认为

[①] 此处消费税的概念并非我国税制中针对特别商品实行的消费税，而是以普遍消费品为课税对象，类似美国的零售税。

该税既可以缩小富人和穷人生活水平的差距，又不会对资本积累产生不利扭曲。施特劳布和韦尔宁（Straub & Werning，2020）在理论上证实了曼昆累进消费税的福利收益并不比正的财富税差。

4.2 资本回报率与经济增长

在上一节中，我们曾介绍了劳动收入份额$1-\alpha$对收入不平等与财富不平等关系的影响。皮凯蒂进一步提出了资本主义第一基本定律，即资本收入份额$\alpha=\gamma\times\beta$，[①]其中$\beta=K/Y$表示"资本/收入比"，我们可以将其比作购买一处住宅（资本）所欠贷款的还款期，越小的β代表着越强的还款能力，表明通过收入积累资本的速度越快；相反，较大的β意味着较大的α，暗示着不平等的加剧。过去一百多年间全球β值也呈现出与不平等相似的"大象曲线"（Piketty & Goldhammer，2014，图5.8）。皮凯蒂紧接着又提出了第二基本定律$\beta=s/g$，即储蓄率s较高但国民经济增长率g（总产出的增长率，而非技术进步率）较低的国家容易出现较高的β，限于篇幅，此处不再详细讨论。[②]第一定律还表明，较高的资本回报率r也极易导致财富不平等的加剧。在同时考虑到国民经济增长率g后，皮凯蒂提出了不平等加剧的根本性原因$r>g$，并将其称作"资本主义的核心矛盾"（The Central Contradiction of Capitalism）。21世纪之前的两百年间全球平均税前资本回报率大约维持在5%（表8-4），变动很小，但20世纪初直接税的引入以

[①] 这一推导是十分容易的，只需要将式（8.7c）—（8.7e）的过程应用在最佳资本投入的决策中即可。

[②] 该定律是基于平衡增长路径的，储蓄率$S=\dfrac{\mathrm{d}K}{Y}=\dfrac{\mathrm{d}K}{K}\dfrac{K}{Y}=\dfrac{\mathrm{d}Y}{Y}\dfrac{K}{Y}=g\beta$，因而只适用于长期分析。

及20世纪下半叶g的快速上升使资本净回报率与g的差距也呈现出与不平等的动态相一致的"大象曲线"。

表8-4 资本回报率与国民经济增长率

时间段	税前资本回报率	税后资本回报率	国民经济增长率
1820—1913	5.0%	5.0%	1.5%
1913—1950	5.1%	1.1%	1.8%
1950—2012	5.3%	3.2%	3.8%
2012—2020	4.3%	3.9%	3.3%

数据来源：皮凯蒂和祖克曼（Piketty & Zucman，2014）。

皮凯蒂有关$r>g$的观点在经济学界也引起了不小的争论。曼昆（Mankiw，2015）借由皮凯蒂倚赖的新古典主义框架论证了$r>g$是必然的且帕累托最优的。完全竞争市场下均衡理论r可以被写为式（8.11）：[①]

$$r = \frac{dY}{dK} = \frac{dY}{Y} \Big/ \frac{dK}{Y} = \frac{g}{s} \qquad (8.11)$$

我们知道，储蓄率s通常是小于1的，根据上式，这等价于$r>g$，所以曼昆的观点有其理由：如果储蓄率过高（譬如等于1），那么所有人只需要将一点点储蓄转为消费，全社会的福利就会整体提升，即实现帕累托改善。或许曼昆等美国经济学家不愿意接受的是皮凯蒂有关"资本主义的核心矛盾"的观点吧。如果皮凯蒂的观点是正确的，资本主义社会中$r>g$是一种必然，这将预示

[①] 更严格的证明应该考虑产出对时间的导数为增长率并考虑人口增长等因素；资本折旧率的省略是因为皮凯蒂第一基本定律的数学关系中也未对其有所考虑。

不平等的加剧在资本主义社会必然发生且会愈演愈烈，而外部因素如战争、激进的税收等或许只能延缓但无法根除这种必然。

抛开政治分歧，资本回报率和经济增长的确是影响不平等变化的重要因素，但我们大可不必像看待扣响枪支扳机那样看待$r>g$与不平等的关系。在资本私有化的过程中，发生初始财富的聚集是不可避免的，就好像随机抽样产生的杨辉三角那样。较高的r会让拥有更多财富的人获得更高的平均利润，因为回报率往往是会体现投资规模效应的，递减的边际成本也可以解释这一点。如果用供需理论来看待资本，那么高额的资本价格r表明，在当前的社会生产中资本是紧俏的（这未必意味着较低的绝对资本水平），或者说生产过多依赖于资本投入（也可以说对应一个较高的α），此时无论g的高低，产出的大部分都由资本拥有者获得，而劳动收入份额很少，不平等加剧。因此，经济增长是否有利于削弱不平等并不是一定的，还要看增长的模式是更加偏向资本驱动型还是人力资本驱动型。

按照新古典主义增长理论，总体产出的增长率g可以被进一步拆分为人均产出增长率（假设人口数量不变）g_A和人口增长率g_L。皮凯蒂认为高水平的g_L会弱化遗产的作用，这一观点考虑到了父代财富会被子代分散的可能，但显然也忽视了人口增长的另一面，在当前劳动力数量适应社会生产的情况下，人口数量的激增也可能会降低单位劳动收入（工资水平），不利于底层民众，印度便是个很好的例子。在当前世界各国普遍面临生育率下降、人口增速放缓甚至人口数量下降等问题的现实面前，g_A已成为保持总产出增长的关键。

针对高水平r或过度依赖资本的经济增长所带来的不平等加

剧,公共政策的调节作用有很大的发挥空间,譬如合理的资本利得税(针对财富净回报而非财富本身,不同于财富税)已被许多国家广泛接受。另外,r仅仅是一个理论概念,现实中不同的资产类型往往会有差异巨大的回报率,其对不平等的影响也是近年来经济学家们十分关注的问题(宁光杰等,2016;Jordà et al.,2019;Kuhn et al.,2020;Fagereng et al.,2020)。几年前只有一万元现金的普通人能够选择的投资方式似乎只有年利率2%的活期储蓄,但当时富裕阶层用百万现金购买的房产却可以带来每年5%以上的投资回报。2%与5%的回报率看似差异惊人,但这背后容易被人忽视的是投资门槛:普通人的财富无法跨过5%回报率的投资门槛,因为那通常是为更高的财富水平而设置的。杨晓亮和周鹏(Yang & Zhou,2022)曾做过一个有趣的模拟实验,结果发现面对差异化回报率和投资门槛的资本市场时,降低不平等的最有效方法是为穷人降低进入门槛。

从增长率的角度来看,一方面,政府可以利用公共支出和产业政策壮大高附加值服务产业,这类产业通常比传统制造业更能吸收劳动力,改善劳动投入的边际回报,提升劳动收入份额,进而缩小收入差距;另一方面,人均产出增长率g_A已成为国民经济增长的关键,而提升g_A最有效的途径便是通过加大教育支出和政策扶持以促进社会人力资本水平的普遍提升,同时,政策要对财富或收入底层民众人力资本的提升适度倾斜,要对"小镇做题家"们施以政策关怀,从而缩小个体间的人力资本差异。"人力资本"可以被定义得更加宽泛,医疗、保险等制度的健全和对弱势群体的保障,都可以极大提升劳动者的效率。当然,人力资本最终转化为高效的劳动力还需要就业机会的相对公平,比如破除"35

岁"的年龄门槛，摒弃岗位的性别歧视，淡化求职者的家庭背景影响等[①]。教育、医疗、保险是十分庞大的话题，很多时候我们或许知道哪些人需要接受这些方面的帮助，但却未必清楚应该用怎样的政策或怎样的方式去帮助他们改善现状。阿比吉特·班纳吉（Abhijit Banerjee）和埃斯特·迪弗洛（Esther Duflo）的著作《贫穷的本质》带给了我们许多启示，比如当前我国部分地区推行的新冠疫苗接种奖励，是否看起来与印度麻疹疫苗接种实验中的塞娃曼迪方案颇有些相似？推行相关公共政策应该首先了解政策关心的群体对待教育、医疗等事项的行为偏好：如果辍学是因为高昂的学费，那免费教育是恰当的；如果是因为匮乏的师资，仅减免学费就未必有效了。最后，无论如何，请读者朋友们珍惜学习时光，教育是人力资本提升的关键，也是实现阶层跃迁的"捷径"，大卫·科波菲尔正是通过接受良好的教育最终实现了财富自由。

4.3 其他的方方面面

消费与储蓄，犹如财富积累过程中的矛与盾。一个人的消费占收入的比例越高，他的储蓄率就越低，财富积累的速度也随之放缓。经济学家普遍认同，边际消费倾向差异导致的储蓄率差

[①] 这一观点即机会平等主义。不同于只关注收入或财富的不平等水平的结果主义者，机会平等主义者秉持"正义理论"（Rawls, 1958, 1971），更加关注个人所处环境差异而非个人努力程度差异对于收入或财富不平等的影响。个体能够实现的结果（例如收入水平）通常是环境因素、个人努力和社会政策共同决定的。机会平等主义的核心在于抵消由环境差异而产生的不平等，而仅由个体努力程度不同导致的结果差异是公平合理的、在道德上可接受的（Roemer, 1993, 1998）。然而，如何精准识别机会不平等的存在、如何合理度量个人努力程度，是目前经济学界仍在力争解决的问题。本章不再赘述机会不平等的更多细节，相关研究请参考罗默（Roemer）等人的著作。

异是财富不平等的影响因素之一（Carroll et al.，2017；Garbinti et al.，2021；甘犁等，2018）。实验经济学家们发现，通常穷人比富人拥有更高的边际消费倾向，简单来说，社会管理者每月给巴菲特和我各自100元的结果可能是，巴菲特不会因此而增加他的消费，甚至会遗忘掉这笔小额馈赠，但我大概率会计划如何花掉它从而提高生活质量，比如在每天的热干面里加一枚卤蛋。这样的消费倾向差异，会产生一种财富聚集过程中的自我约束，即个人储蓄率会随收入或财富的增加而上升。很遗憾，这样的观点并不绝对成立。

新古典主义经济理论中，个人的当期消费是一种最优的跨期选择，既与未来的消费预期和过去的消费水平正相关，又与资本回报率负相关。如果资本回报率大幅降低（极端的情况是，任何储蓄都没有利息，任何投资都没有回报），个人的消费反会提高。这种情况眼下正在发生：疫情带来的冲击使得一段时间内许多行业的投资前景十分暗淡，富人们减少的投资支出有一部分转化为了消费，所以我们也并不会惊讶于时局艰难的当下许多奢侈品店面外还是排起了长长的队伍。对于穷人而言，即使收入没有下降，比如侥幸如我，这期间的消费也会下降，这是出于预防性储蓄（Precautionary Savings）的考虑，即总要为未来的不确定性作一些准备。况且，储蓄偏好也会随时代、因国家和文化而有所差异，因此分析消费倾向对不平等的影响是必要但又十分繁杂的。

战争，一个残酷又醒目的词汇。"Inequality was only reduced by wars, diseases, revolutions, and state collapse"（能减少不平等的，唯有战争、大疫、革命和国家倾覆）——这是摘自谢德尔

（Scheidel, 2017）中的一句话。战争对资本的破坏无疑是巨大的，历史数据清楚地揭示了这一事实（见图8-12）。在经历了两次世界大战的20世纪10—40年代，富人的财富份额急剧下降，速度远超收入份额，但这种自上而下的"均贫"方式带来的不平等下降并不会让大多数人过上更好的生活。沉痛的历史也让我们对当前地缘冲突/战争（比如俄乌冲突等）对全球不平等的影响产生了警惕。这场战争引发了全球范围内能源与粮食价格的上涨，势必会扩大资源自给国家与资源匮乏国家之间的不平等，比如埃及将不得不向美、加等国购买大量粮食并支付比以往更高的价格。国际大宗商品价格上涨引发的普遍通胀也会波及每个经济体内部，而通胀对不平等的影响要复杂得多，这取决于人们的资产配置。如果你恰好持有石油公司的股份，那么从战争开始至今，你的资产规模应该是提升的；如果你持有债券，那固定的票面利率或许还不及通胀率。显然，利用通胀来干预不平等是不明智的，因为决策者很难甄别是怎样的人群受其影响最深，更多时候遭到伤害的反而是因为生活成本上升而感到落魄的普通民众。此外，由战争诱发的国际资本流动和汇率变化导致的不平等变化则更加复杂。其他诸如自然灾害、全球重大卫生公共事件等，也会对不平等产生一定影响。

全球化往往是经济学家们谈论国家间不平等时首先想到的词汇（Milanovic, 2016; Glen Weyl, 2018; Ravallion, 2018），尽管它并不能掩盖落后国家通过自身努力在国民收入水平上对先进国家的追赶。本章第1.1.3节为大家展现了一个事实：21世纪之前的国家间不平等持续上升，但近二十年来出现了快速下降。全球化既包括商品、资本、技术的全球流通，也包括人口的国家间流动。第二次世界大战后，美国等发达国家在自由贸易中利用技术垄断、低价值产业链外包，以及对外投资扩张等方式获取了全球产出中很高的份额（Piketty & Goldhammer，2014），但知识与技术的外溢总是快速而廉价的，在欠发达地区不断积累技术进步之后，国际产业链上的价值分配也逐渐发生了变化，20世纪90年代开始，美国等发达国家在全球产出中的份额较之前出现了显著下滑。国际移民也加速了国家间不平等的缩小，联合国《2020年世界移民报告》显示，1980年到2000年的二十年间，国际移民数量增加了约22%（除去世界人口增长影响），至2019年这一增加值为52%，其中约三分之二为劳务移民。低收入者从贫穷国家转移到富裕国家所带来的是全球范围内低收入者收入水平的上升。有关全球化与不平等更深入的研究，我们推荐《不平等的全球化》（Bourguignon & Scott-Railton，2015）一书，本章不再详述。未来国家间不平等的下降趋势是否会持续也将面临诸多挑战，比如发达国家在技术垄断、碳排放权、资源管控等方面的国际战略，毕竟这些国家还普遍面临国内不平等加剧的内忧。

此外一些受到学者关注的不平等的影响因素还包括：技术进步岗位差异（徐舒，2010；Acemoglu & Restrepo，2018；Prettner & Strulik，2020）、避税天堂、公共债务（Laitner，2001）、老龄化（Miyazawa，2006）、腐败（Markussen et al.，2021），等等。

本章小结

不平等已成为当前全球各国共同面临的严峻挑战。本章首先概述了全球收入不平等与财富不平等的特征事实,重点介绍了不平等的测试、结构特征,以及收入与财富不平等之间的联系与差异。本章还从货币贫困、多维贫困和新冠疫情的影响三个方面深入分析了全球贫困问题。最后,本章梳理了影响不平等的关键因素,并探讨了应对不平等的公共政策干预措施。

第九章　国家间转移支付与对外援助

千里同好，坚于金石！

——三国学者谯周

世界正在经历百年未有之大变局，国家间冲突加剧、全球治理机制失灵加速了世界格局演变，全球化进入深度重构期，全球疾病、气候变化、贫困与不平等对全球居民福利的影响越来越大。近年来频发的全球危机事件暴露出全球治理体系的诸多缺陷，以及全球化过程中存在的诸多风险与挑战。由于没有全球政府，大国需要主动承担全球治理的职责，必须构建与全球治理责任相适应的大国财政体制。一方面，该体制需要为国际组织的运行提供保障，确保全球公共事务得到有效应对；另一方面，其需要为全球再分配政策的稳步实施提供支撑，帮助中低收入国家实现可持续发展。随着以中国、印度等为代表的新兴援助国进入国际援助体系，国际发展援助被注入了新的理念和形式。相比于美国、日本等传统援助国，新兴援助国的国际发展援助往往具有更强的务实主义。本章主要讨论全球发展援助如何通过向国际组织提供经费及援助来改善全球治理，从而建立公正合理的全球公共秩序，实现全球均衡发展。很大程度上，大国的对外援助就像是国家间的横向转移支付。

1. 全球发展援助概况

1.1 发展援助的资金来源

全球发展援助指的是国家间的横向转移支付，即由发达国家、发展中国家或国际组织向其他国家、地区转移资金、技术、物资和设备的行为，也称为国际援助、海外援助、对外援助或经济援助。事实上，发展援助并不是新鲜事物，在第二次世界大战结束后，美国为了促进欧洲经济复苏，曾通过马歇尔计划向欧洲受战争影响的国家提供了130亿美元的发展援助资金。国际发展援助的资金来源包括传统资金来源和各种创新融资渠道，其中前者主要包括援助国的财政预算、区域和国际开发银行的资金，但其潜力有限，因此在实践层面出现了一些创新融资方式。

传统资金来源。传统的发展援助资金来源包括官方渠道和非官方渠道。官方渠道的资金主要来源于国家财政预算资金、地方政府援助资金、贷款援助的本息偿还以及资本市场融资等。非官方渠道资金来源包括企业和社会捐赠、基金项目的资本收益、国际非政府机构提供的资金以及各种筹款活动筹集的资金。

创新融资渠道。为了弥补传统资金来源的不足，越来越多的创新融资渠道被提上议程。政府公共支出是创新融资机制的重要资金来源，其创新融资机制主要包括三种形式：

（1）预先市场承诺（Advance Market Commitments）。预先市场承诺是由意大利在2005年提出的应对疫苗市场短缺的援助形式。援助国向疫苗生产厂商承诺，如果疫苗生产出来并能满足发展中国家的需要，则将以一个事先商定的价格购买疫苗，从而创造了一个可行的未来市场。

（2）国际免疫融资机制（International Finance Facility for Immunization）。国际免疫融资机制是英国在2000年实施的援助项目，通过发行远期债券的方式换取当前发展援助所需资金，旨在为贫困国家的疫苗研制和接种提供支持。

（3）债务置换健康（Debt to Health）。债务置换健康的方式主要是通过建立有一定折扣率的债务交换协议，债权国可以免除债务国的双边债务，但债务国需要将50%的债务资金提供给全球基金作为回报，全球基金将所获得的资金用于支援债务国的健康项目。

1.2 发展援助的演变历程

经过70年的发展和完善，国际发展援助体系已经走向成熟。国际发展援助主要经历了三个阶段：第一阶段指第二次世界大战后到20世纪90年代末期，现代意义上的发展援助肇始于第二次世界大战后美国对欧洲实施的马歇尔计划；第二阶段以联合国千年发展目标提出为起点，从此发展援助被赋予了新的使命；第三阶段指的是2015年之后的时期，千年发展目标实现后，联合国制定了2030可持续发展目标，并提出要通过动员财政资源、技术开发和转让、能力建设以及伙伴关系建设来实现全球可持续发展。

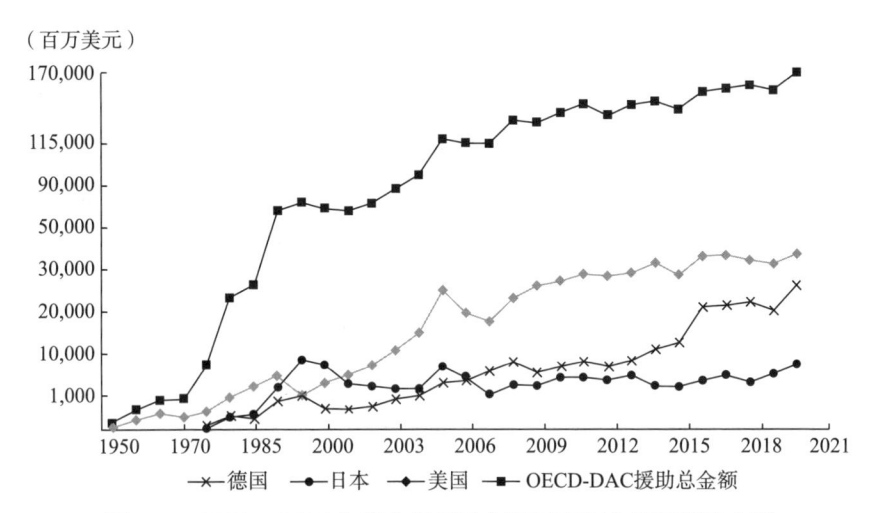

图9-1 1950—2021年经合组织及主要国家官方发展援助金额
数据来源：经合组织数据库。

第一阶段：第二次世界大战后至20世纪90年代末（1948—2000）。美国在第二次世界大战后对欧洲实施的马歇尔计划是现代发展援助兴起的标志，战后至20世纪90年代末，发展援助在理论和实践层面都取得了非常显著的成果。**在实践层面，国际发展援助体系逐步发展和完善**。一方面，发展援助体系更加完善，20世纪60年代后，欧洲国家和石油输出国进入了援助国序列，以联合国、世界银行为代表的多边援助机构逐渐兴起，主要援助国在这一时期设立了相应的援助机构，发展援助规范性大幅提升。另一方面，私营部门已经逐渐成为国际发展援助体系的重要力量。经历了20世纪80—90年代的私有化浪潮后，私营部门在填补知识分享、技术转移与资金缺口等方面发挥着重要的作用，形成了政府、私营部门和非政府组织的多元结合的发展援助体系。**在理论层面，发展援助形成了一个成熟的研究领域，统称为"国际发展"或"发展援助"。**经济增长理论的提出为发展援助行动提供了理论指导，哈德罗-多马经济增长模型强调了投资对于经济增长的作用，发展援助资金被认为能够解决发展中国家投资和国民储蓄不足的问题；内生增长理论认为技术进步是保证经济持续增长的决定因素，发展援助资金的重点也转向教育领域。然而，发展援助的有效性却饱受质疑，学界围绕援助是否有效、是否需要继续援助以及如何更好地提供援助等问题展开讨论，丹比萨·莫约（Dambisa Moyo）的著作《援助的死亡》反映了学术界和社会民众长期以来对援助有效性的质疑。

专栏　联合国千年发展目标

经济全球化促进了全球经济繁荣发展，但国家间的发展越来越不平衡，南北发展差距逐步扩大。为了应对全球共同面临的贫困和不平等问题，联合国189个成员国在2000年9月的首脑会议上共同签署了《联合国千年宣言》，提出了联合国千年发展目标（MDGs），要求世界各国要在2015年前将全球贫困水平降低至1990年的一半。联合国千年发展目标是迄今为止最成功的贫困消除活动之一，主要包括以下八个方面的具体目标：

目标1. 消灭极端贫穷和饥饿

目标2. 普及小学教育

目标3. 两性平等和女性赋权

> 目标4. 降低儿童死亡率
>
> 目标5. 改善产妇保健
>
> 目标6. 对抗艾滋病及其他疾病
>
> 目标7. 确保环境可持续性
>
> 目标8. 制定促进发展的全球伙伴关系
>
> 资料来源：https://www.un.org/zh/millenniumgoals/poverty.shtml。

第二阶段：联合国千年发展目标提出到实现（2000—2015）。在2000年的联合国首脑会议上，189个国家共同签署通过了《联合国千年宣言》，世界各国领导人就消除贫穷、饥饿、疾病等达成了共识，提出将"全球贫困水平在2015年降低到1990年的一半"的发展目标，发达国家计划向发展中国家提供更为慷慨的官方发展援助。联合国千年发展目标成为这个阶段发展援助的行动指南，发展援助实践和理论在该时期出现了新的动向。**新兴援助国在国际发展体系中的作用越来越重要**。在发展援助的研究中，一般将经合组织发展援助委员会（OECD-DAC）成员国称为传统援助国，除OECD-DAC成员国以外的新兴经济体称为新兴援助国。随着新兴国家的整体崛起，以中国、印度、俄罗斯、巴西等国家为核心的新兴经济体进入了发达国家主导的国际发展援助体系，这些国家的发展援助更关注受援国经济增长和发展能力，以受援国经济基础设施为导向，促进生产技术转移和双边商业交流，在一定程度上重塑了国际发展援助秩序。**田野实验方法的引入推动了发展援助理论研究的拓展和深化**，以2019年诺贝尔经济学奖得主阿比吉特·班纳吉（Abhijit Banerjee）和埃丝特·迪弗洛（Esther Duflo）为代表的学者引入了田野实验的研究方法，这些学者认为与其讨论发展援助的有效性，不如关注发展援助项目的异质性，首先在小范围内利用田野实验的方法对援助项目进行微观评估和排序，再将效果比较好的援助项目进行推广，从而避免浪费援助资金。

第三阶段：联合国2030可持续发展目标阶段（2015至今）。联合国千年发展目标实现后，联合国193个成员国2015年在联合国可持续发展峰会上正式通过了《2030年可持续发展议程》，提出了17项具体的联合国可持续发展目标（SDGs）用于指导2015—2030年期间的全球发展，为了实现这些可持续发展目标，联合国提出要通过调动财政资源、技术开发和转让、能力建设以及建立伙伴关系为全球发展提供更加广泛的融资。**发展合作和伙伴关系成为实现千年发展目标的关键**，随着联合国可持续发展目标的制定，国际发展援助实践的重点发生了变化，国际发展合作和伙伴关系建设对于发展中国家发展和减贫的作用变得更加突出，发展中国家的南南合作模式受到了更加广泛的认可。**学术界也意识到仅仅依靠发展援助难以帮助贫穷国家摆脱贫困**，一些学者认为在"富国应该如何更好地帮助穷国"这个问题上，需要进行一场思想上的革新，不能仅仅依靠发展援助来应对贫困，而是要在贸易、金融、气候变化和移民等领域采取更加广泛的措施来改善穷国的发展前景（Hulme，2016；林毅夫，2016）。

专栏　可持续发展目标（SDGs）

随着联合国千年发展目标的全部实现，全球在减贫、教育和医疗等方面取得了巨大的进步，但仍然面临社会、经济和环境不可持续的问题。为了推动全球可持续发展，2015年9月，联合国可持续发展峰会正式通过了《2030年可持续发展议程》，提出了17项用于指导2015—2030年的全球发展的可持续发展目标。可持续发展目标要围绕可持续发展议程的"5P"愿景展开，具体包括以下几个方面的内容：

（1）以人为本理念（People）。具体为目标1-5，即无贫穷、零饥饿、良好健康与福祉、优质教育、性别平等，反映人类生存和发展的基本需求和保障。

（2）地球生态安全理念（Planet）。具体为目标6、7、13-15，即清洁饮水和卫生设施、经济适用的清洁能源、气候行动、水下生物、陆地生物，反映人类应对气候变化、利用现代能源、开展海洋资源和生物多样性保护等全球环境可持续发展能力。

（3）经济持续繁荣理念（Prosperity）。具体为目标8、9、11、12，即体面工作和经济增长，产业、创新和基础设施，可持续城市和社区，负责任消费和生产，反映经济增长的包容、持久和可持续，让所有人分享经济繁荣成果。

（4）社会公正和谐理念（Peace）。具体为目标10、16，即减少不平等，和平、正义与强大机构，反映构建包容、公平正义与法治的社会环境对可持续发展的保障作用。

（5）提升伙伴关系理念（Partnership）。具体为目标17，即促进目标实现的伙伴关系，反映调动现有一切资源，激发全球伙伴关系活力，实现可持续发展目标。

资料来源：https://www.un.org/sustainabledevelopment/zh/。

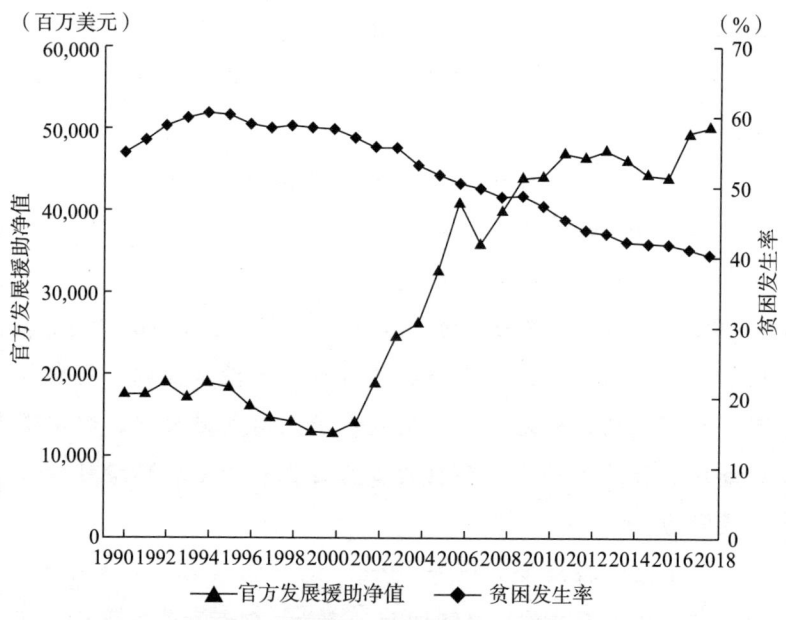

图9-2 撒哈拉以南非洲的贫困率和官方发展援助流入净值

数据来源：经合组织数据库。

1.3 发展援助的提供形式

大国提供发展援助的形式非常多样，既可以直接向受援国提供用于缓解预算约束的官方发展援助资金，也可以通过项目建设或综合发展方案的形式推动受援国发展。大国援助的方式主要包括财政援助、项目援助和方案援助。

财政援助。财政援助是各国政府利用其财政预算资金直接或间接向他国政府提供的各种资金和物资的总称,主要目的在于支持受援国的经济发展或帮助其解决财政困难,有时也是一种配合外交活动的经济手段。财政援助主要包括两类:官方援助(OA)和其他官方资金(OOF)。官方援助指的是符合官方发展援助性质的财政资金;其他官方资金指的是不符合官方发展援助定义的官方资金流动,这类资金的赠予成分低于25%,或不以推动受援国发展为目标。

项目援助。项目援助是指援助国政府或多边机构将援助资金直接用于受援国某一具体项目建设的援助形式,例如修建学校、道路、机场等,目标是改善受援国经济社会条件。这一类援助在实践层面方便操作,能够针对受援国具体的经济社会问题,但涉及援助国和受援国的双重审批程序,需要援助国和受援国进行充分协商。

方案援助。方案援助指的是援助国通过一系列综合发展计划和方案向受援国提供发展援助的形式。这类援助形式并非按照具体的工程项目向受援国提供援助,而是针对受援国经济、社会发展过程中某一方面或者部门的整体发展而进行综合援助。通常而言,方案援助主要用于进口拨款、预算补贴、国际收支津贴、债务偿还以及区域发展和规划。这种援助形式一般规模大、复杂程度高,一项援助方案可能需要非常长的时间,并伴有相应的政治条件。

2. 发展援助支出的有效性

援助有效性（Aid Effectiveness）是发展援助政策的核心问题，涵盖了援助过程的方方面面。经过70余年的政策实践，一些经济体成功借助国际发展援助获得经济社会的巨大发展，但也有一些国家和地区仍然在贫困中挣扎，甚至因为援助依赖出现了经济衰退，这引发了人们对于援助有效性的思考。以联合国发展系统为代表的多边发展机构认为国际发展援助是消灭贫困的最佳手段，但一些学者却对发展援助持悲观态度。诺贝尔经济学奖得主安格斯·迪顿即反对富国向穷国提供援助，在他看来，发展援助并非消除不平等的良方，反而会破坏援助国国家能力的培育和发展，利用发展援助去消除贫困本身就是一种错觉（Aid Illusion）。

2.1 发展援助的经济效应

发展援助与经济增长。资本积累是决定经济增长的主要因素，发展中国家普遍面临资本积累不足的问题。在面临资本短缺的情形下，发展援助在理论上可以从两方面推动经济增长：一是直接替代受援国的自我储蓄，填补受援国的资金缺口，为受援国直接引入资金、技术和人力资本；二是大量投入发展援助资金会促使受援国执行进口替代发展策略，进而提升受援国自我积累和投资的能力，带动自身的经济增长和发展。事实上，一些研究也证明发展援助可以为受援国带来海外投资，有助于促进受援国固定资本积累，提升国民经济增长率（万广华、朱美华，2019；Dreher et al.，2021）。不过，发展援助也并非越多越好，如果技术水平不变，那么由于投资的边际收益最终必然递减，当发展援助占受援国产出的比例超过一个阈值后，发展援助对产出增长率的边际影响就会由正向变为负向，这与税收领域的拉弗曲线十分相似，因而也被称为"援助的拉弗曲线"（Aid Laffer Curve）（Lensink & White, 2001）。

发展援助与贫困减少。全球在消除极端贫困方面取得了巨大的进展，但贫困问题仍是我们这个时代所面临的重要挑战之一，中低收入国家中仍有约一成人口生活在国际贫困线之下，发展援助作为应对全球贫困和不平等的重要方式，能够将经济资源从富国转移至穷国，帮助后者实现有效减贫。牛津大学非洲经济研究中心主任保罗·科利尔（Collier, 2008）将导致一个国家掉入贫困陷阱的原因分为了四类：战乱陷阱、自然资源陷阱、恶邻环绕的内陆陷阱和小国劣政的治理陷阱，并指出国际发展援助能够帮助穷国应对战乱陷阱和自然资源陷阱。在发展援助减少贫困的根源方面，受援国的经济增长可能发挥了关键作用，发展援助带来的经济增长会产生一种"涓滴效应"，让受援国的发展成果惠及贫困人口（Dollar & Kraay, 2002）。

发展援助与就业创造。发展援助可以推动经济增长和减贫，就业是这些宏观经济效应产生的基础。然而，对于广大发展中国家而言，缺乏高生产率的工作机会往往会导致其错失经济转型的机会，甚至会制约国民福利水平的提升，这些问题在非洲国家更为严重。发展援助能够为受援国创造就业，这种创造效应包括宏观和微观两种途径：在宏观层面上，发展援助有助于推进当地的工业化进程，从而吸纳更多的人口进入工业生产部门，尤其是制造业部门的发展创造了大量的就业机会（Jenkins, 2022）。在微观层面上，企业是发展援助项目实施的主体，分工协作过程有助于推动当地企业成长，从而提升其就业吸纳能力；企业在项目建设过程中会雇用当地劳动力，从而为当地居民创造就业机会（Guo & Jiang，2020）。

2.2 发展援助的社会效应

发展援助与国家能力。发展中国家普遍面临国家能力不足的挑战，发展援助与国家能力中的财政能力和制度建设密切相关。就受援国的财政能力和制度建设而言，一方面，财政预算援助能够直接进入受援国的财政预算体系，增加受援国的财政收入，确保受援国政府能够履行其基本职能；另一方面，发展援助可能会改善受援国的经济社会发展条件，帮助受援国政府筹集更多的税收。然而，这种发展援助也可能会改变受援国政府和民众的关系，对国家发展和建设造成破坏。具体而言，受援国政府过度依赖援助资金会产生反向激励：在不存在援助资金的情形下，负责任的政府会通过向民众提供公共产品获取税收，但由于国际发展援助资金的进入，政府可能不需要依赖税收维持自身运营，因此会主动降低自身税收努力程度，降低公共产品的供给水平（赵剑治等，2018）。阿西莫格鲁与罗宾逊（Acemoglu & Robinson，2013）合著的书籍《为什么国家会失败》（*Why Nations Fail?*）中提出，贫穷国家难以发展的主要原因是这些国家汲取型的经济制度和政治制度沦为上层社会攫取资源的工具，国外流入的援助也会因此无法惠及贫困人口。

发展援助与社会稳定。援助可能与受援国的社会稳定密切相关。理论上，国际发展援助能帮助受援国发展经济，为该国民众提供更多就业机会，提升当地人从事武装暴力行为的机会成本，从而减少地区冲突（李嘉楠等，2021；杨攻研等，2019）。然而，长期以来撒哈拉以南非洲地区持续的贫困和冲突让不少学者和政策制定者对援助的意义产生了强烈质疑，甚至认为正是国际援助直接导致了非洲一些地区的武装叛乱，内森·纳恩和钱楠筠（Nunn & Qian，2014）研究了美国的粮食援助对非洲内战的影响，发现由于粮食在运输过程中容易被武装分子抢劫，美国的粮食援助反而增加了非洲受援国的内战。之所以会产生上述现象，既有研究从两方面进行了解释：一方面，援助导致被援助地区与中央政府之间更紧密的合作，强化了中央政府对该地区的控制，压缩了叛乱者的生存空间并对其构成巨大威胁，导致他们更频繁使用暴力手段破坏地方与中央政府的合作；另一方面，"掠夺理论"认为援助物资同样可以被用于武装暴乱，特别是食物、药品、燃料等援助物资极易被窃取，因而成为国内反政府武装抢夺的对象，甚至会提升武装分子的作战能力，延长国内冲突的时间（Grossman，1991）。

发展援助与公共舆论。研究者们通常将对外援助视为一种外交政策，外交政策和公众舆论（Public Opinion）是研究者关注的重点问题。早期的研究通常假设公众缺乏国家外交政策的相关信息，国际发展援助不会影响公民的态度和看法；后续的理论逐渐意识到公众的态度在国际竞争与合作中十分重要，甚至在一些场合会成为决定因素（Milner & Tingley，2013）。事实上，随着全球经济的进一步融合，尤其是信息科技革命的发展，国家援助政策的凸显性大幅提高，任何国家的民众都能及时了解其他国家针对本国的政策动向。也正因如此，社会公众的态度和评价变得越来越重要：积极正面的态度会带来相应的经贸利益，使一国在国际竞争中获得更多竞争优势；负面的评价可能会增加国家间经济活动的交易成本，进而给国家经济发展造成损失（Heilmann, 2016；Guiso et al., 2009）。在实践层面，世界各国都试图通过援助的手段获得其他国家公民的支持，如加拿大在第二次世界大战后积极在全球提升本国声望，通过参与美、英等国主导的"马歇尔计划""科伦坡计划"等方式成功地输出了自身的国家价值观，完成了国家海外形象的建构目标（钱皓，2014）。

发展援助与公共卫生。 发展援助资金可用于加强受援地区的公共卫生基础设施建设，也可用于培训医生、护士和其他卫生工作者，增加其专业技能和知识，提升基层医疗水平。在许多国家，尤其是在资源有限的低收入和中等收入国家，援助往往是受援国建立、维护和提高公共卫生体系的重要渠道，大大提高了国民的健康状况和生活质量。过往的研究中，学者们主要关注了卫生项目援助对健康结果的有效性，其中一些研究者认为外国援助并不能提高受援国的整体公共卫生水平（Williamson, 2008）。然而，后续研究者提出不同的看法，认为援助显著地提高了家庭福利，提高了受援地区的受教育水平（Martorano et al., 2020），降低了儿童死亡率（Mishra & Newhouse, 2009；Bendavid & Bhattacharya, 2014）。卫生援助往往能够缩短患者康复时间，减少市场生产力负担，且对居住地离援助项目最近的个体更有利（Odokonyero et al., 2018）。然而，卫生援助的效果并不是孤立发挥的，而是与多种因素紧密相关。当受援国政府效率提高时，卫生援助的效果也会显著上升（Doucouliagos et al., 2021；Fielding, 2011）。这也意味着，卫生援助的有效性不仅要看援助本身，还要考虑受援国的内部因素。

2.3 发展援助的政治效应

发展援助的国际政治目标。发展援助往往捆绑着相应的国际政治目标。正如美国著名政治学家摩根索所认为的那样，发展援助就是一国满足其国际政治需求的时候所支付的价格（Morgenthau，1962）。在此意义上，发展援助是国家出于政治目标进行的资源转移活动，援助国将发展援助视为一种安全战略投资，目的是建立和维护某种国际战略平衡，或推动受援国进行符合援助国利益的政经改革，从而维护援助国的长期利益。事实也是如此。以美国为例，其1962年修订的《对外援助法》就明确提出对外援助必须服务于美国的国际政治利益，美国国家开发署也提出要发挥对外援助在国际经济政治秩序构建过程中的作用，还有一些研究发现美国会通过对外援助影响其他国家在联合国大会的投票行为，从而为自身的国际政治行为赢得合法性（Dreher et al.，2008）。伊拉克战争期间，美国曾利用对外援助手段游说其他国家，以便在联合国大会投票中获得多数，从而合理化自己的战争行为（庞珣、王帅，2017）。此外，美国还试图通过影响国际组织去完成自身的国际政治目标。研究发现美国担任联合国轮值主席国时，本国援助会增加59%，联合国提供的援助会增加8%（Kuziemko & Werker，2006）。

发展援助与国际政治议价能力。发展援助还会影响国家的国际政治议价能力，进而改变全球资源分配结果。国家间的政治议价指的是一个国家试图影响其他国家的行为及其综合结果，包括将成本或收益强加给其他国家的单边行动，这种国际政治议价的过程最终决定了国家博弈的均衡结果（戴维·A.莱克、郎平，

2009）。在国家政治议价的过程中，国际政治议价能力是其关键，议价能力强的国家可能成为国际政治议价的受益者，议价能力比较差的国家则大概率在国际政治议价的过程中面临损失。发展援助能够提升援助国和受援国之间的国际政治行为一致性，从而为援助国改善自身在全球公共事务中的议价能力创造条件。大量的发展中国家正在运用经济援助改善本国国际政治议价能力，一些新兴援助国凭借新的援助理念和模式冲击了现有国际发展机制，带来了国家发展援助领域的权力转移，提升了新兴援助国整体的国际政治议价能力。

3. 发展援助为何失效

发展援助的目标是改善受援国的增长潜力，但援助的有效性却饱受争议。在实践层面，传统援助国在冷战结束后就开始对援助有效性产生怀疑，甚至出现了"援助疲劳"现象。在理论层面，学术界通常预期发展援助会通过转移发展资金改善受援国福利水平，但是大量研究却发现援助的效果与预期相悖，援助国自身往往最终成为援助的获益者，受援国的福利水平反而受到损害，这种现象被称为转移悖论（Transfer Paradox）。面对实践和理论层面的困惑，越来越多的学者开始尝试研究发展援助为何未能改善受援国的增长前景，或者说援助无效的根源，从而为提升援助有效性探寻方向。

3.1 荷兰病效应

荷兰病效应是导致发展援助无效的重要原因。传统意义上的荷兰病效应用来描述一国发现丰富的自然资源反而拖累经济发展的现象，即自然资源的发掘导致采掘业部门膨胀，制造业部门萎缩，从而埋下了经济危机的种子。自然资源的发现或价格上涨导致荷兰病的原因有两点：一是资源转移效应，资本和劳动流向资源出口部门会提高制造业的劳动力成本，资源出口带来的外汇增加会导致本币贬值，最终削弱本国制造业和服务业竞争力；二是支出效应，自然资源出口带来的收入增加会增加制造业产品需求，但这种需求是通过进口国外同类相对便宜的产品完成的，进而冲击了国内制造业。尽管传统意义上的荷兰病与自然资源发现相联系，但它可能因任何一种造成外汇大量流入的事件而发生，包括自然资源价格的急剧上升、外国援助和外国直接投资等。与援助相关的荷兰病效应体现在两方面：

发展援助与贸易下滑。荷兰病效应经常被用于解释为什么发展援助没有促进双边贸易：一方面，由于资源转移效应的存在，发展援助资金的大量涌入会导致受援国实际汇率上升，从而扭曲贸易部门和不可贸易部门的相对价格，引发贸易部门和不可贸易部门间的资源错配，最终导致受援国制造业竞争力下降（Rajan & Subramanian，2011）；同时，援助项目具有一定的周期性，发展援助资金在周期之间可能存在波动，进而可能会放大资源转移效应的危害（Kang et al.，2013；Arellano et al.，2009）。另一方面，发展援助资金可能会被指定用于购买援助国的产品，国外产品的进入会挤压国内制造业部门的市场，甚至扭曲生产要素配置，造成国内制造业部门萎缩（Kim & Kim，2016）。但这种荷兰病效应的产生需要一定的前提条件：若受援国制造业部门存在闲置产能，这些国家就可以利用闲置的生产能力来满足由援助引起的需求增加，援助的收入效应不会转化为汇率的实际升值，荷兰病效应便不会出现（Nkusu，2004）。

发展援助与援助依赖（Aid Dependence）。对于现代国家而言，充足的财政收入是政府正常运行的基础。发展中国家普遍面临财政能力匮乏的问题（Besley & Persson，2009），援助资金成为这些国家弥补收入不足的重要方式。但外部发展援助的流入可能会让受援国以援助资金替代国家税收收入，产生援助依赖问题。以太平洋中南部的国家纽埃（Niue）为例，其每年获得的援助资金占GDP的比重超过了50%，一旦脱离援助，政府可能陷入瘫痪。另有学者专门指出欧美对非洲的援助导致后者深陷援助依赖的陷阱（Moyo，2009）。援助依赖会给国家发展造成一系列的负面结果：一方面，它可能进一步导致受援国制度建设和国家能力发育迟缓。由于受援国政府无须直接向公民筹集税收，就可能减少公共产品供给，这在长期里将对经济社会发展产生负面影响（Bräutigam，2000）。另一方面，它也为其他国家利用援助手段进行政治游说提供了条件，获取援助资金就意味着要接受援助的附加政治条款，或者援助之外的隐性国际政治合约。

3.2 援助碎片化

援助碎片化也会影响发展援助的效果。援助碎片化与援助有效性联系紧密，碎片化援助导致援助资金过于分散，提高了受援国减贫和发展的交易成本，导致受援国难以有效实现自身的发展。历次援助有效性行动会议也在强调援助主体之间的协调与合作，旨在降低援助碎片化程度（OECD，2005；2008；2011）。虽然援助碎片化可以在一定程度上说明援助国之间的市场竞争，似乎对受援国比较有利，但是如果有大量的援助国参与，每个援助国只提供一小部分发展援助，那么援助资金就会比较分散，进而损害援助的有效性。具体而言，援助碎片化表现为两方面：

（1）**援助体系碎片化**。援助体系碎片化指的是国际发展援助的主体和援助对象十分庞杂，援助主体之间缺乏协调与合作，存在重复援助的现象。现实中的援助主体不仅包括了OECD-DAC框架下的传统援助国，还包括中国、印度、俄罗斯以及南非等新兴援助国，以及联合国发展系统、世界银行等多边援助组织。在1960年，一个受援国受到的援助通常仅来自一到两个机构；到了2006年，一个受援国平均受到28个机构的援助（Knack & Smets，2013）。从全球整体视角看，这些援助国和多边组织选择援助的对象存在重叠，援助主体之间缺乏有效的合作和衔接，降低了援助资金的使用效率（郑宇，2017；李小云、武晋，2009）。

（2）**援助领域碎片化**。自从第二次世界大战以来，发展援助的领域不断扩展，援助也被赋予超出经济增长和减贫之外的其他使命，援助目标的增加造成援助投入领域的碎片化特点。援助领域的碎片化会提升发展援助的交易成本，进而损害发展援助的有效性。一方面，援助资金领域过于分散，将稀释援助资源的投入强度，弱化发展援助资金的整体效果；另一方面，这也会引发援助资源分配的公平问题，部分国家无法得到发展援助资金，成为国际上的"援助孤儿"（Aid Orphans）（Acharya et al.，2006；Pietschmann，2016）。

3.3 捆绑援助

援助国提供发展援助的动机也会影响援助资金的最终效果。援助国在提供援助资金的时候不仅仅会考虑受援国经济社会发展的实际需要，也会绑定本国的战略和发展目标，而这种利己主义的援助可能难以取得实际效果。

捆绑援助。早期的"捆绑援助"（Tied Aid）直接体现了援助国的利益和目标。捆绑援助通常会要求援助资金被用于与援助国有关的特定用途。如果发展援助资金被要求用于购买援助国的产品和服务，而受援国或其他国家的产品优于援助国，那么这种援助就会增加援助实施的交易成本，造成市场扭曲和受援国的福利损失（Kemp & Kojima，1985），无益于受援国的经济增长和贫困减少。对于受援国而言，发达国家的援助捆绑的附加条件剥夺了受援国的发展自主权，受援国无法以主人翁的角色去主导本国的经济发展，从而失去了发展经济的内在动力。对于援助国来说，捆绑援助的附加条件往往扭曲了激励机制，在现实中也很难得到严格执行，反而会削弱受援国对援助国的信任（万广华、朱美华，2020）。但是也有研究指出，捆绑援助可以使得受援国有所收益（Abe & Takarada，2005），即其能够作为福利改善政策对受援国起作用，带来受援国的贫困减少（Svensson，2020）。当援助国之间以非合作方式制定官方发展援助政策时，以捆绑援助形式出现的更高的援助排他性增加了援助的均衡量和受援国的社会福利（Kim & Kim，2016）。

外交工具。一些国家通常将国际发展援助作为国家战略和利益的延伸。从发展援助的演变历程上看，其最早也是作为一种外交政策而出现。大量学者同样将援助视为援助国实施的外交政策工具（Dreher et al.，2018；Brautigam，2015）。当援助被用作外交政策工具时，其效果可能受到削弱，尤其如果援助的主要动机是国家利益而非受援国的发展，则资金可能不会被用以充分满足受援国的需求，而是根据援助国的政治和经济目标进行分配，在这种情形下，发展援助很难对受援国的经济增长和社会发展产生积极影响。

3.4 受援国行为

援助有效性还与援助资金流向和受援国的公共政策等因素息息相关。发展援助有效的前提是援助资金最终能够流向穷人，如果受援国精英凭借自身的优势攫取了发展援助资金，就会损害发展援助的效果。受援国政策和制度设计也会影响援助有效性，有效的公共政策能够起到重要的调节作用，推动受援国经济增长。

精英俘获。精英俘获（Elite Capture）指在发展中国家的发展项目或反贫困项目实施过程中，地方精英凭借其自身具有的参与经济发展、社会改造和政治实践的机会优势，支配和破坏社区发展计划和社区治理，扭曲了发展项目的实施目标，进而影响了社区发展项目的实施和效果。发展援助能否实现减贫和发展，根本上取决于援助资金的流向。如果援助资金最终流向了受援国的民众，则有助于发挥发展援助的减贫作用，但一些国家或国际组织的援助可能最终流向了受援国上层社会，从而损害了发展援助的有效性，甚至诱发腐败等其他社会问题。安卓森等（Andersen et al.，2022）对世界银行发展援助的研究发现，世界银行的发展援助资金最终会被受援国的社会精英群体转移到海外离岸金融中心，并没有真正惠及穷人。

政策选择。有效的政治和经济政策是经济增长的基础，如果一个国家建立了攫取型的政治经济制度，发展援助资金最终会流向非生产部门，难以推动经济增长和发展（Acemoglu & Robinson，2013）。受援国的政策选择会直接影响发展援助的效果，公共政策在援助与增长之间起到了重要的调节作用。由于政策制定者的偏好不同，公共政策最终决定了发展援助资金能否被有效吸收和利用。一些研究也发现，虽然发展援助不会改变受援国的经济政策，但发展援助对经济增长的效果确实在财政、货币和贸易政策表现更好的国家中更为明显，财政盈余、贸易开放以及物价稳定更有助于发挥援助资金的效果（Burnside & Dollar，2000；Easterly & Pfutze，2008）。

4. 中国发展援助的实施效果

4.1 中国发展援助的演变

随着中国对外援助规模的不断扩大，中国已经成为国际发展援助体系的重要组成部分。本部分旨在厘清中国发展援助的演变脉络，从而更好地理解我国的发展援助。从演进历程上看，中国的发展援助大体上经历了四个阶段：外交目标导向阶段（1949—1978年）、经济发展导向阶段（1978—2000年）、互利发展导向阶段（2000—2013年），以及合作共赢导向阶段（2013年至今）。

外交目标导向阶段（1949—1978年）。中华人民共和国成立初期到改革开放前，中国的对外援助始终围绕外交目标展开，具有比较浓厚的政治色彩。整体而言，这个时期的对外援助具有以下两方面的特点：一是对外援助全面服务于国家的外交政策和外交战略。受当时国际形势的影响，越南、朝鲜等社会主义阵营国家成为我国主要的援助对象；随着"一条线""一大片"和"三个世界"等战略思想的提出，中国转而支持亚非拉民族独立和解放运动，向该地区的国家提供了大量生活和军用物资。中国在1950—1978年累计提供对外援助约450亿元人民币，占国家同期财政支出的1.73%。二是始终坚持不附带任何政治条件。"始终坚持不附带任何政治条件"的对外援助原则最早在1956年签订的《中柬经济援助协定》中提出，《对外经济技术援助八项原则》进一步强调要严格尊重受援国的主权，绝不附带任何条件，绝不要求任何特权。"不附带任何政治条件"也逐渐成为中国对外援助的传统（陈松川，2017）。

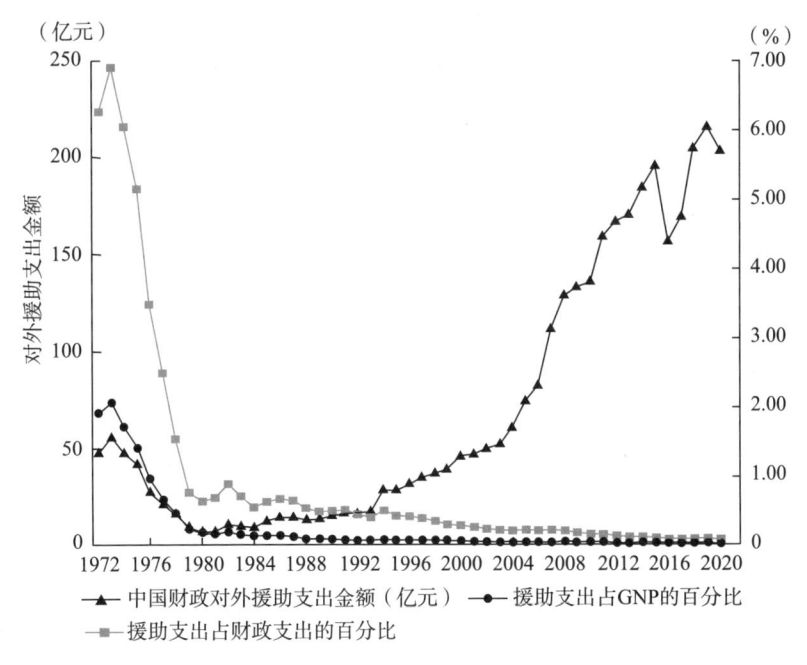

图9-3　1972—2020年中国财政对外援助支出的基本情况

数据来源：1971—1977年数据来源于国家统计局国民经济综合统计司《新中国50年统计资料编》，1978—2020年数据来源于中华人民共和国统计局《中国统计年鉴2020》。

经济发展导向阶段（1978—2000年）。改革开放后，战争与革命不再是外交活动的纲领，和平与发展成为时代主题。改革和发展成为中国这个时期的关键任务，中国的对外援助也全面服务于我国的经济发展。相比于上一阶段，改革开放后的对外援助发生了三个方面的转变：一是援助目标上经历了从服务外交到推动经济建设的转变，对外援助占财政支出比重大幅下降，更多的财政资源被用于国内经济建设，对外援助的目标也主要是为国内经济建设创造外部环境。二是对外援助的原则经历了从倾囊相助到量力而行的转变，相比于中华人民共和国成立初期不计成本的援助方式，中国在改革开放后更加强调对外援助要讲求实效、量力而行，中国政府总理在1983年访非时提出中非经济技术合作的"四项原则"，旨在说明中国对这一阶段的对外援助要从中国的实际能力出发，要与中国国内建设相互协调。三是援助身份从援助国向受援国的转变，中国这一时期积极向外界寻求发展援助资金，推动国内的经济社会建设，日本、联合国及世界银行向中国提供了大量援助资金。

互利发展导向阶段（2000—2013年）。进入21世纪，经济全球化对发展中国家造成了多重影响。随着中国加入世界贸易组织，中国与全球经贸合作关系全面深化。2000年后，中国及时回应了受援国的资金需求，扩大了对外援助的资金规模，用于对外援助的财政支出逐年增加。这一阶段的对外援助呈现出两个方面的特点：一是援助与企业"走出去"紧密结合。中国在参与全球发展合作的过程中提供了援助与贸易、投资相结合的新模式，通过更加广泛的援助资金带动贸易和投资，帮助欠发达国家建立发展走廊，进一步融入全球价值链，从而改善受援国的福利状况

（林毅夫，2016；张克中、张文涛，2022）。二是非洲成为中国的重点援助对象。中国持续加大对非洲最贫困国家的援助，时任中国国家主席胡锦涛在2006年11月召开的中非合作论坛中提出要进一步扩大对外援助规模，2009年对非援助的规模要比2006年的规模扩大一倍。中非合作论坛已经成为新时代引领国际对非合作的一面旗帜。

专栏　南南合作援助基金

为了帮助广大发展中国家实现共同发展，中国在2015年9月召开的联合国发展峰会上宣布设立首期20亿美元的"南南合作援助基金"。南南合作援助基金旨在落实2030年可持续发展目标，支持广大发展中国家平等参与全球经济治理，从而实现全球经济社会可持续发展。该基金现已成为中国政府为支持其他发展中国家落实联合国2030年可持续发展议程的专项援助性基金。

南南合作援助基金是中国应对粮食危机、难民问题、人道主义危机、气候变化等全球性挑战的关键支持渠道。2016年以来，中国在南南合作援助基金下与联合国开发计划署、世界粮食计划署、联合国难民署等十余个国际组织开展了各类援助项目合作，内容涉及人道主义援助、农业发展与粮食安全、卫生健康、扶贫减贫、教育培训、贸易便利化等众多领域。

南南合作援助基金是中国对外援助工作的创新举措，这种创新体现在三个方面：一是项目实施主体更多元，国际组织、智库、中国及受援国的社会组织等都可以作为南南合作援助基金的申报和实施机构。二是项目确定路径更灵活，南南合作援助基金项目主要分为申报制和指定用途两大类，兼顾了准确性和灵活性。三是项目形式内容更丰富，南南基金倡导项目软硬结合、虚实兼顾，项目内容和形式更加丰富多样，综合性更强。

资料来源：http://www.cidca.gov.cn/2018-08/24/c_129939202.htm。

合作共赢导向阶段（2013年至今）。党的十八大以来，伴随着人类命运共同体理念的提出，中国国际发展援助转向以合作共赢为目标。相较于上一阶段，十八大以来的援助具有以下三个方面的特点：一是以人类命运共同体为理念实施发展援助。面对全球生态危机、贫富分化和贸易摩擦等挑战，中国提出了人类命运共同体理念，提供了一种超越民族国家和意识形态的全球观，对于推进双边、地区、全球的多层次发展共同体建设具有重要意义（刘同舫，2018）。二是发展援助的实施机制不断完善。随着南南合作援助基金、亚洲基础设施投资开发银行等新型发展合作机制不断完善，发展援助的重心进一步向"一带一路"沿线国家和广大非洲国家倾斜，[①]旨在建立广泛的发展合作伙伴关系。三是发展援助的管理趋向专业化。我国2019年成立了国家国际发展合作署（CIDCA），统筹负责我国对外援助事务，避免发展援助碎片化。

4.2 中国发展援助的评估

全球发展援助在实践中形成了北南合作与南南合作两种模式（参见表9-1）。北南合作模式以经合组织发展委员会（OECD-

---

① 参阅《中国国际发展合作白皮书》。

DAC)为主导,追求价值观念和社会制度的统一,援助国希望通过援助输出本国的民主观念和社会制度的目标。这一合作模式十分重视援助的附加政治条款以及援助项目设计的逻辑框架,更倾向于将援助资金投向那些具有服从性的国家,并试图通过事先设计的指标推动受援国的经济社会发展(徐秀丽、李小云,2020)。南南合作模式以中国为核心,强调互惠互利,一般没有附加政治条款,致力于促进双边商业交流,以援助带动企业出口和投资,通过发展投资的方式推动受援国的经济增长,寻求建立紧密的跨国生产合作伙伴关系。一些研究发现,南南合作模式在实践层面比北南合作模式更为有效(黄梅波、唐露萍,2013)。

表9-1 南南合作与北南合作的比较

	南南合作	北南合作
合作方式	互惠互利、发展投资	发展协作
资金构成	援助资金与非援助资金混合	援助资金与非援助资金分离
援助形式	项目援助	计划援助
受援部门	基础设施和经济部门	社会部门
附加条件	无附加政治条件	有附加政治条件

资料来源:UN, Catalysing the Implementation of Nationally Determined Contributions in the Context of the 2030 Agenda through South-South Cooperation (2014).

中国发展援助与经济增长。发展援助的核心目标是帮助受援国发展经济,然而,大量受援国在接收了发达国家的经济援助后,其经济发展的表现并不尽如人意。以中国为代表的新兴经济体在南南合作的框架下提供了国际发展援助的新模式,利用官方层面的资金援助带动企业层面的商业交流，建设广泛的发展合作伙伴关系。大量的证据表明中国的国际发展援助更有助于受援国的经济增长，更能帮助受援国实现发展和减贫（Dreher et al., 2021；杨攻研等，2021；许志成、张宇，2021）。中国援助能够显著促进受援国家的经济增长，受援国家的经济增长也会吸引援助资金流入，援助与增长之间的这种动态关系形成正反馈循环，使得中国援助对受援国的经济增长具有显著的长期效应（冯凯等，2022）。为什么相比于发达国家的发展援助，中国的援助在受援国经济增长方面更为有效？首先，经济相似性可能是一个重要的原因。中国本身是发展中国家，与欧盟、日本以及美国等发达经济体的援助相比，中国与受援国间适度的技术差距使得中国援助更有利于提升受援国的技术水平，从而能够更有效推进受援国的工业化进程（徐丽鹤等，2020）。其次，发达经济体在援助的过程中非常注重社会性基础设施建设，而中国的援助则更加重视经济性基础设施，基础设施类的援助更能促进受援国的经济增长（胡建梅、单磊，2022；严兵等，2021）。特别地，中国尤其注重通过项目建设的方式为当地创造就业，改善受援国的经济社会环境（Guo & Jiang, 2020）。最后，中国在提供发展援助的过程中，非常注重援助与投资、贸易的协调配合，建设广泛的发展合作伙伴关系，从整体层面改善受援国在全球生产网络中的地位（Liu & Tang, 2018）。学界对中国和西方援助与受援国经济社会发展的关系有不同见解。有证据表明与中国援助项目地理距离越近的受援国民众，认为中国援助对国家经济改善和个人生活水平提升程度越高，世界银行援助项目则呈现相反趋势（黄振乾，2019）。

中国发展援助与社会稳定。发展援助关系到受援国国家内部的社会稳定。一项研究发现，美国在向非洲国家提供粮食援助后，反而增加了受援国的内战的频率和战争的持续时间，这与援助物资运输过程中容易被武装分子抢劫和盗窃有关（Nunn & Qian，2014）。但中国的发展援助取得了完全相反的结果，中国在向非洲国家提供发展援助后帮助当地实现了和平与稳定，甚至成为推动地区和平与稳定的一股重要力量。为什么中国和美国的发展援助在社会稳定方面的影响差异如此之大？这需要我们深入理解中国发展援助的有效性。一方面，相比于美国的援助模式，中国的新型发展合作模式能够改善受援国的国家财政能力，促进受援国更加公平地配置国内经济资源，受援国政府的民众支持率和政治凝聚力不断提高，进而增加了经济发展和社会变迁的包容性（杨攻研等，2019）。另一方面，区别于发达国家的单向"给予-接受"的援助模式，中国援助更关注受援国的基础设施建设与市场需求，注重为受援国提升经济发展质量提供实质性支持，尤其是注重发展援助项目对当地民众收入和就业直接效益，提高了社会民众参与冲突的"机会成本"（李嘉楠等，2021）。

中国发展援助与国际政治。全球权力体系在长期内呈现出动态变化的特点，新兴大国崛起后会推动国际权力结构重新调整，从而帮助自身获得更多的规则制定权力和经济发展资源。国际政治议价能力是决定全球资源分配结果的关键，新兴经济体和发达国家都在积极利用发展援助的手段为本国国际政治议价能力提升创造条件。虽然不论是对于中国还是发达国家来讲，提供发展援助均能够提升自身在全球公共事务中的议价能力，但是二者所提供援助的作用路径却存在显著的区别。发达国家在援助过程中附加了相应的政治条件或其他隐形政治合约，使其可以利用援助手段来影响其他国家在联合国大会的投票行为，通过"买投票"的方式来改变国际资源分配结果（Girod & Tobin，2016；Dreher et al.，2009，2008）。然而，中国的援助形式主要是无条件援助，接受中国援助的国家并不需要作出相应的政治承诺，"买投票"的机制对解释中国发展援助和国家政治议价能力的关系并不适用。一些研究表明中国更多是出于经济增长的需求，将国际发展援助作为一种对抗美国霸权的战略手段，从而提升了新兴国家整体的国际政治议价能力（庞珣、王帅，2017；Qian，2017）。

中国发展援助与国家形象。中国在国际组织当中扮演着愈发不可或缺的角色，同时也树立了负责任的大国形象，中国的形象也从被误会曲解转变为被理解认同。亚投行在成立之初，被一些国家认为是中国为布雷顿森林体系寻找的替代品，是中国扩展自身影响力的工具。然而亚投行的成功运营使得《华盛顿邮报》称"事实证明亚投行并不是中国施展其影响力的棋子"；美国布鲁金斯学会同样认为"亚投行是透明的、多边的、治理良好的，它重视财政可持续性、投资环境和国内社会发展"。[1]其次，中国向世界展示了负责任的大国形象。在对外援助过程中，中国非常注重国家形象建设，相比于传统援助国的对外援助更加"务实"。一方面，中国在对外援助的过程中始终坚持不附加任何政治条件，尊重受援国的国家自主性和独立性，向全球其他国家提供了区别于传统援助国的新模式；另一方面，中国的对外援助具有"授

---

[1] David Dollar,"Is China's development finance a challenge to the international order?", November 9, 2017, https://www.brookings.edu /research /is-chinasdevelopment-finance-a-challenge-to-the-international-order /. [2019-10-10]

人以渔"的特点,援助实践采取了项目制的实施机制,通过项目建设提升受援国的自主发展能力,传播中国的发展模式和发展经验,从而改善中国海外国家形象。研究表明,非洲民众对中国的援助作出了非常积极的评价,这种积极评价与中国援助的规模和领域没有必然关系,但是会受到个体特征和媒体宣传等因素的影响(韩冬临、黄臻尔,2016)。图9-4展示了非洲晴雨表数据(Afrobarometer)中受访者对中国援助的评价,问卷问题为"你认为中国的经济援助是否能够满足本国的发展需求",受访者在"非常差""比较差""一般""比较好"和"非常好"作出选择。从结果来看,接近70%的受访民众都认为中国的经济援助对当地发展起到了积极作用。

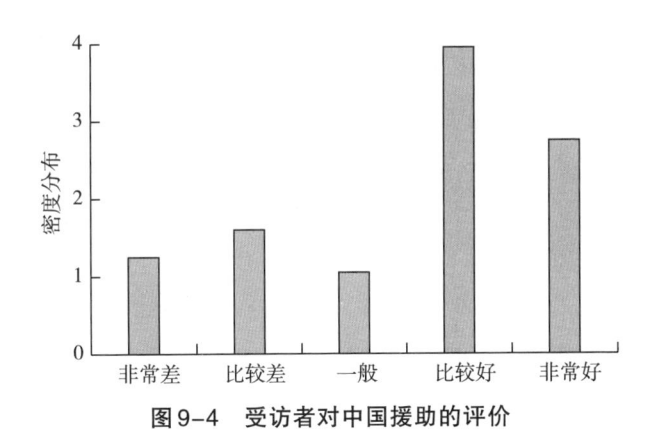

图9-4 受访者对中国援助的评价

数据来源:非洲晴雨表。

4.3 中国发展援助的问题

近些年中国不断增大援助规模,已经跻身全球最主要的援助国行列，但对外援助在制度和实践层面仍然存在一些问题：一是受援国风险评估环节薄弱，可能损害援助的整体收益；二是援助的管理机构十分庞杂，制约了援助资金管理效率；三是全球发展援助政策的协调程度低，缺乏统一规划的援助资金投入，可能制约援助的发展效果。

援助项目风险评估环节弱。中国援外项目建设面临诸多风险，但缺乏相应的风险评估机制。中国对外援助面临的风险主要来自三个层面：一是项目建设本身的风险。中国对外援助由政府统一布局，由中国企业负责执行和实施，企业本身的因素对援助项目的实施造成了不确定性。二是受援国社会环境风险。对外援助项目建设的地点均在国外，尤其是贫困脆弱的地区，其共同特征是国家能力比较弱，甚至仍处于暴力冲突和局部战争中，这些特点可能会增加对外援助项目实施的风险。三是双边的外交关系风险。对外援助项目建设还可能面临双边外交关系的风险，增加了援外项目建设的不确定性。尽管中国对外援助项目建设过程中会面临诸多风险，亟需在国家层面和企业层面建立相应的风险评估机制，为项目选择和企业决策提供相应的指导。风险评估机制的缺失可能会导致援助项目的建设和实施陷入被动、推迟甚至无法完工的境遇，也增加了中国企业"走出去"面临的不确定性。

发展援助的管理机构庞杂。中国当前的对外援助涉及众多部门，管理主体和管理机构庞杂。我国对外援助的主要归口管理部门是国际开发合作署，商务部下属的对外援助司在国际开发合作署设立之前长期负责中国对外援助的统筹工作。总体而言，我国的对外援助管理形成了以国际开发合作署、外交部和财政部为主导，教育部、农业部等其他国家部委和地方商务部门共同参与的格局。在不同的对外援助业务上，管理机制也存在一些差别：在工作联动机制上，国际开发合作署、外交部和财政部共同参与；在债务减免机制上，国际开发合作署、财政部、国家开发银行、中国人民银行、进出口银行共同参与。总体而言，中国对外援助的管理十分庞杂，国际开发合作署的设立虽然在一定程度上为援助专业化管理提供了制度保障，但庞杂的管理主体必然带来碎片化的管理制度，导致对外援助工作缺乏系统的安排，对外援助管理和实施机制在短时间内难以走向成熟，客观上影响和制约了我国对外援助的实际效果。鉴于此，建立系统成熟的对外援助管理机制对我国而言十分重要。

对外援助政策协调程度低。对外援助政策国际协调机制的缺乏，制约了全球发展援助的实施效果。在实践层面，全世界大量的国家都在向其他国家和地区提供发展援助资金，尤其是2000年以来，中国等新兴经济体逐渐进入了国际发展援助体系，形成了传统援助国、新兴援助国共存的国际发展援助格局。从全球整体来看，援助国的援助行为和受援国的现实需求之间可能存在错配，一个国家可能接受来自不同援助国的多笔援助资金，也有可能一个亟需外部援助资金的国家没有接收到任何其他国家的援助，这些情况都会降低援助资金的整体使用效率，制约国际发展援助的实施效果。此外，一些国家将援助作为一种外交政策工具，试图通过援助的手段对受援国进行命令、干预和控制，以获得受援国在国际政治领域的支持；援助国之间也竞相利用援助手段展开竞争，导致一些国家成为大量其他国家发展援助的重点投入地区，甚至出现了援助依赖现象，客观上导致国际发展援助资金使用效率低下。在此意义上，建立合适的国际发展合作政策协调机制能够提升发展合作行动的一致性，对改进发展援助效果大有裨益。

4.4 中国发展援助的建议

如何优化和改进中国对外援助制度是中国继续推进国际发展合作面临的重大课题。中国现阶段对外援助主要存在的问题包括：风险评估环节薄弱、管理机构专业化程度较低、国际援助政策不协调。因此，中国对外援助制度必须着手建立海外风险评估机制，提升对外援助管理的专业化程度，推动全球援助领域的交流对话。在援助制度的优化过程中，必须秉承风险收益、平等互惠、讲求效率和全球治理的基本原则。具体而言，中国援助制度优化的方向主要包括三个方面：

依托对外援助增进双边的政治经济联系。依托对外援助增进双边的政治经济联系是完善中国对外援助制度的重要导向。在具体的实现路径上，首先是要利用对外援助推动中国企业"走出去"，坚持援助、贸易和投资相结合的发展合作模式，完善受援国与开展贸易和投资相关的基础设施，助力其更好地融入全球价值链体系，同时发挥国际发展援助项目对国内企业的信号效应，促进经济合作，助力各国共同发展。其次是要利用对外援助推动建立公正合理的国际政治经济秩序，通过广泛的发展合作伙伴关系，提升新兴经济体和发展中国家在全球治理中的参与能力，为人类命运共同体理念和"一带一路"倡议等的实施创造条件，依托对外援助积极提供全球公共产品并加快完善国际发展合作体系。最后是要利用对外援助建立中国负责任大国的国家形象，认识国家形象建设的困境，解决国家形象建设存在的问题，找准国家形象建设的渠道，充分发挥援助手段在这些渠道中的作用，避免陷入怪圈，在总体层面向全球其他国家展示一个奋进、友善和开放的国家形象，传递中国开放友善的信息，使更多受援国了解中国。

完善对外援助风险和收益评估机制。完善对外援助风险和收益评估机制是改进我国对外援助制度的重要方向。缺乏风险和收益评估机制可能导致我国对外援助项目建设遭受损失，不仅难以依托对外援助手段推动受援国的增长和发展，更无法保障我国的援助过程中的回报和收益。中国对外援助风险和收益评估机制可以从以下三个方面进行完善：一是要建立风险评估机制以管控项目风险。作为援助资金的提供者，我们必须重视援外项目的成本收益，建立相应的海外风险评估机制，积极管控援外项目风险，加强对外援助资金的绩效考核。二是要及时披露援外项目信息以改善对外援助的透明度。在项目立项、项目实施过程中打造透明体系，建立援外项目数据库，加强与外界的交流和沟通。三是要改进对外援助的实施机制以提升对外援助项目的瞄准度。要完善对外援助的管理制度，科学设计对外援助项目，建立完善的实施机制和保障机制。

推动构建主权相容的国际发展援助体系。财政作为国家治理基础和重要支柱，在实现国家治理体系和治理能力现代化进程中发挥着重要作用。近些年"大国财政"在中国学术界应运而生，肯定了财政制度在推进全球治理变革中的地位和作用（刘尚希，2016；樊丽明，2017；马海涛、陈宇，2019）。[①]但已有的研究缺乏从全球治理视角对如何完善中国的现代财政制度的系统思考，不能为应对中国经济快速崛起的进程中与其他国家之间产生的摩擦提供思想上的借鉴。为此，构建中国现代财政制度不能局限于中国本身，更需要站在全球的视角考察我们的公共政策如何适应国际规则，甚至引领和重塑全球化。中国作为世界第二大经济体，对外援助制度建设必须充分考虑其他国家的行为反应，只有站在全球的视角构建中国国际发展援助制度，才能更好地避免与其他国家之间的摩擦与分歧，推动构建主权相容的对外援助制度，推进全球治理体系转型。主权相容的国际发展援助制度具有两方面的特点：一是主权相容的援助模式要尊重国家主权和国家自主性，探索一种尊重受援国自主性和政策独立性的全球发展援助模式；二是跨边界援助协调与合作，保障国家的独立性，同时有效动员各国共同应对全球挑战。

本章小结

近年来，全球危机事件暴露出全球治理体系的诸多缺陷，国家间冲突加剧、全球治理机制失灵加速了世界政治经济格局演变。本章探讨了全球性问题如气候变化、公共卫生危机、贫困与不平等等对全球居民福利日益增长的影响，指出在没有全球政府

[①] 楼继伟在2014年全国财政工作会议上指出，要牢固树立"大国财政、统筹内外"理念和全球意识、安全意识，积极参与国际经贸规则制定，主动参与国际财经交流和全球经济治理。

统筹协调资源的情况下,大国需要主动承担起全球治理的责任,同时讨论了对外援助在全球治理中的关键作用,特别是在促进全球经济均衡发展和构建稳定国际秩序方面的重要性。

结语：全球公共财政的未来
——乌托邦与现实

　　1947年9月，爱因斯坦在致联合国大会的公开信中说："如果每个公民都认识到，在这个原子时代，安全与和平的唯一保证是超国家政府的不断发展，那么他就会尽一切力量来加强联合国。我认为世界上每一个有理性的和敢于负责的公民都必须知道他应当如何抉择。为要达到最后目的——那是一个联合的世界，而不是两个敌对的世界——这样一个局部性世界政府绝不应当作为一种联盟来反对世界的其余部分。走向世界政府的唯一真正步骤就是世界政府本身。"这是一个伟大的科学家曾经对人类社会的关注。然而，70余年过去，世界仍不太平，尤其是21世纪头20年，大国地缘政治冲突、俄乌冲突持续以及全球性气候、健康危机等挑战如达摩克利斯之剑悬在人类头顶。当今世界，多重挑战与危机交织叠加，各种文化思潮激流涌荡，意识形态冲突此起彼伏，人类又一次来到历史的十字路口。

　　尽管部分民族国家试图阻挡全球合流的趋势，但在技术进步、经济发展以及全球意识的推动下，世界发展依旧逐渐合流。数字化、人工智能、星链计划、SpaceX与超级高铁的发展，促使人与人、人与信息、人与外部环境的联接更加紧密，世界将真正成为一个超越国家版图的"地球村"。全球三大经济体——中国、美国和印度——也是到2030年人口最多的三个国家，分别代表着人类三大文明。大国之间如何展开合作应对世界挑战是一个攸关人类文明进程的命题。在越来越一体化，你中有我、我中有你的"地球村"中，人类的思想观念和全球关怀只有求同存异，才能携手并进，共同应对全球共同挑战。超越国家的国际组织、非政府组织将越来越发挥重大作用，让全球合作变得更加可能。

1. 全球分治与全球合流

经济全球化和技术变革是全球合流的重要推手。今天世界各国的公民常常使用同样品牌的手机、笔记本电脑，穿同样品牌的服装，甚至在大学都使用大致相同的教科书。尽管人类社会发展进程并不太平，充满了摩擦、冲突甚至战争，但是，全球的互通互联依旧越来越紧密，人类社会正在实现快速的合流。总体来看，虽然政治仍然由民族国家所掌握，发达与发展中政治体之间的差异与潜在冲突仍然很大，但是难以阻挡经济、科技和生态的全球化进程。

20世纪90年代，随着冷战的结束，欧盟的扩张和全球化进程的加速，学术界愈发关注超越民族国家（Beyond Nation-State）的世界秩序或世界政府。在此过程中，横亘着三大挑战：一是威斯特伐利亚主权悖论。按照霍布斯自然状态的理论的逻辑推演，如果没有国家或利维坦，一个社会必然处在"所有人对所有人的战争"状态中。同样，人类社会没有统一的全球政府，各国始终将对方视为潜在的敌人。但是，世界政府的全球性治理框架何其遥远，虽然第二次世界大战后的联合国取得了一定成功，但仍存在受某些大国操纵的窘境。二是全球性挑战。尤其是进入21世纪后，不断涌现的全球性气候变化、传染性疾病等问题，对以民族国家为核心和国家主权为基础的威斯特伐利亚体系提出了挑战，单个民族国家在全球性挑战面前已经力不从心。第三，技术变革让世界成为名副其实的"地球村"。这一切引发了学者对如何面对全球性变化的思考，以及对世界政府的关注。现实中不同民族国家的政治体系、政治认同和政治利益盘根错节，不同身份、国籍、宗教、语言甚至种族的观念差异，恰恰是世界政府和世界公民理论的绊脚石。我们已经有了经济、科技和生态的全球化，但政治治理仍停留在国家层面，现在的政治架构无法有效应对和解决人类面临的重大问题。要让政治有效地发挥作用，有两种选择：一是经济、科技和生态"去全球化"，二是实现政治全球化。去全球化的成本极高，因此，政治全球化也就成了唯一有效的选择（赫拉利，2018）。随着第二次世界大战后美国在全球秩序中的霸权地位相对衰退，地缘冲突频发，一些发达国家的国内不平等问题导致民粹主义盛行和强人政治的回潮，全球主义在国家主义的裹挟下走向退缩，新兴的崛起国能否给世界带来新的活力依旧充满变数。面对全球治理的困境，使主权国家让渡权力，搭建全球公共财政框架毫无疑问具有浓厚的"乌托邦"色彩，也需要跨学科的理论探索和世界各国政府的协调行动。

吉登斯试图在"第三条道路"中为全球化世界寻找新的角色——世界性国家。温特（2003）曾乐观认为，未来的世界政府是历史的必然，是国际关系的"终极"发展方向——最终可能达到的世界国家状态。赫拉利（2018）也预测人类未来会出现新的全球帝国应对全球挑战。构建超越国家的国际体系，是人类应对全球性挑战的美好憧憬。

由此，如何尊重民族国家之间个体差距，推进国家民主进程，同时将全球性挑战政治议题让渡给世界组织，建构既尊重国家主权，又响应全球挑战的治理体系，是我们必须解决的难题。在此基础上，全球公共财政框架体系兼顾国家利益和全球共识，形成主权相融的全球财政治理体系，为全球公共产品的供给提供了融资渠道。

2. 去全球化与再全球化

冷战结束后，世界经济体系一体化达到了新的高潮。在世界经济体系的分工中，核心国—半边缘国—边缘国的分层体系长期存在。作为后来者，中国加入世贸组织之后逐渐融入世界经济体系，为全球经济注入了新的活力。

2008年美国金融海啸后，中国的崛起引发了地缘政治的争论。尤其是2016年美国特朗普政府采取的美国优先战略、贸易保护主义政策，以及"去风险""去全球化""友岸外包"等策略，都隐含着发达经济体重塑和重组世界经济体系的尝试。在全球层面，美国等发达国家在强调"以规则为基础的国际体系"的重要性的同时，试图破坏和干扰以世界贸易组织（WTO）规则为代表的多边规则。再全球化是对冷战后新自由主义推动的上一轮全球化的反思，也是对新的全球化规则的规划和塑造。一些发达国家在其主导的经贸合作框架中，将新技术、气候变化甚至政治考量均纳入国际贸易体系，以此作为塑造成员凝聚力同时最大化自身利益的手段。这些合作框架体现了各个国家与市场的互动与角力，将世界经济从过去商品服务的生产分配和消费重新演绎到全球安全、气候和政治体系层面。以《全面与进步跨太平洋伙伴关系协定》（CPTPP）为例，其前身是美国主导的《跨太平洋伙伴关系协定》（TPP），美退出之后由日本主导并更名为CPTPP。CPTPP规则以"三零"（零关税、零壁垒、零补贴）为基本框架，包括货物贸易基本实施零关税；服务贸易、数字贸易、投资领域基本取消各种限制性壁垒；取消扭曲市场的补贴规则；在国有企业、竞争政策、知识产权保护、劳工标准、环境保护、政府采购、监管一致性、透明度和反腐败等国内规制方面提出更符合市场经济发展、更优营商环境的高标准要求。

再全球化体现了以美国为首的西方国家对第二次世界大战之后建立的国际贸易体系和贸易政策的重新洗牌，也是地缘政治焦虑和西方国家国内经济发展乏力以及民粹政治兴起的结果。这些国家在经济上，试图重组全球供应链，以国家的力量介入市场，减少对外过度依赖；技术上，以国家安全的名义影响跨国公司的技术转移路径，通过更高的要求推动后发国家在经济、政治等领域向自身趋同；政治上，尤其是俄乌冲突以来，重新评估经济一体化的国家安全，试图采取"友岸外包"等方式，以所谓"志同道合"的共享价值观方式建立有利于自身的政治经济贸易体系。

全球化从商品服务贸易的全球化进一步上升到规则制度和国家安全，甚至共享价值层面。再全球化进程对国家的财政与税收自主权提出了一系列挑战，建立与全球化相适应全球公共财政框架有利于世界经济的可持续发展。

3. 中国特色与全球大同

中国从一个贫穷落后的国家，通过改革开放努力融入世界经济体系，成为世界第二大经济体，惊艳了世界。毫无疑问，中国要想跨越中等收入陷阱，实现中华民族伟大复兴中国梦，必须进一步融入世界，加大改革开放力度，深度进入全球近80亿人的大市场。

中国领导人提出的人类命运共同体理念以及"一带一路"倡议，以文明交流超越文明隔阂、文明互鉴超越文明冲突、文明包容超越文明优越。中国作为人类文明古国，长期与其他文明和谐共处、交互辉映。比如中国儒家信奉的"己所不欲，勿施于人"，与佛教倡导的"爱乐己自者，不应害他"，以及《圣经》里所说的"你们愿意人怎样待你们，你们也要怎样待人"，可谓异曲同工之妙。著名学者塞缪尔·亨廷顿虽认为世界存在"文明的冲突"，但同时也认为，"在多文明的世界里，建设性的道路是弃绝普世主义，接受多样性和寻求共同性"。国际关系学者罗伯特·考克斯也认为，"人类的未来有多重选择，当不同的文明需要共存时，如何相互理解将成为维护世界秩序的首要问题"。世界文明间的相互理解，意味着中国必须继续坚持改革开放，只有通过进一步改革开放，中国文明才能在世界文明交流中绽放更绚丽的光彩。如果说1978年的改革开放让中国解决了"温饱问题"，那么中国加入WTO之后必将跨越"中等收入门槛"，解决"富裕问题"。未来中国真正成为发达国家，需要有新一轮的改革开放，继续和国际规则对接，适应、参与甚至引领高水平的全球化。而要实现我国的可持续崛起，一定要有跨国企业，连通中国和国际大市场，链接内循环和国际大循环。这就要求我们既保持"引进来"的大门始终开放，更注重培养自身的企业积极"走出去"。

当今中国已经登上世界舞台中心，也从落后走向了繁荣，从传统走向了现代，从封闭走向了文明。站在新的历史十字路口，中国的选择将决定的不仅仅是14亿多人的未来。中国的经济体量和全球影响力上升决定我们在解决全球性问题上要承担更多的责任，财政金融配置资源的视野需要扩展至全球范围，很多中国国内的财政金融政策已经不再是国家内部事务本身，要从全球的视角思考国内的财政政策如何与国际规则衔接，充分权衡其他国家的策略性反应可能带来的后果。要在人类命运共同体视域下，建立主权相容的全球财政治理框架；在尊重国家自主性的基础上，与其他国家在全球公共产品供给、财税金融治理和国际发展等领域展开合作。具体而言：一是依托亚投行与"一带一路"国际公共产品和合作平台，运用多边组织的优势为全球提供公共产品；二是深化全球范围内的财税合作，展现负责任大国担当，积极参与全球治理体系改革和建设；三是推进高水平对外开放，积极参与全球治理体系改革和建设，以全球公共产品作为切入点，践行共商共建共享的全球治理观。

4. 乌托邦与现实

在理想与现实之间，全球公共财政框架的构建面临着严峻的乌托邦与现实间差异的挑战。在文化价值观念各不相同的情况下，各国能否有效地达成利益上的共识来协调全球性的融资、征税等问题？在气候、健康、网络安全等领域建立全球性的协调机制是否可行？对这些现实问题的回应或许需要更多跨学科的反思。以建立全球税收体系为例，其障碍包括两个方面：一是国家主权难以让渡，财政自主权仍由各主权国家掌握，全球财政决策协调起来困难重重，更不用说建立一个各国都接受的全球财政框架；二是全球财政支出与税收和主权国家国民福利之间的关系难以建立，在民主政治的框架下，部分公民可能会"用脚投票"阻止全球公共财政的实行，因此，各国需要明确税收和社会福利之间的关系，国际机构需要提高收支透明度。尽管如此，全球公共财政学仍然为应对全球治理的全球公共财政提供了分析框架，以响应全球化条件下全球治理面临的挑战。

全球公共财政学仍然面临很多理论上的难题。首先，全球公共财政学的理论基础尚未建立。世界主义理论羽翼未丰，全球分配正义颇受争论，莫衷一是，还难以真正成为全球公共财政学理论基础。其次，全球公共财政的收入来源和征收主体难以界定。一个国家政府可以在"属地兼属人"的原则之下通过收入再分配政策筹集资金；但在全球范围内，由于没有全球政府统一征税，全球层面的收入再分配与跨国转移支付政策难以实现。最后，全球公共支出效率评价标准难以确立。传统的财政理论以国家为单位，国家内部每个公民都应当享受同等的公共产品，可以用成本收益方法分析国家公共财政支出效率。但在世界范围内，国家、种族和贫富状况各不相同的公民是否应当享有等同的全球公共产品仍然存在较大争议，因此，传统成本收益分析难以评价全球公共财政支出的效率。

总之，我们需要一个新的全球身份认同，才能处理一系列前所未有的全球困境。但不幸的是，能把世界各国人民联合起来的共同价值观念还未建立，认同感和忠诚仍然是对国家，甚至地方、民族或者教派而言的。现代国家非常注重自我中心，很少关心其他国家人民的幸福。《欧洲宪法》似乎为我们指出了一条道路：欧洲各国人民虽然仍为本国的身份认同及历史而自豪，但同时决心超越过往的分歧，更加紧密地联合起来，塑造共同的命运。如果全球其他国家能够效仿欧洲，必然能促进人类的可持续性繁荣。事实上，为了应对全球挑战，我们也别无选择，除了忠诚于自己的国家，还必须要关切全球社群。一个人确实能够也应该同时忠于其家人、邻居、专业及国家。那么，为什么不把全人类和地球也加到清单里（赫拉利，2018）？

参考文献

中文著作

包刚升:《抵达:一部政治演化史》,上海三联书店2023年版。
蔡拓:《全球学与全球治理》,北京大学出版社2017年版。
陈共:《财政学(第十版)》,中国人民大学出版社2020年版。
陈曦:《国际财政学》,中国商务出版社2022年版。
董勤发:《国际财政研究》,上海财经大学出版社1997年版。
杜振华(编著):《财政学》,人民邮电出版社2015年版。
关信平(主编):《社会政策概论》,高等教育出版社2004年版。
李娟娟:《集体行动视角下的国际公共品供给研究:一个理论分析框架及应用》,经济科学出版社2016年版。
梁启超:《饮冰室合集》,中华书局2015年版。
梁启超:《饮冰室文集点校》,云南教育出版社2001年版。
林毅夫、王燕:《超越发展援助:在一个多极世界中重构发展合作新理念》,北京大学出版社2016年版。
刘京焕、陈志勇、李景友(编著):《财政学原理》,高等教育出版社2011年版。
刘尚希等:《大国财政》,人民出版社2016年版。
王文锦(译注):《礼记译解》,中华书局2001年版。
西方法律思想史编写组:《西方法律思想史资料选编》,北京大学出版社1983年版。
张颂仁、陈光兴、高士明(主编):《全球化与纠结:霍米·巴巴读本》,上海人民出版社2013年版。

张馨：《公共财政论纲》，商务印书馆2022年版。

赵磊：《构建和谐世界的重要实践：中国参与联合国维和行动研究》，中共中央党校出版社2010年版。

赵汀阳：《坏世界研究》，中国人民大学出版社2009年版。

赵汀阳：《天下的当代性》，中信出版社2016年版。

赵汀阳：《天下体系》，中国人民大学出版社2011年版。

中华人民共和国国务院：《中国国际发展合作白皮书》，2021年。

中文译作

阿尔弗雷德·马歇尔：《经济学原理》，朱志泰、陈良璧译，商务印书馆2019年版。

阿米塔·阿查亚、巴里·布赞：《全球国际关系学的构建：百年国际关系学的起源和演进》，刘德斌等译，上海人民出版社2021年版。

安东尼·吉登斯：《现代性的后果》，田禾译，译林出版社2011年版。

保罗·萨缪尔森：《经济分析基础》，何耀等译，东北财经大学出版社2006年版。

庇古：《福利经济学》，朱泱、张胜纪、吴良健译，商务印书馆2020年版。

查尔斯·蒂利：《欧洲的抗争与民主（1650—2000）》，陈周旺、李辉、熊易寒译，格致出版社2008年版。

大卫·李嘉图：《政治经济学及赋税原理》，郭大力、王亚南译，译林出版社2014年版。

戴维·赫尔德、安东尼·麦克格鲁（主编）：《全球化理论：研究路径与理论论争》，王生才译，社会科学文献出版社2009年版。

戴维·米勒：《民族责任与全球正义》，杨通进、李广博译，重庆出版社2014年版。

但丁：《论世界帝国》，朱虹译，商务印书馆1985年版。

第欧根尼·拉尔修：《名哲言行录》，徐开来、溥林译，广西师范大学出版社2010年版。

格劳秀斯：《论海洋自由或荷兰参与东印度贸易的权利》，马忠法译，上海人民出版社2005年版。

哈维·S.罗森、特德·盖亚：《财政学》，郭庆旺译，中国人民大学出版社2015

年版。

汉斯·摩根索:《国家间政治:权力斗争与和平》,徐昕等译,北京大学出版社 2012 年版。

黑格尔:《法哲学原理》,范扬、张企泰译,商务印书馆 1961 年版。

吉莉安·布洛克:《全球正义:世界主义的视角》,王珀、丁玮译,重庆出版社 2014 年版。

金德尔伯格:《1929—1939 年世界经济萧条》,宋承先、洪文达译,上海译文出版社 1986 年版。

卡尔·马克思、弗里德里希·恩格斯:《马克思恩格斯文集(第一卷)》,中共中央马克思恩格斯列宁斯大林著作编译局编译,人民出版社 2009 年版。

卡尔·马克思、弗里德里希·恩格斯:《马克思恩格斯选集(第二卷)》,中共中央马克思恩格斯列宁斯大林著作编译局编译,人民出版社 1995 年版。

康德:《历史理性批判文集》,何兆武译,商务印书馆 1990 年版。

康德:《永久和平论》,何兆武译,上海人民出版社 2005 年版。

肯尼思·华尔兹:《国际政治理论》,信强译,上海人民出版社 2008 年版。

莱斯特·萨拉蒙:《全球公民社会:非营利部门视界》,贾西津、魏玉等译,社会科学文献出版社 2002 年版。

理查德·鲍德温:《大合流:信息技术和新全球化》,李志远、刘晓捷、罗长远译,格致出版社 2020 年版。

罗伯特·基欧汉、约瑟夫·奈:《权力与相互依赖》,门洪华译,北京大学出版社 2002 年版。

罗伯特·基欧汉:《霸权之后:世界政治经济中的合作与纷争》,苏长和、信强、何曜译,上海人民出版社 2006 年版。

罗伯特·吉尔平:《全球政治经济学:解读国际经济秩序》,杨宇光、杨炯译,上海人民出版社 2013 年版。

马克斯·韦伯:《印度的宗教:印度教与佛教》,康乐、简惠美译,上海三联书店 2021 年版。

曼瑟尔·奥尔森:《集体行动的逻辑:公共物品与集团理论》,陈郁、郭宇峰、李崇新译,格致出版社 2017 年版。

涅尔谢相茨:《古希腊政治学说》,蔡拓译,商务印书馆 1991 年版。

皮尔逊、巴亚斯里安:《国际政治经济学:全球体系中的冲突与合作》,杨毅、钟飞腾、苗苗译,北京大学出版社 2006 年版。

让·巴蒂斯特·萨伊：《政治经济学概论》，赵康英、符蕊、唐日松译，华夏出版社2014年版。

塞雷娜·奥尔萨雷蒂（编）：《牛津分配正义手册》，李石等译，商务印书馆2024年版。

山田太门：《财政学的本质》，宋健敏译，上海财经大学出版社2020年版。

神野直彦：《财政学》，彭曦等译，南京大学出版社2012年版。

涛慕思·博格：《康德、罗尔斯与全球正义》，刘莘、徐向东等译，上海译文出版社2010年版。

托布约尔·克努成：《国际关系理论史导论》，余万里译，天津人民出版社2005年版。

托马斯·霍布斯：《利维坦》，黎思复、黎廷弼译，商务印书馆1987年版。

托马斯·皮凯蒂：《21世纪资本论》，巴曙松等译，中信出版集团2014年版。

威廉·配第：《赋税论》，邱霞、原磊译，华夏出版社2006年版。

亚当·斯密：《国富论》，张兴、田要武、龚双编译，北京出版社2007年版。

亚历山大·温特：《国际政治的社会理论》，秦亚青译，上海人民出版社2014年版。

伊曼纽尔·赛斯、加布里埃尔·祖克曼：《不公正的胜利》，薛贵译，中信出版集团2021年版。

伊曼纽尔·沃勒斯坦：《现代世界体系（第一卷）》，郭方、刘新成、张文刚译，社会科学文献出版社2013年版。

伊曼纽尔·沃勒斯坦：《现代世界体系（第二卷）》，郭方、刘新成、张文刚译，社会科学文献出版社2013年版。

英吉·考尔等（编）：《全球化之道：全球公共产品的提供与管理》，张春波、高静译，人民出版社2006年版。

尤瓦尔·赫拉利：《今日简史：人类命运大议题》，林俊宏译，中信出版集团2018年版。

约翰·罗尔斯：《正义论》，何怀宏、何包钢、廖申白译，中国社会科学出版社2001年版。

约翰·梅纳德·凯恩斯：《就业、利息和货币通论》，高鸿业译，商务印书馆2021年版。

约翰·斯图亚特·穆勒：《政治经济学原理》，金镝、金熠译，华夏出版社2013年版。

詹姆斯·N.罗西瑙（主编）：《没有政府的治理：世界政治中的秩序与变革》，张胜军、刘小林等译，江西人民出版社2001年版。

詹姆斯·M.布坎南：《公共物品的需求与供给》，马珺译，上海人民出版社2017年版。

中文期刊

阿里夫·德里克、俞可平："世界体系分析和全球资本主义——对现代化理论的一种检讨"，《战略与管理》1993年第1期，第50—55页。

白彦锋、贾思宇："全球财经治理体系变革下中国特色社会主义财政学的构建"，《财政研究》2018年第11期，第17—22页。

蔡昉、杨涛："城乡收入差距的政治经济学"，《中国社会科学》2000年第4期，第11—22+204页。

陈斌开、林毅夫："金融抑制、产业结构与收入分配"，《世界经济》2012年第1期，第3—23页。

陈斌开、许伟："所有制结构变迁与中国城镇劳动收入差距演变——基于'估计-校准'的方法"，《南方经济》2009年第3期，第9—20页。

陈共："构建新时代中国特色社会主义财政学"，《财政研究》2020年第8期，第311页。

陈松川："'一带一路'倡议的区域发展示范机制探析"，《当代世界》2017年第4期，第57—59页。

陈钊、陆铭、金煜："中国人力资本和教育发展的区域差异：对于面板数据的估算"，《世界经济》2004年第12期，第25—31+77页。

戴维·A.莱克、郎平："开放经济的政治学：一个新兴的交叉学科"，《世界经济与政治》2009年第8期，第45—59+4—5页。

董勤发："关于国际财政学几个基本问题的研究"，《世界经济》1993年第6期，第9—13页。

杜两省、程博文："金融摩擦、收入风险与财富不平等"，《金融研究》2020年第7期，第75—94页。

樊丽明："'大国责任'视角下的'大国财政'分析"，《财政监督》2017年第10期，第25—32页。

樊勇、朱沁瑶、刘江龙："涉税信息披露、企业避税与溢出效应——来自国别报告实施的经验证据",《财贸经济》2022年第7期,第21—36页。

冯凯、李荣林、陈默:"中国对非援助与非洲国家经济增长的动态关系研究",《经济学(季刊)》2022年第1期,第175—196页。

甘犁、赵乃宝、孙永智:"收入不平等、流动性约束与中国家庭储蓄率",《经济研究》2018年第12期,第34—50页。

高培勇:"论国家治理现代化框架下的财政基础理论建设",《中国社会科学》2014年第12期,第102—122+207页。

葛夕良、沈腊梅:"马斯格雷夫的现代市场财政观——《财政理论与实践》译介",《经济资料译丛》2002年第1期,第105—110页。

宫静:"泰戈尔哲学思想的渊源及其特点",《南亚研究》1989年第3期,第6—12+3页。

韩冬临、黄臻尔:"非洲公众如何评价中国的对非援助",《世界经济与政治》2016年第6期,第134—154+159—160页。

何振一:"财政改革若干战略性问题的再思考",《财政研究》1987年第8期,第8—13页。

侯长坤:"战略文化视角下的中国古代天下主义",《国际政治研究》2023年第5期,第110—135+7—8页。

胡建梅、单磊:"中国对非援助、基础设施和受援国经济增长——基于中介效应模型的实证分析",《国际经济合作》2022年第5期,第53—68+95页。

黄连新:"国际上对国际财政问题的研究动态",《吉林财贸学院学报》1985年第4期,第62—65+49页。

黄梅波、唐露萍:"南南合作与南北援助——动机、模式与效果比较",《国际展望》2013年第3期,第8—26+135页。

黄振乾:"中国援助项目对当地经济发展的影响——以坦桑尼亚为个案的考察",《世界经济与政治》2019年第8期,第127—153+159—160页。

寇璇、张楠、刘蓉:"同龄收入不均等与财政再分配贡献——基于个税和转移支付的实证分析",《财贸经济》2021年第8期,第37—52页。

莱斯特·萨拉蒙、谭静:"非营利部门的崛起",《马克思主义与现实》2002年第3期,第57—63页。

李嘉楠、龙小宁、姜琪:"援助与冲突——基于中国对外援助的证据",《经济学(季刊)》2021年第4期,第1123—1146页。

李利英、董晓媛:"性别工资差异中的企业效应",《经济研究》2008年第9期,第122—135页。

李小云、武晋："中国对非援助的实践经验与面临的挑战"，《中国农业大学学报（社会科学版）》2009年第4期，第45—54页。

李志慧："关于国际财政问题的研究与探讨"，《财经理论与实践》1997年第3期，第57—59页。

廖体忠："全球化与国际税收改革"，《国际税收》2021年第8期，第3—13页。

林品章："国际财政若干问题的研究"，《财政研究》1995年第1期，第9—13页。

刘同舫："构建人类命运共同体对历史唯物主义的原创性贡献"，《中国社会科学》2018年第7期，第4—21+204页。

刘晓路、郭庆旺："国家视角下的新中国财政基础理论变迁"，《财政研究》，2017年第4期，第27—37页。

刘贞晔："全球治理与国家治理互动的理论来源及其理想形态"，《西北师大学报（社会科学版）》2023年第2期，第5—17页。

罗伯特·吉尔平、曹荣湘："国际治理的现实主义视角"，《马克思主义与现实》2003年第5期，第84—91页。

马海涛、陈宇："全球治理背景下的大国财政研究"，《经济研究参考》2019年第24期，第86—93页。

马海涛、王麒植、王一帆："全球公共产品视角下的对外援助——动机、特点和表现形式"，《山东财经大学学报》2024年第1期，第5—14+97页。

倪鹏飞、杨华磊、周晓波："经济重心与人口重心的时空演变——来自省会城市的证据"，《中国人口科学》2014年第1期，第44—54+127页。

宁光杰、雒蕾、齐伟："我国转型期居民财产性收入不平等成因分析"，《经济研究》2016年第4期，第116—128+187页。

钮菊生："西方马克思主义国际关系理论探析"，《马克思主义研究》2006年第9期，第97—101页。

庞珣、王帅："中美对外援助的国际政治意义——以联合国大会投票为例"，《中国社会科学》2017年第3期。第181—203+208页。

钱皓："加拿大对外援助与国家海外形象建构"，《国际观察》2014年第6期，第42—53页。

秦亚青："国际政治的社会建构——温特及其建构主义国际政治理论"，《欧洲研究》2001年第3期，第4—11+108页。

全毅、东艳："以中美经贸政策协调为契机构建国际协调性体制——基于'目标－主体－机制'框架的分析",《国际贸易》2022年第12期,第53—62页。

苏静静、张大庆:"中国与世界卫生组织合作动力的技术转向",《复旦国际关系评论》2018年第2期,第170—190页。

汤二子、孙振:"异质性生产率、产品质量与中国出口企业的'生产率悖论'",《世界经济研究》2012年第11期,第10—15+87页。

田旭、徐秀军:"全球公共产品赤字及中国应对实践",《世界经济与政治》2021年第9期,第128—154+159—160页。

万广华、朱美华:"'逆全球化':特征、起因与前瞻",《学术月刊》2020年第7期,第33—47页。

万广华、朱美华:"国际援助的经济社会影响研究进展",《经济学动态》2019年第9期,第97—113页。

夏庆杰、宋丽娜、Appleton S.:"中国城镇贫困的变化趋势和模式:1988—2002",《经济研究》2007年第9期,第96—111页。

徐丽鹤、吴万吉、孙楚仁:"谁的援助更有利于非洲工业发展:中国还是美国",《世界经济》2020年第11期,第3—27页。

徐舒:"技术进步、教育收益与收入不平等",《经济研究》2010年第9期,第79—92+108页。

徐秀丽、李小云:"平行经验分享:中国对非援助理论的探索性构建",《世界经济与政治》2020年第11期,第117—135+159页。

许志成、张宇:"点亮非洲:中国援助对非洲经济发展的贡献",《经济学(季刊)》2021年第5期,第1499—1520页。

亚历山大·温特、秦亚青:"世界国家的出现是历史的必然——目的论与无政府逻辑",《世界经济与政治》2003年第11期,第57—62+6页。

严兵、谢心荻、文博:"中国对外援助与受援国经济增长:兼论基础设施的中介效应",《世界经济研究》2021年第2期,第3—18+134页。

杨攻研、刘洪钟、范琳琳:"援以止战:国际援助与国内武装冲突——来自中国对外援助的证据",《世界经济与政治》2019年第11期,第129—156+160页。

杨攻研、刘小玄、刘洪钟:"中国对外援助在中低收入国家的减贫效应研究",《亚太经济》2021年第4期,第120—129页。

杨天宇:"当代世界主义价值的印度话语辨析",《国外理论动态》2019年第2期,第106—118页。

张克中、张文涛:"惠人及己:对外援助与企业'走出去'",《经济评论》2022

年第2期，第70—86页。

张克中、张文涛："全球公共财政学：理论与框架"，《财政研究》2022年第3期，第26—36页。

张克中："全球公共经济学研究进展"，《经济学动态》2020年第4期，第129—142页。

张琦："公共物品理论的分歧与融合"，《经济学动态》2015年第11期，第147—158页。

赵剑治、敬乂嘉、欧阳喆："新兴援助国对外发展援助的治理结构研究：基于部分金砖国家的比较分析"，《中国行政管理》2018年第2期，第130—136页。

赵可金、赵丹阳："中国特色大国外交的理论基础"，《世界经济与政治》2022年第1期，第5—26+156页。

郑新业、张力、张阳阳："全球税收竞争与中国的政策选择"，《经济学动态》2019年第2期，第31—46页。

郑宇："援助有效性与新型发展合作模式构想"，《世界经济与政治》2017年第8期，第135—155+160页。

朱清、白雪苑："OECD'双支柱'国际税改方案：落地与应对"，《国际税收》2023年第7期，第3—10页。

周玉渊："从'重债穷国倡议'到'缓债倡议'：主权债务救助的影响与反思"，《太平洋学报》2023年第4期，第47—61页。

英文著作

Acemoglu, D., Robinson, J. A., *Why Nations Fail: The Origins of Power, Prosperity, and Poverty*, Crown Business, 2013.

Acharya, A., *Whose Ideas Matter? Agency and Power in Asian Regionalism*, Cornell University Press, 2009.

Alfani, G., Di Tullio, M., *The Lion's Share: Inequality and the Rise of the Fiscal State in Preindustrial Europe*, Cambridge University Press, 2019.

Apinunmahakul, A., *Three Essays on the Private Provision of Pure Public Goods*, University of Ottawa, 2001.

Atkinson, A. B., *New Sources of Development Finance*, Oxford University Press,

2004.

Atkinson, A. B., Stiglitz, J. E., *Lectures on Public Economics*, Princeton University Press, 2015.

Baldwin, R., Di Mauro, B. W., *Economics in the Time of COVID-19*, CEPR Press, 2020.

Bourguignon, F., Scott-Railton, T., *The Globalization of Inequality*, Princeton University Press, 2015.

Bowley, A. L., *Elements of Statistics*, P. S. King, 1901.

Bräutigam, D., *Aid Dependence and Governance*, Stockholm: Almqvist & Wiksell International, 2000.

Brautigam, D., *Will Africa Feed China?*, Oxford University Press, 2015.

Caney, S., *Justice Beyond Borders: A Global Political Theory*, Oxford University Press, 2005.

Collier, P., *The Bottom Billion: Why the Poorest Countries Are Failing and What Can Be Done about It*, Oxford University Press, 2008.

Delanty, G., ed., *Routledge Handbook of Cosmopolitanism Studies: 2nd Edition*, Routledge, 2012.

Gini, C., *Variabilità e Mutabilità: Contributo Allo Studio Delle Distribuzioni e Delle Relazioni Statistiche. [Fasc. I.]*, Bologna:Tipogr. di P. Cuppini, 1912.

Haq, M. ul, *The Poverty Curtain: Choices for the Third World*, Columbia University Press, 1976.

Hill, C., Smith, M. and Vanhoonacker, S., *International relations and the European Union,* Oxford University Press, 2023.

Hulme, D., *Should Rich Nations Help the Poor?*,John Wiley & Sons, 2016.

Jenkins, R., *How China Is Reshaping the Global Economy: Development Impacts in Africa and Latin America, Second Edition*, Oxford University Press, 2022.

Joshi, R. M., *International Business*, Oxford University Press, 2009.

Kaul, I., Conceico, P., *The New Public Finance: Responding to Global Challenges*, Oxford University Press, 2006.

Kaul, I., *Enhancing the Provision of Global Public Goods: Ready for More Realism?*, Cambridge University Press, 2022.

Kaul, I., Grunberg, I. and Stern, M., *Global Public Goods: International*

Cooperation in the 21st Century, Oxford University Press, 1999.

Keynes, J. M., *The Economic Consequences of the Peace*, Routledge, 2017.

Kindleberger, C. P., *The World in Depression, 1929-1939: 40th Anniversary Edition*, University of California Press, 2013.

Kohler, T. A., Smith, M. E., *Ten Thousand Years of Inequality: The Archaeology of Wealth Differences*, University of Arizona Press, 2018.

Kumar, M. M. S., Quinn, M. D. P., *Globalization and Corporate Taxation*, International Monetary Fund, 2012.

McLean, I., McMillan, A., *The Concise Oxford Dictionary of Politics*, Oxford University Press, 2009.

Mendez, *International Public Finance: A New Perspective on Global Relations*, Oxford University Press, 1992.

Milanovic, B., *Global Inequality: A New Approach for the Age of Globalization*, Harvard University Press, 2016.

Moyo, D., *Dead Aid: Why Aid Is Not Working and How There Is a Better Way for Africa*, Cambridge University Press, 2009.

Musgrave, R. A., Musgrave, P. B., *Public Finance in Theory and Practice*, McGraw-Hill, 1976.

Musgrave, R. A., *The Theory of Public Finance: A Study in Public Economy*, McGraw-Hill, 1959.

Nordhaus, W. D., *Paul Samuelson and Global Public Goods*, Oxford University Press, 2006.

O'Rourke, K. H., Williamson, J. G., *Globalization and History: The Evolution of a Nineteenth-Century Atlantic Economy*, MIT Press, 2001.

Obstfeld, M., Taylor, A. M., *Global Capital Markets: Integration, Crisis, and Growth*, Cambridge University Press, 2004.

Padmanabhan, S. G., *Politics and Cosmopolitanism in a Global Age*, Routledge India, 2019.

Piketty, T., Goldhammer, A., *Capital and Ideology*, Harvard University Press, 2020.

Pisani-Ferry, J., Sapir, A. and Wolff, G. B., *EU-IMF Assistance to Euro-Area Countries: An Early Assessment*, Bruegel, 2013.

Rawls, J., *Atheory of justice*. Cambridge University Press, 1971.

Reinhart, C. M., Rogoff, K. S., *This Time Is Different: Eight Centuries of Financial Folly*, Princeton University Press, 2011.

Rodrik, D., *The Globalization Paradox: Democracy and the Future of the World Economy*, W.W. Norton, 2011.

Roemer, J. E., *Equality of Opportunity*, Harvard University Press, 1998.

Rosen, H. S., *Public Finance*, McGraw-Hill Irwin, 1985.

Saez, E., Zucman, G., *The Triumph of Injustice: How the Rich Dodge Taxes and How to Make Them Pay*, W. W. Norton & Company, 2019.

Sandler, T., *Global Collective Action*, Cambridge University Press, 2004.

Scheidel, W., *The Great Leveler: Violence and the History of Inequality from the Stone Age to the Twenty-First Century*, Princeton University Press, 2017.

Seo, S. N., *The Economics of Globally Shared and Public Goods*, London, San Diego, Cambridge: Academic Press, 2020.

Steger, M., *Globalization: A Very Short Introduction*, Oxford University Press, 2023.

Strange, S., *Casino Capitalism: With an Introduction by Matthew Watson*, Manchester University Press, 2015.

Tilly, C., *Contentious Performances*, Cambridge University Press, 2008.

英文析出文献

Buchholz, W., Eichenseer, M., Strategic Coalition Formation in Global Public Good Provision. in Buchholz, W., Rübbelke, D., *The Theory of Externalities and Public Goods,* Springer, 2017.

Corsetti, G., Müller, G. J., "Multilateral Economic Cooperation and the International Transmission of Fiscal Policy", in Robert, C. Feenstra., Alan, M., *Globalization in an Age of Crisis: Multilateral Economic Cooperation in the Twenty-First Century*, University of Chicago Press, 2013.

Kaul, I., "Conceptualizing Global Public Policy: A Global Public Good Perspective", in Stone, D., Moloney, K., *The Oxford Handbook of Global Policy and Transnational Administration*, Oxford University Press, 2019.

Kaul, I., Blondin, D., and Nahtigal, N., "Review Article: Understanding Global Public Goods: Where We Are and Where to Next", in *Global Public Goods*, An Elgar Reference Collection, 2016.

Keen, M., Konrad, K. A., "Chapter 5 - The Theory of International Tax Competition and Coordination", in Auerbach, A. J., R. Chetty, M. Feldstein, and E. Saez, *Handbook of Public Economics*, Elsevier, 2013.

Leduc, S., Michielse, G., "Chapter 8 Are Tax Treaties Worth It for Developing Economies?", in de Mooij, R. A., Klemm, M. A. D., Perry, M. V. J., *Corporate Income Taxes under Pressure*, International Monetary Fund, 2021.

Pietschmann, E., "Fragmentation's Losers: Who Are the Aid Orphans?", in Klingebiel, S., T. Mahn and M. Negre, *The Fragmentation of Aid*, Palgrave Macmillan UK, 2016.

Stiglitz J. E., "Globalization and the Logic of International Collective Action: Re-examining the Bretton Woods Institutions", in Deepak Nayyar, *Governing Globalization: Issues and Institution*, Vol. 9, Oxford University Press, 2002, pp. 238 -253.

英文期刊论文

Abe, K., Takarada, Y., "Tied Aid and Welfare", *Review of International Economics*, Vol. 13, No. 5, 2005, pp. 964-972.

Acemoglu, D., Restrepo, P., "The Race between Man and Machine: Implications of Technology for Growth, Factor Shares, and Employment", *American Economic Review*, Vol. 108, No. 6, 2018, pp. 1488-1452.

Acharya, A., De Lima, A. T. F. and Moore, M., "Proliferation and Fragmentation: Transactions Costs and the Value of Aid", *Journal of Development Studies*, Vol. 42, No. 1, 2006, pp. 1-21.

Agrawal, D. R., Jan, K. B. and Marius, B., "Fiscal Federalism in the 21st Century", *SSRN Working Paper*, No. 10951, 2024.

Aguiar, M., Amador, M., Farhi, E. and Gopinath, G., "Coordination and Crisis in Monetary Unions", *The Quarterly Journal of Economics*, Vol. 130, No. 4, 2015, pp. 1727-1779.

Alesina, A., Rodrik, D., "Distributive Politics and Economic Growth", *The Quarterly Journal of Economics*, Vol. 109, No. 2, 1994, pp. 465-490.

Alesina, A., Stantcheva, S. and Teso, E., "Intergenerational Mobility and Preferences for Redistribution", *American Economic Review*, Vol. 108, No. 2, 2018, pp. 521-554.

Alkire, S., Foster, J., "Counting and Multidimensional Poverty Measurement", *Journal of Public Economics*, Vol. 95, No. 7, 2011, pp. 476-487.

Alkire, S., Kanagaratnam, U. and Suppa, N., "A Methodological Note on the Global Multidimensional Poverty Index (MPI) 2022 Changes over Time Results for 84 Countries", *Oxford Poverty and Human Development Initiative (OPHI)*, 2018, pp. 1-25.

Alloush, M., Bloem, J. R., "Neighborhood Violence, Poverty, and Psychological Well-Being", *Journal of Development Economics*, Vol. 154(C), 2022.

Almås, I., Havnes, T. and Mogstad, M., "Baby Booming Inequality? Demographic Change and Earnings Inequality in Norway, 1967-2000", *The Journal of Economic Inequality*, Vol. 9, No. 4, 2011, pp. 629-650.

Alstadsaeter, A., Bjørkheim, J. B., Davies, R. B. and Scheuerer, J., "Pennies from Haven: Wages and Profit Shifting", *SSRN Working Paper*, No. 9590, 2022.

Alstadsæter, A., Johannesen, N. and Zucman, G., "Tax Evasion and Inequality", *American Economic Review*, Vol. 109, No. 6, 2019, pp. 2073-2103.

Alvaredo, F., "A Note on the Relationship between Top Income Shares and the Gini Coefficient", *Economics Letters*, Vol. 110, No. 3, 2011, pp. 274-277.

Alvaredo, F., Chancel, L., Piketty, T., Saez, E. and Zucman, G., "The Elephant Curve of Global Inequality and Growth", *AEA Papers and Proceedings*, Vol. 108, MAY2018, pp. 103-108.

Andersen, J. J., Johannesen, N. and Rijkers, B., "Elite Capture of Foreign Aid: Evidence from Offshore Bank Accounts", *Journal of Political Economy*, Vol. 130, No. 2, 2022, pp. 388-425.

Arellano, C., Bulíř, A., Lane, T. and Lipschitz, L., "The Dynamic Implications of Foreign Aid and Its Variability", *Journal of Development Economics*, Vol. 88, No. 1, 2009, pp. 87-102.

Atkinson, A. B., "After Piketty?", *The British Journal of Sociology*, Vol. 65, No.

4, 2014, pp. 619-638.

Atkinson, A. B., "Global Public Finance and Funding the Millennium Development Goals", *De Economist*, Vol. 154, No. 3, 2006, pp. 325-339.

Atkinson, A. B., "On the Measurement of Inequality", *Journal of Economic Theory*, Vol. 2, No. 3, 1970, pp. 244-263.

Attinasi, M. G., Lalik, M. and Vetlov, I., "Fiscal Spillovers in the Euro Area a Model-Based Analysis",*ECB Working Paper*, 2017.

Backhaus, J., Wagner, R. E., "The Cameralists: A Public Choice Perspective", *Public Choice*, Vol. 53, No. 1, 1987, pp. 3-20.

Balin, B. J., "The Impact of the Global Economic Crisis on Sovereign Wealth Funds", *Asian-Pacific Economic Literature*, Vol. 24, No. 1, 2010, pp. 1-8.

Baraké, M., Chouc, P. E., Neef, T. and Zucman, G., "Revenue Effects of the Global Minimum Tax Under Pillar Two", *Intertax*, Vol. 50, No. 10, 2022, pp. 689-710.

Barrett, S., "Self-Enforcing International Environmental Agreements", *Oxford Economic Papers*, Vol. 46, No. Supplement_1, 1994, pp. 878-894.

Bartoš, V., Bauer, M., Chytilová, J. and Levely, I., "Psychological Effects of Poverty on Time Preferences", *The Economic Journal*, Vol. 131, No. 638, 2021, pp. 2357-2382.

Beetsma, R., Giuliodori, M. and De Jong, F., Widijanto, D., "Price Effects of Sovereign Debt Auctions in the Euro-Zone: The Role of the Crisis", *Journal of Financial Intermediation*, Vol. 25, 2016, pp. 30-53.

Bendavid, E., Bhattacharya, J., "The Relationship of Health Aid to Population Health Improvements", *JAMA Internal Medicine*, Vol. 174, No. 6, 2014, pp. 881-887.

Besley, T., Persson, T., "The Origins of State Capacity: Property Rights, Taxation, and Politics", *American Economic Review*, Vol. 99, No. 4, 2009, pp. 1218-1244.

Bianchi, F., Bianchi, G. and Song, D., "The Long-Term Impact of the COVID-19 Unemployment Shock on Life Expectancy and Mortality Rates", *Journal of Economic Dynamics and Control*, Vol. 146(C),2023.

Bianconi, G., Galla, T., Marsili, M. and Pin, P., "Effects of Tobin Taxes in

Minority Game Markets", *Journal of Economic Behavior & Organization*, Vol. 70, No. 1, 2009, pp. 231-240.

Bird, R. M., "Are Global Taxes Feasible?", *International Tax and Public Finance*, Vol. 25, No. 5, 2018, pp. 1372-1400.

Blau, F. D., Kahn, L. M., "The Gender Wage Gap: Extent, Trends, and Explanations", *Journal of Economic Literature*, Vol. 55, No. 3, 2017, pp. 789-865.

Boadway, R., "National Taxation, Fiscal Federalism and Global Taxation", *UNU-WIDER Working Paper*, No. 2003/87, 2003.

Boadway, R., Hayashi, M., "Country Size and the Voluntary Provision of International Public Goods", *European Journal of Political Economy*, Vol. 15, No. 4, 1999, pp. 619-638.

Bourguignon, F., Morrisson, C., "Inequality Among World Citizens: 1820-1992", *American Economic Review*, Vol. 92, No. 4, 2002, pp. 727-744.

Brand, D. R., "Thomas Piketty's Global Tax on Wealth", *Perspectives on Political Science*, Vol. 46, No. 1, 2017, pp. 2-10.

Brandily, P., Brébion, C., Briole, S. and Khoury, L., "A Poorly Understood Disease? The Impact of COVID-19 on the Income Gradient in Mortality over the Course of the Pandemic", *European Economic Review*, Vol. 140(C), 2021.

Braun, J., Weichenrieder, A. J., "Does Exchange of Information between Tax Authorities Influence Multinationals' Use of Tax Havens?", *SSRN Working Paper*, No. 89, 2015.

Brennan, G., Buchanan, J., "Predictive Power and The Choice Among Regimes", *The Economic Journal*, Vol. 93, No. 369, 1983, pp. 89-105.

Brondolo, J. D., "Taxing financial transactions: an assessment of administrative feasibility", *IMF Working Paper*, No.11/185, 2011.

Broner, F., Ventura, J., "Rethinking the Effects of Financial Globalization", *The Quarterly Journal of Economics*, Vol. 131, No. 3, 2016, pp. 1497-1542.

Brülhart, M., Gruber, J., Krapf, M. and Schmidheiny, K., "Behavioral Responses to Wealth Taxes: Evidence from Switzerland", *American Economic Journal: Economic Policy*, Vol. 14, No. 4, 2022, pp. 111-150.

Buchholz, W., Sandler, T., "Global Public Goods: A Survey", *Journal of Economic Literature*, Vol. 59, No. 2, 2021, pp. 488-545.

Buchholz, W., Sandler, T., "Olson's Exploitation Hypothesis in a Public Good Economy: A Reconsideration", *Public Choice*, Vol. 168, No. 1, 2016, pp. 103-114.

Burnside, C., Dollar, D., "Aid, Policies, and Growth", *American Economic Review*, Vol. 90, No. 4, 2000, pp. 847-868.

Cai, J., He, J., Jiang, W. and Xiong, W., "The Whack-a-Mole Game: Tobin Taxes and Trading Frenzy", *The Review of Financial Studies*, Vol. 34, No. 12, 2021, pp. 5723-5755.

Cao, X., "Networks as Channels of Policy Diffusion: Explaining Worldwide Changes in Capital Taxation, 1998–2006", *International Studies Quarterly*, Vol. 54, No. 3, 2010, pp. 823-854.

Caporale, G. M., Girardi, A., "Fiscal Spillovers in the Euro Area", *Journal of International Money and Finance*, Vol. 38, 2013, 84.e1-84.e16.

Carroll, C., Slacalek, J., Tokuoka, K. and White, M. N., "The Distribution of Wealth and the Marginal Propensity to Consume", *Quantitative Economics*, Vol. 8, No. 3, 2017, pp. 977-1020.

Casi, E., Spengel, C. and Stage, B. M. B., "Cross-Border Tax Evasion After the Common Reporting Standard: Game Over?", *Journal of Public Economics*, Vol. 190(C), 2020.

Cauley, J., Sandler, T., "Public Goods Theory: Another Paradigm for Futures Research", *Futures*, Vol. 6, No. 5, 1974, pp. 423-428.

Ceriani, L., Verme, P., "The Origins of the Gini Index: Extracts from Variabilità e Mutabilità (1912) by Corrado Gini", *The Journal of Economic Inequality*, Vol. 10, No. 3, 2012, pp. 421-443.

Chancel, L., Piketty, T., "Global Income Inequality, 1820–2020: The Persistence and Mutation of Extreme Inequality", *Journal of the European Economic Association*, Vol. 19, No. 6, 2021, pp. 3025-3062.

Chari, V. V., Nicolini, J. P. and Teles, P., "Optimal Capital Taxation Revisited", *Journal of Monetary Economics*, Vol. 116, 2020, pp. 147-165.

Chen, C., Zeckhauser, R., "Collective Action in an Asymmetric World", *Journal of Public Economics*, Vol. 158, 2018, pp. 103-112.

Chodorow-Reich, G., Smith, M., Zidar, O. and Zwick, E., "Tax Policy and Investment in a Global Economy", *NBER Working Paper*, No. 32180, 2023.

Christofides, L. N., Polycarpou, A. and Vrachimis, K., "Gender Wage Gaps, 'Sticky Floors' and 'Glass Ceilings' in Europe", *Labour Economics*, Vol. 21(C), 2013, pp. 86-102.

Chu, C. Y. C., Wang, Y. T., "Gini Coefficient versus Top Income Shares – Pattern Change Differences", *Economics Letters*, Vol. 201,April 2021.

Clark, G., Cummins, N., "Intergenerational Wealth Mobility in England, 1858-2012: Surnames and Social Mobility", *The Economic Journal*, Vol. 125, No. 582, 2015, pp. 61-85.

Clark, V. S., "Australian Economic Problems. I. The Railways", *The Quarterly Journal of Economics*, Vol. 22, No. 3, 1908, pp. 399-451.

Coates, W. H., "League of Nations Report on Double Taxation Submitted to the Financial Committee by Professors Bruins, Einaudi, Seligman, and Sir Josiah Stamp", *Journal of the Royal Statistical Society*, Vol. 87, No. 1, 1924, pp. 99-102.

Coppola, A., Maggiori, M., Neiman, B. and Schreger, J., "Redrawing the Map of Global Capital Flows: The Role of Cross-Border Financing and Tax Havens", *The Quarterly Journal of Economics*, Vol. 136, No. 3, 2021, pp. 1499-1556.

Cordella, T., Ospino, Rojas, A., "Financial Globalization and Market Volatility: An Empirical Appraisal", *SSRN Working Paper,* No. 2985517, 2017.

Cornes, R., Sandler, T., "The Theory of Public Goods: Non-Nash Behaviour", *Journal of Public Economics*, Vol. 23, No. 3, 1984, pp. 367-379.

Cuervo-Cazurra, A., Grosman, A. and Megginson, W. L., "A Review of the Internationalization of State-Owned Firms and Sovereign Wealth Funds: Governments' Nonbusiness Objectives and Discreet Power", *Journal of International Business Studies*, Vol. 54, No. 1, 2023, pp. 78-106.

Dalton, H., "The Measurement of the Inequality of Incomes", *The Economic Journal*, Vol. 30, No. 119, 1920, pp. 348-361.

Dalton, P. S., Ghosal, S. and Mani, A., "Poverty and Aspirations Failure", *The Economic Journal*, Vol. 126, No. 590, 2016, pp. 165-188.

Dasgupta, P., Sen, A. and Starrett, D., "Notes on the Measurement of Inequality", *Journal of Economic Theory*, Vol. 6, No. 2, 1973, pp. 180-187.

David, D., "Is China's Development Finance a Challenge to the International

Order? ", *Asian Economic Policy Review*, Volume13, No.2, 2017, pp. 283-298.

De Simone, L., Stomberg, B., "Has FATCA Succeeded in Reducing Tax Evasion Through Foreign Accounts?", *Oxford Review of Economic Policy*, Vol. 39, No. 3, 2023, pp. 550-564.

Deaton, A., Paxson, C., "Intertemporal Choice and Inequality", *Journal of Political Economy*, Vol. 102, No. 3, 1994, pp. 437-467.

Deng, Y., Liu, X. and Wei, S. J., "One Fundamental and Two Taxes: When Does a Tobin Tax Reduce Financial Price Volatility?", *Journal of Financial Economics*, Vol. 130, No. 3, 2018, pp. 663-692.

Desai, M. A., Foley, C. F. and Hines, J. R., "The Demand for Tax Haven Operations", *Journal of Public Economics*, Vol. 90, No. 3, 2006, pp. 513-531.

Diamond, P. A., Helms, L. J. and Mirrlees, J. A., "Optimal Taxation in a Stochastic Economy: A Cobb–Douglas Example", *Journal of Public Economics*, Vol. 14, No. 1, 1980, pp. 1-29.

Dollar, D., "Is China's Development Finance a Challenge to the International Order?", *Asian Economic Policy Review*, Vol. 13, No. 2 ,2018, pp. 283-298.

Dollar, D., Kraay, A., "Growth Is Good for the Poor", *Journal of Economic Growth*, Vol. 7, No. 3, 2002, pp. 195-225.

Dorn, F., Radice, R., Marra, G. and Kneib, T., "A Bivariate Relative Poverty Line for Leisure Time and Income Poverty: Detecting Intersectional Differences Using Distributional Copulas", *Review of Income and Wealth*, Online, 2023.

Dosser, D., "Towards a Theory of International Public Finance", *Kyklos*, Vol. 16, No. 1, 1963, pp. 62-82.

Doucouliagos, C., Hennessy, J. and Mallick, D., "Health Aid, Governance and Infant Mortality", *Journal of the Royal Statistical Society Series A: Statistics in Society*, Vol. 184, No. 2, 2021, pp. 761-783.

Dreher, A., Fuchs, A., Parks, B., Strange, A. M. and Tierney, M. J., "Apples and Dragon Fruits: The Determinants of Aid and Other Forms of State Financing from China to Africa", *International Studies Quarterly*, Vol. 62, No. 1, 2018, pp. 182-194.

Dreher, A., Fuchs, A., Parks, B., Strange, A. and Tierney, M. J., "Aid, China, and Growth: Evidence from a New Global Development Finance Dataset",

American Economic Journal: Economic Policy, Vol. 13, No. 2, 2021, pp. 135-174.

Dreher, A., Nunnenkamp, P. and Thiele, R., "Does US Aid Buy UN General Assembly Votes? A Disaggregated Analysis", *Public Choice*, Vol. 136, No. 1, 2008, pp. 139-164.

Dreher, A., Sturm, J. E. and Vreeland, J. R., "Development Aid and International Politics: Does Membership on the UN Security Council Influence World Bank Decisions?", *Journal of Development Economics*, Vol. 88, No. 1, 2009, pp. 1-18.

Dyreng, S. D., Hoopes, J. L. and Wilde, J. H., "Public Pressure and Corporate Tax Behavior", *Journal of Accounting Research*, Vol. 54, No. 1, 2016, pp. 147-186.

Dyreng, S. D., Lindsey, B. P. and Thornock, J. R., "Exploring The Role Delaware Plays as A Domestic Tax Haven", *Journal of Financial Economics*, Vol. 108, No. 3, 2013, pp. 751-772.

E. Ilori, A., Paez-Farrell, J. and Thoenissen, C., "Fiscal Policy Shocks and International Spillovers", *European Economic Review*, Vol. 141(C), 2022.

Easterly, W., Pfutze, T., "Where Does the Money Go? Best and Worst Practices in Foreign Aid", *Journal of Economic Perspectives*, Vol. 22, No. 2, 2008, pp. 29-52.

Egger, P. H., Nigai, S. and Strecker, N. M., "The Taxing Deed of Globalization", *American Economic Review*, Vol. 109, No. 2, 2019, pp. 353-390.

Elekdag, S., Muir, D. and Wu, Y., "Trade Linkages, Balance Sheets, and Spillovers: The Germany-Central European Supply Chain", *Journal of Policy Modeling*, Vol. 37, No. 2, 2015, pp. 374-387.

Enders, W., Hoover, G. A., "The Nonlinear Relationship between Terrorism and Poverty", *American Economic Review*, Vol. 102, No. 3, 2012, pp. 267-272.

Faccini, R., Mumtaz, H. and Surico, P., "International Fiscal Spillovers", *Journal of International Economics*, Vol. 99, 2016, pp. 31-45.

Fagereng, A., Guiso, L., Malacrino, D. and Pistaferri, L., "Heterogeneity and Persistence in Returns to Wealth", *Econometrica*, Vol. 88, No. 1, 2020, pp. 115-170.

Ferreira, F. H. G., Fruttero, A., Leite, P. G. and Lucchetti, L. R., "Rising Food Prices and Household Welfare: Evidence from Brazil in 2008", *Journal of*

Agricultural Economics, Vol. 64, No. 1, 2013, pp. 151-176.

Fielding, D., "Health Aid and Governance in Developing Countries", *Health Economics*, Vol. 20, No. 7, 2011, pp. 757-769.

Fisman, R., Gladstone, K., Kuziemko, I. and Naidu, S., "Do Americans Want to Tax Wealth? Evidence from Online Surveys", *Journal of Public Economics*, Vol. 188, March 2020.

Foellmi, R., Oechslin, M., "Why Progressive Redistribution Can Hurt the Poor", *Journal of Public Economics*, Vol. 92, No. 3, 2008, pp. 738-747.

Forstater, M., "Beneficial Openness? Weighing the Costs and Benefits of Financial Transparency", *CMI Working paper*, No. 2017:3, 2017.

Frankman, M. J., "International Taxation: The Trajectory of an Idea from Lorimer to Brandt", *World Development*, Vol. 24, No. 5, 1996, pp. 807-820.

Galor, O., Moav, O., "Ability-Biased Technological Transition, Wage Inequality, and Economic Growth", *The Quarterly Journal of Economics*, Vol. 115, No. 2, 2000, pp. 469-497.

Galor, O., Zeira, J., "Income Distribution and Macroeconomics", The *Review of Economic Studies*, Vol. 60, No. 1, 1993, pp. 35-52.

Gans, J. S., Smart, M., "Majority voting with single-crossing preferences", *Journal of Public Economics*, Vol. 59, No. 2, 1996, pp. 219-237.

Garbinti, B., Goupille-Lebret, J. and Piketty, T., "Accounting for Wealth-Inequality Dynamics: Methods, Estimates, and Simulations for France", *Journal of the European Economic Association*, Vol. 19, No. 1, 2021, pp. 620-663.

Gervais, M., "On the Optimality of Age-Dependent Taxes and the Progressive U.S. Tax System", *Journal of Economic Dynamics and Control*, Vol. 36, No. 4, 2012, pp. 682-691.

Gini, C., "On the Measurement of Concentration and Variability of Characters", *Metron - International Journal of Statistics*, Vol. 63, No. 1, 2005, pp. 1-38.

Gini, C., "Sulla Misura Della Concentrazione e Della Variabilita Dei Caratteri", *Atti del Reale Istituto veneto di scienze, lettere ed arti*, Vol. 73, 1914, pp. 1203-1248.

Girod, D. M., Tobin, J. L., "Take the Money and Run: The Determinants of Compliance with Aid Agreements", *International Organization*, Vol. 70, No. 1,

2016, pp. 209-239.

Glen Weyl, E., "The Openness - equality Trade - off in Global Redistribution", *The Economic Journal*, Vol. 128, No. 612, 2018, pp. F1-F36.

Goos, M., Manning, A., "Lousy and Lovely Jobs: The Rising Polarization of Work in Britain", *The Review of Economics and Statistics*, Vol. 89, No. 1, 2007, pp. 118-133.

Gravelle, J. G., "Tax Havens: International Tax Avoidance and Evasion", *National Tax Journal*, Vol. 62, No. 4, 2009, pp. 727-753.

Grossman, H. I., "A General Equilibrium Model of Insurrections", *The American Economic Review*, Vol. 81, No. 4, 1991, pp. 912-921.

Guiso, L., Sapienza, P. and Zingales, L., "Cultural Biases in Economic Exchange?", *Quarterly Journal of Economics*, Vol. 124, No. 3, 2009, pp. 1095-1131.

Guntupalli, A. M., Baten, J., "The Development and Inequality of Heights in North, West, and East India 1915–1944", *Explorations in Economic History*, Vol. 43, No. 4, 2006, pp. 578-608.

Guo, S., Jiang, H., "Chinese Aid and Local Employment in Africa", *SSRN Working Paper*, No. 107, 2020.

Halabi, O., "Domestic Antiavoidance Rules and Their Interplay with Tax Treaties", *SSRN Scholarly Paper*, No. 1987301, 2011.

Hammar, O., Waldenström, D., "Global Earnings Inequality, 1970–2018", *The Economic Journal*, Vol. 130, No. 632, 2020, pp. 2526-2545.

Haney, L. H., "Gasoline Prices as Affected by Interlocking Stockownership and Joint Cost", *The Quarterly Journal of Economics*, Vol. 31, No. 4, 1917, pp. 635-655.

Hanlon, M., Maydew, E. L. and Thornock, J. R., "Taking the Long Way Home: U.S. Tax Evasion and Offshore Investments in U.S. Equity and Debt Markets", *The Journal of Finance*, Vol. 70, No. 1, 2015, pp. 257-287.

Hawkes, C., "The Role of Foreign Direct Investment in the Nutrition Transition", *Public Health Nutrition*, Vol. 8, No. 4, 2005, pp. 357-365.

Heal, G., Schlenker, W., "Coase, Hotelling and Pigou: The Incidence of a Carbon Tax and CO_2 Emissions", *NBER Working Paper*, No. 26086, 2019.

参考文献

Hebous, S., Zimmermann, T., "Cross-Border Effects of Fiscal Consolidations: Estimates Based on Narrative Records", *SSRN Working Paper*, No. 4311, 2013.

Hebous, S., Zimmermann, T., "Estimating the Effects of Coordinated Fiscal Actions in the Euro Area", *European Economic Review*, Vol. 58, 2013, pp. 110-121.

Heer, B., "Wealth Distribution and Optimal Inheritance Taxation in Life-Cycle Economies with Intergenerational Transfers", *The Scandinavian Journal of Economics*, Vol. 103, No. 3, 2001, pp. 445-465.

Heilmann, K., "Does Political Conflict Hurt Trade? Evidence from Consumer Boycotts", *Journal of International Economics*, Vol. 99, 2016, pp. 179-191.

Heuveline, P., "Global and National Declines in Life Expectancy: An End-of-2021 Assessment", *Population and Development Review*, Vol. 48, No. 1, 2022, pp. 31-50.

Hines, J. R., Jr., Rice, E. M., "Fiscal Paradise: Foreign Tax Havens and American Business", *The Quarterly Journal of Economics*, Vol. 109, No. 1, 1994, pp. 149-182.

Hirschman, A., "The Paternity of an Index", *American Economic Review*, Vol. 54, No. 5, 1964, p. 761.

Hirshleifer, J., "From Weakest-Link to Best Shot: The Voluntary Provision of Public Goods.", *Public Choice*, Vol. 41, No. 3, 1983, pp. 371-386.

Johnson, N. O., "The Brookings Report on Inequality in Income Distribution", *The Quarterly Journal of Economics*, Vol. 49, No. 4, 1935, pp. 718-724.

Jordà, Ò., Knoll, K., Kuvshinov, D., Schularick, M. and Taylor, A. M., "The Rate of Return on Everything, 1870–2015", *The Quarterly Journal of Economics*, Vol. 134, No. 3, 2019, pp. 1225-1298.

Judd, K. L., "Redistributive Taxation in a Simple Perfect Foresight Model", *Journal of Public Economics*, Vol. 28, No. 1, 1985, pp. 59-83.

June, T. D., "The'Tianxia Trope': Will China Change the International System?", *Journal of Contemporary China*, Vol. 24, No. 96, 2015, pp. 1015-1031.

Kang, M. J., Prati, M. A. and Rebucci, M. A., "Aid, Exports, and Growth: A Time-Series Perspective on the Dutch Disease Hypothesis", *IDB Working*

Paper, No. 29, 2013.

Kaul, I., Blondin, D. and Nahtigal, N., "Understanding Global Public Goods: Where We Are and Where to Next", *Global Public Goods. The International Library of Critical Writings in Economics*, 2016, pp. 1-73.

Kaul, I., Davies, R., Glasser, R., Gerber, M. and Etter, L., "Policy Debate | Financing the SDGs: Global vs Local Public Goods", *International Development Policy | Revue Internationale de Politique de Développement(Online)*, Vol. 6, No. 2, 2015.

Kemp, M. C., Kojima, S., "Tied Aid and the Paradoxes of Donor-Enrichment and Recipient-Impoverishment", *International Economic Review*, Vol. 26, No. 3, 1985, pp. 721-729.

Kim, S. K., Kim, Y. H., "Is Tied Aid Bad for the Recipient Countries?", *Economic Modelling*, Vol. 53(C), 2016, pp. 289-301.

Knack, S., Smets, L., "Aid Tying and Donor Fragmentation", *World Development*, Vol. 44, 2016, pp. 63-76.

Kocherlakota, N. R., "Zero Expected Wealth Taxes: A Mirrlees Approach to Dynamic Optimal Taxation", *Econometrica*, Vol. 73, No. 5, 2005, pp. 1587-1621.

Kopczuk, W., "Incentive Effects of Inheritances and Optimal Estate Taxation", *American Economic Review*, Vol. 103, No. 3, 2013, pp. 472-477.

Kornek, U., Edenhofer, O., "The Strategic Dimension of Financing Global Public Goods", *European Economic Review*, Vol. 127(C), 2020.

Krasner, S. D., "State Power and the Structure of International Trade", *World Politics*, Vol. 28, No. 3, 1976, pp. 317-347.

Kuhn, M., Schularick, M. and Steins, U. I., "Income and Wealth Inequality in America, 1949–2016", *Journal of Political Economy*, Vol. 128, No. 9, 2020, pp. 3469-3519.

Kuziemko, I., Werker, E., "How Much Is a Seat on the Security Council Worth? Foreign Aid and Bribery at the United Nations", *Journal of Political Economy*, Vol. 114, No. 5, 2006, pp. 905-930.

Kuznets, S., "Economic Growth and Income Inequality", *American Economic Review*, Vol. 45, No. 1, 1955, pp. 1-28.

Kuznets, S., "Quantitative Aspects of the Economic Growth of Nations: VIII.

Distribution of Income by Size", *Economic Development and Cultural Change*, Vol. 11, No. 2, Part 2, 1963, pp. 1-80.

Laitner, J., "Secular Changes in Wealth Inequality and Inheritance", *The Economic Journal*, Vol. 111, No. 474, 2001, pp. 691-721.

Lakner, C., Mahler, D. G., Negre, M. and Prydz, E. B., "How Much Does Reducing Inequality Matter for Global Poverty?", *The Journal of Economic Inequality*, Vol. 20, No. 3, 2022, pp. 559-585.

Lakner, C., Milanovic, B., "Global Income Distribution: From the Fall of the Berlin Wall to the Great Recession", *World Bank Economic Review*, Vol. 30, No. 2, 2016, pp. 203-232.

Lensink, R., White, H., "Are There Negative Returns to Aid?", *Journal of Development Studies*, Vol. 37, No. 6, 2001, pp. 42-65.

Liu, A., Tang, B., "US and China Aid to Africa: Impact on the Donor-Recipient Trade Relations", *China Economic Review*, Vol. 48, April2018, pp. 46-65.

Londoño-Vélez, J., Ávila-Mahecha, J., "Enforcing Wealth Taxes in the Developing World: Quasi-Experimental Evidence from Colombia", *American Economic Review: Insights*, Vol. 3, No. 2, 2021, pp. 131-148.

Ludwig, J., Duncan, G. J. and Hirschfield, P., "Urban Poverty and Juvenile Crime: Evidence from a Randomized Housing-Mobility Experiment", *The Quarterly Journal of Economics*, Vol. 116, No. 2, 2001, pp. 655-679.

Mankiw, N. G., "Yes, r > g. So What?", *American Economic Review*, Vol. 105, No. 5, 2015, pp. 43-47.

Mankiw, N. G., Weinzierl, M., "The Optimal Taxation of Height: A Case Study of Utilitarian Income Redistribution", *American Economic Journal: Economic Policy*, Vol. 2, No. 1, 2010, pp. 155-176.

Markussen, T., Sharma, S., Singhal, S. and Tarp, F., "Inequality, Institutions and Cooperation", *European Economic Review*, Vol. 138(C), 2021.

Martin, L., Baten, J., "Inequality and Life Expectancy in Africa and Asia, 1820–2000", *Journal of Economic Behavior & Organization*, Vol. 201, 2022, pp. 40-59.

Martorano, B., Metzger, L. and Sanfilippo, M., "Chinese Development Assistance and Household Welfare in Sub-Saharan Africa", *World Development*, Vol. 129(C), 2020.

McEvoy, D. M., McGinty, M., "The Problem of Financing Global Public Goods", *European Economic Review*, Vol. 153(C), 2023.

Meltzer, A. H., Richard, S. F., "A Rational Theory of the Size of Government", *Journal of Political Economy*, Vol. 89, No. 5, 1981, pp. 914-927.

Mian, A., Rao, K., Sufi, A., "Household Balance Sheets, Consumption, and the Economic Slump", *The Quarterly Journal of Economics*, Vol. 128, No. 4, 2013, pp. 1687-1726.

Milner, H. V., Tingley, D., "Public Opinion and Foreign Aid: A Review Essay", *International Interactions*, Vol. 39, No. 3, 2013, pp. 389-401.

Mirrlees, J. A., "Optimal Tax Theory: A Synthesis", *Journal of Public Economics*, Vol. 6, No. 4, 1976, pp. 327-358.

Mishra, P., Newhouse, D., "Does Health Aid Matter?", *Journal of Health Economics*, Vol. 28, No. 4, 2009, pp. 855-872.

Miyazawa, K., "Growth and Inequality: A Demographic Explanation", *Journal of Population Economics*, Vol. 19, No. 3, 2006, pp. 559-578.

Mollan, S., Tennent, K. D., "International Taxation and Corporate Strategy: Evidence from British Overseas Business, Circa 1900–1965", *Business History*, Vol. 57, No. 7, 2015, pp. 1054-1081.

Mookherjee, D., Shorrocks, A., "A Decomposition Analysis of the Trend in UK Income Inequality", *The Economic Journal*, Vol. 92, No. 368, 1982, pp. 886-902.

Moradi, A., Baten, J., "Inequality in Sub-Saharan Africa: New Data and New Insights from Anthropometric Estimates", *World Development*, Vol. 33, No. 8, 2005, pp. 1233-1265.

Morgenthau, H., "A Political Theory of Foreign Aid", *American Political Science Review*, Vol. 56, No. 2, 1962, pp. 301-309.

Nawo, L., Njangang, H., "The Effect of Covid-19 Outbreak on Foreign Direct Investment: Do Sovereign Wealth Funds Matter?", *Transnational Corporations Review*, Vol. 14, No. 1, 2022, pp. 1-17.

Nkusu, M., "Aid and the Dutch Disease in Low-Income Countries: Informed Diagnoses for Prudent Prognoses", *SSRN Working Paper*, No. 878872, 2004.

Nordhaus, W. D., "Economic Growth and Climate: the Carbon Dioxide Problem", *American Economic Review*, Vol. 67, No. 1, 1977, pp. 341-346.

Nordhaus, W., "Projections and Uncertainties about Climate Change in an Era of Minimal Climate Policies", *American Economic Journal: Economic Policy*, Vol. 10, No. 3, 2018, pp. 333-360.

Nunn, N., Qian, N., "US Food Aid and Civil Conflict", *American Economic Review*, Vol. 104, No. 6, 2014, pp. 1630-1666.

Odokonyero, T., Marty, R., Muhumuza, T., Ijjo, A. T., and Owot Moses, G., "The Impact of Aid on Health Outcomes in Uganda", *Health Economics*, Vol. 27, No. 4, 2018, pp. 733-745.

Olson, M., Zeckhauser, R., "An Economic Theory of Alliances", *The Review of Economics and Statistics*, Vol. 48, No. 3, 1966, pp.266-279.

Papadopoulos, G., "Income Inequality, Consumption, Credit and Credit Risk in a Data-Driven Agent-Based Model", *Journal of Economic Dynamics and Control*, Vol. 104, 2019, pp. 39-73.

Pavoni, N., Yazici, H., "Intergenerational Disagreement and Optimal Taxation of Parental Transfers", *The Review of Economic Studies*, Vol. 84, No. 3, 2016, pp. 1264-1305.

Peter, K. S., Buttrick, S. and Duncan, D., "Global Reform of Personal Income Taxation, 1981-2005: Evidence From 189 Countries", *National Tax Journal*, Vol. 63, No. 3, 2010, pp. 447-478.

Pollock, S., Bhabha, H. K., Breckenridge, C. A. and Chakrabarty, D., "Cosmopolitanisms", *Public Culture*, Vol. 12, No. 3, 2000, pp. 577-589.

Prettner, K., Strulik, H., "Innovation, Automation, and Inequality: Policy Challenges in the Race against the Machine", Journal of Monetary Economics, Vol. 116, 2020, pp. 249-265.

Qian, J., "Alternative Aid Source, Bargaining Power, and Compliance with Aid Agreements", *ISANet.org Working Paper*, 2017.

Ravallion, M., "Inequality and Globalization: A Review Essay", *Journal of Economic Literature*, Vol. 56, No. 2, 2018, pp. 620-642.

Ravn, M. O., Schmitt-Grohé, S. and Uribe, M., "Consumption, Government Spending, and the Real Exchange Rate", *Journal of Monetary Economics*, Vol. 59, No. 3, 2012, pp. 215-234.

Rawls, J., "Justice as fairness", *The philosophical review*, Vol. 67, No. 2, 1958, pp. 164-194.

Ring, D., "International Tax Relations: Theory and Implications", *Tax Law Review*, Vol. 60, 2006, pp. 83-154.

Roemer, J. E., A pragmatic theory of responsibility for the egalitarian planner. *Philosophy & Public Affairs*, Vol. 22, No. 2, 1993, pp. 146-166.

Rutledge, R. M., "The Relation of the Flow of Population to the Problem of Rural and Urban Economic Inequality", *American Journal of Agricultural Economics*, Vol. 12, No. 3, 1930, pp. 427-439.

Saez, E., "Public Economics and Inequality: Uncovering Our Social Nature", *AEA Papers and Proceedings*, Vol. 111, No.1, 2021, pp. 1-26.

Saez, E., Stantcheva, S., "A Simpler Theory of Optimal Capital Taxation", *Journal of Public Economics*, Vol. 162(C), 2018, pp. 120-142.

Saez, E., Zucman, G., "Progressive Wealth Taxation", *Brookings Papers on Economic Activity*, Vol. 2019, No. 2, 2019, pp. 437-533.

Samuelson, P. A., "Diagrammatic Exposition of Theory of Public Expenditure", *The Review of Economics and Statistics*, Vol. 37, No. 4, 1955, pp. 350-356.

Seers, D., "International Aid: The Next Steps", *The Journal of Modern African Studies*, Vol. 2, No. 4, 1964, pp. 471-489.

Seim, D., "Behavioral Responses to Wealth Taxes: Evidence from Sweden", *American Economic Journal: Economic Policy*, Vol. 9, No. 4, 2017, pp. 395-421.

Sharafi, Z., "Poverty and Perseverance: The Detrimental Effect of Poverty on Effort Provision", *Journal of Development Economics*, Vol. 162(C), 2023, pp. 1-19.

Sheshinski, E., "The Optimal Linear Income-Tax", *The Review of Economic Studies*, Vol. 39, No. 3, 1972, pp. 297-302.

Specht, S., "Developing an International Carbon Tax Regime", *Sustainable Development Law & Policy*, Vol. 16, No. 2, 2017, pp. 28-52.

Straub, L., Werning, I., "Positive Long-Run Capital Taxation: Chamley-Judd Revisited", *American Economic Review*, Vol. 110, No. 1, 2020, pp. 86-119.

Swank, D., "Taxing Choices: International Competition, Domestic Institutions and the Transformation of Corporate Tax Policy", *Journal of European Public Policy*, Vol. 23, No. 4, 2016, pp. 571-603.

Swank, D., "The New Political Economy of Taxation in The Developing World", *Review of International Political Economy*, Vol. 23, No. 2, 2016, pp. 185-207.

Tanzi, V., "The Future of Fiscal Federalism", *European Journal of Political Economy*, Vol. 24, No. 3, 2008, pp. 705-712.

Tiebout, C. M., "A Pure Theory of Local Expenditures", *Journal of Political Economy*, Vol. 64, No. 5, 1956, pp. 416-424.

Timilsina, G. R., "Carbon Taxes", *Journal of Economic Literature*, Vol. 60, No. 4, 2022, pp. 1456-1502.

Tinbergen, J., "International Co-ordination of Stabilization and Development Policies", *Kyklos*, Vol. 12, No. 3, 1959, pp. 283-289.

Tørsløv, T., Wier, L. and Zucman, G., "Externalities in International Tax Enforcement: Theory and Evidence", *American Economic Journal: Economic Policy*, Vol. 15, No. 2, 2023a, pp. 497-525.

Tørsløv, T., Wier, L. and Zucman, G., "The Missing Profits of Nations", *The Review of Economic Studies*, Vol. 90, No. 3, 2023b, pp. 1499-1534.

Weinzierl, M., "The Surprising Power of Age-Dependent Taxes", *The Review of Economic Studies*, Vol. 78, No. 4, 2011, pp. 1490-1518.

Weisbach, D. A., "The Use of Neutralities in International Tax Policy", *National Tax Journal*, Vol. 68, No. 3, 2015, pp.635-651.

White, M. V., "The Common Heritage of Mankind: An Assessment", *Case Western Reserve Journal of International Law*, Vol. 14, 1982, pp. 509-542.

Wier, L. S., Zucman, G., "Global Profit Shifting, 1975-2019", *NBER Working Paper*, No. 30673, 2022.

Wildasin, D. E., "Open-Economy Public Finance", *National Tax Journal*, Vol. 74, No. 2, 2021, pp. 467-490.

Williamson, C. R., "Foreign Aid and Human Development: The Impact of Foreign Aid to the Health Sector", *Southern Economic Journal*, Vol. 75, No. 1, 2008, pp. 188-207.

Wilson, J. D., Wildasin, D. E., "Capital Tax Competition: Bane or Boon", *Journal of Public Economics*, Vol. 88, No. 6, 2004, pp. 1065-1091.

英文报告

Alcidi, C., Määttänen, N. and Thirion, G., *Cross-Country Spillover Effects and Fiscal Policy Coordination in EMU*, Centre for European Policy Studies (CEPS), 2016.

Alstadsæter, A., Godar, S., Nicolaides, P. and Zucman, G., *Global Tax Evasion Report 2024*, EU Tax Observatory, 2023.

Chowdhary, A. M., Picciotto, S., *Streamlining the Architecture of International Tax through a UN Framework Convention on Tax Cooperation*, The South Center: Tax Cooperation Policy Brief, 2021.

Global SWF, *2022 Annual Report: State-Owned Investors 3.0*, Global SWF, 2022.

Global SWF, *2024 Annual Report: SOIs Powering Through Crises*, Global SWF, 2024.

International Monetary Fund, *Global Financial Stability Report: Safeguarding Financial Stability amid High Inflation and Geopolitical Risks*, International Monetary Fund, 2023.

OECD, *BEPS Project Explanatory Statement: 2015 Final Reports*, OECD, 2016.

OECD, *Harmful Tax Competition: An Emerging Global Iss*ue, OECD, 1998.

OECD, *Model Tax Convention on Income and on Capital: Condensed Version 2017*, OECD, 2017.

OECD, *Programme of Work to Develop a Consensus Solution to the Tax Challenges Arising from the Digitalisation of the Economy*, OECD, 2019.

OECD, *Standard for Automatic Exchange of Financial Account Information in Tax Matters*, OECD, 2014.

OECD, *Statement on a Two-Pillar Solution to Address the Tax Challenges Arising from the Digitalisation of the Economy*, OECD, 2021(a).

OECD, *Tax Challenges Arising from Digitalisation of the Economy – Global Anti-Base Erosion Model Rules (Pillar Two): Inclusive Framework on BEPS*, OECD, 2021(b).

OECD, *The Multilateral Convention on Mutual Administrative Assistance in Tax Matters: Amended by the 2010 Protocol*, OECD, 2011.

OECD, *Transfer Pricing Documentation and Country-by-Country Reporting, Action 13 - 2015 Final Report*, OECD, 2015.

Stiglitz, J. E., *The Theory of International Public Goods and the Architecture of International Organizations*, Department for Economic and Social Information and Policy Analysis, United Nations, 1995.

United Nations, *Catalysing the Implementation of Nationally Determined Contributions in the Context of the 2030 Agenda through South-South Cooperation*, United Nations, 2014.

World Bank, *Poverty and Shared Prosperity 2022: Correcting Course*, The World Bank Publications, 2022.

World Bank, *The World Bank Group A to Z 2016*, The World Bank Publications, 2015.

作者简介

张克中，经济学博士，中南财经政法大学文澜特聘教授、财政税务学院院长，国家高层次人才特殊支持计划入选者。中国财政学会理事，中华发展经济学会副会长，中国劳动经济学会常务理事。曾在美国哈佛大学商学院、美国佐治亚州立大学访问交流。主要研究领域为财政理论、收入分配、全球公共财政。在《经济研究》《管理世界》《经济学（季刊）》《世界经济》、*Applied Economics* 等国内外学术期刊发表论文。国家社科重大项目首席专家，主持和参与多项国家自然科学与社会科学基金项目研究。